Franz Loquai (Hrsg.)

Land des Lichts

Buch

Die Provence, diese faszinierende Kulturlandschaft zwischen Rhônetal und Seealpen, war schon immer ein Anziehungspunkt für Touristen und Abenteurer, für Maler, Schriftsteller, Philosophen.
Die Provence, das sind Lavendel, Thymian und Rosmarin, Zypressen und Zitronen, Oliven und Mimosen, das sind Meer und magische Berge, Entdeckungen und Rätsel abseits der ausgetrampelten Pfade.
Die Provence ist ein mythisches Land, das die Natur zum Leuchten bringt, in einem magischen Licht, das in den schönsten Werken der Poesie seinen Widerschein findet.
Die vorliegende Anthologie mit Texten klassischer Autoren der Region (Giono, Maupassant, Pagnol, Petrarca, Zola) oder berühmter Reisender (Handke, Hofmannsthal, Rilke, Schopenhauer, Tucholsky) ist der ideale Begleiter und Reise-Verführer.

Herausgeber

Prof. Dr. Franz Loquai lehrt Neuere deutsche und Vergleichende Literaturwissenschaft an der Universität Heidelberg. Herausgabe zahlreicher Goldmann Klassiker, darunter Rainer Maria Rilkes *Geschichten vom lieben Gott* (7664), *Die Aufzeichnungen des Malte Laurids Brigge* (7680) und *Zwei Prager Geschichten* (7691) sowie Prosper Mérimées Novelle *Carmen* (7686). Zuletzt erschienen Hugo von Hofmannsthals *Die Frau ohne Schatten* (7694) und das Lesebuch *Die Alpen* (btb 72590).

Franz Loquai
(Hrsg.)

Land des Lichts

Ein Provence-Lesebuch

Goldmann

Es war dem Verlag nicht möglich,
sämtliche Quellen zu ermitteln.
Eventuelle Rechteinhaber wenden
sich bitte an den Verlag.

Umwelthinweis:
Alle bedruckten Materialien dieses Taschenbuches
sind chlorfrei und umweltschonend.

Der Goldmann Verlag
ist ein Unternehmen der Verlagsgruppe Random House GmbH.

1. Auflage 7/2001

Umschlaggestaltung: Design Team München
Umschlagfoto: AKG, Berlin
Satz: IBV Satz- und Datentechnik GmbH, Berlin
Druck: Elsnerdruck, Berlin
Titelnummer: 7736
BH · Herstellung: Sebastian Strohmaier
Made in Germany
ISBN 3-442-07736-2
www.goldmann-verlag.de

1 3 5 7 9 10 8 6 4 2

Inhalt

Städtebilder

Zauber der Camargue

Häfen, Inseln, Adlernester

Klassische Wege II

Mythos Berg II: Montagne Sainte-Victoire

Haute-Provence oder Im Hinterland

Klassische Wege I

Ernst Moritz Arndt
Von Nizza nach Marseille

3. Mai 1799

Endlich nach einer langen Quarantaine, die ich hier hatte halten müssen, reisete ich den 3. Mai ab des Nachts um 2 Uhr. Ich nebst zwei Officieren der Marine ging mit dem Kourier der Nationaldepeschen und außerdem waren noch drei Wagen, mit Officieren der italiänischen Armee, mit einigen Weibern und Kaufleuten beladen, so daß wir in allem wohl an 30 Mann ausmachen mogten. Die erste Fahrt im Dunkeln ging durch bekannte und oft durchwanderte Gegenden bis an den Var-Strom, der vormals die Gränze zwischen Frankreich und Italien machte. Als wir über die Brücke St. Laurent jenseits des Var gefahren waren grade bei der Tagesdämmerung, stiegen wir aus und marschirten gerüstet durch die Hohlwege und das Gesträuch der Anhöhen, weil die Gegend oft durch Räuber feindselig und unsicher gemacht ist. Als es tagte, setzte sich alles wieder, Nachtigallen und Lerchen begrüßten den Morgen und unser Weg ging durch fruchtbares und wohlbebautes Hügelland, mit Korn, Oel- und Feigenbäumen bedeckt. Gegen fünf Uhr fuhren wir Antibes vorbei, einem freundlichen und netten Seestädtchen mit einem Hafen und Fort, die aber beide sehr verlassen da standen. Von hier ging es durch eine freundliche Ebene auf Cannes zu. Wiesen und Felder und Weiden sah ich nach kurzer Zeit im schönsten Grün des Frühlings lustig wechseln, Heerden weideten in kleinen Feldbüschen, aus welchen Nachtigallen schlugen – denn die Provence ist seit Petrarka und Laura das Land der Nachtigallen – und Rebenstöcke schlangen sich hie und da italiänisch um die Bäume, oder waren auch in einer langen Reihe an Stäben gezogen, mit Korn und Sämereien in der Mitte. Bei Cannes gewährt das Meer mit seinen grünen und buschigten Inseln, Skt. Marguerite und Skt. Honorat, einen gar freundlichen und lieben Anblick. Mir war, als wünschte ich mir Floßen, um hinüber zu einer ruhigen Einsiedelei zu schwimmen. Aber das Schicksal und die Zeit versagten beides, Floßen und Boot. Cannes liegt längst dem Meere hin wie eine einzige lange Gasse mit einem alten Thurm und Schlosse auf der Höhe, nett und heiter anzusehen, wie weiter unten Joigny an der Yonne. Hier ward die ganze Reisekaravane nun erst recht am Tageslichte zusammengebracht und konnte nähere Bekanntschaft bei einem muntern Frühstück machen. [...]

Von Cannes ging nun der Weg allmälig bergan, bis man an den Wald von Estrelles kömmt. Hier machten wir halt, jeder stieg aus und waffnete sich mit Säbel und Pistolen, weil in diesem Walde alle Tage fast Plünderungen und alle Wochen Mordthaten vorfallen. Kaum waren wir 500 Schritte gewandert, so kamen ein Paar Eselein mit Säcken, denen weit hinten der Führer folgte. Hier versah sich die kurzsichtige Furcht eines unserer Officiere an den langen Ohren und schrie: *oh Messieurs voilà des coquins à Enfils*. Wir lachten lange über die possierlichen Flintenläufe und fanden überall unsre Bewaffnung unnöthig: denn die ganze Straße durch dieses Holz war mit Konskribirten bedeckt, die uns truppweise zu hunderten vorbei defilirten. Übrigens ist es ein Paß recht für Räuber gemacht, wie für die Eber und Wölfe, welche letztere hier gegen den Winter von den höhern Alpen herabkommen. Die Wege sind jetzt über alle Beschreibung scheußlich; und obgleich wir alle zu Fuße waren, konnten doch die Gaule oft den Wagen nicht durch die Steine schleppen, die vormals einen Straßendamm machten und jetzt in einzelnen Klumpen da liegen. Uebrigens ist dies ein lustiger und romantischer Pfad. Ungeheure Felsklumpen hängen mit alten Tannen herab. Bäche rieseln über den Weg und Bergströme brausen durch die tiefen Thäler und Schluchte, die auch ihre Nachtigallen haben; Abgründe laufen steil vom Fuße des Wanderers hinab und wechseln mit grünen Felsenwänden, vom Wasser durchströmt und Epheu umgrünt. So kamen wir durch diese große und schauerliche Natur an das Oertchen Estrelles, eine rechte Alpenwirthschaft. Sanft läuft in dem Gütchen der Berg hinab, oben mit Luzerner und Korn und unten mit schön gewässerten Wiesen, in welchen einzelne Kühe graseten. Oben an seiner sanftern Spitze liegt die kleine Wirthschaft, dicht von hohen Ulmen umschattet, und hoch über ihr links ist wieder fürchterliches Felsengebirg mit einzelnen alten Bäumen und Sträuchen. Wir machten hier Nachmittags um 2 Uhr lustige und frohe Tafel und hatten guten Schmaus und treffliche Erdbeeren zum Nachessen. Wir gingen indessen immer noch gerüstet fort und in muntern Gesprächen bis zum Ausgange des Waldes in die Ebne von Frejus. [...]

Von Estrelles senkt sich der Weg immer abwärts und zeigt endlich den Anblick des Meeres mit allen Landbuchten, den schönsten und letzten auf diesem Wege; denn bei Cannes hat mann bei aller Lieblichkeit der Ufer und der Inseln doch die Höhe des Standpunktes nicht. So kamen wir in das kleine räuchrige Frejus hinab, das darum doch ein liebliches Oertchen ist, denn eine reichere und lustigere Natur, als seine Umgebungen, kann sich die üppigste Fantasie kaum denken. Diesseits hatten wir die alten ehrwürdigen Arkaden eines römischen Wasserleiters, die einzeln im Felde da standen, wie das Bild der Vergänglichkeit unter der Blüthe, indem Rocken und Weizen in vollen Ähren umher wogten und Maulbeerbäume mit ihrem breiten Laube um die alten Steine säuselten. Jenseits im Südwest sind Wiesen und Gärten mit Feigen, Kirschen, Mandeln und Obstbäumen und mit allen Gewächsen der Küche und der Nase reichlich versehen; Reben winden sich fast um jeden Baum mit ihren blühenden Armen. Die Kirschbäume sind jetzt roth und Erdbeeren duften hinter den Hecken. Ich dachte hier an den alten Fleury, den der Ehrgeiz aus diesem reitzendsten Fleck des

Erdbodens hinaustrieb, um seine letzten Lebensjahre in den Ungewittern des stürmischen Hofes zu vergrämen.

Unsre Begleitung fuhr hier voraus. Wir konnten anfangs keinen Postillion kriegen und warteten und warteten, bis endlich, da keiner zu haben war, der Kourier selbst dieses Amt übernehmen mußte. So ging uns die Sonne unter und unsre Gesellschaft war schon weit voraus. Düfresne jubilirte, als er unsre drei Pferde sahe, besonders eines von ungeheurer Größe, welches in die Mitte gespannt ward und die Bäume des Fuhrwerks tragen mußte. Wir fuhren nun aus Kräften bergan auf dem abscheulichsten Wege und alles mußte schreien und schlagen, damit die drei Gaule unter der Leitung des unerfahrnen Kouriers nur vorwärts gingen; denn wenn sie einmal im Stillstehen waren, so kostete es Mühe, sie wieder ins Gehen zu bringen. Da zu unserm Elend ging nun auf einer holprigen Stelle der mittelste Gaul mit dem Kourier kopfüber und die ganze Last des Wagens mit den Bäumen lag auf ihm. Wir Viere suchten ihm aufzuhelfen, umsonst; keine Axt noch andres Geräth, die Kette zu sprengen, die die Wagenbäume hielt, und das kolossalische Roß ersticken wollte, welches stöhnend die Zunge lang ausstreckte. Das war ein Fluchen und Schreien, worin des Kouriers klägliche Ausrufungen: *il se tue, il se tue!* klangen. Endlich ward ein Pferd von den andern beiden abgespannt und Düfresne sprengte nach dem nächsten Dorfe, um Menschen herbeizuhohlen. Wir andern drei hielten keichend die Bäume empor, damit das hohe Thier nicht krepirte, und sahen aus von Schmutz und Schweiß wie die Missethäter. Endlich kamen nach einer halben Stunde die Dörflinge mit Düfresne, wir hoben Wagen und Thier wieder auf und so ward mit tausend Spaß über unser stattliches Roß in das Dorf eingefahren. Auch da mußten wir wenigstens eine Viertelstunde peitschen, ehe wir bergan kamen, und nun ward die Sache recht methodisch bis zur nächsten Station le Muy durchgeführt. Düfresne setzte sich auf den Schreckenrosinante und arbeitete ächt französisch mit Peitsche, Händen und Füßen, daß die Thiere nicht aus dem Trab kamen; denn sonst wäre es um uns geschehen gewesen; ein einziges Halt, und wir konnten die Nacht halten bleiben und uns am Ende noch von Spitzbuben ausplündern lassen. Wir andern liefen nun mit Stöcken treufleißig durch Dick und Dünn bei dem Wagen her, halfen schieben, sobald ein schlimmes Geleise kam und wir fürchten mußten, stecken zu bleiben, peitschten und schrieen mit, und so kamen wir glücklich um eilf Uhr zu le Muy, wo unsre andre Wagen schon um neun angelangt waren. Der arme Düfresne fand sich am Hintern und an den Fingern geschunden, wir andern alle so beschmutzt, daß wir sogleich zur Pumpe mußten. Unsre Gesellen lagen zum Theil schon auf dem Ohre und ruhten ein wenig. Uns schmeckten Wein und Braten herrlich, und dann führte die freundliche Wirthin mit ihren muntern Töchtern uns in den Rosengarten, worüber der Mond schien, und Nachtigallen hinten im Gehäge sangen. Hier war alles Laufen, aller Ärger vergessen. Wir waren in einem recht petrarkischen Winkel, und ich durch den Mond und die Nacht, vielleicht auch, durch den Wein etwas petrarkisch gestimmt. So saß ich ein halbes Stündchen unter den hohen Rosenbüschen und Düfresne trillerte mit den Dirnen Arietten, die im provenzalischen Munde, der ein Gemisch vom Italiänischen und Französischen ist, allerliebst klangen. Diese Mundart hat außerordentlich viel Weiches und Mildes und alles Gurgelnde und Schnarrende der französischen verklingt in ihr. In dem Munde des gemeinsten Schlages Menschen ist es aber für den Fremdling ein *patois*, wovon er nicht viel mehr versteht, als der Baier, wenn man ihn plötzlich nach Mecklenburg und Pommern in eine Bauernschänke brächte. […]

Hier ist es Zeit, im Allgemeinen ein Wort von den Provenzalen zu sagen, worunter ich alles verstanden haben will, was ich von Menschen seit Nizza bis hinter Avignon gesehen habe. Diese Provenzalen gehören mit zu den stärksten und schönsten Körpern, die man sehen kann. Alles ist Nerve und Muskel, und der Körper hat die Rundung und Wölbung, die man nur bei den Kalabresen und einigen andern Italiänern findet. Die Augen, wie die ganze Gestalt, brennen von Feuer und Leben, und haben die französische Geradheit, die man leider bei dem Italiäner nicht immer findet. Unter den Weibern habe ich so reizende und zugleich kühne Gestalten gesehen, als ich sie im mittlern und nördlichen Frankreich selten fand. Eine Laura indessen war nirgends, nirgends nur eine Bildung, die jene Sanftheit und Stille unter diesem heißen und wohllüstigen Himmel hätte ahnden lassen. Alles, Mann und Weib, trägt bloß den Ausdruck des hervordringenden und kräftigen Lebens. Dieser heftige und aufbrausende Karakter hat sich in diesen letzten Revolutionsjahren auch kühn und auszeichnend genug offenbart, und bei der Gesetzlosigkeit ist alles Gesetzlose und Wilde hier schneidender und greller ans Licht gekommen; so daß jetzt die Provence nächst den westlichen Departements wegen Räubereien und Plünderungen am meisten verrufen ist. Diese Berge der Provence längst der See sind bis an die Rhone gleichsam eine Fortsetzung der Kette des Apennin, der die Genueser am Meer einengt. Das hiesige Volk trägt vieles von dem Karakter des Liguriers, ist eben so berufen wegen seiner Treulosigkeit und Raubsucht; eben so heftig in Feindschaften, abgerechnet, was die französischen Sitten verbessert haben. Man vergesse aber nicht, daß unter diesen Gemüthern der edle Mann es drei- und vierfach vor andern seyn müsse. Denn aus größter Stärke wird nur größte Güte. Die Sprache selbst giebt hier den Mittelkarakter zwischen dem Franzosen und Italiäner an. [...]

Marseille

Ich habe hier acht sehr angenehme Tage verlebt, die mir durch die Güte des schwedischen Konsuls, Herrn Jölsch, und einiger anderer Häuser, an welche ich von Livorno Empfehlungen hatte, noch angenehmer gemacht wurden. Meine alten Gesellen hatten sich in Aix und hier von mir verloren, doch sollte ich einige in Toulon, einige nachher in Aix wieder sehen. Für Toulon nämlich wurden einige Tage abgebrochen, um Toulon und die

Flotte, die gerade von Brest angekommen war, Hières und seine Zitronenwälder und die Inseln gegenüber, diese lieblichen Inseln, ach! nur von ferne, zu sehen, weil es in den ersten Tagen der Ankunft der Flotte verboten war, von den Küsten zu fahren. Dies waren frohe und elyseische Tage, wie die Gegend, dieses Paradies Frankreichs, wo ehedem in den Monaten des Spleens so viele Engländer zu wohnen pflegten und manche andere Schwächlinge des Nordens, die hier Grillen verjagen und böse Übel heilen wollten. Doch dieser reizende Erdfleck ist so oft schon beschrieben, als daß ich ihn noch einmal entweihen sollte. Er gehört zu den wenigen, die so viel Unaussprechliches im Gefühle erwecken, so viele Ahndungen eines alten Daseins vor diesem Rock aus Ton, so viele Erinnerungen der originessischen Präexistenz der Seele geben, daß man bei allen diesen schwellenden Gefühlen und dunklen Ahndungen selbst nur ein schwebendes und flatterndes Bild des Schönen vor seiner Seele behält. Blüht ihr lieblichen Eilande! und mögen an euren Küsten nie die Schrecken des Krieges donnern, noch die Wehklage des Elends diese liebliche Natur entheiligen! Mögen in deinem freundlichen Hafen, Toulon, nur friedliche Segel einflaggen!

Ich hatte von Marseille ein ganz einziges und eigenes Bild, das sich seit dem Julius Cäsar meiner Schuljahre festgesetzt hatte. Ich liebte die alten Phocäer, die aus Tyrannenhaß die schönen Küsten Asiens verließen und neue Sitze suchten, und endlich, von Korsika und Sardinien vertrieben, hier die mächtige Massilia gründeten. Die Stadt ward mir merkwürdig durch den verzweifelten Widerstand, den sie Cäsars siegreichen Legionen und Flotte leistete. Sie behauptete auch, als die Republik durch die scheußlichste Sittenverderbnis dem Despotismus der Soldaten und Regenten preisgegeben war, diese Festigkeit des Charakters und die Alten nennen Massilia mehr als einmal eine der frugalsten und gesittetsten Städte des Reichs, als sie schon lange eine der reichsten war. Auch in dem neuen Frankreich ist sie immer die zweite oder dritte Stadt des Reichs mit Lyon und

Bordeaux genannt worden, und diesen Vorzug hat sie und Lyon freilich teuer genug bezahlen müssen.

Man erhält schon, wenn man eine halbe Meile von der Stadt auf den Anhöhen von Aix her auf sie und auf das Meer hinabsieht, eine große Idee von ihr, und diese wird in der Wirklichkeit nicht betrogen. Die Stadt liegt wie im Halbmond um die Bai herum, deren äußerste Spitze ihren schönen Hafen bildet, so daß man von allen Punkten der Mauer sanft zu dem Hafen hinabsteigt. Ihre äußersten Gegenden sind verfallen, besonders die östliche und nordwestliche Landseite, und nur wenn man in die Mitte und näher nach dem Hafen kommt, findet man das schöne Marseille. Die nördliche Seite über dem Hafen ist eng, hügelig und häßlich, so wie die östliche Mauerseite. Die schönsten Häuser sind von den Allees de Meilhan bis zum Hafen hinunter, und vom Hafen etwa drei, vier Straßen südlich hinaus, und um den Hafen, ferner der Cours und die Straße des cours und die Straße und der Platz de la Canebiere. Diese Straßen und Häuser gehören zu den schönsten und machen die Stadt zu einer der freundlichsten. In diesem Geschmack sind auch die Gasthäuser und Kaffeehäuser, von denen man in diesem Quartiere die besten und besuchtesten findet. Eben so wohl erhalten ist in diesem das Pflaster mit Fliesen zur Seite für die Fußgänger. Einen sichereren Hafen und bequemeren als diesen, muß es aber in der Welt nicht geben. Er läuft in Gestalt eines Flaschenkürbisses, den Hals vorn, in die Stadt hinein und erweitert sich sogleich zu einem ziemlichen Oblongum, so wie er weiter eintritt. Am Eingange sind die beiden Forts St. Jean und St. Esprit. Hier lagen die Schiffe dicht an den Zollhäusern. Kleinere laufen auch noch an der Südseite des Hafens in Kanälen weiter in die Stadt aus und füllen die großen Magazine, ohne Wagen oder Träger nötig zu haben. Dieser Hafen, still und sicher wie eine Kammer, ist leider jetzt auch eben so tot. Wenige Neutrale kommen, weil man auch diese, wie alles klagt, durch die neuen Prisengesetze weggejagt und scheu gemacht hat, und was aus- und einläuft, das ist etwa ein kleiner Kaper und von den leichtesten Schiffen, die längs den Küsten fahren. Die ungeheuren Levanteschiffe liegen in großer Anzahl für die Würmer nun schon seit fünf Jahren da und wer weiß, wie lange sie es noch werden. Sie haben das Ansehen von Ruinen und mit ihnen stockt der Reichtum und die Tätigkeit dieser sonst lebendigsten Stadt Frankreichs! Die Nordseite des Hafens ist bei weitem die schönste, sowohl an Häusern als an Gewimmel und Lebendigkeit der Menschen. Hier ist die Börse, ein stattliches Gebäude, hier das Gemeindehaus, hier die lustigsten Kaffeehäuser und eine Promenade, die vom Morgen bis spät in die Nacht dauert. Von anderen öffentlichen Gebäuden und Werken läßt sich nun nichts mehr sagen. Die Kirchen sind entweiht und ihre Zierraten und Kunstwerke verschleppt, ja selbst die Gräber hat man aufgewühlt. Auch sind in diesen für die Handelsstädte und den Reichtum heillosen Zeiten Orte, wie Marseilles, – gerade am meisten mitgenommen worden. Nicht allein die alten Schiffe, die sonst Gold und Leben in die Adern des Staates brachten, stehen entmastet und entleert da, sondern den neuesten und besten Häusern geht es ebenso und fast an allen Türen und Fensterläden liest man: *à louer* und *à vendre.* Wie sollen auch die Menschen bleiben, wenn ihnen alle Mittel zu leben abgeschnitten sind, wenn die Schiffahrt liegt und die Revolutionssense die ersten Häuser niedergemäht hat. Wenn man den jetzigen Marseillern ihren Hafen rühmt und die Stadt, so wissen sie nichts als: »Vor der Revolution! o, vor der Revolution, da war Marseilles noch etwas! Jetzt sind wir arm und haben über ein Drittel unserer Menschen verloren.« So sehr hat die Guillotine und die Gewerblosigkeit die Stadt entvölkert. Ich schauderte, als man mir auf der Straße de la Canebiere erzählte, dort seien zur Schreckenszeit 600 Männer und meistens die reichsten unter der Guillotine gefallen. Dafür haben sie nun ein Champ de Marathon und die meisten Kaien und Gassen haben die Namen berühmter Revolutionäre und alter Feldherrn und verdienter Gelehrten und Philosophen erhalten, die den Fremden oft in große Verlegenheit setzen, weil die einen im Volk die alten, die andern die neuen Namen vorziehen, manche selbst die neuen nicht einmal kennen und einen auslachen, wenn man nach einem Quai de Barth oder Rue de Montesquieu fragt.

Die unterste Gegend der Stadt ist, wie gesagt, der Hafen und seine Nähe. Um ihn ist das lebendigste und fröhlichste Menschengewimmel, um ihn das bißchen Tätigkeit, was hier noch übrig ist, um ihn geht der ehrbare Schiffer, der stattliche Kaufmann und der spekulierende Gauner, während der Stutzer, jetzt in eine etwas keckere Form umgegossen, und die zierliche Dienerin der demokratischen Venus leicht unter ihnen hinschlüpft. Vom Hafen geht man wenige Schritte hinauf, so hat man den weiten und hellen Corso, von hohen Bäumen umgeben, und eine der längsten und schönsten Straßen in Marseilles bildend. Auch hier ist es nie leer. In der Mitte, die mit einem eisernen Geländer eingeschlossen ist, spaziert es den ganzen Tag auf und ab und eine lange Reihe von Läden, Tischen und Bänken mit zierlichen und eßlichen Dingen steht für den Liebhaber zum Verkauf ausgelegt da. Alte Männer und Mütterchen sitzen hier auf Stühlen und sonnen sich am schönen Frühlingsstrahl, und Ammen und Wärterinnen tragen hier das junge Leben in Sicherheit vor den Karren und Menschen und Pferdehufen und lassen sich, während die Kleinen im Staube wühlen oder mit etwas spielen, von einem hübschen Husaren oder Grenadier Süßigkeiten sagen oder zu Süßigkeiten einladen. So ungleichartig zusammengesetzt dieser Anfang und die Mitte des Corsos ist, so sehr ist es sein Ende. Dieses ist nämlich ein ordentlicher Markt, wo das häßlichste und schönste, was es für die Sinne gibt, zusammen ausgestellt ist. Hier steht an einer Seite der schmutzige und garstige Haufe der Fischweiber mit ihren Butten und Eimern, dort die Schlächter mit Fleisch auf langen Tischen, welche Fliegen und andere unverschämte Tiere umschwärmen; hier sitzen mit Bauern und Körben andere mit Tauben und Vögeln, die sie für das Auge und den Magen feil bieten. Mitten unter diesem Schmutz und Gestank steht oft ein Obst- und Fruchtschragen, der das Seinige für Nase und Auge wohlgefällig ausgestellt hat.

Dann kommen feine Blumenmädchen, welche eine Menge Blumen in Töpfen und an Stöcken um sich und die Rosen, Veilchen und Nelken der Provence mit duftenden Erdbeeren in netten Körben neben sich stehen haben. Diese schellen, schreien, rufen und bitten unter einander und wie diese wilden Töne, so treffen Blumen, Fleisch-, Fisch- und Obstgerüche wunderseltsam unter einander und machen diesen Obst-, Fisch-, Kraut- und Blumenmarkt mit seiner lebendigen und toten Welt dem Fremdling äußerst interessant. Ich habe regelmäßig alle Morgen ein halbes Stündchen darauf verwandt und mich königlich ergötzt. So ein Menschenstrudel, sobald er verschlingend wird, ist doch zuweilen dem Menschen das Notwendigste wie das Erhebendste, wenn man aus aller der Verwirrung und streitenden Kraft endlich Ordnung als Lösende und Bindende hervorgeht.

Nächst dem Corso sind die sogenannten Allees de Meilhan die besuchteste und lebendigste Promenade. Sie sind meist in der Mitte der Stadt und laufen von einem Springbrunnen an der Spitze des keilförmigen Platzes, worauf sie stehen, immer weiter auseinander und werden zuletzt durch eine Häuserreihe, die sich sehr widerlich in ihre größte Abweichung eindrängt, ganz voneinander geschieden, so daß sie einen gleichzeitigen Triangel bilden. Schöne Bäume sind umher gepflanzt und nette Häuser gebaut, kleine Kaffeehäuschen und Schenken mit Bänken und Ruhesitzen sind an den Seiten zu haben und an Sonn- und Feiertagen, dergleichen man im republikanischen Kalender eben so viele hat als zu den Zeiten der Heiligen, wimmelt es auch hier von feiner Welt.

Die Gegend umher ist freilich nicht so kahl und öde, wie in Aix, doch buschig und sanft kann man sie nicht nennen. Rund um die Stadt laufen hübsche Gärten, mit den Bäumen, Früchten und Blumen des Südens; wenige Reben und Ölbäume in der Nähe und kahle Berge in der östlichen Ferne. Im Süden ist das Meer, im Nordwest aber eine Kette von Hügeln, die über der Stadt amphitheatralisch mit Weinbergen, Gärten, Landhäusern und Cypressen und Eichen aufsteigen. Vor dem Hafen liegen in der Entfernung einer halben und Viertelmeile mehrere kleine Inseln. Sie sind fast ganz kahl, mit wenigem Buschwerk und einigen Häusern besäet. Doch geben sie von der westlichen Bai der Fischer außerhalb der Stadt immer einen hübschen Ruhepunkt für das über das Meer hinschweifende Auge. Die Marseiller machen in der schönen und heißen Jahreszeit oft kleine Spazierfahrten dahin, um ihre schöne Stadt vom Meer aus zu sehen; und in der Tat dieser Anblick ist himmlisch. Die schönste Aussicht auf die Stadt hat man von den niedlichen Landhäusern am Wege nach Aix, wo auch die reichsten Bewohner der Stadt so ein Ruhe- und Freudenplätzchen haben, wo sie von dem Staub der Stadt und dem Zank der Börse sich erholen mögen.

Es sind hier zwei Theater, die in diesen Trauerzeiten auch nur wenig besucht werden. Sonst sind oft vier für alle Klassen geöffnet gewesen. Das große Theater, nicht weit vom Hafen und dem Corso, ist recht hübsch, seine Spieler gehören aber nicht zu den Helden der französischen Bühne. Sonst hat Marseilles immer mit von den besten Schauspielern Frankreichs ernähren können. Freilich so erbärmlich, wie man sie in Deutschlands Mittelstädten und selbst in den großen alle Tage sieht, findet man deren hier nicht leicht; auszeichnend spielte aber niemand als etwa eine Madame Ronsselois, die sowohl durch Gang als Aktion die Ariadne auf Naxos trefflich darstellte.

Ich habe von den Bewohnern dieser Stadt zu viel Gutes empfangen, als daß ich es über das Herz bringen könnte, von ihnen etwas Schlimmes zu sagen, auch wenn es zu sagen gewesen wäre; wie muß es mich nun freuen, viel Gutes und Liebes von ihnen melden zu können! Freilich wird in eine solche Handelsstadt, wie Marseilles, von allen Nationen des Abend- und Morgenlandes neues Blut und Geschlecht hineingebracht; aber doch ist eine Volksmenge, die in guten Tagen über hunderttausend Köpfe ausmacht, zu beträchtlich, als daß sie die allgemeine äußere und innere Bildung des Charakters und der Gestalt nicht bestimmen sollte. Eine große Handelsstadt, wo die Spekulationen nicht Knickereien sind, und die Gelder nicht in kleinen

Summen einlaufen, gibt einen freien und menschlichen Geist des Gebens und Nehmens und jener Tätigkeit, die bei ihrem weiten Kreise auch Brust und Haupt erweitert. Dies habe ich fast immer gefunden. Da gilt kein Adel, keine Geburt, kein Stern vor der Brust; jeder gilt freilich am meisten, was er wert ist und im englischen Sinn, aber er gilt auch, was er als Mensch gelten kann im Leben. Dieses gibt einen liebenswürdigen und fidelen Ton der Allgemeinheit und Zutraulichkeit, die rauhen Ecken schleifen sich genug ab und werden doch nicht so blank und glatt, als sie den Augen wehtun, wie es in den Amts- und Würdenverhältnissen nur zu gewöhnlich ist. Ich muß es unverhohlen gestehen, hier und in Lyon habe ich recht liebenswürdige Franzosen gefunden; so eine Lebendigkeit, wie immer, durch die ruhige Tätigkeit gemildert; die Vorurteile gegen Fremde, die dem Franzosen fast angeboren sind; mehr verwischt durch den Umgang mit gescheuten und ungescheuten Menschen aller Nationen; dagegen tritt aus der französischen Ungezwungenheit und Freimütigkeit eine gewisse Herzlichkeit und Schonung hervor, die ich sehr häufig bemerkt habe. Man lernt hier selbst seinem Witz gebieten, sobald er dem Herzen wehtun würde, obgleich ein französicher Witzbold nie so impertinent ist als ein deutscher. Mit einem Worte, hier habe ich oft wirkliche Menschen noch in den gebildeten Ständen gesehen, nicht einseitige Maschinen, die krüppelhafter sind durch eine helle Seite als der Mann hinter dem Pfluge, der doch wenigstens alle gleich betrachtet hat, wenn sie es auch noch so wenig sind.

Was nun die äußere Bildung betrifft, so übertrifft auch darin Marseilles fast alle Städte Frankreichs, so ich gesehen habe. Es ist ganz der rüstige und stattliche Körper des Provenzalen mit dem schönen brennenden Auge und der kühnen Stirne voll Freiheit und Kraft. Man sieht hier nichts von dem Platten und Bretternen, das im nördlichen Frankreich die Menschen noch mehr auszeichnet als die weit nördlicheren Deutschen und Schweden, nichts von den Spitzköpfen und wieder von den vielen Orangutangsgesichtern, nichts von den Boxbeinen, welche bei dem Franzosen so einheimisch sind. Die Weiber sind auch hier natürlich der Maßstab, und wo findet man mehr schöne und reizende Weiber, wo einen runderen und volleren Wuchs, wo feinere Züge als in Marseille? Wer die Tummelplätze der Freude und Wollust nur einige Male besucht hat, kann sich dies nicht abstreiten. Um sie zu sehen, muß man das Theater, die Allees du Meilhan, den Corso und vorzüglich abendlich die Nordseite des Hafens besuchen, wo man alles, was sich vergnügen oder etwas gewinnen will, ausgegossen findet.

Marseille ist seiner Huren wegen selbst in Italien schon über berüchtigt und in Frankreich schilt man sie überall als eine der gefährlicheren Städte in diesem Punkte. Dies ist leicht begreiflich. Der starke Charakter des Provenzalen muß im Schlechten natürlich so weit gehen können als im Guten. Diese Heftigkeit, dieses griechische Ungestüm, dieses heißere Blut des heißen Klimas macht natürlich auch die Leidenschaften des Blutes gewaltiger und gefährlicher. Marseille ist überdem einer der größten Seehäfen. Was das sagen will, weiß jeder. Es ist noch immer ein reicher Ort, oder wenigstens dauern die Wirkungen des alten Reichtums in den Sitten noch fort. Die Revolution hat nun alle diese Dinge noch mehr an das Tageslicht gebracht, und auch sie sind aus Sklaven Freigemachte geworden, die öffentlich einhergehen. Schon im Theater sieht und fühlt man zuweilen gar etwas von dieser Freiheit. Aber will man sie in ihrem Glanze sehen, so spaziere man des Abends um 9 und 10 Uhr am Hafen, und man weiß weder Augen noch Hände zu lassen, die ersten, daß sie einen nicht ins Netz führen, die zweiten, daß sie von dem vielen Zerren und Drücken nicht abgerissen werden. Das ist ein Bienengesumm von eleganten und fröhlichen Menschen und Menschinnen, und wenn in dieses laute Leben nicht widerliche Nachempfindungen, die freilich der französische Leichtsinn selten fühlt, sich mischten, würde es noch was Besseres sein. Hier hat sich jeder zu hüten, so reizend, so äußerlich gebildet, so delikat selbst sind diese südlichen Sirenen, die mit ihren Buben und Kupplern umherflattern, oder auch in den Cafés und unter den Zelten vor denselben schäkernd und Kaffee und Limonade schlürfend sitzen. Übrigens scheucht diese Klasse nirgends in Frankreich rechtliche Leute und unter ihnen sind die wohlberüchtigtsten Frauen und Jungfrauen, die man äußerlich nicht immer unterscheidet. Auch klagt man, daß der innerliche Unterschied in den letzten Jahren gar sehr gelitten habe. Freilich war Marseille, das alte römische Marseille, seit manchem Tage nicht mehr.

Was nun die untere Klasse betrifft, das heißt, alle die, welche mit ihren Händen oder ihrem Rücken um den täglichen Schilling dienen und heute fröhlich verzehren, was sie gestern mühselig verdient haben, so muß man gestehen, daß dieser Schlag selbst vieles von dem Seeleben und dem Charakter des Seelebens an sich trägt. Grob und gerade, dabei ungestüm und auf die Stärke seiner Fäuste und Beine pochend. Diese Menschen, einmal aufgerührt, mußten den Charakter des Südländers in Paris zeigen, zumal wann Henkersknechte und Galeerensklaven an ihrer Spitze standen. Im äußeren Leben der Tabernen und Popinen ist alles noch sehr italienisch. Solche Dinge bestimmt der Himmel, wie die Kleidung. Der südliche Franzose des geringen Schlages trägt lange, weite Hosen aus Tuch, die bis unten auf die Knöchel fallen, dabei Schuhe, worin nicht immer Strümpfe sind, eine Jacke, die er meistens bei sich liegen hat oder auf dem Arm trägt und einen runden Hut, oder eine runde tuchene rote Mütze, das Urbild der fürchterlichen Rotmützen in Paris. Für Regen und Ungewitter dient ihm sein Mantel, wenn er einen bezahlen kann. Mit Wohnung und Hausrat ist er ebenso leicht versehen als der Italiener dieser Gattung.

Wie diese Stadt durch die Revolution gelitten habe, ist zum Teil angedeutet, der Krieg mit England hat das übrige getan. Die Straße de Canebierre und die Namen der Barras und Antonelle (der jetzt im Rat der Fünfhundert sitzt, von hier deputiert) werden scheußlich in dem Andenken dieser Stadt leben. Die Millionen, die man weggeschleppt hat, der gesperrte Levantehandel, die Mutlosigkeit jedes Reichen, sich auf weite Spekulationen einzulassen in dieser unsicheren Zeit, die Gefahr selbst, sein Vermögen nur einigermaßen zu offenbaren, alles dieses hat das lebendigste und reichste Marseille ziemlich tot und öde gemacht. Was ist natürlicher, als daß alles eine gewisse Unbehaglichkeit und Verdrossenheit zeigt, die bei den meisten wohl selbst nicht weiß, was sie will und wen sie anklagen soll? Frieden, Frieden! schreit der Kaufmann und Fabrikant. Welche Regierung, welches System dazu helfe, das weiß er nicht mehr, so viel hat man ihm versprochen und so wenig gehalten. Es ist eine dumpfe Gleichgültigkeit und Hoffnungslosigkeit, die sich zuweilen dadurch Luft macht, daß sie alle Generäle und Regierenden Räuber und Spitzbuben nennt, doch wahrlich dieses nicht öffentlich. Der Pöbel ist immer ein blindes Ungeheuer, das bei hundert Augen alles verwirrt sieht. Er schlägt heute tot, den er gestern anbetete, und kann also kein festes Urteil haben, noch geben. Dieser ist hier bei dem brennenden und wilden Charakter gefährlich, und deswegen und weil selbst unter den anderen Klassen keineswegs dem politischen Frieden zu trauen ist, liegt immer viele Besatzung hier, und die Polizei ist äußerst strenge. Wer nicht Soldat ist, darf bei schwerer Strafe keine Waffen und statt des Stabes kaum eine Rute führen, und nur Lahmen und Greisen erlaubt man eine Stütze. Eine böse Zeit für die dicken Bäuche! Nach zehn Uhr umzugehen, ist nicht ganz sicher für den Fremden, und ohne Laterne nach diesem Glockenschlage zu gehen, bringt in Verhaft.

Arthur Schopenhauer
Ausflug von Marseille

Sonntag. d. 8ten April [1804]

Nachdem wir zehn Tage in *Marseille* gewesen waren, machten wir eine Ausfahrt nach *Toulon* u. *Hières.* Eine junge Engländerin, *Miss Nichols,* hatte sich uns zur Reisegesellschaft angeboten: da sie in ihrem zweysizigen Wagen allein war, nahm ich den andern Platz ein, u. fuhr mit ihr. Wir kamen durch eine sehr bergige Gegend: fuhren fast immer zwischen zwey Reihen hoher Felsen, die zur Hälfte nackt, u. übrigens mit Fichten u. Rosmarin bewachsen waren. Wir waren um Mittag ausgefahren, u. gegen Abend sahen wir *Cuge* im Thale, von hohen Bergen umringt, unter uns liegen: wir brachten daselbst die Nacht zu. Es wachsen in dieser Gegend erstaunlich viel aromatische Kräuter, u. Rosmarin in so großer Menge, daß man nichts Anderes brennt: ein solches Rosmarinfeuer verbreitet einen sehr angenehmen Geruch im Zimmer.

Am andern Morgen fuhren wir früh aus um zu Mittag in *Toulon* zu seyn. Die Gegend wird, je weiter man kömmt, immer felsiger, immer wilder u. sonderbarer: die Berge werden kahler, große Fels-Massen ragen zwischen den Fichten hervor, das Thal wird immer enger, u. endlich, Eine Post vor *Toulon,* schlängelt sich der Weg nur noch dicht zwischen zwey Reihen aufeinandergethürmter Felsen, längst einem schmalen Waldstrohm der sich schäumend durch die Felsen drängt. Hier sieht man keinen Baum, kaum hin u. wieder ein Gräschen; alles ist Fels, in den sonderbarsten Gestalten ragen die hellgrauen Massen übereinander hervor, bilden Spitzen u. Höhlen, und seltsame Figuren, u. hängen über den Weg herab. Selbst der Weg ist lauter Fels, u. geht in solchen Krümmungen, daß man den Ausgang zwischen den Felsen nicht sehn kann, u. es scheint als wäre man ganz eingeschlossen. Nachdem wir eine halbe Stunde zwischen diesen schauerlichen Felsen gefahren waren veränderte sich plötzlich die Gegend u. wir kamen in die fruchtbaren Fluren von *Toulon*, u. nahe vor der Stadt sahen wir schon Gärten mit Orangen-Bäumen in freier Erde. – Sobald wir angekommen waren gaben wir unsre Addreß-Briefe ab. Die größte Merckwürdigkeit konnten wir heute nicht sehn, das Arsenal, weil dazu eine besondere Erlaubniß gehört. Indessen führte uns *Hr. Aguillon* an den wir addressirt waren, herum. *Toulon* ist nicht groß, noch sehr gut gebaut, die Straßen sind meistentheils eng. Wir besahen den Theil des Hafens der nicht zum Arsenal gehört, u. die Kauffahrten-Schiffe enthält: er ist sehr leer, u. still. Der schönste Platz von *Toulon* ist der *Champ de battaille*, er ist sehr groß, u. von schönen Häusern u. Alleen umgeben; in der Mitte werden die Soldaten exercirt.

Wir machten am andern Tag die Ausfarth nach *Hières* um die Orangen-Gärten zu sehn. Wir fuhren früh weg. Der Weg nach *Hières* ist ganz entsetzlich, bald Steine die den Wagen zu zertrümmern drohen, bald Moräste, in die er bis zur Axe versinckt. Wir kamen durch eine äußerst fruchtbare Gegend. Das Klima ist hier schon viel milder wie in *Marseille.* Wir fanden durchaus alles grün: die Weinfelder waren ausgeschlagen, u. die Feigen- u. Maulbeer-Bäume, die in *Marseille* noch größtentheils keine Blätter hatten. Auch gedeiht hier alles auffallend besser, was man besonders an den Oliven-Bäumen mercken kann; bey *Narbonne, wo* ich diese zuerst sah, sind sie klein u. krüpplich: je weiter man kömmt desto schöner werden sie; hier findet man sie von der Größe einer gewöhnlichen Linde: auch Feigen u. Granaten-Bäume die wir hier in allen Feldern u. Landstraßen sahen, sind außerordentlich schön und groß. Die Granaten-Bäume wachsen hier auch wild, doch haben die wilden weniger große

Blumen u. Früchte. Die Felder duften hier von wilden wohlriechenden Blumen, Timian, Mayoran, u. wildem Lavendel. Wir kamen um zwölf Uhr in *Hières* an. Dicht davor hat man eine sehr schöne Aussicht, auf den Berg an dem *Hières* liegt, die Orangen-Gärten, u. die See mit den *Hièrischen* Inseln, die nah am Ufer liefen.

Hières ist ein kleiner Flecken, der Berg an dem die Stadt liegt ist ehemals ein Vulkan gewesen, doch seit langer Zeit verloschen; die Stadt scheint ehemals auf dem Berge gelegen zu haben, da die Festungswercke bis an die Spitze gehen, u. man noch viele alte Thürme darauf sieht.

Nachdem wir gefrühstückt hatten, giengen wir sogleich in die Orangen-Pflanzungen. Dieser Anblick muß jeden Bewohner des Nordens entzücken: die edlen Bäume tragen immer Blätter, Früchte u. Blumen zugleich, kein Winter entlaubt sie: doch da man kürzlich geerndtet hatte, hatten sie jetzt grade fast keine Früchte, ausgenommen in einem Paterre, wo man sie gelassen hatte, u. wo wir die Bäume mit den großen goldnen Orangen u. Zitronen über u. über so beladen sahen, daß sich die Zweige zur Erde bogen. Diese Pflanzungen sollen den Besitzern erstaunlich viel eintragen; es sind nicht Gärten, sondern Wälder von Orangen-Bäumen, wo sie dicht nebeneinander stehn, von Gängen durchkreuzt, in denen man lauter Wohlgerüche einathmet. Wir besahen verschiedene Pflanzungen, sie sehn sich alle sehr ähnlich: in Einer fanden wir viele fremde Bäume; unter andern eine herrliche Dattel-Palme. Sie war hundert Jahr alt, schnurgrade u. so hoch wie die höchsten Eichen: sie hatte viele Früchte, die aber noch nicht reif waren, u. einen unangenehmen Geschmack hatten, indessen sollen sie im Sommer reif werden: auch sahen wir hier einen Kokosbaum der viel Ähnlichkeit mit dem Platanen-Baum hat. Nachdem wir uns an den schönen Orangen-Pflanzungen genug ergötzt hatten fuhren wir ohne weiteren Aufenthalt nach *Toulon* zurück, wo wir um fünf Uhr ankamen, u. schon Hrn. *Bastianelli*, einen der Inspektors des Arsenals, an den wir addressirt waren, vorfanden, mit dem wir sogleich ins

Arsenal giengen, um es ganz zu besehn ehe es dunkel ward. Das Arsenal ist gar nicht, was man sonst unter dem Namen versteht, ein Zeughaus: das Arsenal ist so groß wie die ganze Stadt: es ist eigentlich eine Abtheilung des Hafens, mit einer Menge Gebäude, in denen alles was zur Marine gebraucht wird verarbeitet wird. Wir sahen die große Schmiede, ein ungeheures gewölbtes Gebäude; man glaubt hier in der Werckstätte Vulkans zu seyn: auf vier u. zwanzig großen Heerden glühte Eisen. In einer andern großen Abtheilung werden blos Nägel, von allerhand Größen u. Gestalten gemacht; in noch einer andern alle scharfe Werckzeuge, Beile, Meißel, Messer, Säbel u.s.w. – Von hier giengen wir zur *Corderie,* wo alle Stricke und Ankertaue zu den Kriegs-Schiffen gemacht werden: dies Gebäude hat inwendig zwey Reihen steinerner Pfeiler, die es tragen u. drey Gänge bilden, in denen die Stricke gedreht werden, u. die einen sehr hübschen Anblick gewähren, da das Gebäude 1250 Fuß lang, u. von Einem Ende zum andern beinahe unabsehbar ist. Hierzu gehört wieder ein andres Gebäude in welchem die Stricke zu Strickleitern, Flaschenzügen etc. verarbeitet werden. Auch sahen wir die Kanonen u. Mörser, die zur Ausrüstung neuer Schiffe fertig liegen: man will jetzt keine andern wie eiserne Kanonen haben, weil der Knall der bronzernen zu starck ist, u. die Soldaten taub macht.

Eine der interessantesten Sachen im Arsenal ist das Modell-Haus. Es enthält eine sehr große Anzahl von kleinen hölzernen Modellen, von allen verschiedenen Bauarten der Schiffe, u. von allen Maschinen die im Hafen, oder zur Erbauung der Schiffe gebraucht werden, besondere Modelle von Schiffen die besonders schnell gesegelt haben; endlich alles, im Kleinen, was auf das Seewesen den entferntsten Bezug hat, bis auf alle Sorten Nägel die an Schiffen gebraucht werden. Alle diese Modelle sind außerordentlich fein, u. nach den genauesten Verhältnissen, gearbeitet. Junge Leute die sich dem *Ingénieur*-Stande widmen, werden nach diesen Modellen unterrichtet.

Im Hafen sahen wir nur zwey Linienschiffe, die auf ihre

Mannschaft warten; wir giengen nicht hinein, weil sie von Innen noch in Unordnung sind. Zwey andre wurden gebaut. Und ein fünftes wurde ausgebessert: es lag zu dem Behuf in einem kleinen Bassin der mit ungeheuren Kosten dazu eingerichtet ist, u. von dem das Wasser durch eine Schleuse abgehalten wird, so daß das Schiff trocken liegt. Im Modellhaus ist der Plan dieses Bassins, durch den man eine deutliche Idee davon bekömmt. Erst wenn man ein Kriegs-Schiff in diesem engen Raume, u. da es im Trocknen liegt, ganz u. gar übersieht, lernt man die ganze Größe der ungeheuren schwimmenden Maschine einsehn. Vom Hafen aus kann man sehr deutlich sieben Linien-Schiffe u. einige Fregatten sehn, die auf der Rhede liegen, bisweilen soll man sogar die englische Flotte unterscheiden können. Alle schweren Arbeiten im Arsenal werden durch die Galeeren-Sklaven verrichtet, deren Anblick für Fremde sehr auffallend ist. Sie werden in drey Klassen getheilt: die Erste machen diejenigen, die nur für leichte Verbrechen und kurze Zeit da sind, Deserteurs, Soldaten die gegen die Subordination gefehlt haben u. s. w.: sie haben nur einen eisernen Ring am Fuß, u. gehn frey umher, d. h. im Arsenal, denn in die Stadt darf kein *Forçat* kommen. Die zweyte Klasse besteht aus größern Verbrechern: sie arbeiten zwey u. zwey mit schweren Ketten an den Füßen zusammengefesselt. Die dritte Klasse, die der schwersten Verbrecher, ist an die Bänke der Galeere geschmiedet, die sie garnicht verläßt: diese beschäftigen sich mit solchen Arbeiten, die sie im Sitzen verrichten können. Das Loos dieser Unglücklichen halte ich für bey weiten schrecklicher, wie Todes-Strafen. Die Galeeren, die ich von außen gesehn habe, scheinen der schmutzigste ekelhafteste Aufenthalt der sich dencken läßt. Die Galeeren gehn nicht mehr zur See: es sind alte kondemnirte Schiffe. Das Lager der *Forçats* ist die Bank an die sie gekettet sind. Ihre Nahrung bloß Wasser und Brod: u. ich begreife nicht wie sie, ohne eine kräftigere Nahrung u. von Kummer verzehrt, bey der starcken Arbeit, nicht eher unterliegen; denn während ihrer Sklaverey werden sie ganz wie Lastthiere behandelt: es ist schrecklich wenn man es bedenckt, daß das Leben dieser elenden Galeeren-Sklaven, was viel sagen will, ganz freudenlos ist: u. bey denen, deren Leiden auch nach fünf u. zwanzig Jahren kein Ziel gesetzt ist, auch ganz hoffnungslos: läßt sich eine schrecklichere Empfindung dencken, wie die eines solchen Unglücklichen, während er an die Bank in der finstern Galeere geschmiedet wird, von der ihn nichts wie der Tod mehr trennen kann! – Manchem wird sein Leiden wohl noch durch die unzertrennliche Gesellschaft dessen erschwert, der mit ihm an Eine Kette geschmiedet ist. Und wenn dann nun endlich der Zeitpunkt herangekommen ist, den er, seit zehn od. zwölf, od., was selten kommt, zwanzig ewig langen Jahren, täglich mit verzweifelnden Seufzern herbeywünschte: das Ende der Sklaverei: was soll er werden? er kommt in eine Welt zurück, für die er seit zehn Jahren todt war: die Aussichten die er vielleicht hatte, als er zehn Jahr jünger war, sind verschwunden: keiner will den zu sich nehmen, der von der Galeere kommt: u. zehn Jahre Strafe haben ihn von dem Verbrechen des Augenblicks nicht reingewaschen. Er muß zum zweyten Mal ein Verbrecher werden, u. endet am Hoch-Gericht. – Ich erschrak als ich hörte, daß hier sechstausend Galeeren-Sklaven sind. Die Gesichter dieser Menschen können einen hinlänglichen Stoff zu physionomischen Betrachtungen geben. –

Wir hatten jetzt alle Merckwürdigkeiten von *Toulon* gesehn, u. verließen es am andern Tage. Der Weg von *Toulon* nach *Marseille* ist sonst nur Eine Tagereise. Da ich aber mit der *Miss Nichols* fuhr, die mit ihren eignen Pferden reiste, was eine große Beschwerde ist, mußte ich mit ihr einen Tag zurückbleiben: wir schliefen wieder in *Cuge,* u. kamen am folgenden Mittag erst in *Marseille* an.

Während der ganzen Zeit unseres Aufenthalts in *Marseille* hatte fortwährend der kalte *Vent de bise,* den man hier *Mystral* nennt, geweht: der sich aber stets gegen Abend legt, um welche Zeit man alsdann auf der *Alée du Mail,* den Boulewards u. der *Montagne Bonaparte* spatzieren geht. Auch auf der Reise nach

Toulon hat dieser Wind uns verfolgt, doch ist er dort weniger fühlbar als in *Marseille.* Wenn diese Geißel des südlichen Frankreichs weht, ist das Wetter so veränderlich, daß man oft alle vier Jahrzeiten an Einem Tage hat: es ist alsdann kälter wie im Winter: wenn der Wind aber eine Weile einhält, wird es plötzlich heiß: dann und wann regnet es ein wenig, u. nach einer halben Stunde sind die Straßen wieder trocken. – Da wir aus *Toulon* zurückkamen hatte der *Mystral* endlich aufgehört, u. es war jetzt auf Ein Mal sehr heiß geworden; im Hafen, u. in den Haupt-Straßen hatte man über die breiten *Trottoirs* große Leinwandne Markisen ausgespannt, so daß man ganz im Schatten geht: eine sehr angenehme Einrichtung welche die große Hitze hier nothwendig macht.

An einem windstillen Tage ließen wir uns ein Mal auf die Rhede rudern. Ich habe die Nordsee nie so ruhig gesehn wie ich das Mittelländische Meer fand, bisweilen soll es so still wie ein Teich seyn. Wir fuhren ohne die geringste Unannehmlichkeit auf der Rhede. Das Wasser ist außerordentlich klar, besonders in einer kleinen Bucht, in der bisweilen viertausend Menschen beyderley Geschlechts baden sollen: der großen Hitze ungeachtet fängt man hier daher im Juny zu baden an. Man kann von hier die Küste des Dauphiné's u. den engen Eingang des Hafens sehr gut übersehn. Nahe am Ufer sind zwey Felseninseln: auf der einen liegt das kleine *Fort d'Iff,* in welchem der *Masque de Fer* lange gefangen saß. – Die großen Felsen am Gestade, die in die See herausragen u. Grotten bilden, in denen Fischer ihre Netze auswerfen, gewähren einen hübschen Anblick.

Während unsers ersten Aufenthalts in *Marseille* machten wir ein Mal eine Ausfahrt nach dem *Chateau Borelli,* welches für das schönste Landhaus um Marseille gilt: das Schloß ist sehr hübsch, u. enthält eine schöne Gemählde-Sammlung: der Garten ist nichts außerordentliches. Um *Marseille* ist kein einziger recht schöner Garten: doch ersetzt dies die herrliche Lage u. Aussicht der Bastiden.

Johanna Schopenhauer
Reise nach Toulon

Nach *Toulon*, nach *Hyères*, ins schöne Land, wo die Zitronen blühen, mußten wir, in dieser Nähe desselben, doch eine Wallfahrt unternehmen. Eine junge, im nämlichen Hause wohnende Engländerin hörte von diesem unseren Vorsatz und bat, uns begleiten zu dürfen. Da sie in ihrem eigenen Wagen mitfahren wollte, so willigten wir gern ein. Sie war ein zartes, kränkelndes Wesen, wie so viele ihrer Landsmänninnen, unbehilflich in dem fremden Land und voll nationaler Eigenheiten und Gewohnheiten, die sie nicht ablegen konnte und die ihr unter diesen damit unbekannten Menschen jeden Schritt erschwerten. Während des Krieges war sie ihrer zerrütteten Gesundheit wegen mit ihrem Vater, einem Parlamentsmitglied, und ihrer Schwester nach Frankreich gekommen. Bei dem unerwartet schnell ausgebrochenen Kriege wurde diese Familie, wie alle damals in Frankreich anwesenden Engländer, auf höchst widerrechtliche Weise für kriegsgefangen erklärt, der Vater nach Verdun geschleppt, und die arme kranke Lucy blieb des wärmeren Klimas wegen bei ihrer Schwester in Toulouse, die sich indessen dort mit einem angesehenen Mann verheiratet hatte. Mit hohem Erröten, fast weinend über das Gefühl der in ihren Augen damit verknüpften Schande, gestand uns Lucy das Unglück, einen Franzosen zum Schwager zu haben, so daß wir nicht wußten, ob wir mit ihr darüber weinen oder über den komisch-ernsten Ausdruck ihres gekränkten Patriotismus lachen sollten. Jetzt war sie auf dem Wege nach Verdun zu ihrem Vater und glaubte nur einen ganz kleinen Umweg zu machen, indem sie von Toulouse über Marseille, Toulon und Hyères nach Verdun reiste. Denn obgleich alle englischen Damen in ihren Pensionen Geographie lernen, so haben sie doch keinen Begriff von der Größe der Welt, besonders des festen Landes, indem sie immer ihre kleine Insel, die ihnen das Größte dünkt, zum Maßstab nehmen.

Da stand nun das wirklich liebenswürdige junge Mädchen ganz allein in der wildfremden Stadt, mit einem englischen Kutscher, ein paar englischen Pferden und einer französischen *femme de chambre* von der schlimmsten Art, die sie ganz treuherzig unterwegs in einem Gasthofe angenommen hatte, weil die von ihrer Schwester mitgegebene Engländerin wieder umgekehrt war, da sie der Provence keinen Geschmack abgewinnen konnte. Der Kutscher behauptete, seine Pferde wären die klügsten Personen im ganzen Lande, weil sie doch wenigstens Englisch verständen, und Miß Lucy hätte bald aus dem nämlichen Grunde dasselbe von uns behauptet; wenigstens erschienen wir ihr höchst tröstlich in dieser peinlichen Lage.

An einem sehr schönen Morgen machten wir uns also in zwei Wagen auf den Weg. Miß Lucy, mit Yoricks empfindsamen Reisen in der Hand, die ihr unterwegs zum Leitstern dienen sollten, behauptete: sie müßte überall hin, wo Yorick gewesen wäre, an dessen strenger Wahrheit in Beschreibung des Landes sie nicht den mindesten Zweifel dulden wollte. Wir durchfuhren die mit Bastiden besäte Umgegend von Marseille und kamen bald ans Ufer des Huveaune, der jetzt still und silbern unter grünen Bäumen dahinfloß, oft aber zum reißenden Bergstrom wird und großen Unfug anrichtet. Bei *la Renarde,* einer der schönsten Bastiden, stiegen wir aus. Hier ist eins der lieblichsten Fleckchen auf Gottes Erdboden, wo man gleich hätte Hütten bauen mögen. Das artige Wohnhaus liegt auf einer kleinen Höhe, an deren Fuße der Strom durch ein liebliches, grünes Tal voll herrlicher Bäume sich windet und zuletzt, wild brausend, vom Felsen in die Tiefe stürzt. Hohe, teils nackte, teils mit Zypressen und Fichten bewachsene Felsen schützen den freundlichen Ort gegen die sengenden Strahlen der Sonne und den alles Leben aussaugenden Mistral; daher grünt und blüht hier alles in unbeschreiblicher Pracht. Nur ein bescheidener Küchengarten liegt dem Wohnhaus zur Seite, und die französische Gartenkunst tut unstreitig sehr wohl daran, hier keine Verschönerungen zu wagen.

Hinter la Renarde wird die Gegend wilder; zuletzt ziehen sich die steilen Felsen um eine enge Kluft zusammen, durch die der Weg sich windet. Lucy war außer sich vor Freude über den schönen Greuel (*beautiful horror*) und rezitierte eine Menge Beschreibungen ähnlicher Gegenden von Thompson, Shakespeare und allen möglichen namhaften englischen Dichtern, die jeder gebildete Engländer bei solchen Gelegenheiten zur Hand hat. So traurig die Natur hier eigentlich ist, so besitzt sie für Nordengländer in der Tat einen ganz eigenen Reiz. Die Vegetation zwischen den wunderbar gezackten Felsen hat nur eine Art von geistigem Leben; nichts ist grün; die Olivenbäume, welche zwischen den Steinklüften wachsen, der Lavendel und ähnliche Kräuter, die überall sprossen, sehen alle grau aus, aber ein süßberauschender Duft steigt aus ihnen empor, die Felsen glühen im Abendschein, und tausend Zikaden klingeln ihr einfaches Lied unaufhörlich.

Wir übernachteten in dem tief im Grunde liegenden, von Felsen umgebenen Städtchen *Cuges.* Ringsum bedeckt wildwachsendes Kaperngesträuch die Felsenwände. Diese klimmende Pflanze wird dadurch zum Hauptnahrungszweig der Einwohner, welche die eben sich zeigenden Blütenknospen mit großer Sorgfalt sammeln, sie auf der Stelle in Essig einmachen und dann zur Versendung in alle Welt verkaufen. Ein sehr angenehmer Duft, fast wie von Zedernholz, kam uns beim Einfahren in den Ort entgegen, dessen Ursache wir bald in dem Kaminfeuer entdeckten, welches unsere Engländerin nach ihrer Landessitte im Gasthof anmachen hieß, um die Luft im Zimmer zu trocknen. Die Leute brennen nämlich in Cuges nur Rosmarinholz. Diese bei uns so zarte Pflanze wächst hier in ihrer Heimat zu einem Strauch von ansehnlicher Größe heran, mit mehr als armdicken Zweigen, und die Wurzeln davon, welche man vorzüglich gern brennt, sind noch weit stärker.

Hinter Cuges führt der Weg eine sehr steile Anhöhe hinauf. Zwar ist er breit genug; dennoch grauste uns vor dem Abgrunde, der seitwärts schwarz und fürchterlich den Reisenden angähnte. Oben empfing uns ein wunderschönes Tal, von noch höheren Felsen umgeben, durchrauscht von einem wilden, schäumenden Bergstrome, zu welchem mehrere silberhelle Quellen von den Felsengipfeln pfeilschnell hinabeilen. Reben, Mandeln, Olivenbäume und Maulbeerbäume wachsen zwischen dem Gestein üppig hervor; an einigen Stellen erheben die malerischen Felsen ihre zackigen Häupter hoch gen Himmel und stehen schroff und zürnend da; aber wo nur irgendein fruchtbares Plätzchen sich zeigt, hat auch der fleißige Mensch gebaut, und die Mischung von Kultur und widerstrebender Natur in diesem Tale gibt der Gegend einen unnennbaren Reiz. Der steinige Weg zwang uns, viel zu Fuß zu gehen. Miß Lucy war damit besonders zufrieden, denn hier und nirgends anders wollte sie durchaus den Schauplatz von Yoricks empfindsamen Abenteuern entdecken, vor allem den Berg, auf welchem er eine Pächtersfamilie zum Abendgebet tanzen sah. Leider war keine Spur von dem allen zu finden, gar nichts, das nur von ferne einen sentimentalen Anstrich hatte, wollte uns begegnen; und zu Miß Lucys Herzeleid ging in dieser poetischen Gegend alles ganz prosaisch seinen Gang.

Allmählich ziehen sich die Felsen von beiden Seiten zusammen, so daß der Strom und der Weg das immer enger werdende Tal einnehmen; die Olivenbäume und alle Kultur verschwinden; die Felsen erheben sich höher in immer kühneren Formen, und wir betreten das wilde Tal von Olliules, in welchem in früheren Zeiten und auch während der Revolution große Räuberbanden hausten. Im wild verworrenen Labyrinth dieser grauenerregenden Klüfte ward es ihnen leicht, Verfolgern zu entgehen oder sich gegen sie zu verteidigen; und selbst jetzt noch betritt der einsame Wanderer diese Gegend nur mit Schauern als eine der unsichersten. Alles Leben verstummt hier in der wildesten Einöde; kein Vogel singt; selbst die Zikaden meiden den Ort, wo auch kein einziger Halm dem harten Stein entkeimt. Wild braust der Strom neben dem steil in die fürchterliche Tiefe hinabführenden Wege, der sich durch enge Klüfte krümmt; drohend blicken die unersteiglichen Felsen auf ihn herab, oft neigen sie sich gegen einander über den Weg hin, einem ungeheuren Gewölbe ähnlich, durch dessen Spalte nur ein schmaler Streif des Himmels sichtbar wird; oft treten sie so vor, daß wir nicht begreifen konnten, wo wir hergekommen waren und wo wir wieder hinaus wollten. Seitwärts blickt man in noch engere Täler, in finstere Höhlen und schwarze, furchtbare Abgründe und Steinklüfte. Alles ist öde, verworren, wie bestimmt zum Schauplatz dunkler Taten, die das Licht der Sonne scheuen. Große Felsenblöcke liegen überall zerstreut umher, als wären sie in grauer Vorzeit von Riesenhänden herumgeschleudert. Im heißen Sommer, wenn die Strahlen der Sonne von diesen Felsenwänden zurückprallen, verschmachten Menschen und Tiere in der glühenden Hitze, und oft verunglücken sie, wenn bei Gewitterregen der Strom wild anschwillt und plötzlich das ganze Tal überschwemmt.

Eine gute Stunde lang durchzogen wir diese steinerne Wüste, bis sich wieder die ersten Olivenbäume zeigten, als freundliche Boten des wiedererstehenden Lebens der Natur. Wir erblickten von ferne das Dörfchen *Olliules* in dem immer weiter und freundlicher werdenden Tale. Wir kamen näher und sahen mit unaussprechlicher Freude die ersten Orangenbäume in den Bauerngärten, sich beugend unter der Last der goldenen Früchte und dabei mit Blüten besät. So plötzlich waren wir aus dem dem Eingang der Hölle ähnlichen Felsenschlund in das Elysium ähnliche Land unserer schönsten Träume versetzt, so daß uns alles wie Feenzauber erschien. Jubelnd vor Freude legten wir den uns jetzt zu kurz dünkenden Weg von Olliules bis Toulon zurück, durch eine paradiesische, in der üppigsten Vegetation blühende und grünende Ebene, von vielen hundert Bastiden der Einwohner von Toulon belebt, bis zu dieser Stadt, wo wir im Malteserkreuz ein sehr gutes Absteigequartier fanden.

Hermann Fürst Pückler

Avignon

Avignon, 5. September 1809

Obgleich uns noch Manches in Lyon zu sehen übrig blieb, so glaubten wir doch es unsern geringen Mitteln schuldig zu seyn, von einer Gelegenheit zu profitiren, mit der wir auf einem Schiff, das diese Nacht Truppen nach Spanien abführte, für einen sehr wohlfeilen Preis bis Avignon in Zeit von zwei bis drei Tagen gelangen konnten. [...]

Um zwei Uhr nach Mitternacht embarquirten wir uns auf der Saone mit ohngefähr hundert Kanonieren, unter denen wir auf einer leeren Tonne bescheiden Platz nahmen. Bald schnarchte Alles um uns her, und die dichte Finsterniß, die mit ihrem schwarzen Schleier die Gegenstände bedeckte, gab uns Anlaß, Glossen über die schlechte Beleuchtung der Stadt zu machen, in der wir langsam hinfuhren, ohne mehr als hie und da ein einsam brennendes Lämpchen zu entdecken. Es ist in der That sonderbar, wie sehr die Nacht in dieser großen Stadt noch ausschließlich dem Schlaf geheiligt ist; ein Fußreisender, der nach 10 Uhr Abends hier anzukommen gedächte, würde gut thun, sich mit Licht und Mundprovisionen zu versehen, wenn er sich nicht den Kopf an den Häusern einzustoßen und hungrig zu Bett zu gehen wünschte. Mir ging es wenigstens beinah so, als ich am vorigen Abend in der eilften Stunde vergebens in der halben Stadt herumtappte, um ein Abendessen zu finden. Überhaupt scheint in Lyon aller Luxus mehr in das Innere der Häuser, hinter verschlossne Thüren verbannt zu seyn, als sich äußerlich zu zeigen; man findet die meisten Artikel desselben in hundert Buden an den Straßen aufgestellt, aber nie öffentlich angewandt; mir ist nicht einmal, so lange ich mich hier aufhielt, eine einzige Equipage zu Gesicht gekommen, die man so hätte nennen können, eine Simplicität, die kaum in der Schweiz angetroffen wird, wo die Equipagen durch Luxus-Gesetze verboten sind.

An der plötzlichen Schnelligkeit, mit der das Schiff zu gehen anfing, bemerkten wir, daß wir die Saone verlassen hatten und in die Rhone eingelaufen waren. Ein schwacher Schein erhellte allmählig die dämmernde Gegend, und wie optische Schatten aus einer Rauchwolke hervorgehend, immer größer und deutlicher auf uns zuschweben, bis sie endlich in ihrer wahren Gestalt vor uns stehen, so wanden sich nach und nach die Gegenstände aus der verhüllenden Nacht und reihten sich, von der kommenden Sonne geröthet, im glänzenden Kreise umher.

Der reißende Strom der Rhone führte uns halb bei Vienne vorüber, das in einer angenehmen Lage am Ufer des Flusses sich ausbreitet. Gern hätte ich seine Alterthümer besucht, aber das Schiff hielt nicht an, und in wenig Minuten waren schon die letzten Thürme der Stadt unsern Blicken entschwunden. Die brennende Hitze, der wir ohne Schutz in dem offenen Schiff ausgesetzt waren, verursachte mir gegen Mittag ein heftiges Kopfweh, das mich für die Schönheiten der Gegenden, die wir durchreisten, ziemlich unempfindlich machte; kaum warf ich einen flüchtigen Blick auf die mit Reben bedeckten Ufer, die den köstlichen Wein von Cote rotie und Hermitage uns liefern. Auffallend waren mir dennoch die Menge Ruinen und zerstörten Flecken, bei denen wir unaufhörlich vorbeikamen; einige waren ehrwürdige Überreste des Alterthums und der Ritterzeit, die meisten aber nur traurige Zeugen der Verwüstungen der Revolution. Gegen Abend kamen wir, nach einer Tagesreise von beinahe 20 Lieues in Valence an, wo wir einige Stunden um Provisionen einzunehmen anhielten, und dann mitten in der Nacht weiter segelten. Von den unerträglichsten Kopfschmerzen geplagt, auf dem bretternen Fußboden des Schiffs hingelagert und den Kopf an eine Tonne angelehnt, gelang es mir nach einer grausamen Nacht, erst gegen Morgen etwas einzuschlafen; kaum mochte ich indeß eine Stunde geruht haben, als einer der neben mir liegenden Soldaten, von einem lebhaften Traume beunruhigt, mir einen so heftigen Stoß mit den Füßen versetzte, daß ich erschrocken in die Höhe fuhr. Um mich zu erhalten, will ich die Hand auf die Tonne stützen, greife aber unglücklicherweise meinem ebenfalls schlafenden Reisegefährten grade in's Gesicht, der mit einem Schrei auffspringend mich auf zwei andre Soldaten zurückwirft, und unser allgemeines Fluchen und Lärmen nach und nach die ganze Artilleriecompagnie erweckt. Die Sonne ging eben feurig über den blauen Bergen auf und erleuchtete mit ihren goldnen Strahlen die bärtigen Angesichter der schlaftrunknen Krieger, als dieses tragikomische Erwachen vorfiel; ein freudiges Morgenlied begrüßte aus Aller Munde die Göttin des Tages und ich vergaß, durch den kurzen Schlummer gestärkt, die ausgestandnen Leiden bei einem Frühstück saftiger Pfirschen, die Herr von Wulffen, stets sorgsam, für uns in Valence gekauft hatte, während ich krank im Schiff zurückgeblieben war. Diese Entbehrung empfand ich um so schmerzlicher, da das Schloß meiner Mutter, die in diesem Augenblick zwar nicht in Frankreich lebte, nur eine Stunde von Valence entfernt ist, und ich es nie gesehen habe.

Der Wind war uns heute entgegen und die Reise ging viel langsamer von Statten, aber gleichsam als wollte die reizende Gegend uns einen Ersatz für das längere Verweilen anbieten, schmückte sie sich jeden Augenblick mit veränderter Schönheit. Bald thürmten sich nackte Felsen mit bemoßten Ruinen bedeckt senkrecht über uns empor; bald wieder sahen wir uns rund umher von grünen Rebenwänden wie in einer weiten Laube eingeschlossen; ein andresmal erblickte man durch Silberpappeln und Mandelbäume das entfernte Land bis an die dunklen Berge, im mannigfachsten Spiel der Farben schimmern, bis kurz darauf ein kleiner Archipel von buschbedeckten Inseln neidisch jede Aussicht in die Ferne verbarg.

Nicht ohne Interesse wandte ich meine Augen zuweilen von der schönen Natur hinweg auf unsre lustige Schiffgesellschaft und hörte ihren Gesprächen zu. Nur Wenige spielten, Keiner rauchte, die Meisten hatten sich unter ihre Mäntel hingelagert, die sie barrakenähnlich mit im Schiff gefundnen Holzscheiten gegen die Sonne ausgebreitet hatten; dort unterhielten sie sich von allerlei Gegenständen, die nicht selten in wissenschaftliche Fächer einschlugen. Für uns Deutsche ist es ein großer Stoff zur Bewunderung, den gemeinen französischen Soldaten oft so gebildet, so voll Ambition, und doch so artig und zuvorkommend zu finden, als wir es nicht selten bei unsern Offizieren vergeblich suchen. Keine Spur hier von jenem verderblichen Stolz gegen den friedlichen Bürger, von jenem Glauben, einen Nichtsoldaten ungestraft beleidigen zu können; im Gegentheil habe ich bemerkt, daß sie sich eher einige Freiheiten gegen Ihresgleichen als gegen Fremde erlauben, obwohl Keiner eine wahre Beleidigung, auch von seinem besten Cameraden, erträgt, in welchem Fall der Gemeine hier dem *point d'honneur* (ohne zu untersuchen, ob dem wahren oder falschen, denn was einmal allgemein angenommen ist, bleibt immer eine Verbindlichkeit für jeden Einzelnen) eben so strenge Folge zu leisten sich verbunden glaubt als sein General. [...]

Gegen Mittag fuhren wir unter einer schönen Brücke hindurch, die in 24 Bogen über den Fluß führt. Sie wird *le pont de St. Esprit* genannt, obgleich man sie eigentlich dem Teufel zuschreibt, der sie in einem Tag und einer Nacht erbaut haben soll, wie uns der Steuermann berichtete. Da der Wind immer heftiger wurde, und das Schiff fast gar nicht mehr vorrückte, so wurde 5 Lieues von Avignon (die hiesigen Lieues sind fast so stark wie geographische Meilen) gelandet, und wir erfuhren, daß hier abermals bivouakirt werden würde, bis sich der Wind gelegt habe. Die gestrige Partie dieser Art war mir noch zu lebhaft im Gedächtniß um mich ihr zum zweitenmal auszusetzen, ich entschloß mich daher, meine Sachen der gütigen Obhut meines Freundes zu übergeben und allein zu Fuß nach Avignon zu gehen.

Mitten durch die Felder wanderte ich über Stoppeln und Anger der großen Straße zu, während oft liebliche Wohlgerüche südlicher Pflanzen mich umdufteten, ich mir aber die Füße auch oft an stachlichen Kräutern zerstach, mit denen die Felder über und über bedeckt waren. Von Zeit zu Zeit erfrischte ich mich an den süßen Trauben und Feigen, die wie wild auf dem sandigen Boden umherwuchsen, und fast allein die traurige Öde der Gegend unterbrachen, wo ich vergebens die frischen Matten und schattigen Lauben der Schweiz aufsuchte. Das schöne mittägliche Frankreich erschien hier in der Nähe ganz anders als dort, wo vom Schiff aus in der Ferne gesehen, die niedrigen, sparsam zerstreuten Bäume noch in dichtes Gebüsch zusammentraten, der großblättrige Wein mit sanftem Grün die Gegend überzog und die verschmelzende Undeutlichkeit des Ganzen meiner Phantasie es nach Gefallen zu verschönern, freien Spielraum ließ. Alles trug in Wahrheit einen fremden, eignen Charakter, den ich bisher noch nie angetroffen hatte, aber es war ein schwermüthiger Eindruck, den er zurückließ; kein freudiger Gesang der Vögel belebte hier, im Hain noch auf der Flur, die immerwährende traurige Stille, keinen der hohen Bäume unsers Nordens sah ich die majestätischen, weiten Zweige um sich ausbreiten, kein grünes Gras, keine blumenreichen Wiesen begegneten meinem suchenden Auge; kurzen Weidenstöcken gleichende Oliven und Mandelbäume, deren schmale Blätter kaum einem Insecte Obdach geben, niedrige, einzeln stehende Maulberbäume, deren gelbliches Grün nicht für ihre unmalerische Form entschädigt, und nur desto lebhafter den dürren Sand unter ihnen bemerklich macht, düstre Cypressen, die an den Tod erinnern, unübersehbare mit Steinen bedeckte Anger, deren wüstes Ansehen nicht dadurch vermindert wird, daß sie mit Thymian und Lavendel bewachsen sind, kahle nackte Felsen in der Ferne, deren weißen Kalkstein man in einem andern Lande für Schnee halten würde – dies waren die Gegenstände, die ich bei brennender Sonnenhitze durch den Staub der Straße, von dem selbst das wenige Grün in der Nähe grau gefärbt war, erkennen konnte. Nur selten fand ich in der Folge hie und da am Wasser kleine Wiesen von Weiden und Silberpappeln eingefaßt, die wie eine Oasis in der Wüste hervortraten. Wie schwer möchte es seyn, dachte ich bei mir selbst, hier das reizende Dörfchen aufzufinden, wo die kleine Margot wohnt.

Die Erndte war schon vorbei, und alle Felder leer, was noch mehr zum todten Ansehn der Gegend beitrug; an vielen Orten sah ich das Getreide, anstatt des bei uns üblichen Dreschens, durch Pferde auf dem Felde austreten, die man im Trabe darauf herumtrieb.

Schon in einiger Entfernung von Orange bemerkte ich den Triumphbogen des Marius, der nahe am Stadtthore steht. Da ich ihn nicht ganz genau erkennen konnte, frug ich einen wohlgekleideten Mann darnach, der auf mich zugeritten kam; er antwortete, es sey ein Alterthum aus den Zeiten der Semiramis und sehr merkwürdig. – Bei aller Superiorität, die die Franzosen über uns zu haben glauben, und in Hinsicht auf Lebensbildung mit Recht in Anspruch nehmen, ist doch auch ihre Unwissenheit dem hierin besser erzognen Deutschen stets höchst auffallend.

Es ist zu verwundern, wie gut dieses Monument noch erhalten ist, obgleich es nur aus Sandstein besteht, der in einem weniger milden Klima längst in Staub zerfallen seyn müßte. Von den Figuren und Basreliefs ist wenig mehr zu erkennen, aber ein großer Theil der schön gearbeiteten Zierrathen ist fast unversehrt geblieben. Derselbe Bogen des Triumphs und der Ehre diente in der Revolution zum Ort der Hinrichtungen!

Ich ging diesen Abend noch bis Cortesone, einem großen Dorfe, drei Lieues von Avignon. Hier setzte man mir zum erstenmal alle Speisen mit Öl zubereitet vor, und obgleich es Provenceröl war, so hätte ich doch die mittelmäßigste Butter sehr vorgezogen; vielleicht ist die Gewohnheit daran Schuld, aber ein in Öl gebratnes Huhn, in geschmortem Öl schwimmendes Kraut u.s.w. bleiben für mich immer sehr ekelhafte Gerichte.

Früh um fünf Uhr setzte ich meinen Wanderstab weiter, und sah bald die Sonne glänzend über den hohen Ventoux und seine kahle Felsenkette emporsteigen, die sich links der Straße in weiter Entfernung hinzieht. Der bezaubernde, immer mit hundert Farben spielende Himmel, dessen sammetartige bunte Wolken oft nur wie zarte durchsichtige Flocken in dem Azur des Äthers schweben, scheint für die öde Traurigkeit des Landes entschädigen zu wollen, die so selten das Auge durch eine frischere Ansicht überrascht. Ich bemerkte oft eine Art hohen Schilfes, das auf trocknem Boden wuchs und mir Laien in der Botanik unbekannt war; große Brombeerhecken am Wege, in die sich Mandelzweige und Weintrauben einrankten, boten mir ein dreifaches Frühstück an, das ich besser zu beurtheilen verstand und auch nicht verschmähte, obgleich manches provencalische Ehepaar, das behaglich zusammen auf einem Eselchen sitzend, bei mir vorbei galloppirte, mitleidige Blicke auf den armen Teufel herabwarf, der seine Mahlzeit an den Hecken suchte.

Man begegnet im mittäglichen Frankreich fast keinem vierrädrigen Wagen mehr, selbst die bepacktesten Frachtwagen, die ich sah, hatten nur zwei Räder, deren Breite aber oft eine Viertelelle überstieg, eine für Erhaltung der Straßen sehr nützliche Einrichtung, die aber bei uns unnöthig ist, wo es keine Straßen gibt. Diese zweirädrigen Karren werden meistentheils von stattlichen, großen und schön angeputzten Mauleseln gezogen, die mir mehr als die stärksten Pferde zu leisten schienen.

Ein halbe Stunde vor Avignon wird die Gegend etwas lebhafter, die Felder sind dichter mit Wein bedeckt, und die Anzahl der Bäume größer als bisher; rund um die Stadt führt eine Allee von Rüstern und eine hohe ausgezackte Mauer, an der ich lange vergebens hinzog, ehe ich ein Thor entdecken konnte. Im Gasthofe der Madame Perron traf ich Wulffen wieder an, der unter vielem Ungemach die Nacht um drei Uhr hier angekommen war.

Ludwig Richter
Rhône-Reise an Weihnachten

In Lyon blieben wir zwei Tage, und hier nahm mich das Museum vorzugsweise in Anspruch. Die Malereien neuerer französischer Meister waren mir ja bisher ganz fremd gewesen, und vorzüglich war es ihre geschickte, pikante und lebendige Behandlungsweise, soweit ich dieselbe aus Radierungen in des Vaters Sammlung kannte, die mich ansprach. Nach Boissieus radierten Blättern hatte ich viel gezeichnet. Der Vater schätzte sie höchlich. Hier in seiner Vaterstadt sah ich nun sowohl Handzeichnungen und sogar ein Ölbild von ihm. Ph. de Champaigne, Le Sueur, Le Brun, die Poussins, Mignard, Vouet, Boucher, Watteau waren Namen, die ich seit meiner frühesten Jugend mit Achtung hatte nennen hören, – der Vater hatte den Respekt vor diesen französischen Meistern von Zingg überkommen, und mir war etwas davon von beiden angeflogen.

Die Insel St. Barbe, eine Lieue von Lyon an der Saone, besuchte ich ebenfalls in Erinnerung einiger Radierungen Boissieus, deren Motive daher genommen waren. Auch zeichnete ich daselbst mehreres, so wie die Reste des römischen Aquädukts bei St. Just in Fourvières. Prächtig war der Blick über die große Stadt mit ihren beiden Strömen, der weiten Landschaft mit dem schneeigen Alpengürtel. Bei hellem Wetter soll man den Montblanc sehen.

Die mit Efeu dicht bewachsenen alten Pfeiler und Bogen des Aquädukts wirkten sehr malerisch. Es war um die Mittagszeit, die Sonne schien so warm in diese kleine, immergrüne Verwilderung, die vom Gesumm der Bienen belebt war, trotz des 23.

Dezember!, daß ich mich recht glücklich bei meiner Arbeit fühlte. Die älteste Kirche Lyons, St. Just, liegt nahebei. Noch wußte ich nicht – und wenn ich's wußte, berührte es mich nicht tiefer – daß ich hier einen Boden betreten hatte, welcher geweiht war durch das Blut der Tausende von Christen, die im Anfang des zweiten Jahrhunderts Blut und Leben hingaben um ihres Glaubens willen, und unter ihnen die jugendliche, schöne und doch so kühne, todesmutige Blandina.

Ein Bild des Aquädukts von einem damals lebenden Maler, Grobon, hatte mich im Museum vor allem entzückt und mich veranlaßt, diesen Ort aufzusuchen.

Am 24. Dezember, dem lieben heiligen Christtage, reisten wir früh 6 Uhr von Lyon ab. Ich war diesen Tag mit den Gedanken viel daheim. Doch zerstreute die Fahrt längs der Rhône und ihren mit verfallenen Burgen gekrönten Felsenufern die heimwärts gekehrten Gedanken. So passierten wir das alte Vienne mit einer Kathedrale aus frühgotischer Zeit und mehreren römischen Überresten; so Valence und Montélimar, wo wir übernachteten. Wir waren nun in den Süden eingetreten, denn schon tags vorher sahen wir häufig den Ölbaum, dann Lorbeer, immergrüne Eiche, Zypresse und Pinie. Vor Orange wurde der im freien Felde liegende Triumphbogen des Marius betrachtet und in der schmutzigen Stadt ein römisches Amphitheater, welches aber ganz von Häusern und Spelunken um- und verbaut war, aufgesucht.

Gegen Abend dämmerte uns Avignon aus der Ferne entgegen, welches zum Übernachten bestimmt war. Es war der zweite Weihnachtsfeiertag. Wieder mußte ich heimdenken! Ich war da mit Augusten so fröhlich auf einem Ball gewesen, heut wie anders! Viel Genuß und wenig herzliche Freude. Wir waren nun an die grauen Stadtmauern Avignons gekommen, fuhren an denselben hin – wobei wir die verfallene, römische Brücke sahen – und hielten endlich vor dem Hotel de l'Europe.

26. Dez. In Avignon zeichnete ich mehreres, z. B. die römische Brücke mit dem beschneiten Ventoux bei Vaucluse, einige Partien des zerstörten päpstlichen Palastes, welcher, mit seinen Türmen und Zinnen die Stadt überragend, auf steilen Felsen sich malerisch ausbreitet. Wir verweilten ein paar Tage in Avignon, weil der Fürst seinen Sohn, den General, von Paris kommend, hier erwarten wollte.

Denselben Abend verbrachten wir gemeinsam am Kamin, dessen Flammen ganz behaglich wärmten, denn es war kalt und stürmisch draußen. Ein paar Italiener meldeten sich mit Gesang und Gitarre und suchten durch schwülstigen Singsang zu unterhalten. Darauf kam ein alter Savoyarde mit seinen beiden Töchtern, welche verschiedene Tänze mit und ohne klappernde Holzschuhe ausführten, während der zerlumpte Alte eine Leier, der kleine Junge das Tamburin dazu ertönen ließ. Wir fragten, ob sie sängen. – »Ja, die ältere Tochter.« – Sie setzte sich denn und sang ihre Volksweisen, während die jüngere Schwester, ein liebliches Gesichtchen, sich eng an die Schwester schmiegte, mit den Händen sie umfassend. Der Vater mit dem grauen, zottigen Haar und Bart, der hinter der hübschen Mädchengruppe stand, schnitt die komischsten Gesichter und Gebärden des Entzückens und Erstaunens über den, wie es ihm vorkam, himmlischen Gesang seiner Tochter. »*O Messieurs, écoutez! quel sentiment! oh, quel sentiment!*« Der kleine Tamburinbube stand stocksteif mit dem gleichgültigsten Gesicht neben dem alten Enthusiasten, und so gab das eine ganz hübsche Gruppe, die ich später in meine Mappe brachte. Kaum war dieser Kunstgenuß überwunden, als ein anderer schlottriger Gesell erschien, mit einem Hackebrett und einem kleinen fünfjährigen Mädchen, ein wunderhübsches Kind, welches mit größter Lust tanzte, sprang und das Tamburin dazu rührte, und als der Fürst das Licht nahm, um ihr schelmisch lustiges Gesichtchen näher zu beleuchten, versteckte sie es schnell hinter das kleine Tamburin und blieb unbeweglich stehen; als aber der Fürst lachend sich wieder entfernte, sprang sie wie ein Gummibällchen auf, sang, tanzte und schüttelte ihr Lockenköpfchen samt der Schellentrommel in jubelnder Lustigkeit.

In der Nacht kam der General an. Er war ein feiner, bleicher Mann, von sanftem, liebenswürdigem Ausdruck. Vater und Sohn bildeten einen starken Kontrast. Der alte Fürst schien der Repräsentant einer vergangenen Zeit: eine imposante Gestalt, lebendige und einnehmende Manieren, frivol und reich an Bonmots und witzigen Einfällen, durch welche er in seinen Kreisen einen Ruf erlangt hatte, konnte er doch einen Rest von Barbarentum nicht verbergen, welches gelegentlich hervorbrach, wenn er den französischen Firnisüberzug nicht bedurfte und seine eigenste Natur walten ließ. Dagegen wußte der Sohn, ein Kind der jüngeren Zeit, durch Humanität und seine Geistesbildung bald unsere Herzen zu gewinnen.

Am 29. Dezember verließen wir endlich Avignon. In Aix gab es wieder genugsam zu sehen. Kunstwerke und vielfache Reste aus der Römerzeit wurden aufgesucht und mit Interesse betrachtet. Am Silvestertag, wo wir Aix verließen, sollte nun der erste Teil der Reise abgeschlossen und in Marseille ein längerer Halt gemacht werden. Es war ein Tag, wie ihn um diese Zeit nur der Süden bieten kann. Vom wolkenlosen blauen Himmel strahlte die Sonne die lieblichste Wärme über die schöne Landschaft, deren Vegetation nun ganz das südliche Gepräge angenommen hatte; denn es wechselten Piniengruppen mit Zypressen, Oliven- und Mandelbäumen, und in der Nähe der Landhäuser standen auch Orangen in Kübeln, von Wein und Feigenbäumen umgeben.

Der stattliche Wagenzug fuhr langsam eine Höhe hinauf, und mir schlug das Herz erwartungsvoll, denn hier mußten wir Marseille, aber vor allem das Meer erblicken.

Schon erhoben sich duftige Berge; immer mehr und wieder neue stiegen langsam empor, und nun auf einmal lag das Meer vor mir! Ich war ganz Auge, völlig hingerissen von der Größe und Schönheit dieses Anblicks. Eine Unzahl weißer Segel glänzten wie ausgestreute Blütenflocken aus diesem wundervollen Blau; es waren Fischerboote oder auch größere Schiffe, welche den Hafen des alten Massilia verlassen hatten, welches sich vor uns ausbreitete und die weite Pianura mit ihren Landhäusern bedeckte. – Wonnetrunken fuhren wir nun von der Höhe hinab. Auch die Stadtbevölkerung schien in freudiger Bewegung und strömte in bunten Zügen aus den Toren, singend und lärmend; es war ja der letzte Tag des Jahres, wo die südliche Lebendigkeit nicht versäumen wollte, den Rest des süßen Bechers auszukosten.

Im Hotel de Beauveaux, am Hafen gelegen, logierten wir uns ein. Ich bekam ein kleines, hübsches Zimmer im dritten Stock, wo ich den ganzen Hafen übersehen konnte, mit dem interessanten Leben und Treiben an und auf den Schiffen, für mich ein neuer, höchst fesselnder Anblick.

Um Mitternacht stand ich noch am offenen Fenster, sah über den Mastenwald der unter mir liegenden Fahrzeuge hinweg und hörte das lustige Singen und Musizieren der Matrosen, welche noch in ihren Schenken am Hafen das Neue Jahr erwarten wollten. Dies Tollen da unten und der schweigende Sternenhimmel darüber erregte eine ernste Stimmung, die meine Gedanken in die Heimat trug. Der große Eindruck des Erlebten des heutigen Tages bewegte mich noch. Ich fühlte mein Glück, ein vor wenig Monden nie gehofftes. Aus meiner armen, engen Existenz so plötzlich in eine neue, fremde Welt versetzt, und von Tag zu Tag mit bedeutenden Eindrücken fast überschüttet, mußte ich es nicht heute am Schluß des Jahres als ein glückliches Los preisen, das mir zugefallen war? – Und doch rang sich ein Seufzer aus tiefstem Herzen heraus – es fehlte eins – die Freiheit!

Mythos Berg I:
Mont Ventoux

Francesco Petrarca

Die Besteigung des Mont Ventoux

Den höchsten Berg dieser Gegend, den man nicht unverdientermaßen Ventosus, den Windigen, nennt, habe ich am heutigen Tage bestiegen. Dabei trieb mich einzig die Begierde, die ungewöhnliche Höhe dieses Flecks Erde durch Augenschein kennenzulernen. Viele Jahre lang hatte dieses Unternehmen mir im Sinne gelegen; habe ich doch in der hiesigen Gegend, wie du weißt, seit meiner Kindheit geweilt, wie eben das Schicksal die menschlichen Dinge fügt. Dieser Berg aber, der von allen Seiten weithin sichtbar ist, steht mir fast immer vor Augen.

Nun aber faßte ich den Entschluß, endlich einmal auszuführen, was ich täglich hatte ausführen wollen, besonders nachdem mir tags zuvor, als ich römische Geschichte beim Livius nachlas, zufällig jene Stelle vor Augen gekommen war, wo Philipp der Macedonierkönig – derselbe, der mit dem Römischen Volke Krieg geführt hat – den Berg Hämus in Thessalien besteigt. Denn er hatte der Fabel Glauben geschenkt, man könne von seinem Gipfel zwei Meere schauen: das Adriatische und das Schwarze Meer. Ob zu Recht oder zu Unrecht, habe ich nicht genügend ergründen können; denn die Sache wird dadurch unsicher, daß der Berg von unserer Welt so weit entfernt ist und die Schriftsteller verschiedener Meinung sind. Um deswegen nicht alle nachzuschlagen: Der Kosmograph Pomponius Mela berichtet, ohne Anstand zu nehmen, daß es so sei, Titus Livius hält die Fabel für falsch. Wäre es aber für mich so leicht, jenen Berg zu erkunden, wie diesen hier, so würde ich nicht lange im Zweifel lassen, wie die Sache sich verhält.

Um übrigens jenen fernen Berg zu lassen und zu diesem zu gelangen: Mir schien für einen Jüngling ohne Anteil am Staatsleben entschuldbar zu sein, was man ja an einem greisen König nicht tadelt. Als ich aber wegen eines Begleiters mit mir zu Rate ging, erschien mir, so merkwürdig es klingt, kaum einer meiner Freunde dazu geeignet: So selten ist selbst unter teuren Freunden jener vollkommenste Zusammenklang aller Wünsche und Gewohnheiten. Der eine war mir zu saumselig, der andere zu unermüdlich, der zu langsam, jener zu rasch, der zu schwerblütig, jener zu fröhlich, der endlich zu stumpfen Sinnes, jener gescheiter als mir lieb. Beim einen schreckte mich seine Schweigsamkeit, beim anderen sein lautes Wesen, beim einen seine Schwere und Wohlbeleibtheit, beim anderen Schmächtigkeit und Körperschwäche. Beim einen machte mich kalte Gleichgültigkeit bedenklich, bei einem anderen wieder gar zu heißes Anteilnehmen. All das, so schwerwiegend es ist, erträgt man daheim – erträgt die Liebe doch alles, und vor keiner Belastung scheut sich die Freundschaft. Schwerer jedoch wird alles dies unterwegs. So wog mein empfindliches Gemüt, das auf eine anständige Vergnügung sann, umsichtig alle Einzelheiten gegeneinander ab, ohne damit irgendein Freundschaftsgefühl zu verletzen. Schweigend vielmehr verdammte es alles, wovon nur irgend vorauszusehen war, daß es auf der ins Auge gefaßten Reise lästig werden könne. Was glaubst du wohl? Schließlich wende ich mich um Beistand an den, der mir zunächst steht, und eröffne die Sache meinem jüngeren, meinem einzigen Bruder, den du ja gut kennst. Frohere Botschaft hätte er nicht hören können, und er dankte mir freudig, daß er bei mir gleichzeitig die Stelle eines Freundes und eines Bruders hätte.

Am festgesetzten Tage gingen wir fort von Haus und kamen gegen Abend nach Malaucène – das ist ein Ort am Fuße des Berges, nach Norden gewandt. Wir verweilten dort einen Tag und bestiegen heute endlich, jeder mit einem Bedienten, den Berg, nicht ohne viel Beschwerde. Er ist nämlich eine jäh abstürzende, fast unersteigliche Felsmasse. Indessen gut hat der Dichter gesagt: *Verwegnes Mühen alles zwingt.*

Ein langer Tag, schmeichelnde Luft, Lebensfeuer der Gemüter, Kraft und Gewandtheit der Leiber und was es sonst dergleichen geben mag, stand uns beim Wandern zur Seite; einzig widerstand uns die Natur des Ortes. Einen uralten Hirten trafen wir an den Hängen des Berges, der sich mit viel Worten bemühte, uns von der Besteigung abzubringen. Dieser sagte, er habe vor 50 Jahren in ebensolchem Ansturme jugendlichen Feuers den höchsten Gipfel erstiegen, indessen nichts von da heimgebracht als Reue und Mühe und von Felskanten und spitzem Dorngestrüpp zerrissenen Leib und Rock, und es sei weder vor noch nach jener Zeit je bei ihnen davon gehört worden, daß irgendwer Ähnliches gewagt habe. Da jener dies uns zuschrie, wuchs uns am Verbote das Verlangen – denn jugendliche Herzen schenken ja Warnern nur ungern Glauben. Infolgedessen ging der Greis, als er sah, daß er sich vergebens mühe, etwas mit vorwärts und wies uns zwischen den Felsen einen steilen Pfad mit dem Finger, wobei er vielerlei zu erinnern wußte und viel hinter uns her seufzte, als wir schon davongegangen waren.

Wir lassen bei ihm all das zurück, was irgend an Kleidungsstücken oder sonstiger Ausrüstung hinderlich sein könnte, schicken uns einzig und allein zur Besteigung an und klettern munter los. Aber wie es meist geschieht, folgt dem ungeheuren Unterfangen geschwind die Ermattung. Wir halten also nicht weit von dort auf einem Felsen sogleich wieder an. Von da brechen wir von neuem auf und rücken weiter vor, aber schon langsamer. Und besonders ich legte den Weg am Berghang mit schon bescheideneren Schritten zurück. Mein Bruder strebte freilich auf einem Abkürzungspfade geradeswegs auf das Bergjoch zu zur Höhe, ich dagegen, der ich weichlicher bin, wendete mich nach unten. Als er mich zurückrief und mir den richtigeren Weg wies, gab ich zur Antwort, ich hoffte, auf der anderen Seite einen leichteren Anstieg zu finden, und scheute den längeren Weg nicht, da ich auf ihm glatter vorwärts schreiten könne. Mit dieser Entschuldigung wollte ich meine Feigheit beschönigen, und als die andern schon die Höhe hielten, irrte ich durch die Täler, während nirgendwo sich ein gelinderer Anstieg eröffnete, vielmehr der Weg sich streckte, und zugleich die unnütze Mühe sich verschlimmerte.

Erst als ich vom Überdruß erschöpft war und mich mein Irrtum reute, beschloß ich, geradeswegs die Höhe zu erklimmen. So holte ich den wartenden und durch langes Ausruhen erfrischten Bruder ermattet und ärgerlich ein, und wir zogen nun etliche Zeit gleichen Schrittes weiter. Kaum daß wir aber jenen Hügel hinter uns gelassen, siehe, da lasse ich mich wiederum nach unten drängen und gedenke nicht mehr des Umwegs von vorhin, und wiederum gerate ich beim Durchwandern der Talgründe, während ich einen Weg von bequemer Länge suche, auf einen langen, unbequemen Weg. Allerdings schob ich so die Last des Steigens auf, aber durch Menschengeist wird die Natur der Dinge nicht aufgehoben, und es kann nun einmal nicht geschehen, daß irgendein körperliches Wesen durch Hinabsteigen zur Höhe gelangt.

Doch wozu viele Worte! So erging es mir zu meiner Entrüstung mindestens dreimal innerhalb weniger Stunden, und mein Bruder lachte darob nicht wenig. So hatte ich mich denn, oft enttäuscht, in einem Tal niedergelassen. Dort schwang ich mich auf Gedankenflügeln vom Körperlichen zum Unkörperlichen hinüber und wies mich selbst etwa mit den folgenden Worten zurecht: »Was du heute so oft bei Besteigung dieses Berges hast erfahren müssen, wisse, genau das tritt an dich und an viele heran, die da Zutritt suchen zum seligen Leben. Aber es wird deswegen nicht leicht von den Menschen richtig gewogen, weil die Bewegungen des Körpers zutage liegen, die der Seele jedoch unsichtbar sind und verborgen. Wohl aber liegt das Leben, das wir das selige nennen, auf hohem Gipfel, und ein schmaler Pfad, so sagt man, führt zu ihm empor. Es steigen auch viele Hügel zwischendurch auf, und von Tugend zu Tugend muß man weiterschreiten mit erhabenen Schritten. Auf dem Gipfel ist das Ende aller Dinge und des Weges Ziel, darauf unsere Pilgerfahrt gerichtet ist. Dorthin gelangen wollen zwar alle, aber, wie Ovid sagt: *Wollen, das reicht nicht aus, Verlangen erst führt dich zum Ziele.* Du allerdings – wenn du dich nicht hierin wie in vielen Dingen täuschst –, du willst nicht bloß, du verlangst auch. Was hält dich also ab? Doch wahrhaftig nichts weiter, als daß der Weg durch die irdischen und allerniedrigsten Gelüste ebener ist und, wie es auf den ersten Blick scheinen möchte, bequemer. Gleichwohl mußt du nach langer Irrfahrt unter der Last des zum Unheil aufgeschobenen Weges hinansteigen zum Gipfel des seligen Lebens selber oder in den Talgründen deiner Sünden säumig erliegen; und wenn dich dort – was nur heraufzubeschwören mir graut – *Finsternis und Schatten* des Todes finden, so mußt du die ewige Nacht unter beständigen Qualen verbringen.«

Es ist nicht zu glauben, wie sehr diese Überlegung mir zu dem, was noch zu tun verblieb, Geist und Körper aufrichtete. Ach könnte ich doch ebenso mit dem Geist jene Wanderung vollführen, nach der ich Tag und Nacht schmachte, wie ich nach endlich überwundenen Schwierigkeiten die heutige Wanderung mit leiblichen Füßen vollführt habe! Aber bei weitem leichter müßte doch wohl jene Wanderung sein, die durch die bewegliche unsterbliche Seele selbst ohne jede Fortbewegung *im Nu des Augenwinks* geschehen kann, als diese, die im zeitlichen Verlauf durch den Dienst des sterblichen und hinfälligen Körpers und unter der schweren Last der Glieder ausgeführt werden muß.

Ein Gipfel ist da, der höchste von allen, den nennen die Waldleute »das Söhnlein« – warum, weiß ich nicht. Ich vermute aber, daß es wie manches andere nach dem Prinzip des Gegensatzes gesagt wird; denn in Wahrheit scheint er aller benachbarten Berge Vater zu sein. Auf seinem Scheitel ist eine kleine Hochfläche. Dort ließen wir uns ermüdet endlich zur Ruhe nieder.

Und da du nun gehört hast, was für Sorgen beim Aufsteigen mir ins Herz emporgestiegen sind, so höre, mein Vater, auch das übrige, und wende eine von deinen Stunden daran, die Taten eines meiner Tage nachzulesen.

Zuerst stand ich, durch einen ungewohnten Hauch der Luft und durch einen ganz freien Rundblick bewegt, einem Betäubten gleich. Ich schaute zurück nach unten: Wolken lagerten zu meinen Füßen, und schon sind mir Athos und Olymp minder unglaublich geworden, da ich das, was ich über sie gelesen und gehört, auf einem Berge von geringerem Rufe zu sehen bekomme. Ich richte nunmehr meine Augen nach der Seite, wo Italien liegt, nach dort, wohin mein Geist sich so sehr gezogen fühlt. Die Alpen selber – eisstarrend und schneebedeckt –, über die einst der wilde Feind des Römernamens hinüberzog, der, wenn wir dem Gerücht Glauben schenken wollen, die Felsen mit Essig sprengte – sie erschienen mir greifbar nahe, obwohl sie durch einen weiten Zwischenraum getrennt sind. Ich seufzte, ich gestehe es, nach italischer Luft, die mehr vor dem Geist als vor den Augen erstand, und ein nicht zu erstickender, glühender Drang beseelte mich, so Freund als Vaterland wiederzusehen; so jedoch, daß ich zuerst an beiden Regungen ihre noch unmännliche Weiblichkeit tadelte, obwohl mir für keine eine Entschuldigung fehlen würde. Sie könnte sich ja auf berühmte Zeugen als Beistand stützen.

Dann ergriff eine andere Überlegung Besitz von meinem Geist und brachte mich von der Betrachtung des Raumes auf die der Zeit. Ich sagte nämlich zu mir selbst: »Heute erfüllt sich das zehnte Jahr, seit du nach Abschluß der kindlichen Studien aus Bologna auszogst, und – o unsterblicher Gott! o unwandelbare Weisheit! – wie vielen und wie großen Wandel deiner Sitten hat doch die Zwischenzeit gesehen!« Dabei übergehe ich, was noch unabgeschlossen ist. Denn noch bin ich nicht im Hafen, daß ich in Sicherheit vergangener Stürme gedenken dürfte. Vielleicht wird die Zeit einmal kommen, wo ich alles in genau der Folge, in der es sich abgespielt, erzählen kann, und zwar mit folgenden Worten deines Augustin als Vorrede: *Vergegenwärtigen will ich mir meine vergangenen Abscheulichkeiten und meiner Seele fleischliche Verderbnis, nicht als ob ich diese liebte, sondern auf daß ich dich liebe, mein Gott.*

Mir bleibt allerdings noch viel Zweifelhaftes, Beschwerliches zu tun. Was ich zu lieben pflegte, schon liebe ich es nicht mehr. Doch – ich lüge ja: ich liebe, aber minder heftig. Schon wieder habe ich gelogen: ich liebe, aber bescheidener und zugleich trauriger. Nun endlich habe ich die Wahrheit gesagt. Denn so ist es: ich liebe, aber das, was ich lieber nicht liebte, das, was ich zu hassen wünschte. Und dennoch liebe ich, aber wider Willen, gezwungen, betrübt und voll Trauer, und an mir selbst erprobe ich Armer den Sinn jenes so berühmten Sprüchleins: *Hassen – soweit ich kann, sonst liebe ich wider Willen.* Es ist noch nicht das dritte Jahr verflossen, seit sich jenem verkehrten und nichtsnutzigen Willen, der mich ganz besaß und der im Palaste meines Herzens ohne Widersacher herrschte, ein anderer Wille als Aufrührer und Rebell entgegengestellt hat. Zwischen diesen beiden wird auf dem Schlachtfeld meiner Gedanken schon lange eine höchst mühselige und auch jetzt noch unentschiedene Schlacht geschlagen, darüber, wer herrschen soll von den beiden Menschen in mir.

So trieb es mich in Gedanken durch das vollendete Jahrzehnt. Da ließ ich meine Sorgen ums Vergangene fahren und befragte mich selbst: »Wenn es dir vielleicht gelingen sollte, durch zwei fernere Lustren dies unstete flüchtige Leben weiter zu führen und im Verhältnis zur Zeitdauer ebensoviel zur Tugend fortzuschreiten, wie du in diesen zwei Jahren durch das Anstürmen des neuen Willens gegen den alten von der ursprünglichen Verstocktheit losgekommen bist, könntest du dann nicht, wenn auch nicht gesichert, so doch in Hoffnung, im vierzigsten Lebensjahre dem Tode entgegengehen und den Überschuß des ins Greisenalter hinabsteigenden Lebens leichten Herzens preisgeben?«

Diese und ähnliche Betrachtungen, mein Vater, kehrten in meiner Brust immer wieder. Ich freute mich über meinen Fortschritt, beweinte, was ich noch unvollendet gelassen, und bejammerte die allgemeine Wandelbarkeit des menschlichen Tuns; und so schien ich gewissermaßen vergessen zu haben, an welch einen Ort ich gekommen sei und zu welchem Zweck. Endlich aber verabschiedete ich meine Sorgen, für die ja ein anderer Ort passender sein mochte, schaute um mich und sah nun wirklich das, was zu sehen ich hergekommen war. Man mahnte mich, die Zeit dränge zum Abmarsche, denn schon neige sich die Sonne und der Bergesschatten wachse in die Länge, und nun wandte ich mich, gleichsam erwacht, um und blickte zurück gen Westen.

Der Grenzwall der gallischen Lande und Hispaniens, der Grat des Pyrenäengebirges, ist von dort nicht zu sehen, nicht daß meines Wissens irgendein Hindernis dazwischenträte – nein, nur infolge der Gebrechlichkeit des menschlichen Sehvermögens. Hingegen sah ich sehr klar zur Rechten die Gebirge der Provinz von Lyon, zur Linken sogar den Golf von Marseille, und den, der gegen Aigues-Mortes brandet, wo doch all dies einige Tagereisen entfernt ist. Die Rhone lag mir geradezu vor Augen. Dieweil ich dieses eins ums andere bestaunte und jetzt Irdisches genoß, dann nach dem Beispiel des Leibes auch die Seele zum Höheren erhob, schien mir gut, in das Buch der Bekenntnisse des Augustin hineinzusehen, eine Gabe, die ich deiner Liebe verdanke und die ich bewahre, zum Gedenken an den Urheber wie an den Geber, und die ich stets in Händen habe.

Das faustfüllende Bändchen allerwinzigsten Formats, aber unbegrenzter Süße voll, öffne ich, um zu lesen, was mir entgegentreten würde. Was anderes als Frommes und Demütiges konnte mir wohl entgegentreten? Zufällig aber bot sich mir das zehnte Buch dieses Werkes dar. Mein Bruder stand in der Erwartung, aus meinem Munde etwas von Augustin zu hören, mit weit geöffneten Ohren da. Ich rufe Gott zum Zeugen an und ihn eben, der dabei war, daß dort, wo ich die Augen zuerst hinheftete, geschrieben stand: *Und es gehen die Menschen, zu bestaunen die Gipfel der Berge und die ungeheuren Fluten des Meeres und die weit dahinfließenden Ströme und den Saum des Ozeans und die Kreisbahnen der Gestirne, und haben nicht acht ihrer selbst.*

Ich war wie betäubt, ich gestehe es, und ich bat meinen Bruder, der weiter zu hören begierig war, mir nicht lästig zu fallen, und schloß das Buch im Zorne mit mir selbst darüber, daß ich noch jetzt Irdisches bewunderte. Hätte ich doch schon zuvor – selbst von den Philosophen der Heiden – lernen müssen, daß nichts bewundernswert ist außer der Seele: Neben ihrer Größe ist nichts groß. Da beschied ich mich, genug von dem Berge gesehen zu haben, und wandte das innere Auge auf mich selbst, und von Stund an hat niemand mich reden hören, bis wir unten ankamen. Genügend Beschäftigung hatte mir jenes Wort gebracht, und ich konnte nicht glauben, daß dies sich zufällig so gefügt hätte – nein, das dort Gelesene, glaubte ich, sei für mich und für niemanden anderen gesagt. Ich rief mir dabei ins Gedächtnis zurück, daß genau das gleiche einst Augustin betreffs seiner selbst vermutet hätte, als ihm nämlich bei der Lektüre der Apostelbriefe, wie er selbst berichtet, folgendes entgegentrat: *Nicht in Fressen und Saufen, nicht in Kammern und Unzucht, nicht in Hader und Neid; sondern ziehet an den Herrn Jesus Christus und wartet des Leibes, doch also, daß er nicht geil werde.*

Dasselbe war ja schon vorher einmal, wie sein Biograph Athanasius berichtet, dem Antonius geschehen, der sich dem Dienst des Herrn weihte, als er das Evangelium gehört hatte, gleichsam als sei seinetwegen die Schrift verlesen worden, die Stelle nämlich, an der geschrieben steht: *Willst du vollkommen sein, so gehe hin, verkaufe, was du hast, und gib's den Armen, so wirst du einen Schatz im Himmel haben.*

Und wie Antonius, nachdem er dies gehört hatte, nach nichts anderem mehr suchte, und wie Augustin, nachdem er jenes gelesen, nicht mehr weiter fortfuhr, so war auch für mich mit den wenigen Worten, die ich eben angeführt habe, das Lesen schon ganz erledigt, und schweigend bedachte ich, wie groß der Mangel an Einsicht bei den Sterblichen sei, so daß sie unter Nichtachtung ihres edelsten Teils sich im Vielerlei verlieren und in leeren Schauspielen sich verzetteln und außerhalb suchen, was innen zu finden gewesen wäre. Und ich bewunderte, wie adlig unsere Seele sei, wenn sie nicht aus eigenem Antriebe entartet, abgeirrt wäre von dem Uranfange ihrer Herkunft, und wenn sie nicht das, was Gott ihr zu ihrer Ehre gegeben hat, selbst in Schmach verwandelt hätte.

Wie oft, glaubst du, habe ich an diesem denkwürdigen Tage, auf dem Rückwege umblickend, den Gipfel des Berges betrachtet, und er schien mir kaum die Höhe einer Elle zu haben gegenüber der Höhe menschlicher Betrachtung, wollte man sie nur nicht in den Schmutz der irdischen Abscheulichkeit versenken. Und auch das kam mir Schritt für Schritt in den Sinn: Wenn es einen nicht reut, soviel Schweiß und Mühe auf sich zu nehmen, damit der Leib ein klein weniges dem Himmel näher komme, welches Kreuz, welche Kerkerqual, welcher Marterstahl dürfte dann die Seele schrecken, die da Gott sich naht und die dabei die aufgeschwollene Bergeskuppe der Überhebung und die Geschicke der Sterblichkeit unter die Füße tritt? Und auch dies: Wie vielen wird es dann überhaupt beschieden sein, daß sie von dieser Straße aus Furcht vor Hartem oder aus Gier nach Weichem nicht abschweifen? O, überglücklich ist ein solcher Mensch – wenn es jemals einen gibt. Von ihm, glaube ich, hat es der Dichter empfunden:

Glücklich, wer den Grund der Dinge durfte erkennen,
Wer die Schrecken des Tods und das unerbittliche Schicksal
Seinem Fuß unterwarf – und des geizigen Acheron Toben!

Ach, mit welch einem Eifer müßten wir uns mühen, nicht um eine Höhe der Erde unter den Fuß zu bekommen, sondern die von irdischen Trieben geblähten Begierden!

Unter solchen Bewegungen der aufgewühlten Brust gelangte ich in tiefer Nacht, ohne vom steinigen Weg etwas zu fühlen, zurück zu der bäuerlichen Herberge, von wo ich vor Tageslicht aufgebrochen; und die mondhelle Nacht gewährte uns beim Gehen willkommenen Beistand. Inzwischen begab ich mich also, dieweil die Sorge um die Bereitung des Mahles die Dienerschaft beschäftigte, allein in einen abgelegenen Teil des Hauses, um dir dies hier in Eile und aus dem Stegreif zu schreiben, damit nicht, wenn ich es aufschöbe, durch Ortsveränderung etwa die Gemütsbewegung sich wandele und so der Vorsatz zum Schreiben verbrause.

Siehe also, liebevollster Vater, wie ich so ganz und gar nichts in mir vor deinen Augen verborgen wissen will, da ich dir nicht nur mein ganzes Leben, nein jeden einzelnen Gedanken so sorgfältig eröffne. Für diese Gedanken bete – ich flehe dich an –: Da sie so lange unstet und unbeständig waren, möchten sie endlich einmal verweilen, und da sie so viel unnütz umhergeschleudert worden sind, möchten sie nun zu dem einen Guten, Wahren, Sicheren, Dauernden kehren.

Lebe wohl.

Am 26. April zu Malaucène [1336]

Jean-Henri Fabre
Eine Besteigung des Mont Ventoux

Infolge seiner Isoliertheit, die ihn allen Einflüssen der Witterung aussetzt, infolge seiner Höhe, die ihn innerhalb der Alpen- und Pyrenäengrenze zum höchsten Punkt Frankreichs macht, eignet sich der kahle Berg der Provence, der Mont Ventoux, besonders gut zu pflanzenklimatischen Studien. An seinem Fuße gedeihen der frostempfindliche Olivenbaum und eine große Zahl jener halbholzigen Pflanzen, wie der Thymian, deren aromatische Wohlgerüche zu der Sonne der Mittelmeergebiete gehören. Auf seinem Gipfel hingegen, der während mindestens sechs Monaten von Schnee bedeckt ist, findet man einen nordischen Pflanzenwuchs, der zum Teil aus arktischen Gebieten stammt. Ein halber Tag senkrechten Aufstiegs läßt vor unseren Blicken eine Folge von Pflanzentypen vorüberziehen, denen man sonst nur während einer langen Reise von Süd nach Nord, dem selben Längengrad entlang, begegnen würde. Am Anfang wandern die Füße auf dem duftenden Thymian, der sich auf den unteren Kuppen als endloser Teppich ausbreitet; in einigen Stunden jedoch schreiten sie über den dunklen Pölsterchen des Gegenblättrigen Steinbrechs (Saxifraga oppositifolia L.), der ersten Pflanze, die der Botaniker wahrnimmt, wenn er im Juli in Spitzbergen an Land geht. Habt ihr in der Tiefe noch die scharlachroten Blumen des Granatapfelbaumes gepflückt, der unter dem afrikanischen Himmel beheimatet ist, so werdet ihr oben einem kleinen behaarten Mohn begegnen, dessen Stengel im schützenden Steingeröll emporwächst und dessen große, gelbe Blütenkrone sich in der eisigen Abgeschiedenheit Grönlands und des Nordkaps, aber auch an den oberen Gipfelhängen des Mont Ventoux entfaltet.

Solche Kontraste verlieren ihren Reiz nie, selbst fünfundzwanzig Besteigungen brachten mir noch keinen Überdruß.

Im August 1865 unternahm ich die dreiundzwanzigste. Wir waren unser acht; bei dreien war die Botanik die treibende Kraft, die fünf anderen lockte die Bergtour und das Gipfelpanorama. Aber keiner jener fünf, denen das Studium der Pflanzen nichts sagte, hat nachher den Wunsch geäußert, mich nochmals zu begleiten. Denn tatsächlich, der Aufstieg ist beschwerlich, und ein Sonnenaufgang entschädigt nicht für die ausgestandenen Strapazen.

Der Mont Ventoux läßt sich am besten mit einem Haufen jenes Schotters vergleichen, den man zum Unterhalt der Straßen benötigt. Denkt euch diesen Haufen zweitausend Meter hoch, gebt ihm eine entsprechende Basis, bekleidet den weißen Kalkfelsen mit dunklen Wäldern, und ihr könnt euch von diesem Berg eine ziemlich genaue Vorstellung machen. Der aus Splittern und riesigen Blöcken bestehende Trümmerhaufen wächst unmittelbar aus der Ebene empor, ohne Vorgebirge, ohne eine Folge von Stufen, die den Aufstieg gliedern und dadurch weniger mühsam gestalten würden. Der Anstieg beginnt sogleich auf steinigen Pfaden, deren bester etwa einer frisch geschotterten Straße gleicht, und der Aufstieg wird immer steiler bis zum Gipfel auf 1912 Meter über Meer. Frische Matten, fröhliche Bächlein, mit Moos bewachsene Steine, der Schatten hundertjähriger Bäume – kurz, all jene Dinge, die einem Berg etwas Liebliches verleihen – sind hier vollkommen unbekannt. An ihrer Stelle haben wir eine nicht enden wollende Decke von Kalksplittern, die beinahe metallisch klirrend unter dem Fuße wegrutschen. Rieselnder Steinschlag, das sind die Wasserfälle des Mont Ventoux; das Krachen stürzender Felsen ersetzt das Murmeln der Bäche.

Nun sind wir also in Bédoin, dicht am Fuße des Berges. Die Verhandlungen mit dem Führer sind beendigt, die Stunde des

Aufbruchs festgesetzt; über den Proviant hat man sich geeinigt, und er wird hergerichtet. Versuchen wir zu schlafen, denn morgen werden wir die ganze Nacht auf dem Berge wachend zubringen. Schlafen aber ist wirklich schwer, und es ist mir auch nie gelungen, und dies ist wohl der wahre Grund dafür, warum diese Tour so anstrengend ist. Ich rate deshalb allen meinen Lesern, die eine botanische Exkursion auf den Ventoux planen, nicht an einem Sonntagabend in Bédoin zu übernachten. Nur so vermeiden sie, das lärmige Kommen und Gehen unten in der Wirtschaft zu hören, die nicht enden wollenden Gespräche in höchster Lautstärke, das Geklirr der Gläser, die Weinlieder, den nächtlichen Singsang der Heimkehrenden, das Gebrüll der Blechinstrumente aus dem benachbarten Tanzlokal und andere unvermeidliche Drangsale, die der heilige Tag des Nichtstuns und der Freuden mit sich bringt. Wird es wohl während der Woche ruhiger sein? Ich hoffe es, kann aber keine Gewähr dafür übernehmen. Was mich anbelangt, so habe ich kein Auge geschlossen. Die ganze Nacht knarrte im Raum unter meinem Zimmer der Bratenwender, unseres Reiseproviants wegen. Nur ein dünner Bretterboden trennte mich von der höllischen Maschinerie. Endlich dämmert es. Ein Esel schreit unter unseren Fenstern. Auf, es ist Zeit! Es wäre wohl klüger gewesen, gar nicht zu Bett zu gehen. Der Proviant und das Gepäck sind aufgeladen. »Ja, hi!« macht unser Führer, und los geht's. Es ist vier Uhr morgens. An der Spitze unserer Karawane marschiert Triboulet mit seinem Maultier und seinem Esel, Triboulet, der älteste der Führer auf den Mont Ventoux. Im frischen Licht der Morgenstunde durchforschen die Blicke meiner Kollegen, der Botaniker, die Vegetation der Wegränder, die anderen schwatzen. Ein Barometer über die Schulter gehängt, ein Notizbuch und einen Bleistift in der Hand, bilde ich den Schluß.

Mein Barometer, dazu bestimmt, die Höhe der wichtigsten botanischen Standorte festzustellen, wird rasch ein willkommener Vorwand, meinem Feldfläschchen mit dem Rum einen Besuch abzustatten. Sobald eine bemerkenswerte Pflanze entdeckt wird, ruft einer: »Rasch, einen Blick auf das Barometer!« – und schon drängeln sich alle um die Feldflasche, das physikalische Instrument kann warten. Die Morgenkühle und der Marsch haben zur Folge, daß wir diese Blicke auf das Barometer so schätzen, daß das Niveau der stärkenden Flüssigkeit noch rascher sinkt als jenes der Quecksilbersäule. Der Gedanke an die Zukunft gebietet mir jedoch, Torricellis Röhre weniger oft zu Rate zu ziehen.

Langsam verschwinden mit der sinkenden Temperatur zuerst der Olivenbaum und die immergrüne Eiche, dann die Rebe, der Mandelbaum, dann der Maulbeerbaum, der Nußbaum, die Steineiche. Der Buchs beginnt überall zu wachsen. Dann betritt man die eintönige Gegend zwischen dem Ende der Kulturpflanzen und der unteren Grenze der Buchen, in der die Alpensaturei (Satureja alpina) vorherrscht, im Volksmund Pebré d'asé, Eselspfeffer, genannt, seiner kleinen Blätter wegen, die ein aromatisches Öl enthalten. Eine gewisse Sorte kleiner Käse, die zu unserem Mundvorrat gehören, sind mit diesem starken Gewürz bestreut. Mehr als einer von uns schneidet sie im Geiste bereits an, mehr als einer wirft einen lüsternen Blick auf die Satteltasche des Maultiers mit unserem Proviant. Unsere rauhe Morgengymnastik hat Appetit gemacht, mehr als Appetit, sie hat einen verzehrenden Hunger wachgerufen, etwas, das Horaz also als »Latrantem stomachum« bezeichnet. Ich lehre meine Begleiter, wie man diesen knurrenden Magen bis zur nächsten Rast beschwichtigen kann; ich mache sie auf einen kleinen Sauerampfer mit pfeilspitzenförmigen Blättern inmitten des Gerölls aufmerksam, den Rumex scutatus L., den Schildampfer, und mit dem Beispiel vorangehend, pflücke ich eine Handvoll davon. Zuerst wird über meinen Vorschlag gelacht; ich lasse sie lachen, aber bald sehe ich sie alle beim Pflücken des köstlichen Sauerampfers miteinander wetteifern.

Und so, im Kauen der sauren Blätter, erreichen wir die Buchen, große vereinzelte, zu Boden gedrückte Büsche zuerst, dann Zwergbäume, einer gegen den andern gedrängt, endlich einen dichten, schattigen Wald aus kräftigen Stämmen, auf einem wüsten Durcheinander von Kalksteinen und Blöcken. Überlastet im Winter vom Schnee, das ganze Jahr über vom heftigen Mistral geschüttelt, sind viele dieser Bäume ihrer Äste beraubt und in seltsamer Weise gegen unten gedreht oder liegen auf dem Boden. Etwas mehr als eine Stunde brauchen wir, um diese Waldzone zu durchqueren, die aus der Ferne wie ein schwarzer Gürtel die Hänge des Mont Ventoux umschlingt. Endlich haben wir die obere Grenze erreicht und damit, zur großen Erleichterung aller, trotz des Sauerampfers, auch den Ort, an dem wir unser Mittagessen einnehmen werden.

Wir befinden uns bei der »Fontaine de la Grave«, einer kärglichen Quelle, deren Wasser in einige lange Buchenholztröge geleitet wird, an denen die Berghirten ihr Vieh tränken. Die Temperatur dieses Wassers beträgt sieben Grad, eine köstliche Erfrischung für uns, die wir aus der hundstäglichen Hitze der Ebene emporgestiegen sind. Auf einem bezaubernden Teppich von Alpenpflanzen, unter denen die Silberdisteln (Paronychia) glänzen, deren breite und dünne Deckblätter Schuppen gleichen, wird das Tischtuch ausgebreitet. Die Lebensmittel werden aus den Satteltaschen, die Flaschen aus ihrem Heulager hervorgeholt. Hierher kommen die großen Fleischstücke, die mit Knoblauch gespickten Hammelkeulen und die Stapel von Brot, dorthin die faden Hühnchen, gerade recht, ein bißchen die Kauwerkzeuge zu beschäftigen, wenn der erste Hunger gestillt ist. Nicht weit davon erhalten die Käse des Ventoux mit der Alpensaturei, die kleinen, mit dem Eselspfeffer gewürzten, ihren Ehrenplatz. Dicht daneben liegen die Würste aus Arles, in deren rosigem Fleisch Speckwürfel und ganze Pfefferkörner zu sehen sind. Hier, in diesen Winkel, kommen die noch von Salzwasser glänzenden grünen Oliven und die schwarzen, ölgetränkten, dorthin die Melonen aus Cavaillon, die mit dem weißen und die mit dem orangefarbenen Fleisch, denn es wird für jeden Geschmack gesorgt. Hierher kommen die Töpfe mit den Sardellen, auf die man, weil das unsere Beine stärkt, einen tüchtigen

Schluck trinken muß; und endlich hier hinein, in das kalte Wasser der Tröge, kommen die Weinflaschen. Haben wir nichts vergessen? Doch, die wichtigste Nachspeise, die Zwiebel, die man roh, mit Salz bestreut, verzehrt. Unsere zwei Pariser, denn es gibt deren welche unter uns, meine Kollegen aus der Botanik nämlich, sind zwar zuerst ein wenig verdutzt über dieses mehr als üppige Menü, aber dann sind sie die ersten, die es loben. Alles ist nun bereit. Zu Tisch!

Nun beginnt eine jener homerischen Mahlzeiten, die in einem Leben Epoche machen. Die ersten Bissen werden mit einer Art Tobsucht verschlungen. Die Scheiben der Hammelkeule und die Brotstücke folgen einander in beängstigender Schnelligkeit. Jeder, ohne dem andern seine Besorgnis mitgeteilt zu haben, wirft einen besorgten Blick auf die Vorräte und fragt sich: werden wir genug haben, wenn es so weitergeht, wird es noch reichen für heute abend und morgen? Immerhin, der erste Heißhunger ist besänftigt; hat man zuerst schweigend die Mahlzeit verschlungen, so fängt man jetzt an, zu essen und dabei zu plaudern. Auch die Besorgnis für den morgigen Tag wird besänftigt; man läßt dem Anordner des Küchenzettels Gerechtigkeit widerfahren, er hat den Heißhunger vorausgesehen und alles getan, um ihm gebührend zu begegnen. Nun fängt man auch an, die Güte der Speisen zu würdigen. Der eine lobt die Oliven, von denen er eine um die andere mit der Spitze seines Messers aufpickt, ein anderer preist den Topf mit den Sardellen, während er auf seiner Brotscheibe den kleinen ockergelben Fisch zerlegt, ein dritter spricht begeistert von den Würsten, und alle endlich rühmen die kleinen, kaum handtellergroßen Käse, die mit dem Pebré d'asé gewürzt sind. Bald werden die Pfeifen und die Zigarren angezündet, und alle legen sich auf die Matten, den Bauch in der Sonne.

Nach einer Stunde Mittagsrast heißt es: Auf! Die Zeit drängt, wir müssen uns von neuem auf die Beine machen. Der Führer mit den Lasten wird allein in westlicher Richtung dem Waldrand entlang gehen, an dem sich ein für die Tragtiere geeigneter

Pfad hinzieht. Er wird uns beim Jas, an der oberen Buchengrenze, auf 1550 Meter Höhe, wieder erwarten. Der Jas ist eine große Steinhütte, die während der Nacht Tiere und Menschen beherbergt. Wir selbst werden den Aufstieg fortsetzen bis zum Grat, dem entlang gehend wir dann den höchsten Gipfel erreichen werden. Nach Sonnenuntergang werden wir dann zur Hütte absteigen, die der Führer schon lange vorher bezogen hat. So ist der von allen gutgeheißene Plan.

Der Grat wird erreicht. Im Süden entfalten sich, soweit wir sehen können, die verhältnismäßig flachen Hänge, über die wir emporgestiegen sind; gegen Norden bietet sich unseren Blicken eine Landschaft von großartiger Wildheit dar: der Berg, manchmal als senkrecht abfallende Wand, manchmal als eine Stufenfolge von erschreckender Abschüssigkeit sich zeigend, ist eigentlich nichts anderes als die Wand eines Abgrunds von anderthalb Kilometern Tiefe. Ein hinabgeworfener Stein wird in seinem Fall nicht mehr aufgehalten, von Fels zu Fels springt er bis in den Talgrund hinunter, in dem sich wie ein Band die Toulourence hinschlängelt. Während meine Gefährten ganze Felsblöcke lösen und sie dem Abgrund zurollen, um ihren furchtbaren Sturz zu verfolgen, entdecke ich unter dem Schutzdach eines großen flachen Steines eine alte Insektenbekanntschaft, Psammophila hirsuta, die Behaarte Sandwespe, die ich in der Tiefe, auf den Böschungen der Wege, immer nur vereinzelt angetroffen hatte, während ich sie hier, fast auf dem Gipfel des Mont Ventoux, zu Hunderten an einem Haufen, unter dem selben Dach finde.

Während ich noch über die Ursache dieser Ansammlung nachdenke, führt uns der Südwind, der uns schon am Morgen eine gewisse Sorge bereitet hatte, plötzlich eine große Ladung Wolken zu, die sich in Regen aufzulösen beginnt. Ehe wir noch darauf geachtet haben, sind wir von einem dichten, nassen Nebel umgeben, in dem wir nicht einmal mehr zwei Schritte weit sehen. Ein unglückliches Zusammentreffen will es, daß mein guter Freund Th. Delacour, auf der Suche nach der Felsenwolfsmilch (Euphorbia saxatilia), einer der pflanzlichen Merkwürdigkeiten in dieser Höhe, sich von uns entfernt hat. Wir formen unsere Hände zu einem Megaphon und vereinigen die Kraft unserer Lungen zu einem gemeinsamen Ruf. Aber niemand antwortet. Die Stimmen verlieren sich im flockigen Regen und im Sausen des Sturmes. Suchen wir also den Verirrten, da er uns nicht hören kann! Aber inmitten der dunklen Wolke können wir uns selbst in einer Entfernung von zwei oder drei Schritten nicht mehr sehen, und von uns sieben bin ich der einzige, der die Örtlichkeit kennt. Um niemanden zu verlieren, geben wir uns alle die Hand, und ich übernehme die Spitze der Kette. Während einiger Minuten spielen wir richtig Blindekuh, ohne irgend etwas zu erreichen. Wahrscheinlich hat Delacour, ein mit dem Mont Ventoux Vertrauter, als er die Wolken kommen sah, die letzten Sonnenblicke benützend, in aller Eile die Schutzhütte aufgesucht. Tun wir also dasselbe, so rasch als möglich, denn schon läuft uns das Wasser im Innern der Kleider herab wie auf der Außenseite. Die nassen Zwilchhosen kleben an uns wie eine zweite Haut.

Eine große Schwierigkeit entsteht: dieses Hin und Her, dieses Drehen und Wenden während unserer Nachforschungen haben mich glücklich in den Zustand einer Person gebracht, der man die Augen verbunden und die man dann im Kreis herumgedreht hat. Ich habe jede Orientierung verloren. Ich habe schlechterdings keine Ahnung mehr, auf welcher Seite sich die Südflanke des Berges befindet. Ich befrage diesen und jenen, die Ansichten sind geteilt, unsicher. Mit einem Wort, keiner von uns kann beschwören, wo Norden, wo Süden liegt. Nie, nein, nie habe ich den Sinn und den Wert der vier Himmelsrichtungen besser begriffen als in diesem Augenblick. Alles um uns herum ist das Unbekannte, inmitten einer grauen Wetterwolke; wohl spüren wir manchmal unter unseren Füßen den Beginn eines Abhangs, aber welches ist der rechte? Wir müssen uns für einen entschließen und auf gut Glück ihm folgen. Wenn wir unglücklicherweise die Nordseite erwischen, dann werden wir gerade in jenen Abgrund geschmettert werden, dessen Anblick allein uns ein solches Grauen einflößte. Während einiger Minuten verharre ich in angstvoller Ratlosigkeit.

»Bleiben wir hier«, sagen die meisten, »warten wir das Ende des Regens ab.« – »Ein schlechter Rat«, erwidern die andern, zu denen ich gehöre. Ein schlechter Ratschlag, in der Tat: der Regen kann noch lange andauern, und durchnäßt, wie wir sind, würde uns die erste Nachtkälte vor Frost erstarren lassen. Mein werter Freund Bernard Verlot, der eigens vom Botanischen Garten in Paris hergekommen war, um mit mir den Mont Ventoux zu besteigen, zeigte eine unerschütterliche Gelassenheit und verließ sich ganz auf mich, um aus dieser Klemme herauszukommen. Ich nehme ihn ein wenig beiseite, um die Bestürzung der anderen nicht noch zu erhöhen, und teile ihm meine großen Besorgnisse mit. Wir halten ein geheimes Konzil ab, zu zweit: wir versuchen, da wir keinen Kompaß besitzen, die Magnetnadel durch die Überlegung zu ersetzen. »Als die Wolken kamen«, sagte ich zu ihm, »kamen sie also von Süden.« – »Jawohl, von Süden.« – »Und obwohl der Wind sehr schwach war, hatte der Regen eine leichte Neigung von Süd nach Nord?« – »Aber ja, ich habe, soweit ich mich auskenne, diese Richtung festgestellt. Genügt das nicht, um uns zu leiten? Steigen wir gegen jene Seite ab, von der der Regen kommt.« – »Ich dachte schon daran, aber dann sind mir Zweifel gekommen. Der Wind ist zu schwach, um eine ausgesprochene Richtung zu haben. Es ist vielleicht ein Wirbel, wie sie sich gerne auf den Bergesgipfeln bilden, wenn die Wolken sie einhüllen. Nichts beweist mir, daß die ursprüngliche Windrichtung beibehalten wurde und daß der Luftstrom nun von Norden kommt.« – »Ihre Zweifel leuchten mir ein. Und jetzt?« – »Jetzt eben wird es schwierig. Angenommen, der Wind habe nicht gedreht, so müßten wir alle besonders auf der linken Seite durchnäßt sein, da der Regen in der Zeit, da wir die Orientierung noch nicht verloren hatten, von *der* Seite herkam. Wenn er gedreht hat, müßten wir beidseitig gleicherweise durchnäßt sein. Es soll sich jeder einmal befühlen, und dann wollen wir uns entscheiden. Richtig?« – »Richtig.« – »Und wenn ich mich täusche?« – »Sie täuschen sich nicht.«

Mit zwei Worten setzen wir die Gefährten ins Bild. Jeder tastet sich ab, nicht äußerlich, wo das Resultat ungenügend wäre, aber inwendig, unter der Wäsche, und mit unaussprechlicher Erleichterung vernehme ich die einhellige Erklärung, die linke Körperseite sei viel nasser als die rechte. Der Wind hat folglich nicht gedreht. Gut, nehmen wir also die Richtung gegen den Regen. Die Kette wird von neuem erstellt, ich am Kopf, Verlot am Schwanz, um Nachzügler zu verhindern. Bevor wir losgehen, frage ich meinen Freund nochmals: »Also, wollen wir es wagen?« – »Wagen Sie es, ich folge Ihnen.« Und kopfüber stürzen wir uns blindlings in das drohende Unbekannte.

Noch haben wir nicht zwanzig große Schritte hinter uns – Schritte, wie man sie an steilen Hängen nehmen muß, ob man will oder nicht –, als jede Furcht vor Gefahr zu Ende ist. Nicht die Leere des Abgrundes tut sich vor unseren Füßen auf, sondern jener Geröllhang, den wir so ersehnten und über den hinter uns der Kies lange noch talwärts rieselt. Für uns ist dieses Klirren eine süße Musik. In einigen Minuten ist der obere Saum des Buchenwäldchens erreicht. Hier ist es noch dunkler als auf dem Berggipfel; man muß sich tief zur Erde neigen, um festzustellen, wohin man den Fuß setzt. Wie sollen wir so im Dunkel den Jas, die Schutzhütte, mitten im dichten Gehölz finden? Zwei Pflanzen, beharrliche Bewohner aller Stellen, an denen der Mensch wohnt, dienen uns als Führer, der Gänsefuß (Chenopodium Bonus-Henricus L.) und die Brennessel sind unser Ariadnefaden. Während des Gehens taste ich mit der Hand in der Luft herum nach rechts und links; jedesmal, wenn es mich brennt, ist es eine Brennessel, ein Richtpunkt. Auch Verlot, als Nachhut, ficht aus Leibeskräften, und auch ihm ersetzen die brennenden Stiche die Sicht. Unsere Gefährten haben kein Vertrauen in diese Methode, sie sprechen bereits davon, den rasenden Abstieg fortzusetzen, selbst bis nach Bédoin, wenn es sein müsse. Verlot hat mehr Vertrauen in den botanischen Spürsinn, den er selbst in hohem Maße besitzt; er ist meiner Ansicht, wir sollten unseren Weg fortsetzen, und gemeinsam beruhigen wir die Entmutigten und erklären ihnen, wie es möglich sei, indem man mit den Händen die Pflanze betaste, trotz der Dunkelheit zum Rastplatz zu gelangen. Man nimmt Vernunft an, und kurze Zeit hernach langt die ganze Gesellschaft, von Brennesselbüschel zu Brennesselbüschel, bei der Schutzhütte an.

Delacour ist bereits dort und auch der Führer mit allem Gepäck; beide sind noch vor dem Regen unter Dach gekommen. Ein großes Feuer und trockene Kleider bringen die alte Fröhlichkeit zurück.

Ein Haufen Schnee, aus der nächsten Mulde herbeigeschafft, in einem Sack vor dem Herd aufgehängt, und darunter eine Flasche, die das Schmelzwasser auffängt – das ist unser Brunnen für die Abendmahlzeit. Die Nacht verbringen wir auf einem Lager von Buchenlaub, das unsere zahlreichen Vorgänger bereits zerrieben haben. Wer weiß, seit wie vielen Jahren diese Matratze nicht erneuert worden ist; heute besteht sie bereits aus reinem Humus. Jenen, die nicht schlafen können, liegt die Aufgabe ob, das Feuer zu schüren. An solchen fehlt es nicht, denn der Rauch, der keinen anderen Abzug hat als ein großes Loch, das durch den teilweisen Zusammensturz des Daches entstanden ist, füllt die ganze Hütte so aus, daß man glauben könnte, man befinde sich in einer Heringräucherei. Um ein paar frische Atemzüge zu erwischen, muß man sich tief hinabbeugen, seine Nase fast auf den Boden drücken. Man hustet also, oder man schimpft, man schürt das Feuer, aber zu schlafen versuchen wäre ein vergebliches Bemühen. Schon um zwei Uhr morgens sind bereits alle auf den Beinen, unterwegs zum höchsten Gipfel, um dem Sonnenaufgang beizuwohnen. Der Regen hat aufgehört, der Himmel ist prächtig und verspricht einen herrlichen Tag.

Während des Aufstiegs wird einigen ein wenig schlecht; die Müdigkeit und eine gewisse Verdünnung der Luft sind die Ursache davon. Das Barometer ist um 140 Millimeter gesunken; die Luft, die wir atmen, ist um einen Fünftel weniger dicht, enthält also einen Fünftel weniger Sauerstoff. Im Zustand des Wohlbefindens würde diese kleine Veränderung sicherlich unbeachtet bleiben, aber die Anstrengung des gestrigen Tages und die schlaflose Nacht verschlimmern das Unbehagen. Wir steigen deshalb sehr langsam empor, mit schwanken Kniekehlen und schwerem Schnauf. Mancher ist gezwungen, alle zwanzig Schritte anzuhalten, um zu verschnaufen. Endlich sind wir oben. Wir suchen in der ländlichen Kapelle vom Heiligen Kreuz Obdach, um wieder zu Atem zu kommen und auch, um die beißende Kälte des Morgens durch einige Schlucke aus der Feldflasche zu bekämpfen, die wir diesmal gänzlich leeren. Endlich geht die Sonne auf. Bis an die äußerste Grenze des Horizonts wirft der Mont Ventoux seinen dreieckförmigen Schatten, dessen Seiten infolge der Beugung der Lichtstrahlen violett schimmern. Im Süden und im Westen dehnen sich neblige Ebenen, in denen wir, wenn die Sonne höher steht, den Silberfaden der Rhone erkennen können. Im Norden und Osten breitet sich unter unseren Füßen eine gewaltige Wolkenschicht aus, eine Art Ozean aus weißer Watte, aus dem, wie Schlackeninseln, die schwarzen Gipfel der unter uns liegenden Berge emporragen. Gegen die Alpen hin erstrahlen einige Gletscherfirste.

Aber wir sind der Pflanzen wegen da, reißen wir uns von diesem zauberhaften Schauspiel los! Der Zeitpunkt unserer Besteigung, der Monat August, war ein bißchen spät gewählt, für viele Pflanzen war die Blütezeit bereits vorbei. Wenn Sie eine wirklich ergiebige Pflanzensammlung durchführen wollen, müssen Sie sich in der ersten Hälfte des Juli hier einfinden, und vor allem bevor die Herden auf diese Höhe heraufkommen, denn da, wo das Schaf einmal geweidet hat, werden Sie nur noch kümmerliche Reste vorfinden. Solange er von den Viehherden verschont ist, bildet der Ventoux im Juli einen wahren Garten; der steinige Boden ist mit Blumen übersät. In meiner Erinnerung sehe ich glitzernd im Tau des Morgens die lieblichen Büschel des Zottigen Mannsschildes (Androsace villense) mit seinen weißen Blüten und dem zart rosaroten Auge; das Mont-Cenis-

Veilchen (Viola cenisia L.), dessen große Blütenkrone sich auf den Kalksplittern ausbreitet; den Weidenblättrigen Baldrian (Valeriana Saliunca All.), der die köstlichen Düfte seines Blütenstandes mit dem Mistgeruch seiner Wurzeln verbindet; die Herzblättrige Kugelblume (Globularia cordifolia L.), die einen dichten Teppich von hartem Grün bildet, der von blauen Blütenköpfchen übersät ist; das Alpenvergißmeinnicht (Myosotis alpestris), dessen Blau mit dem des Himmels wetteifert; die Iberis von Candolle, deren niedriger Stengel ein aus dicht aneinandergepreßten, weißen Blütchen bestehendes Köpfchen bildet; den Gegenblättrigen Steinbrech (Saxifraga oppositifolia L.) und den Moos-Steinbrech (Saxifraga bryoides), die sich beide auf dunkeln Pölsterchen zusammendrängen, die der eine mit rosaroten und der andere mit weißgelblichen Blütensternchen schmückt. Sobald die Sonne mehr Kraft hat, werden wir einen prächtigen Schmetterling mit weißen Flügeln, mit vier lebhaften karminroten, schwarz eingerahmten Flecken darauf, von einem Blütenbüschel zum andern taumeln sehen. Das ist der Parnassius Apollo, ein zierlicher Gast aus den fernen Alpen und Gletschern. Seine Raupe lebt auf dem Steinbrech. Beenden wir hier unseren kurzen Überblick über die Freuden, die den Naturforscher auf dem Gipfel des Mont Ventoux beglücken, und wenden wir uns der Behaarten Sandwespe (Psammophila hirsuta) wieder zu, die in einem ganzen Schwarm, zusammengekauert, unter einem Stein Schutz suchte, als uns gestern die Regenwolke einhüllte.

Städtebilder

Alphonse Daudet
Tartarin aus Tarascon

Niemals in meinem Leben werde ich meinen Besuch bei Tartarin aus Tarascon vergessen; es müssen zwölf oder fünfzehn Jahre her sein, aber ich erinnere mich dessen noch, als wäre es gestern gewesen. Damals wohnte Tartarin, der Mann ohne Furcht und Tadel, vor den Toren der Stadt, im dritten Hause linker Hand auf der Straße nach Avignon. Eine reizende kleine tarasconesische Villa mit Vorgarten; den Balkon hatte sie auf der Hofseite, die Mauern strahlten blendend weiß, die Fensterläden schimmerten grün, und auf den Treppenstufen aalten sich wie Spatzen in einem Nest kleine Savoyardenjungen, die Mühle spielten oder in der schönen Sonne schliefen, den Kopf auf ihren Schuhputzkästen.

Von außen sah das Haus aus wie jedes andere. Wer hätte hier die Behausung eines Helden vermutet? Aber schon beim ersten Schritt über die Schwelle! Himmel und Hölle, Donner und Doria!

Vom Keller bis zum Speicher atmete das Haus Heldenstil, selbst der Garten!

Ja, diesen Garten Tartarins gab es nicht zum zweiten Male in ganz Europa. Nicht ein einziger einheimischer Baum, nicht ein Grashalm aus Frankreich, nichts als exotische Pflanzen und Gummibäume, afrikanische Kalebassen, Baumwollstauden, Kokospalmen, Mangobrotbäume, Bananenpalmen, dazu ein Baobab, Kakteen, Feigenbäume, großartig, man kam sich vor wie mitten in Afrika, zehntausend Meilen weit von Tarascon. Unter uns, das alles stand nicht in natürlicher Größe da; so waren die

Kokosbäume nicht größer als Runkelrüben, und der Baobab (Riesenbaum, Arbos gigantea) hatte reichlich Platz in einem Resedentopf. Aber das ist schließlich gleich, für Tarascon war es schon eine recht niedliche Leistung, und wenn jemand aus der Stadt am Sonntag die Ehre hatte, den Baobab von Tartarin besichtigen zu dürfen, so kam er aus dem Garten stets ganz benommen vor Bewunderung heraus.

Jetzt stellen Sie sich einmal vor, welch unauslöschlichen Eindruck ich damals empfangen mußte, als ich diesen Wundergarten betreten durfte! ... Aber das ist noch gar nichts gegen das Arbeitszimmer des Helden! Dieses Zimmer war eine Sehenswürdigkeit der Stadt; es lag nach dem Garten hin zu ebener Erde, und durch eine Glastür konnte man direkt zu dem Baobab kommen.

Nun muß man sich einen großen Raum vorstellen, mit Säbeln und Gewehren austapeziert von den Dielen bis zur Decke. Es fehlte keine Waffe aus keinem Land der Welt: Karabiner, Flinten, Donnerbüchsen, korsische Messer, katalanische Klingen, kombinierte Revolvermesser, Dolchmesser, malaiische Kris, Karaibenpfeile, Pfeile aus Feuerstein, Schlagringe, Totschläger, Hottentottenkeulen, mexikanische Lassos, was weiß ich noch!

Und von oben stürzte in nicht zu bändigenden Strahlen ein gewaltiger Sonnenglanz nieder. Er brachte den Stahl der Klingen und die Beschläge der Feuerwaffen zum Leuchten, und man mußte noch mehr Gänsehaut bekommen, ob man wollte oder nicht. Ein kleines tröstliches Element war die fabelhafte Ordnung und die peinliche Sauberkeit, welche in dieser Wildwestromantik herrschte. Alles war hier geordnet, in gutem Stande, gebürstet, etikettiert wie in einer Apotheke; und hier und dort stand auf gemütlichen Zettelchen geschrieben:

Achtung! Achtung!
Vergiftete Pfeile! Nicht berühren!

oder

Waffen! Geladen! Vorsicht!

Ohne diese Zettelchen hätte ich mich niemals hineingewagt.

In der Mitte des Zimmers stand ein Tisch. Auf dem Tischlein eine Flasche mit Rum, ein türkischer Tabaksbeutel, die Reisebeschreibungen des Kapitäns Cook, die Romane von Cooper und von Gustave Aimard, Jagdgeschichten von Bärenhetzen, von der Jagd mit dem Falken, Jagd auf den Elefanten und so weiter. Endlich vor dem Tischlein, da sitzt ein Mann, vierzig oder fünfundvierzig Jahre alt, klein, dick, untersetzt, die Wangen rot, in Hemdsärmeln, in Unterbeinkleidern aus Flanell, mit einem starken, kurzgehaltenen Bart, die Augen voller Feuer und Flammen. In der einen Hand hält er ein Buch, in der anderen schwingt er eine Riesenpfeife mit eisernem Deckel, und jetzt, während seine Augen ich weiß nicht welchen welterschütternden Bericht von Skalpjägern lesen, schiebt er seine Unterlippe vor, zieht ein schreckenerregendes Gesicht. Und hiermit bekommt diese brave Figur eines tarasconesischen Kleinbürgers denselben Charakter von gutmütigem Blutdurst, welcher dem ganzen Haus sein Gepräge gibt.

Dieser Mann, wer war es? Tartarin aus Tarascon, der Mann ohne Furcht und Tadel, der große, der unvergleichliche Tartarin aus Tarascon.

Ich erzähle nun von einer Zeit, wo Tartarin aus Tarascon noch nicht der Tartarin war, der er heute ist, der große Tartarin, der berühmteste Mann von ganz Südfrankreich. Aber schon damals war er der ungekrönte König von Tarascon.

Nun wollen wir hören, wie ihm diese Königswürde zugekommen war.

Man muß vor allem als bekannt voraussetzen, daß da unten jeder Mensch eine Schwäche für die Jagd hat, vom Größten bis zum Kleinsten. Die Jagd ist die große Leidenschaft der Tarasconesen, und zwar bereits von der grauen Vorzeit her, wo die wilde Tarasque mit Urgewalt einbrach und die Tarasconesen von Anno dazumal ihre Treibjagden gegen sie in Szene setzten. Das ist schon so einige Jahre her, bekanntlich.

Kurz und gut, an jedem Sonntagmorgen greift Tarascon zu den Waffen und zieht los aus dem Bannkreis der Stadt, den Rucksack auf dem Rücken, die Flinte auf der Schulter, in der Mitte einer wuttobenden Hundemeute, mit Frettchen, mit Trompeten und Jagdhörnern. Wer das nicht gesehen hat, weiß nicht, was grandios ist! Leider Gottes gibt es kein Wild, und zwar fehlt es absolut.

So viechsdumm auch die Viecher sind, auf die Dauer wird es ihnen zu dumm, man kann das verstehen. Im Umkreis von fünf Meilen um Tarascon ist jeder Bau leer, die Nester sind ausgestorben, nicht eine Drossel, nicht eine Wachtel, nicht ein Haar von einem Kaninchen, nicht eine Feder von der allerkleinsten Schnepfe.

Und doch gibt es nichts Reizenderes als diese kleinen Hügelchen um Tarascon, sie duften nach Myrten und Lavendel, nach Rosmarin, und dann gibt es schöne Muskattrauben, durchtränkt mit Zucker, die sich am Ufer der Rhône hinranken, die sind so appetitanregend, kein Teufel könnte widerstehen. Ja, das wäre alles wunderschön, stünde nicht die Stadt Tarascon dahinter, und in dem kleinen Reich des fliegenden und des laufenden Wildes hat Tarascon einen sehr schlechten Ruf. Selbst die Zugvögel haben die Stadt auf ihrem Fahrplan mit einem Kreuz angestrichen. Wenn die wilden Enten in langen keilförmigen Zügen nach der Camargue hinabstreifen und von ferne die Glockentürme der Stadt zu Gesicht bekommen, dann fängt der Vogel an der Spitze laut an zu schreien: »Achtung, Tarascon! Achtung, Tarascon!«, und die ganze Gesellschaft schlägt einen Haken.

Um es mit einem Wort zu sagen: In puncto Wild gibt es in dem ganzen Land nichts mehr außer einem alten abgefeimten Hasen, der sich in den Kopf gesetzt hat: Hier muß ich leben! In Tarascon kennt man diesen Hasen natürlich sehr genau. Man hat ihm auch einen Namen gegeben; er heißt »D-Zug«. Man weiß, daß er sein Lager auf den Feldern des Herrn Bompard hat – ein Umstand, der den Wert dieses Grundstücks verdoppelt oder verdreifacht –, aber man hat ihn noch nicht erwischen können.

Jetzt im Augenblick sind nur noch zwei oder drei verbissene Jäger hinter ihm her. Die anderen haben ihre Hoffnung schon zu Grabe getragen, und der »D-Zug« ist seit langem Gegenstand eines Mysteriums in dieser Provinz geworden, sowenig sonst der Tarasconese von Natur zum Aberglauben neigt. Er sagt ja auch zu Pasteten aus Schwalben nicht nein, vorausgesetzt, daß es welche gibt.

Nun werden Sie mich fragen: »Was machen denn die tarasconesischen Jäger an ihren Sonntagen, wenn es so wenig Wild in Tarascon gibt?«

Was sie machen?

Ja, großer Gott, sie ziehen ins Freie hinaus, zwei bis drei Meilen vor die Stadt, schließen sich zu kleinen Gruppen von fünf oder sechs zusammen, und dann legen sie sich in aller Seelenruhe im Schatten eines Brunnens oder einer alten Mauer oder eines Ölbaumes nieder, aus ihrer Tasche ziehen sie einen ordentlichen Happen Rinderbraten, dazu rohe Zwiebeln, dazu ein kleines Würstlein und ein paar Anschovis, und nun fangen sie an zu frühstücken, hören nicht wieder auf und befeuchten sich die Kehlen mit einem niedlichen Rhoneweinchen, das den Menschen Lust macht zu lachen und Lust zum Singen.

Dies vollbracht und den nötigen Ballast eingenommen, erhebt man sich, pfeift den Hunden, ladet die Gewehre und beginnt zu jagen, d. h. jeder von diesen Herren nimmt seine Mütze, wirft sie in die Luft mit voller Kraft und schießt nach ihr im Fluge mit Fünfer-, Sechser- oder Zweierschrot, je nach Übereinkunft. Wer die meisten Treffer in seiner Mütze hat, wird zum Jagdkönig ausgerufen; im Triumph kehrt er abends nach Tarascon zurück, die durchlöcherte Mütze am Laufe seines Gewehres, inmitten von Hundegebell und Fanfarengeschmetter.

Ich muß wohl nicht ausdrücklich betonen, daß in der Stadt ein lebhafter Handel mit Jagdmützen blüht. Es gibt sogar Mützenmacher, die Mützen verkaufen, die von vornherein durchlöchert und durchsiebt sind, zum Gebrauche für die weniger Vorgeschrittenen; aber Bézuquet, der Apotheker, ist der einzige, der sie kauft. Man weiß davon, es ist eine Schande!

Als Mützenjäger stand Tartarin auf einsamer Höhe. Jeden Sonntagmorgen zog er mit einer neuen Mütze los; jeden Sonntagabend kam er mit einem Lumpen zurück. In dem kleinen Hause mit dem Baobab waren die Schränke voll von diesen ruhmreichen Trophäen. Demzufolge erkannten die Tarasconesen ihn als ihren Herrn und Meister an; und da Tartarin die Jagdmaterie beherrschte, da er alles darüber Geschriebene gelesen und alle Handbücher aller möglichen Jagden durchforscht hatte, von der Jagd auf Mützen bis zur Jagd auf bengalische Tiger, so machten ihn denn die Herrschaften zu ihrem obersten Schiedsrichter in Jagdsportangelegenheiten, und er war in all ihren Diskussionen das Zünglein an der Waage.

Tag für Tag sah man von drei bis vier Uhr nachmittags bei dem Büchsenmacher Costecalde einen dicken Herrn ehrwürdigen Gehabens, die Pfeife zwischen den Zähnen, in einem großen Lederfauteuil sitzen. Das ganze Lokal war voll von Mützenjägern, die aufrecht standen, zankten und sich balgten, und Tartarin aus Tarascon war es, der Recht sprach, Nimrod und Salomo in einer Person.

Émile Zola
Naïs Micoulin

I

Im Herbst kam jeden Monat ein kleines braunes Mädchen mit wirren schwarzen Haaren zu einem Anwalt von Aix, Herrn Rostand. Sie hielt einen gewaltigen Korb mit Aprikosen oder Pfirsichen, den sie kaum tragen konnte. Sie blieb in der Diele, und die ganze Familie kam herbei.

»Ach, du bist's, Naïs«, sagte der Rechtsanwalt. »Du bringst uns die Ernte. Das ist aber nett, du bist ein gutes Kind … Und wie geht es dem Vater Micoulin?«

»Danke schön«, antwortete die Kleine und zeigte dabei ihre weißen Zähne.

Dann nahm Frau Rostand sie mit in die Küche und fragte sie nach den Oliven, den Mandeln und dem Wein. Die Hauptfrage war die, ob es in Estaque, dem Küstenfleckchen, wo Rostands ihren Besitz Blancarde hatten, geregnet hatte. In diesem Besitz, den die Micoulins hüteten, gab es nur etwa ein Dutzend Mandel- und Olivenbäume, trotzdem aber war die Regenfrage in diesem vor Trockenheit sterbenden Land um nichts weniger wichtig.

»Einige Tropfen sind gefallen«, sagte Naïs. »Der Wein hätte Wasser nötig.«

Nachdem sie dann ihre Neuigkeiten mitgeteilt und ein Stück Brot mit einem Restchen Fleisch bekommen hatte, fuhr sie auf dem Wagen eines Schlächters, der alle vierzehn Tage nach Aix kam, nach Estaque zurück. Oft brachte sie Muscheln mit, eine

Languste, einen schönen Fisch, denn Vater Micoulin angelte fleißiger, als er den Garten pflegte. Kam sie während der Ferien, so sprang Friedrich, der Sohn des Rechtsanwalts, mit einem Satz in die Küche, um ihr mitzuteilen, daß die Familie bald nach Blancarde käme, sie sollte nur Netze und Angeln richten. Er duzte sie, als kleine Kinder hatten sie miteinander gespielt. Nur daß sie ihn seit seinem zwölften Jahr respektvoll »Herr Friedrich« nannte. Jedesmal, wenn Vater Micoulin sie zum Sohne der Herrschaft »du« sagen hörte, gab er ihr eine Ohrfeige. Das tat aber der Freundschaft beider Kinder keinen Abbruch.

»Und vergiß nicht, die Netze auszubessern«, wiederholte der Schüler.

»Keine Sorge, Herr Friedrich«, antwortete Naïs, »Sie können kommen.«

Herr Rostand war sehr reich. Er hatte in der Rue du Collège um geringen Preis ein herrliches Haus gekauft. Dieses Coiron-Haus war in den letzten Jahren des 17. Jahrhunderts erbaut, hatte eine Fassade von zwölf Fenstern und enthielt genug Räume, um eine Gemeinde unterzubringen. Inmitten dieser Gemächer schien die Familie, die mit zwei alten Dienstboten aus fünf Personen bestand, wie verloren. Herr Rostand bewohnte nur das erste Stockwerk. Zehn Jahre hindurch hatte er den Zwischenstock und den zweiten Stock zu vermieten gesucht, ohne Mieter zu finden. Da hatte er sich entschlossen, die Türen zu schließen und zwei Drittel des Hauses den Spinnen zu überlassen. So war das Haus leer und voller Klang, beim geringsten Geräusch, das sich in der Diele hören ließ, gab es ein Echo wie in einer Kathedrale; diese sehr große Diele hatte ein gewaltiges Treppenhaus, darin man bequem ein modernes Haus hätte einbauen können.

Am Tage nach seinem Kauf hatte Herr Rostand den großen Empfangssalon durch eine Wand in zwei Teile teilen lassen; der Salon war zwölf Meter zu acht und hatte sechs Fenster. Dann hatte er in der einen Abteilung sein Arbeitszimmer, in der anderen das seiner Angestellten untergebracht. Im ersten Stockwerk waren außerdem noch vier Zimmer, deren kleinstes sieben Meter zu fünf war. Frau Rostand, Friedrich und die beiden alten Dienstmädchen bewohnten Zimmer, die so hoch waren wie Kapellen. Der Advokat hatte sich damit begnügt, ein ehemaliges Boudoir als Küche einzurichten, um die Bedienung zu erleichtern; als man sich früher der Küche im Zwischenstock bedient hatte, waren die Speisen ganz kalt auf den Tisch gekommen, nachdem sie durch die eisige Feuchtigkeit der Diele und über die Treppen hatten getragen werden müssen. Und das Schlimmste war, daß dieses riesige Zimmer auf die einfachste Weise möbliert war. Im Arbeitszimmer stand eine grüne Einrichtung aus Utrechter Samt: ein Kanapee mit acht großen Sesseln im Empirestil; eine kleine Lampe aus derselben Zeit erschien in diesem gewaltigen Zimmer wie ein Spielzeug; auf dem Kamin stand nur eine schreckliche moderne Marmor-Uhr zwischen zwei Vasen, während der rotgewordene, abgeriebene Fußboden in hartem Glanz schimmerte. Die Zimmer waren noch leerer. Man empfand jene stille Verachtung für Behaglichkeit und Luxus, wie sie selbst bei den reichsten Familien im Süden herrscht, in dieser herrlichen Sonnengegend, wo das Leben sich im Freien abspielt. Rostands wurden sich sicherlich der Melancholie und der tödlichen Kälte dieser großen Säle nicht bewußt: und die Trauer schien noch vergrößert durch die ärmliche Sparsamkeit der Möbel.

Trotzdem war der Advokat ein sehr geschickter Mann. Sein Vater hatte ihm eine ausgezeichnete Praxis in Aix hinterlassen, und er verstand es durch eine in diesem faulen Lande seltene Rührigkeit, seine Klientel noch zu vermehren. Klein, beweglich, mit einem zarten Mardergesicht, gab er sich leidenschaftlich seiner Praxis hin. Die Sorge um seinen Reichtum beherrschte ihn vollkommen, er las in den seltenen freien Stunden, die er im Klub totschlug, kaum eine Zeitung. Seine Frau dagegen galt für eine der klugen und vornehmen Frauen der Stadt. Sie war eine geborene von Villebonne, was ihr trotz ihrer Mesalliance eine Aureole von Würde verlieh. Aber sie war von so übertriebener Strenge, sie erfüllte ihre religiösen Pflichten mit so engherziger Hartnäckigkeit, daß sie bei ihrem methodischen Dasein gleichsam vertrocknet war.

Friedrich wuchs zwischen diesem geschäftigen Vater und dieser strengen Mutter auf. Während seiner Schuljahre war er ein Faulenzer nach allen Regeln der Kunst. Er zitterte vor seiner Mutter, verabscheute die Arbeit aber so sehr, daß er häufig des Abends im Salon die Nase in die Bücher steckte, ohne eine Zeile zu lesen: Er träumte verloren, während seine Eltern meinten, er mache seine Aufgaben. Sie waren über seine Faulheit erzürnt und gaben ihn bei der Schule in Pension; und er arbeitete nicht mehr, ja, er wurde weniger als zu Hause überwacht und war begeistert, nicht dauernd strenge Augen auf sich lasten zu fühlen. Sie mußten ihn daher, durch die allzu freien Manieren, die er annahm, gewarnt, wieder zu sich nehmen, um ihn wieder unter der eigenen Fuchtel zu haben. Unter dieser Obhut wurde er versetzt, denn er wurde so streng bewacht, daß er endlich arbeiten mußte: Seine Mutter sah seine Hefte durch, überhörte seine Lektionen und war wie ein Gendarm ständig hinter ihm her. Dank dieser Überwachung fiel Friedrich nur zweimal durchs Abiturientenexamen.

Aix besitzt auch eine Rechtsschule, wo sich Rostand jr. einschreiben ließ. In dieser alten parlamentarischen Stadt gibt es fast nur Advokaten, Notare und Anwälte, die um das Gericht herum gruppiert sind. Trotzdem studiert man Rechtswissenschaft, später kann man dann in Ruhe seinen Kohl pflanzen. Friedrich setzte sein Schulleben übrigens fort, indem er so wenig wie möglich arbeitete und lediglich den Eindruck zu erwecken suchte, als ob er viel arbeitete. Frau Rostand hatte ihm zu ihrem größten Leidwesen größere Freiheit einräumen müssen. Er ging jetzt aus, wann er wollte, und brauchte nur zu den Mahlzeiten zu Hause zu sein; abends mußte er um neun Uhr zu Hause sein, außer an den Tagen, da er ins Theater gehen durfte. Damals begann für ihn dieses eintönige Leben eines Studenten in der Provinz, das voller Laster ist, wenn es nicht ganz mit Arbeit ausgefüllt ist.

Man muß Aix kennen, die Ruhe seiner Straßen, darin Gras wächst, den Schlummer, der die ganze Stadt einlullt, um zu begreifen, welch leeres Dasein dort die Studenten führen. Die arbeiten, können die Stunden wenigstens vor ihren Büchern totschlagen, die aber, die sich den Vorlesungen entziehen, haben, um sich zu zerstreuen, keine andere Zuflucht als Cafés, wo man spielt, und Häuser, wo man es noch schlimmer treibt. Friedrich war ein leidenschaftlicher Spieler; die meiste Zeit am Abend verbrachte er beim Spiel, dann anderswo. Die Sinnlichkeit eines der Schule entronnenen Bengels wirbelte ihn den einzigen Lastern in die Arme, die die Stadt ihm zu bieten vermochte, eine Stadt, wo die freien Mädchen fehlen, die in Paris das Quartier Latin bevölkern. Bald genügten ihm die Abende nicht mehr, er nahm auch noch die Nächte dazu, indem er einen Hausschlüssel stahl. So verbrachte er glücklich die ersten Jahre seines Studiums.

Übrigens hatte Friedrich begriffen, daß er sich als gelehriger Sohn zu zeigen hätte. Allmählich war die Scheinheiligkeit eines von Furcht gehaltenen Kindes ganz über ihn gekommen. Seine Mutter war jetzt sogar zufrieden mit ihm: Er begleitete sie in die Messe, bewahrte korrekte Haltung, erzählte ihr mit der größten Gemütsruhe gewaltige Lügen, die sie vor seinem gutgläubigen Gesicht nicht abzulehnen vermochte. Und seine Geschicklichkeit wurde so groß, daß er sich niemals erwischen ließ: Er fand immer eine Ausrede und erfand schon im voraus außergewöhnliche Geschichten, um sich Ausflüchte zu sichern. Seine Spielstunden bezahlte er mit Geld, das er von seinen Vettern lieh. Er führte eine außerordentlich komplizierte Buchführung. Ja, einmal konnte er sogar nach einem unverhofften Gewinn seinen Traum, eine Woche in Paris zu verbringen, verwirklichen: Er ließ sich von einem Freund einladen, der an der Durance einen kleinen Besitz hatte.

Jetzt war Friedrich ein hübscher junger Mann, hoch gewachsen, mit regelmäßigem Gesicht und einem starken schwarzen Bart. Seine Laster machten ihn begehrenswert, bei den Frauen hauptsächlich. Man sprach von seinen guten Manieren. Leute, die seine Komödie durchschauten, lächelten leise: Da er aber so verständig war, die verdächtige Hälfte seines Lebens zu verbergen, mußte man ihm noch dankbar dafür sein, daß er seine Seitensprünge nicht zur Schau stellte, wie es gewisse rücksichtslose Studenten zur Empörung der Stadt taten. Friedrich wurde einundzwanzig. Er sollte demnächst seine ersten Examina machen. Sein Vater, der noch jung und durchaus nicht geneigt war, ihm sofort seine Praxis zu überlassen, sprach davon, ihn die Verwaltungslaufbahn einschlagen zu lassen. Er hatte in Paris Freunde, die er bemühen wollte, um die Ernennung zum Assessor zu erwirken. Der junge Mann sagte nicht nein: Er bekämpfte seine Eltern niemals mit offenem Visier. Aber er hatte ein dünnes Lächeln, das seinen hartnäckigen Willen verriet, das behagliche Nichtstuerleben weiter zu leben. Er wußte, daß sein Vater reich sei, er war der einzige Sohn, was sollte er sich da Mühe und Arbeit machen? Einstweilen rauchte er Zigarren auf dem Korso, machte Ausflüge in verschwiegene Landhäuser, besuchte täglich in aller Heimlichkeit die dunklen Häuser, was ihn nicht daran hinderte, seiner Mutter zur Verfügung zu stehen und sie mit Gefälligkeiten zu überhäufen. Wenn eine besonders tolle Nacht ihm die Glieder gebrochen und den Magen verdorben hatte, so kam er in das eisige Haus in der Rue du Collège und ruhte sich behaglich aus. Die leeren Zimmer, die eintönige Langeweile, die von den Decken herabfiel, schienen ihm eine erfrischende Ruhe zu enthalten. Dort erholte er sich dann wieder; seine Mutter glaubte, er bliebe um ihretwillen bei ihr, bis er eines Tages, da Gesundheit und Appetit wieder auf der Höhe waren, einen neuen Streich vollführte. Kurz, der beste Junge von der Welt, nur durfte man nicht an seine Vergnügungen rühren.

Naïs kam jedes Jahr zu den Rostands mit ihren Früchten und ihren Fischen, und jedes Jahr wurde sie größer. Sie war in Friedrichs Alter, etwa drei Monate älter. Daher sagte Frau Rostand jedesmal zu ihr:

»Was für ein großes Mädchen du wirst, Naïs!«

Und Naïs lächelte und zeigte ihre weißen Zähne. Meistens war Friedrich nicht zu Hause. Aber als er im letzten Jahr seines Studiums eines Tages ausging, traf er Naïs mit ihrem Korb in der Diele. Starr vor Staunen blieb er stehen. Er erkannte das lange, dünne, ungestalte Mädchen nicht mehr wieder, das er im vorigen Sommer in Blancarde gesehen hatte. Naïs war mit ihrem braunen Kopf unter dem dunklen Helm ihrer dichten schwarzen Haare ganz entzückend; und sie hatte kräftige Schultern, runde Hüften und prächtige Arme, deren nackte Ellenbogen man sah. Sie war in einem Jahre aufgeblüht, wie ein junger Baum.

»Du bist's!« stammelte er.

»Gewiß, Herr Friedrich«, antwortete sie; sie sah ihm mit ihren großen Augen, darin ein dunkles Feuer brannte, grade ins Gesicht. »Ich bringe Trauben ... wann kommen Sie? Muß man schon die Netze richten?«

Er betrachtete sie immer noch und murmelte, als hätte er sie nicht gehört:

»Wie schön du bist, Naïs! ... Was hast du denn?«

Sie lachte über dieses Kompliment. Als er sie dann aber bei den Händen nahm, als wolle er mit ihr spielen, wie sie einst miteinander gespielt hatten, wurde sie ernst, sie duzte ihn plötzlich und sagte mit etwas rauher Stimme ganz leise:

»Nein, nein, nicht hier ... nimm dich in acht! Deine Mutter kommt.«

II

Vierzehn Tage später reiste die Familie Rostand nach Blancarde ab. Der Anwalt mußte die Gerichtsferien abwarten, außerdem war gerade der September an der Küste von besonderem Reiz. Die Hitze hörte auf, die Nächte waren köstlich frisch.

Blancarde lag nicht in Estaque selbst; das lag in der äußersten Bannmeile von Marseille, in einer Felsensackgasse, die den Golf abschließt. Blancarde lag hoch über dem Dorf auf einer Klippe;

überall von der Bai aus konnte man seine gelbe Fassade inmitten einer Gruppe großer Fichten sehen. Es war eines jener viereckigen, schweren, in unregelmäßigen Abständen von Fenstern unterbrochenen Gebäude, die man in der Provence Schloß nennt. Vor dem Haus lag eine breite Terrasse, steil über einem schmalen Kieselstrand. Dahinter lag eine große Ebene, magerer Boden, darauf nur etwas Wein, Mandel- und Olivenbäume zu ziehen waren. Ein unangenehmer Umstand, ja geradezu eine Gefahr für Blancarde war die Tatsache, daß das Meer unaufhörlich die Klippe benagte; infolge der nahen Quellen stürzte die weiche Ton- und Felsenerde ein; und es geschah in jedem Sommer, daß sich gewaltige Blöcke loslösten und mit gewaltigem Krach ins Meer fielen. Allmählich bröckelte die Besitzung ab. Sogar Fichten waren schon verschlungen worden.

Seit vierzig Jahren waren die Micoulins Verwalter von Blancarde. Nach provenzalischem Gebrauch bebauten sie das Land und teilten die Ernte mit dem Besitzer. Diese Ernten waren armselig, und sie wären Hungers gestorben, wenn sie nicht im Sommer hätten fischen können. Zwischen einer Bestellung und einer Saat legten sie Netze aus. Die Familie bestand aus Vater Micoulin, einem groben Greis mit durchfurchtem, schwarzem Gesicht, vor dem das ganze Haus zitterte; aus Mutter Micoulin, einer großen Frau, die durch die beständige Erdarbeit in der glühenden Hitze abgestumpft war; aus einem Sohn, der gerade auf der »Arrogante« diente, und aus Naïs, die der Vater in eine Dachziegelfabrik arbeiten schickte, trotzdem es zu Hause genug zu tun gab. Selten nur tönte die Wohnung des Verwalters, ein seitwärts an den Hauptbau geklebtes Häuschen, von fröhlichem Lachen oder Gesang. Micoulin war in Nachdenken über seine Erfahrungen versunken und stumm wie ein alter Indianer. Die beiden Frauen empfanden für ihn die schreckerfüllte Achtung, die im Süden Mädchen und Frauen dem Oberhaupt der Familie entgegenbringen, und nur selten wurde der Frieden gestört durch die wütenden Schreie der Mutter, die ihre Fäuste in die Hüften stemmte, schrie, daß ihr der Hals zu platzen drohte, und in alle vier Windrichtungen Naïs' Namen rief, sobald ihre Tochter einmal verschwunden war. Naïs hörte diese Stimme über einen Kilometer weit und kehrte bleich vor verhaltenem Zorn heim.

Die schöne Naïs, wie man sie in Estaque nannte, war gar nicht glücklich. Als sie schon sechzehn Jahre alt war, schlug Micoulin sie um ein Ja oder Nein so heftig ins Gesicht, daß ihr das Blut aus der Nase schoß; und jetzt, nachdem sie schon lange zwanzig Jahre alt war, hatte sie noch häufig blaue Schultern von den Züchtigungen ihres Vaters. Der war nicht etwa bösartig, er gebrauchte einfach voller Strenge seine körperliche Oberhoheit: Er hatte die alte lateinische Autorität im Blut, das Recht über Leben und Tod seiner Familie: er forderte unbedingten Gehorsam. Als unter einem Hagel von Schlägen Naïs einst, um sich zu verteidigen, gewagt hatte, die Hand zu heben, hätte er sie fast getötet. Nach solchen Züchtigungen zitterte das junge Mädchen. Sie setzte sich auf den Erdboden, in irgendeine finstere Ecke, und dort würgte sie mit trockenen Augen die Schmach hinunter. Eine dumpfe Wut machte sie in diesen Stunden stumm, sie dachte an Rache, die sie nie ausüben konnte. Das Blut ihres Vaters kochte in ihr, ein blindes Wüten, ein rasendes Verlangen, die Stärkere zu sein. Sah sie ihre Mutter zitternd und unterwürfig sich vor Micoulin demütigen, so sah sie sie verächtlich an. Sie sagte häufig: »Hätte ich solchen Mann, ich würde ihn töten.«

Und doch waren die Tage, an denen sie geschlagen wurde, Naïs lieber als die anderen; die Gewalttätigkeiten rüttelten sie auf. Sonst führte sie ein so kleinliches Dasein in so großer Abgeschlossenheit, daß sie vor Langeweile fast starb. Ihr Vater verbot ihr, nach Estaque zu gehen, er fesselte sie durch fortgesetzte Arbeit ans Haus; und hatte sie selbst nichts zu tun, so wünschte er, daß sie unter seinen Augen zu Hause blieb. Daher erwartete sie den September immer mit Ungeduld. Sowie die Herrschaften immer in Blancarde wohnten, wurde Micoulins Wachsamkeit schwächer. Naïs mußte für Frau Rostand Besorgungen machen, und dann entschädigte sie sich für die Gefangenschaft des ganzen Jahres.

Eines Morgens war es Vater Micoulin eingefallen, dieses große Mädchen könnte ihm dreißig Sous am Tage einbringen. Er machte sie selbständig und ließ sie in einer Ziegelei arbeiten. Trotzdem die Arbeit dort sehr hart war, war Naïs überaus froh. In aller Frühe schon ging sie fort, ging durch ganz Estaque hindurch und arbeitete den ganzen Tag bis zum Abend im Freien. Sie drehte Ziegel zum Trocknen um. Ihre Hände wurden schlecht bei dieser Fron, aber sie fühlte ihren Vater nicht ständig hinter sich und lachte in aller Freiheit mit den jungen Burschen. Bei dieser harten Arbeit entwickelte sie sich und wurde ein schönes Mädchen. Die glühende Sonne machte ihre Haut golden und legte ihr einen großen Ambrakragen um den Hals; ihre schwarzen Haare wurden üppig, als wollten sie das Mädchen mit ihren dichten Strähnen decken; ihr Körper neigte und hob sich im beständigen Hin und Her ihrer Verrichtung, und Naïs hatte die geschmeidige Stärke einer jungen Kriegerin; erhob sie sich inmitten dieser roten Ziegel, so glich sie einer antiken Amazone, irgendeiner gewaltigen Terrakottafigur, die durch einen plötzlichen Flammenregen vom Himmel belebt worden ist. Daher hütete Micoulin sie mit seinen Augen, als er sah, wie schön sie wurde. Sie lachte zuviel, es schien ihm unnatürlich, daß ein junges Mädchen so fröhlich sei, und er nahm sich vor, ihre Liebhaber, entdeckte er jemals welche hinter ihren Röcken, sämtlich zu erwürgen.

Liebhaber hätte Naïs zu Dutzenden haben können, aber sie machte ihnen keinen Mut. Sie machte sich über alle Burschen lustig. Ihr einziger Freund war ein Buckliger, der in derselben Fabrik arbeitete, ein kleiner Mann namens Toine, den das Findelhaus in Aix nach Estaque geschickt hatte und der dort blieb. Er hatte ein hübsches Lachen, dieser Bucklige, und das Profil eines Polichinell. Naïs mochte ihn um seiner Sanftheit willen. Sie machte mit ihm, was sie wollte, oft fuhr sie ihn hart an, wenn sie ihre Wut über die Heftigkeit ihres Vaters an jemandem auslassen mußte. Das hatte aber nichts weiter auf sich. Man lachte über Toine. Micoulin hatte gesagt: »Den Buckligen erlaube ich ihr, ich kenne sie, sie ist zu stolz!«

In diesem Jahr hatte Frau Rostand bei ihrem Einzug in Blancarde den Verwalter gebeten, ihr Naïs zu überlassen, da eines ihrer Mädchen erkrankt sei. Die Ziegelei feierte gerade. So hart Micoulin gegen seine Familie war, so höflich zeigte er sich übrigens seiner Herrschaft gegenüber, er hätte die Bitte nicht abgeschlagen, auch wenn sie ihm gegen den Strich gegangen wäre. Herr Rostand hatte in wichtigen Angelegenheit nach Paris reisen müssen, und Friedrich war mit seiner Mutter allein auf dem Lande. In den ersten Tagen hatte der junge Mann, wie gewöhnlich, ein großes Bedürfnis, sich Bewegung zu verschaffen; die frische Luft berauschte ihn, er ging mit Micoulin Netze auslegen oder herausziehen oder machte lange Spaziergänge. Dann legte sich dieser schöne Eifer, ganze Tage lang lag er ausgestreckt unter den Fichten auf der Terrasse, halb schlief er, halb betrachtete er das Meer, dessen eintöniges Blau ihm schließlich tödlich langweilig vorkam. Im allgemeinen wuchs ihm nach vierzehn Tagen der Aufenthalt in Blancarde zum Halse heraus. Dann erfand er jeden Morgen einen Vorwand, um nach Marseille zu flitzen.

Am Morgen nach der Ankunft der Herrschaft rief Micoulin Friedrich bei Sonnenaufgang. Es handelte sich darum, Fangnetze herauszuziehen, große Körbe mit mausefallenenger Öffnung, darin die Fische sich verfangen. Der junge Mann aber stellte sich taub. Der Fischfang schien ihn nicht zu reizen; als er aufgestanden war, legte er sich auf den Rücken unter die Fichten, sein Blick verlor sich am Horizont. Seine Mutter war ganz erstaunt, daß er nicht einen jener Ausflüge unternähme, von denen er immer so hungrig nach Hause kam.

»Gehst du nicht fort?« fragte sie.

»Nein, Mutter«, antwortete er. »Da Papa nicht da ist, will ich bei dir bleiben.«

Der Verwalter, der diese Antwort hörte, murmelte in seinem Dialekt: »Na ja, dann wird Herr Friedrich ja bald nach Marseille fahren.«

Friedrich fuhr aber nicht nach Marseille. Die Woche verfloß, er lag immer ausgestreckt auf der Terrasse, höchstens, daß er der Sonne nachrückte und den Platz wechselte. Um den Schein zu wahren, hatte er ein Buch zur Hand genommen; aber er las nicht; meistens lag das Buch irgendwo zwischen den trockenen Fichtennadeln. Der junge Mann betrachtete nicht einmal das Meer; er sah zum Haus, schien lebhaftes Interesse für alle häuslichen Verrichtungen zu haben und beobachtete die Dienstmädchen, die bei ihrem Hin und Her immer über die Terrasse gehen mußten; und kam Naïs vorüber, so flammten jähe Blitze auf in seinen Augen, dann waren es Augen eines jungen sinnlichen Gebieters. Naïs ging langsamer und entfernte sich in rhythmischem Wiegen, ohne jemals einen Blick auf ihn zu werfen.

Dieses Spiel dauerte mehrere Tage. Vor seiner Mutter behandelte Friedrich Naïs als ungeschicktes Dienstmädchen, geradezu hart. Das gescholtene junge Mädchen senkte die Augen in einer gewissen glücklichen Schelmerei, als genieße sie dieses Schelten.

Eines Morgens beim Frühstück zerbrach Naïs eine Salatschüssel. Friedrich ereiferte sich.

»Bist du verrückt!« rief er. »Wo hast du deinen Kopf?«

Und wütend stand er auf und meinte, sein Beinkleid sei hin, dabei hatte er einen kleinen Ölfleck am Knie. Aber er bauschte die Angelegenheit auf.

»Sieh mich nicht so dumm an! Gib mir ein Tuch und Wasser … hilf mir.«

Naïs tauchte den Zipfel einer Serviette in eine Tasse, dann kniete sie vor Friedrich nieder, um den Fleck auszureiben. »Laß das«, meinte Frau Rostand. »Das nützt doch nicht.«

Aber das junge Mädchen ließe das Bein ihres Herrn nicht los, mit der ganzen Kraft ihrer schönen Arme rieb sie weiter. Und er schalt weiter mit strengen Worten.

»So etwas von Ungeschicklichkeit ist noch nicht dagewesen … fast absichtlich natürlich, sonst hätte die Salatschüssel nicht gerade bei mir entzwei gehen können ... wenn sie in Aix wäre, wäre unser Porzellan bald in tausend Scherben!«

Diese Vorwürfe entsprachen dem kleinen Vergehen so wenig, daß Frau Rostand, als Naïs fort war, glaubte, ihren Sohn beruhigen zu müssen.

»Was hast du denn gegen das arme Mädchen? Kannst du sie nicht leiden? ... Ich bitte dich, sei etwas freundlicher zu ihr. Sie ist eine alte Spielgefährtin und nimmt bei uns nicht die Stellung eines gewöhnlichen Dienstboten ein.«

»Ach was! Sie langweilt mich«, antwortete Friedrich und versuchte, brutal auszusehen.

Am selben Abend trafen Naïs und Friedrich sich am Ende der Terrasse. Allein hatten sie einander noch nicht gesprochen. Vom Hause aus konnte man sie nicht hören. Die Fichten schüttelten in die stille Luft den warmen Hauch ihres Harzes. Da fand sie das »Du« ihrer Kindheit wieder und fragte ihn leise:

»Warum hast du mich gescholten, Friedrich? ... Du bist wirklich böse.«

Ohne zu antworten, nahm er sie bei den Händen, zog sie an sich und küßte sie auf den Mund. Sie ließ ihn gewähren, dann ging sie fort; er setzte sich auf die Brüstung, um nicht ganz erregt vor seiner Mutter zu erscheinen. Zehn Minuten später bediente sie mit ihrer etwas stolzen Ruhe bei Tisch.

Friedrich und Naïs verabredeten sich nicht. Eines Nachts fanden sie sich unter einem Olivenbaum am Rande der Klippe. Während des Essens waren sich ihre Augen öfters mit brennender Starrheit begegnet. Die Nacht war sehr warm, Friedrich sah fragend ins Dunkel und rauchte an seinem Fenster Zigaretten bis ein Uhr. Dann zögerte er nicht mehr lang. Er stieg auf das Dach eines Schuppens, von dort aus sprang er auf den Boden, indem er sich auf lange Ruten stützte, die dort in einem Winkel standen; auf diese Weise brauchte er nicht zu fürchten, seine Mutter zu wecken. Als er dann unten war, ging er geradewegs auf einen alten Olivenbaum zu: Er wußte, daß Naïs ihn dort erwartete.

»Bist du da?« fragte er leise.

»Ja«, antwortete sie einfach.

Und er setzte sich zu ihr aufs Feld; er faßte sie um die Hüften, während sie ihren Kopf an seine Schulter lehnte. Sie sprachen nicht. Der alte, knotige Olivenbaum deckte sie mit seinem grauen Blätterdach. Gegenüber lag das Meer, schwarz, unbeweglich unter den Sternen. Ganz hinten im Golf verbarg ein leichter Nebel Marseille; nur links blitzte der Leuchtturm von Planier alle Minuten auf: ein gelber Strahl durchlöcherte die Finsternis, sekundenkurz; und nichts war süßer und zärtlicher als dieses Licht, das am Horizont beständig auftauchte und beständig verschwand.

»Ist dein Vater denn fort?« fragte Friedrich.

»Ich bin aus dem Fenster gesprungen«, sagte sie mit ihrer ernsten Stimme.

Sie sprachen nicht von ihrer Liebe. Diese Liebe kam von weit her, aus der Tiefe ihrer Kindheit. Jetzt erinnerten sie sich der Spiele, darin die Begierde schon die Kinderei besiegt hatte. Es kam ihnen natürlich vor, zu Zärtlichkeiten zu gelangen. Sie hatten einander nichts zu sagen, sie empfanden nur den einen Zwang, einander zu gehören. Er fand sie schön, erregend, mit ihrem Atem und Erdgeruch, und sie empfand den Stolz eines geschlagenen jungen Mädchens, die Geliebte ihres jungen Herrn zu werden. Sie gab sich hin. Der Morgen kam, als alle beide auf dem Weg, den sie gekommen waren, in ihre Zimmer zurückkehrten.

III

Welch ein wundervoller Monat! Es regnete nicht ein einziges Mal. Der immer blaue Himmel entfaltete seine Seide, den keine Wolke fleckte. Kristallrosa ging die Sonne auf, und in einem Staub von Gold ging sie unter. Trotzdem war es nicht allzu heiß, der Meerwind kam und ging mit der Sonne; die Nächte waren köstlich frisch, sie hatten den Duft der aromatischen Pflanzen, die der Tag erhitzt hatte und die im Dunkeln dampften.

Die Landschaft ist herrlich. Auf beiden Seiten des Golfes gehen zwei Felsenarme ins Meer, während in der Ferne die Inseln den Horizont zu sperren scheinen; so ist das Meer ein weites Becken, bei schönem Wetter ein See von intensivem Blau. Am Fuß der Berge stellt im Hintergrund Marseille seine Häuser in die niedrigen Hügel; ist die Luft klar, so sieht man von Estaque aus den grauen Hafendamm von Joliette mit den feinen Strichen der Schiffsmaste im Hafen; dahinter in dichten Baumgruppen Häuser, mitten im Himmel auf einer Anhöhe die Kapelle Notre-Dame-de-la-Garde. Und von Marseille geht die Küste in Rundungen und Einschnitten bis Estaque; am Ufer liegen Fabriken, die bisweilen von Rauchwolken überhelmt sind. Geht die Sonne unter, so ist das Meer fast schwarz, es schläft gleichsam zwischen den beiden Felsvorgebirgen, in deren Weiß sich Gelb und Braun mischt. Die Fichten mischen dunkles Grün in den rötlichen Schimmer des Bodens. Ein gewaltiges Bild, eine Ahnung des Orients, die im blendenden Flimmern des Lichtes verschwindet.

Aber Estaque hat nicht nur diesen Ausblick aufs Meer. Das Dorf ist an die Berge gelehnt und von Wegen durchzogen, die sich im Chaos steiler Felsen verlieren. Die Eisenbahn von Marseille nach Lyon durchquert die großen Felsblöcke, überfährt Schluchten auf großen Brücken, taucht plötzlich in den Fels selbst, bleibt über anderthalb Meilen darin, im Nertetunnel, dem längsten Frankreichs. Nichts gleicht der wilden Majestät dieser Schluchten, die sich in die Hügel graben: enge Wege in Schlangenwindungen tief in einer Schlucht, steile Seiten, darauf Fichten wachsen und Mauern, rost- und blutfarben, sich aufrichten. Bisweilen wird der Durchlaß breiter, ein dürftiges Olivenfeld füllt ein kleines Tal, ein einsames Haus mit geschlossenen Läden zeigt seine gemalte Fassade. Dann wieder stachlige Pfade, undurchdringliche Hecken, Erdstürze, ausgetrocknete Gießbäche: alle Überraschungen eines Marsches in der Wüste.

Hoch oben über dem schwarzen Rand der Fichten zieht der Himmel beständig sein feines Band aus blauer Seide.

Und dann der schmale Strand zwischen Meer und Felsen, rote Erde, wo die Ziegeleien, die Hauptindustrie der Gegend, große Gruben gegraben haben, um Ton zu gewinnen. Zersprungener, umgewühlter Boden, auf dem kaum einige kümmerliche Bäume wachsen: als hätte der Hauch einer glühenden Leidenschaft seine Quellen versiegen lassen. Auf den Wegen meint man in Gips zu gehen, man sinkt bis über die Knöchel ein; und beim kleinsten Windstoß fliegen Sandwolken auf und pudern die Hecken. Die Mauern entlang, die gleich Öfen Hitze ausströmen, schlafen kleine graue Eidechsen, während vom hei-ßen, rotgedörrten Gras Grashüpfer mit funkelndem Geknister auffliegen. In der unbeweglich schweren Luft, unter dem schlafenden Mittag, hört man nur den eintönigen Gesang der Grillen.

In dieser Flammengegend liebten Friedrich und Naïs sich einen Monat lang. Es war, als hätte sich das Feuer des Himmels in ihr Blut ergossen. In den ersten acht Tagen begnügten sie sich damit, sich unter demselben Olivenbaum am Rande der Klippe zu treffen. Dort genossen sie erlesene Freuden. Die frische Nacht sänftigte ihr Fieber, manchmal streckten sie ihre Gesichter und ihre brennenden Hände in den Wind, um sich darin wie in einer kalten Quelle zu erfrischen. Zu ihren Füßen, unter den Felsen, klagte das Meer wollüstig und schmachtend. Der durchdringende Duft von Seegras berauschte sie in Lust. Dann lagen sie in glücklicher Müdigkeit einer in des anderen Armen und betrachteten jenseits des Wassers das nächtlich glänzende Marseille, die roten Feuer am Eingang des Hafens, die blutigen Widerschein ins Meer warfen, die funkelnden Gaslaternen, die rechts und links die weitausgestreckten Kurven der Vorstädte zeichneten; in der Mitte über der Stadt blitzten helle Flecken, während der Garten auf dem Hügel Bonaparte deutlich durch zwei blendend helle Streifen bezeichnet war, die am Himmelsrand verliefen. Alle diese Lichter, jenseits des schlafenden Golfes, schienen irgendeine Traumstadt zu erleuchten, die mit der Morgenröte verschwinden würde. Und der Himmel, weit über dem schwarzen Chaos des Horizonts, hatte einen großen Reiz für sie, der sie beunruhigte und sie einander fester in die Arme drückte. Ein Sternenregen fiel hernieder. In diesen hellen Provencenächten leuchten die Sternenbilder in blitzenden Flammen. Sie zitterten unter diesem gewaltigen Raum und senkten die Köpfe; nur der einsame Stern des Leuchtturms von Planier beschäftigte sie: sein tanzender Schimmer, während ihre Lippen sich noch suchten, rührte sie.

Eines Nachts aber fanden sie einen großen Mond am Horizont, dessen gelbes Antlitz sie betrachteten. Im Meer glänzte eine Feuerschleppe, als hätte ein riesenhafter Fisch, irgendein Aal aus dem tiefsten Wasser, beständig seine Goldschuppen gewellt; und ein Zwielicht verlöschte die Lichter von Marseille und badete die Hügel und die Ausschnitte des Golfes. Je höher der Mond stieg, desto heller wurde es. Die Schatten wurden dunkler. Da begann dieser Augenzeuge, sie zu stören. Sie fürchteten, sie würden eines Tages überrascht werden, wenn sie in der Nähe von Blancarde blieben. Beim nächsten Stelldichein verließen sie das von einer eingestürzten Mauer eingezäunte Feld und führten ihre Liebe in alle Schlupfwinkel, die die Landschaft ihnen bot. Zuerst flüchteten sie in eine verlassene Ziegelei: Der schadhafte Schuppen lag über einem Keller, darin beide Ausgänge des Ofens noch offen waren. Aber dieses Loch stimmte sie traurig, sie wollten lieber den freien Himmel über ihren Köpfen fühlen. Sie wanderten in die roten Steinbrüche, entdeckten köstliche Verstecke, wahre Einöden von wenigen Quadratmetern Umfang: Nur das Bellen der Wächterhunde hörten sie von da aus, und weiter gingen sie, verloren sich auf endlosen Wegen an der felsigen Küste entlang, nach Niolon zu, drangen in enge Schluchten, in Grotten und entlegene Spalten. Oh, vierzehn Tage währendes nächtliches Spiel der Zärtlichkeiten! Der Mond war verschwunden, der Himmel wieder schwarz geworden, jetzt aber schien ihnen Blancarde zu klein für sie, sie mußten einander in der großen Weite besitzen.

Als sie eines Nachts oberhalb von Estaque entlang gingen, um in die Nerteschluchten zu gelangen, glaubten sie hinter sich in einem Fichtenwäldchen am Straßenrand einen leisen Schritt zu hören. Sie blieben unruhig stehen.

»Hörst du?« fragte Friedrich.

»Ja, irgendein verirrter Hund«, murmelte Naïs.

Und sie gingen weiter. Aber bei der ersten Wegbiegung, kurz hinter dem Wäldchen, sahen sie, wie eine schwarze Masse undeutlich hinter den Felsen verschwand.

Das war ganz bestimmt ein menschliches Wesen, seltsam, als sei es bucklig. Naïs stieß einen leisen Schrei aus. »Wart auf mich«, sagte sie hastig. Und sie verschwand im Dunkeln. Dann hörte Friedrich ein überstürztes Geflüster. Und Naïs kam ruhig, nur ein wenig bleich, zurück.

»Was gibt's denn?« fragte er.

»Nichts«, sagte sie.

Dann sagte sie nach einer Pause:

»Wenn du Schritte hörst, sei unbesorgt. Es ist Toine, der Buckel, weißt du? Er will über uns wachen.«

Und in der Tat hörte Friedrich manchmal hinter sich im Dunkeln Schritte. Wie ein Schutz um sie. Zu wiederholten Malen hatte Naïs Toine davonjagen wollen, aber das arme Wesen hatte nur ihr Hund sein wollen: Man würde ihn weder sehen noch hören, warum sollte sie ihm da nicht erlauben, zu tun, was er wolle? Und hätten die Liebenden Zeit zum Lauschen gehabt, sooft sie sich hingegebenen Mundes in den verfallenen Ziegeleien oder verlassenen Steinbrüchen küßten oder in dunkel verborgenen Grotten, so hätten sie hinter sich ersticktes Schluchzen vernommen; Toine, ihr Wächterhund, weinte in seine verkrampften Hände.

Und sie begnügten sich nicht mehr mit den Nächten allein. Jetzt wurden sie mutiger und nutzten jede Gelegenheit. Oft küßten sie sich auf einem Flur im Haus oder in einem Zimmer, darin sie sich trafen. Selbst bei Tisch, bediente sie ihn oder bat er um Brot oder einen Teller, verstand er es, ihr über die Finger zu streicheln. Die strenge Frau Rostand, die nichts sah, warf ihrem Sohn immer noch vor, er sei zu hart gegen seine ehemalige Spielgefährtin. Eines Tages hätte sie sie fast überrascht; das junge Mädchen aber hatte ihre Schritte gehört, sie bückte sich rasch und wischte mit ihrem Taschentuch über die staubbedeckten Schuhe ihres jungen Gebieters. Und tausend andere kleine Freuden hatten Naïs und Friedrich noch. Oft wollte, wenn nach dem Abendessen die Nacht köstlich frisch hereinbrach, Frau Rostand einen Spaziergang unternehmen. Sie nahm ihres Sohnes Arm und ging nach Estaque hinunter, während Naïs zur Vorsicht ihren Schal tragen mußte. So gingen alle, um die Ankunft der Sardinenfischer abzuwarten. Auf dem Meer tanzten Laternen, deutlich konnte man die schwarzen Umrisse der Barken erkennen, die mit dumpfem Rudergeräusch landeten. An großen Fangtagen wurden fröhliche Stimmen laut, Frauen liefen herbei, die große Körbe trugen; und die drei Männer, die jede Barke führten, leerten das Netz, das bis dahin unter der Bank gelegen hatte. Ein breites dunkles Band gleichsam, das Silberflimmer trug, bewegten sich die Sardinen noch und warfen Reflexe wie Metall – sie blieben mit ihren Kiemen in den Maschen des Netzes hängen; dann fielen sie in die Körbe, im bleichen Schimmer der Laternen wie ein Talerregen. Oft fand Frau Rostand Vergnügen an diesem Schauspiel und blieb bei einer Barke stehen; sie hatte den Arm ihres Sohnes losgelassen, sprach mit den Fischern, während Friedrich dicht neben Naïs außerhalb des Bereiches der Laterne ihre Knöchel faßte, als wollte er sie zerbrechen.

Vater Micoulin blieb weiter stumm wie ein hartnäckiges Tier, das seine Erfahrungen hat. Er fuhr aufs Meer hinaus oder grub im Garten, immer in der gleichen verschlossenen Art und Weise. Aber in seinen kleinen grauen Augen brannte seit geraumer Zeit eine Unruhe, er sah Naïs von der Seite an, ohne zu sprechen. Sie schien ihm verwandelt, er witterte Dinge in ihr, die er sich nicht zu erklären vermochte. Eines Tages wagte sie ihm zu widersprechen. Micoulin versetzte ihr einen solchen Schlag, daß er ihr die Lippe zerriß.

Als Friedrich abends unter einem Kuß Naïs' geschwollenen Mund fühlte, fragte er sofort.

»O nichts, mein Vater hat mir eine Ohrfeige gegeben«, sagte sie.

Ihre Stimme war dunkel geworden. Als der junge Mann in Zorn geriet und erklärte, er werde das in Ordnung bringen, da sagte sie:

»Nein, laß das bitte, das ist meine Angelegenheit ... das soll bald ein Ende haben!«

Sie erzählte ihm niemals von den Ohrfeigen, die sie bekam. Aber an den Tagen, da ihr Vater sie geschlagen hatte, hängte sie sich noch glühender an den Hals ihres Geliebten, als wolle sie sich an dem Alten rächen.

Seit drei Wochen schlich Naïs sich fast jede Nacht fort. Zuerst war sie sehr vorsichtig gewesen. Dann war ein kalter Mut über sie gekommen, und sie wagte alles. Als sie begriff, daß ihr Vater etwas ahnte, wurde sie wieder vorsichtiger. Sie verfehlte zwei Verabredungen. Ihre Mutter hatte ihr gesagt, Micoulin schlafe des Nachts nicht mehr; er stand auf und ging von einem Zimmer in das andere. Aber am dritten Tag vergaß Naïs vor Friedrichs flehenden Blicken abermals jede Vorsicht. Gegen elf Uhr ging sie hinunter und nahm sich fest vor, nicht länger als eine Stunde zu bleiben; im ersten Schlaf, hoffte sie, werde ihr Vater sie nicht hören.

Friedrich erwartete sie unter den Oliven. Sie sagte nichts von ihren Befürchtungen, weigerte sich aber, weiter zu gehen. Sie sei zu müde, sagte sie; und das traf zu, denn sie konnte nicht wie er tagsüber schlafen. Sie lagerten sich an ihrem gewöhnlichen Platz oberhalb des Meeres; vor ihnen leuchtete Marseille. Der Leuchtturm von Planier blitzte auf. Naïs betrachtete ihn, und sie schlief auf Friedrichs Schulter ein. Der rührte sich nicht; nach und nach gab er selbst seiner Müdigkeit nach und schloß die Augen. Einer in des anderen Armen vermischten sie ihren Atem.

Kein Laut, man hörte nur das helle Zirpen der Grashüpfer.

Gleich den Liebenden schlief auch das Meer. Da näherte sich aus dem Dunkel eine schwarze Gestalt. Micoulin war durch das Klappern des Fensters geweckt worden und hatte Naïs in ihrem Zimmer nicht vorgefunden. Er war herausgegangen und hatte auf alle Fälle ein kleines Beil mitgenommen. Als er unter dem Olivenbaum einen schwarzen Fleck bemerkte, hatte er den Griff fester gepackt. Aber die Kinder rührten sich nicht, er konnte dicht an sie herangehen, sich bücken und ihnen ins Gesicht sehen. Ein leiser Aufschrei entfuhr ihm, er hatte den jungen Herrn erkannt. Nein, nein, so konnte er ihn nicht töten: Das Blut, das den Boden tränken würde, käme ihn zu teuer zu stehen. Er richtete sich wieder auf, zwei Falten wilder Entschlossenheit beherrschten sein altes ledernes, von verhaltener Wut erstarrtes Gesicht. Ein Bauer tötet seinen Herrn nicht offenmütig, denn der Herr bleibt selbst im Grabe immer der Stärkere. Und Vater Micoulin hob den Kopf, schlich auf den Fußspitzen davon und ließ die beiden Liebenden schlafen.

Als Naïs kurz vor der Dämmerung in großer Unruhe über ihre lange Abwesenheit heimkehrte, fand sie ihr Fenster so vor, wie sie es verlassen hatte. Beim Essen sah Micoulin ihr gelassen zu. Sie beruhigte sich, ihr Vater konnte nichts wissen.

IV

»Herr Friedrich, wollen Sie denn gar nicht mehr aufs Meer hinaus?« fragte Vater Micoulin eines Abends.

Frau Rostand saß im Schatten der Fichten auf der Terrasse und stickte an einem Taschentuch. Friedrich saß in ihrer Nähe und vergnügte sich damit, kleine Steinchen zu werfen.

»O Gott, nein!« antwortete der junge Mann, »ich werde faul.«

»Das ist nicht recht«, meinte der Verwalter. »Gestern waren die Fangkörbe voller Fische. Man kann fangen, was man will … das könnte Ihnen Spaß machen. Begleiten Sie mich doch morgen früh.« Er sagte das so bieder, daß Friedrich, der an Naïs dachte, ihn nicht verletzen wollte:

»Na ja, gut ... aber ich muß geweckt werden. Um fünf Uhr morgens schlafe ich wie ein Toter.«

Frau Rostand hatte, von leichter Unruhe gepackt, zu sticken aufgehört.

»Und vor allem sehr vorsichtig sein«, murmelte sie. »Ich zittere immer, wenn ihr draußen seid.«

Am nächsten Morgen konnte Micoulin Herrn Friedrich lange rufen, das Fenster blieb geschlossen. Da sagte er mit einer Stimme, deren wilde Ironie Naïs entging:

»Geh hinauf ... Dich hört er vielleicht.«

Naïs weckte Friedrich. Noch völlig schlaftrunken zog er sie in sein warmes Bett; sie aber erwiderte nur rasch seinen Kuß und entzog sich ihm. Zehn Minuten später stand der junge Mann in einem grauen Leinenanzug unten. Vater Micoulin saß geduldig auf der Brüstung der Terrasse.

»Es ist schon frisch. Sie sollten einen Umhang mitnehmen«, meinte er.

Naïs holte einen Umhang. Dann gingen die beiden Männer die Treppe hinunter und steifen Schrittes bis zum Meer, während Naïs, aufrecht, ihnen mit den Augen folgte. Unten hob Vater Micoulin den Kopf und betrachtete Naïs; und zwei steile Falten gruben sich in seine Mundwinkel.

Seit fünf Tagen wehte ein schrecklicher Nordwestwind, der Mistral. Am Vortage hatte er gegen Abend etwas abgeflaut. Bei Sonnenaufgang jedoch wehte er wieder, zuerst schwach nur. Zu dieser morgendlichen Stunde schäumte das Meer unter seinen heftigen Atemstößen und war seidenblau. Und von den ersten schrägen Strahlen erleuchtet, rollten auf jedem Wogenkamm blitzende Flammen. Der Himmel war fast weiß, von kristallener Durchsichtigkeit. Im Hintergrund war Marseille so deutlich bis in die Einzelheiten zu sehen, daß man die Fenster an den Häusern zählen konnte, während die Felsen im Golf in unerhört zartem Rosa glommen.

»Wir werden auf der Heimkehr tüchtig geschüttelt werden«, meinte Friedrich.

»Vielleicht«, antwortete Micoulin einfach.

Schweigend, ohne den Kopf zu wenden, ruderte er. Einen Augenblick lang hatte Friedrich in dem Gedanken an Naïs seinen runden Rücken betrachtet; er sah nur des Alten sonnengebräunten Nacken und zwei rote Ohrläppchen, in denen Goldringe hingen. Dann hatte er sich über den Rand des Bootes geneigt und das Wasser betrachtet. Das Wasser war trübe, nur große Gräser schwammen wie Haare eines Ertrunkenen. Das stimmte ihn traurig, erschreckte ihn sogar.

»Sagen Sie, Vater Micoulin«, nahm er nach langem Stillschweigen wieder auf, »der Wind wird immer stärker, seien Sie vorsichtig ... Sie wissen doch, ich schwimme wie eine bleierne Ente.«

»Ja, ja, ich weiß«, sagte der Alte trocken.

Und mechanisch ruderte er weiter. Das Boot begann zu tanzen. Die kleinen Flammen auf den Wogenkämmen waren Schaumkronen geworden, die unter den Windstößen flogen. Friedrich wollte seine Angst nicht zeigen, er war jedoch sehr unsicher und hätte viel darum gegeben, nahe an Land zu sein. Er wurde ungeduldig und rief:

»Wo liegen denn Ihre Fangkörbe, zum Teufel? ... Fahren wir nach Algier?«

Vater Micoulin antwortete jedoch abermals in aller Ruhe:

»Wir werden schon hinkommen, wir werden schon hinkommen.«

Plötzlich ließ er die Ruder los, stand im Boot auf und suchte an der Küste die beiden Richtungspunkte; er mußte noch fünf Minuten rudern, dann waren sie inmitten der Korkbojen, die den Fangplatz grenzten. Gerade als er die Körbe herausziehen wollte, sah er einige Sekunden nach Blancarde. Friedrich folgte seinem Blick und konnte deutlich unter den Fichten einen weißen Fleck unterscheiden: Naïs, die immer noch an der Terrasse lehnte und deren helles Kleid man sah.

»Wieviel Körbe haben Sie?« fragte Friedrich.

»Fünfunddreißig ... wir müssen uns ranhalten.« Und er griff nach der nächsten Boje und zog den ersten Fangkorb heraus. Die Tiefe war sehr groß, und die Leine wollte kein Ende nehmen. Endlich erschien der Korb mit dem großen Stein, der ihn beschwerte; und sobald er aus dem Wasser ragte, sprangen drei Fische auf wie Vögel im Käfig. Man vermeinte Flügelrauschen zu hören. Im zweiten Korb war nichts. Aber im dritten befand sich eine Seltenheit: eine kleine Languste, die heftig mit dem Schwanz schlug. Da geriet Friedrich in Feuer, eifrig beugte er sich über den Rand des Bootes und wartete mit Herzklopfen auf jeden neuen Korb. Wenn er das Geräusch der Flügel hörte, so erfaßte ihn eine Erregung gleich der, die der Jäger beim Erlegen eines Wildes empfindet. Die Körbe füllten nacheinander das Boot; bald waren alle fünfunddreißig oben. Es waren mindestens fünfzehn Pfund Fische, ein herrlicher Fang für die Bucht von Marseille, die aus mehreren Gründen, vor allem aber durch den Gebrauch zu engmaschiger Netze, schon seit mehreren Jahren entvölkert ist.

»Das hätten wir«, sagte Micoulin. »Jetzt können wir heimkehren.«

Als aber Friedrich sah, wie er das Segel richtete, beunruhigte er sich aufs neue; er meinte, bei solchem Wind sei es ratsamer zurückzurudern. Der Alte zuckte die Achseln, er wußte, was er tat. Und bevor er das Segel aufzog, warf er einen letzten Blick auf Blancarde. Naïs stand in ihrem hellen Kleid immer noch da.

Da aber geschah wie ein Blitzschlag die Katastrophe. Später, als Friedrich sich die Dinge erklären wollte, erinnerte er sich, daß ein Windstoß sich plötzlich im Segel verfangen hatte, dann stürzte alles übereinander. Und an nichts anderes vermochte er sich zu erinnern, an eine große Kälte lediglich und an tiefe Angst. Sein Leben verdankte er einem Wunder: Er war auf das Segel gefallen, das ihn hielt. Fischer hatten den Unfall bemerkt, eilten herbei und nahmen ihn und Vater Micoulin, der schon der Küste zuschwamm, an Bord. Frau Rostand schlief noch. Man verbarg ihr den Unfall ihres Sohnes. Am Fuße der Terrasse trafen Friedrich und Vater Micoulin, die völlig durchnäßt waren, Naïs: Sie hatte alles mitangesehen.

»Verflucht«, rief der Alte, »wir hatten schon alle Körbe und wollten umkehren ... solch Pech!«

Naïs, sehr bleich, sah ihren Vater starr an.

»Ja, ja«, murmelte sie, »Pech ... aber wenn man gegen den Wind kreuzt, ist man seiner Sache sicher.«

Micoulin ereiferte sich.

»Nichtsnutz, stehst du hier herum? ... Siehst du nicht, daß Herr Friedrich vor Kälte schlottert ... Geh, hilf ihm ...!«

Der junge Mann kam mit einem Tag Bettruhe davon. Seiner Mutter erzählte er von einer Migräne. Am nächsten Morgen traf er Naïs: Sie war finster, wollte sich nicht mit ihm treffen; aber als sie ihn eines Abends allein in der Diele traf, warf sie sich ihm von selbst um den Hals und küßte ihn leidenschaftlich. Niemals vertraute sie ihm ihren Verdacht an, aber von nun an wachte sie über ihn. Dann kamen ihr nach einer Woche Zweifel. Ihr Vater ging und kam wie gewöhnlich; ja, er schien sogar sanfter, er schlug sie seltener.

In jedem Sommer aßen Rostands an der Küste in einem kleinen Felsenspalt eine Fischsuppe. Außerdem gab es dort einige Rebhühner, und die Herren gaben einige Schüsse ab. In diesem Jahr wollte Frau Rostand Naïs zur Bedienung mitnehmen. Und sie hörte nicht auf die Einwendungen des Verwalters, in dessen wildes Gesicht lebhafter Widerspruch steife Falten grub.

Man brach in aller Frühe auf. Der Morgen war süß und köstlich. Flach wie ein Spiegel unter der hellen Sonne entrollte das Meer seine blaue Seide; an den Stellen, wo eine Brise wehte, kräuselte es sich leicht, das Blau dunkelte um einen Ton violett, während in den Fluten das Blau blaß wurde, milchig und durchsichtig zugleich; man hätte das Meer und den klaren Horizont für ein gewaltiges entfaltetes Seidengewand mit wechselnden Farben halten können. Auf diesem schlafenden See glitt das Boot rasch voran.

Der schmale Strand, an dem man anlegte, befand sich vor einer Schlucht; man ließ sich auf einem Rasenfleck nieder, der als Tischtuch dienen sollte, mitten im Gestein.

Das war eine ganze Geschichte, diese Fischsuppe unter freiem Himmel. Zunächst ging Micoulin ins Boot zurück und holte allein seine Fangkörbe, die er tags zuvor ausgeworfen hatte. Bis er zurückkam, hatte Naïs Thymian und Lavendel, einen ganzen Busch von trockenen Gräsern ausgerupft, um ein großes Feuer anzufachen. An diesem Tag sollte der Alte das Gericht zubereiten, die klassische Fischsuppe, deren Rezept die Küstenfischer von Vater zu Sohn vererben. Eine fürchterliche, stark gepfefferte, stark nach zerstoßenem Knoblauch duftende Suppe. Die Rostands hatten viel Freude an der Zubereitung.

»Vater Micoulin«, sagte Frau Rostand, die bei dieser Gelegenheit zu scherzen beliebte, »wird sie ebenso gut werden wie im vorigen Jahr?«

Micoulin schien sehr fröhlich zu sein. Er reinigte den Fisch zunächst im Meer, während Naïs aus der Barke eine große Pfanne holte. Das war rasch geschehen: Der Fisch in die Pfanne gelegt, Wasser darüber, etwas Zwiebel, etwas Öl, Knoblauch, Pfeffer, eine Tomate und dann wieder Öl. Dann die Pfanne übers Feuer gehalten, in dem man einen Hammel hätte braten können. Die Fischer meinen, der Wert der Fischsuppe liege in der Zubereitung; die Flammen müssen die Pfanne ganz einhüllen. Unterdessen schnitt der Verwalter mit ernster Miene Brotschnitten in eine Salatschüssel. Nach einer halben Stunde goß er die Suppe über die Schnitten und trug den Fisch besonders auf.

»Nun zu!« sagte er. »Sie ist nur gut, wenn man sie kochend heiß ißt.«

Und die Fischsuppe wurde unter den üblichen Scherzen gegessen.

»Sagen Sie, Micoulin, haben Sie Pulver hineingetan?«

»Die Suppe ist gut, aber man muß einen Gaumen aus Eisen dazu haben.«

Er löffelte schweigsam und aß zu jedem Löffel eine Schnitte

Brot. Übrigens bezeugte er, indem er still beiseite saß, seine Genugtuung darüber, mit den Herrschaften essen zu dürfen.

Nach dem Essen blieb man auch noch dort, um abzuwarten, bis die große Hitze vorüber sei. Die Felsen, lichtübergossen, von roten Tönen umspritzt, warfen schwarze Schatten. Eichen fleckten sich dunkelmarmorn, während auf den Hängen Fichtenwäldchen in regelmäßigen Abständen wie eine Armee von Soldaten auf dem Marsch sich hinaufzogen. Eine dumpfe Stille fiel mit der Hitze nieder.

Frau Rostand hatte die ewige Stickerei mitgebracht, die man stets in ihren Händen sah. Naïs saß in ihrer Nähe und schien sich für das Hin und Her der Nadel zu interessieren. Ihr Blick jedoch überwachte ihren Vater, der hielt seinen Mittagsschlaf. Etwas weiter, unter seinem großen Strohhut, der ihm das Gesicht schützte, schlief Friedrich.

Gegen vier Uhr erwachten sie. Micoulin beteuerte, er wisse hinten in der Schlucht eine Unmenge Rebhühner. Noch vor drei Tagen hätte er sie gesehen; da ließ Friedrich sich überreden, und beide nahmen ihre Gewehre zur Hand.

»Ich bitte dich«, rief Frau Rostand, »sei vorsichtig, du kannst ausgleiten und dich womöglich selbst verletzen.«

»Ja, ja, das kann geschehen«, sagte Micoulin gelassen.

Sie brachen auf und verschwanden hinter den Felsen. Da stand Naïs plötzlich auf, folgte ihnen und sagte leise:

»Ich will sehen.«

Anstatt mitten in der Schlucht auf dem Wege zu bleiben, schlug sie sich eiligen Schrittes links in die Büsche und vermied es dabei, Steine ins Rollen zu bringen. Endlich, nach einer Wegbiegung, sah sie Friedrich. Sicherlich hatte er die Rebhühner schon aufgescheucht, denn halb vornübergebeugt ging er rasch zu, bereit, sein Gewehr an die Schulter zu ziehen. Ihren Vater bemerkte sie immer noch nicht. Dann entdeckte sie ihn plötzlich auf der anderen Seite der Schlucht, auf dem gleichen Hang wie sie: Er hatte sich niedergehockt und schien zu warten. Zweimal hob er seine Waffe. Flogen die Rebhühner zwischen ihm und Friedrich auf, so konnten die Schüsse der Jäger einander erreichen. Naïs glitt von Busch zu Busch und stellte sich angsterfüllt hinter ihren Vater.

Minuten verstrichen. Friedrich war in einer Geländefalte verschwunden. Er tauchte wieder auf und blieb einen Augenblick unbeweglich stehen. Da hob Micoulin, immer noch niedergekauert, abermals seine Waffe und zielte lange auf den jungen Mann. Aber mit einem Fußstoß hatte Naïs die Mündung in die Höhe geschnellt, und mit fürchterlichem Krach, dessen Echo in der Schlucht rollte, ging die Ladung in die Luft.

Der Alte war wieder aufgestanden. Als er Naïs bemerkte, faßte er sein rauchendes Gewehr beim Lauf, als wollte er sie mit einem Kolbenhieb zerschmettern. Ganz bleich, mit Augen, die Blitze sprühten, stand das junge Mädchen aufrecht vor ihm. Er wagte es nicht, zuzuschlagen. Wuterfüllt konnte er nur im Dialekt stammeln:

»Warte, ich bring' ihn um.«

Beim Schuß des Verwalters waren die Rebhühner aufgeflogen, und Friedrich hatte zwei abgeschossen. Gegen sechs Uhr kehrten die Rostands nach Blancarde zurück. Still, hartnäckig, wie ein Tier ruderte Vater Micoulin.

V

Der September war zu Ende. Nach einem heftigen Gewitter war die Luft sehr frisch. Die Tage wurden kürzer, und Naïs wollte nachts nicht mehr zu Friedrich kommen; sie gab vor, sie sei zu müde, sie könnten sich erkälten, da der Tau die Erde reichlich netzte. Aber da sie jeden Morgen gegen sechs herüberkam und Frau Rostand erst reichlich drei Stunden später aufstand, so stieg sie in das Zimmer des jungen Mannes hinauf, ließ die Tür offen und lauschte geschärften Ohres: So blieb sie einige Augenblicke bei ihm.

Das war die Zeit ihrer Liebe, da Naïs am zärtlichsten zu

Friedrich war. Sie faßte ihn um den Hals, zog sein Gesicht zu sich heran und betrachtete ihn aus nächster Nähe so leidenschaftlich, daß ihr die Tränen in die Augen schossen. Ihr war immer, als sollte sie ihn niemals wieder sehen. Dann überschüttete sie ihn mit Küssen, als wollte sie diesen Gedanken abwehren und beschwören, daß sie ihn zu verteidigen wüßte.

»Was hat Naïs denn?« sagte Frau Rostand öfters. »Sie ist alle Tage anders.«

Und tatsächlich magerte Naïs ab, ihre Wangen wurden hohl; ihr Blick war dunkler geworden, sie schwieg lange, wie aufgeschreckt erwachte sie dann wieder gleich einem jungen Mädchen, das geschlafen und geträumt hat.

»Mein Kind, wenn du krank bist, mußt du dich pflegen«, wiederholte Frau Rostand.

Dann lächelte Naïs. »O nein, gnädige Frau, es geht mir gut, ich bin glücklich ... Niemals war ich so glücklich.«

Als sie eines Morgens beim Einordnen der Wäsche half, wagte sie eine Frage.

»Sie bleiben also in diesem Jahr in Blancarde?«

»Bis Ende Oktober«, antwortete Frau Rostand.

Und Naïs blieb einen Augenblick aufrecht stehen, ihr Blick verlor sich; dann sagte sie ganz laut, ohne sich dessen bewußt zu sein:

»Noch zwanzig Tage.«

Ein unaufhörlicher Kampf erregte sie. Sie hätte Friedrich bei sich behalten mögen, und doch war sie zu jeder Stunde versucht, ihm zuzurufen: »Geh fort!« Für sie war er verloren; niemals würde dieser Liebessommer wieder beginnen, das hatte sie sich gleich am Anfang gesagt. Ja, eines Abends, voller Trauer, hatte sie sich sogar gefragt, ob sie Friedrich nicht durch ihren Vater töten lassen solle, damit er mit keiner andern ginge; aber der Gedanke, ihn tot zu wissen, ihn, der so weiß, zart und mädchenhafter war als sie, war ihr unerträglich; und ihr schlechter Gedanke erfüllte sie mit Entsetzen. Nein, sie wollte ihn retten, er sollte niemals etwas davon erfahren, bald würde er sie doch nicht mehr lieben; aber sie wäre im Gedanken, ihn am Leben zu wissen, wenigstens glücklich.

Oft sagte sie morgens zu ihm:

»Geh nicht aus, fahre nicht aufs Meer, die Luft ist ungesund.«

Ein anderes Mal riet sie ihm, auszugehen.

»Du mußt dich langweilen, und dann hast du mich nicht mehr lieb ... fahr einige Tage in die Stadt.«

Er wunderte sich über diese Launen. Seitdem Naïs' Gesicht mager geworden war, fand er sie weniger schön und begann der heftigen Leidenschaft überdrüssig zu werden. Er sehnte sich nach der Eau de Cologne und dem Puder der Mädchen in Aix und Marseille.

Und immer summten in Naïs' Ohren die Worte ihres Vaters: »Ich bring' ihn um ... Ich bring' ihn um ...« Nachts erwachte sie: Ihr träumte, man schösse. Sie wurde furchtsam und stieß einen Schrei aus, wenn sich unter ihrem Fuß ein Stein löste. Zu jeder Stunde, da sie ihn nicht mehr sah, ängstigte sie sich um »Herrn Friedrich«. Mit Entsetzen aber erfüllte sie von morgens bis abends Vater Micoulins hartnäckiges Schweigen, das ihr zu wiederholen schien: »Ich bring' ihn um.« Er hatte keine Andeutung mehr gemacht, kein Wort gesprochen, keine Geste getan; für sie aber sagten die Blicke des Alten, alle seine Bewegungen, seine ganze Person, daß er bei der ersten Gelegenheit den jungen Herrn töten werde, sobald er sich vor der rächenden Justiz sicher fühlte. Und dann würde er sich mit Naïs beschäftigen. Inzwischen traktierte er sie mit Fußstößen, wie ein Tier, das einen Fehler begangen hat.

»Ist dein Vater immer noch so brutal zu dir?« fragte sie Friedrich eines Morgens; er rauchte im Bett Zigaretten, während sie hin und her ging und etwas Ordnung machte.

»Ja«, antwortete sie, »er wird toll.«

Und sie zeigte ihre Beine, mit dunklen Spuren von Schlägen. Dann murmelte sie die Worte, die sie oft vor sich hinsagte:

»Das soll ein Ende haben, das soll ein Ende haben.«

In den ersten Tagen des Oktobers schien sie noch gedrückter. Sie war ganz abwesend und bewegte die Lippen, als spräche sie ganz leise zu sich selbst. Des öfteren bemerkte Friedrich, wie sie hoch oben auf der Klippe stand, die Bäume um sich herum betrachtete und mit einem Blick die Tiefe des Abgrundes maß. Einige Tage darauf überraschte er sie mit Toine, dem Buckel; in einer Ecke pflückten sie Feigen. Toine half Micoulin, wenn es zuviel Arbeit gab. Er stand unter dem Feigenbaum, Naïs saß auf einem großen Zweig und scherzte mit ihm; sie rief ihm zu, er solle den Mund öffnen, und dann warf sie Feigen herunter, die auf seinem Gesicht zerplatzten. Das arme Geschöpf öffnete den Mund und schloß verzückt die Augen, und sein breites Gesicht drückte grenzenloses Glück aus. Friedrich war durchaus nicht eifersüchtig, aber er konnte sich nicht enthalten, sie zu necken.

»Toine würde sich die Hände für uns abschneiden lassen«, sagte sie mit ihrer kurzen Stimme, »man darf ihn nicht mißhandeln, man braucht ihn vielleicht.«

Der Buckel kam alle Tage nach Blancarde, er arbeitete auf der Klippe, er grub einen schmalen Kanal, um das Wasser bis an das Ende des Gartens zu führen, wo man einen Gemüsegarten anlegen wollte. Bisweilen leistete ihm Naïs Gesellschaft, dann sprachen beide lebhaft miteinander. Er zog die Arbeit so lange hin, daß Vater Micoulin ihn schließlich Nichtsnutz schimpfte und ihm wie seiner Tochter Fußtritte versetzte.

Es regnete zwei Tage. Friedrich, der in der nächsten Woche nach Aix zurückkehren wollte, hatte beschlossen, vor seiner Abreise noch einmal mit Vater Micoulin fischen zu gehen. Als Naïs erbleichte, hatte er gelacht: Diesmal würde er sich keinen Tag aussuchen, wo der Mistral wehte, meinte er. Das junge Mädchen wollte ihm noch einmal ein Stelldichein geben. Nachts, gegen ein Uhr, trafen sie sich auf der Terrasse. Der Regen hatte den Boden gewaschen, ein starker Duft stieg aus dem erfrischten Grün. Wenn diese ausgedörrte Ebene gründlich naß wird, so wird sie gewaltig in Farben und Düften: Die rote Erde blutet, die Fichten schimmern smaragden, die Felsen glänzen weiß wie frisch gewaschene Wäsche. Aber nachts spürten die Liebenden nur den doppelt starken Duft von Thymian und Lavendel.

Die Gewohnheit geleitete sie unter die Olivenbäume, Friedrich ging auf den zu, der am Rande des Abgrundes ihre Liebe geschützt hatte, als Naïs ihn beim Arm nahm – es war, als besänne sie sich auf sich selbst; sie zog ihn vom Rand fort und sagte zitternd: »Nein, nein, nicht dorthin!«

»Was hast du denn?« fragte er.

Sie stammelte, schließlich meinte sie, nach einem solchen Regen sei die Klippe nicht sicher. Und sie fügte hinzu:

»Im letzten Winter gab es einen Erdrutsch, ganz hier in der Nähe.«

Und sie setzten sich weiter hinten unter einen anderen Olivenbaum. Es war ihre letzte Liebesnacht. Naïs war unruhig. Plötzlich weinte sie, ohne sagen zu wollen, warum es sie so packte. Dann wurde sie plötzlich still und kalt. Und als Friedrich sie neckte, sie langweile sich jetzt mit ihm, da umarmte sie ihn leidenschaftlich und sagte:

»Nein, sag das nicht. Ich liebe dich zu sehr ... Aber, siehst du, ich bin krank. Und dann gehst du weg, und es ist aus ... o mein Gott, es ist aus ...«

Er vermochte sie nicht zu trösten, trotzdem er ihr beständig wiederholte, er würde von Zeit zu Zeit wiederkommen, und im nächsten Herbst hätten sie noch zwei Liebesmonate vor sich: Sie schüttelte den Kopf, sie fühlte nur zu gut, daß es aus sei. Ihr Zusammensein endete in verlegenem Schweigen; sie betrachteten das Meer, Marseille glänzte am Horizont, der Leuchtturm von Planier leuchtete einsam und traurig; und nach und nach überkam sie tiefe Melancholie. Als er sie gegen drei Uhr verließ und auf die Lippen küßte, lag sie eisig und zitternd in seinen Armen.

Friedrich konnte nicht schlafen, er las bis zum Morgen; und schlaflos und fiebrig stellte er sich ans Fenster, als die Dämmerung begann. Gerade kam Micoulin, der seine Fangkörbe holen wollte; als er über die Terrasse ging, hob er den Kopf.

»Nun, Herr Friedrich, wollen Sie heute morgen nicht mit mir kommen?«

»O nein, Vater Micoulin, ich habe zu wenig geschlafen. Aber morgen bestimmt.«

Der Verwalter entfernte sich mit seinem schleppenden Schritt. Er mußte hinuntergehen und sein Boot am Fuß der Klippe holen, unmittelbar unter dem Olivenbaum, wo er einst seine Tochter überrascht hatte. Als er verschwand, wunderte sich Friedrich, Toine schon bei der Arbeit zu sehen. Mit einer Hacke in der Hand stand der Buckel in der Nähe des Olivenbaums und besserte den schmalen Kanal aus, den die Regengüsse geweitet hatten. Es war frisch, und es tat wohl, am Fenster zu stehen. Der junge Mann trat ins Zimmer zurück, um sich eine Zigarette zu drehen. Aber als er langsam wieder ans Fenster schritt, geschah ein schrecklicher Krach, als ob es donnerte; er stürzte hinaus. Ein Erdsturz. Er konnte nur Toine unterscheiden, der in einer Wolke roter Erde umhersprang und seinen Spaten schwenkte. Am Rande des Abgrundes fiel der alte Olivenbaum mit zum Himmel gewandten Zweigen ins Wasser. Schaum spritzte hoch. Ein fürchterlicher Schrei hatte die Luft zerschnitten. Und Friedrich sah Naïs, die sich auf ihren steifen Armen über die Brüstung der Terrasse lehnte, ihr ganzer Körper war schmerzlich hingerissen, sie beugte sich weit vor, um zu sehen, was am Fuß der Klippe vorging. Und sie stand unbeweglich da, als seien ihre Knöchel an den Stein geschmiedet. Sie mußte jedoch fühlen, daß man sie betrachtete, und als sie Friedrich sah, schrie sie: »Mein Vater! Mein Vater!«

Eine Stunde später fand man unter den Steinen Micoulins fürchterlich verstümmelten Leichnam. Toine erzählte fieberhaft, beinahe wäre auch er mit hinabgezogen worden, und alle meinten, man hätte dort wegen des Einsickerns kein Wasser hinleiten sollen.

Mutter Micoulin weinte viel. Naïs geleitete ihren Vater zum Friedhof, ihre trockenen Augen brannten, aber sie konnte nicht weinen.

Am Morgen nach der Katastrophe hatte Frau Rostand unbedingt nach Aix zurückkehren wollen. Friedrich war mit dieser Abreise sehr einverstanden, denn er sah, daß dieses Drama seine Liebschaft störte; außerdem war eine Bäuerin zweifellos weniger schön als ein Mädchen aus der Stadt. Und er nahm sein altes Leben wieder auf. Seine Mutter, die über seine Aufmerksamkeit in Blancarde gerührt war, gewährte ihm noch größere Freiheit, und so verbrachte er einen entzückenden Winter: Er ließ Damen aus Marseille kommen, die er in einem gemieteten Vorstadtzimmer unterbrachte; dort schlief er, und nur zu Stunden, da seine Abwesenheit unerläßlich war, ging er in das große kalte Haus in der Rue du Collège; und er hoffte stark, daß sein Dasein so weiterginge.

Ostern mußte Herr Rostand nach Blancarde. Friedrich erfand einen Vorwand, um ihn nicht begleiten zu müssen. Als der Anwalt heimkehrte, sagte er beim Essen:

»Naïs heiratet.«

»Ach!« rief Friedrich erstaunt.

»Und ihr könnt euch nicht denken, wen«, fuhr Herr Rostand fort. »Aber sie hat mir so verständige Gründe angegeben ...«

Naïs heiratete Toine, den Buckel. So würde sich in Blancarde nichts ändern. Toine bliebe Verwalter, er hatte sich nach Vater Micoulins Tod schon um den Besitz gekümmert.

Der junge Mann hörte mit einem verlegenen Lächeln zu. Dann fand er selbst, so sei es für alle Teile am besten. »Naïs ist recht alt und häßlich geworden«, meinte Herr Rostand. »Nicht zum Wiedererkennen. Erstaunlich, wie schnell diese Mädchen von der Küste verblühen ... Sie war sehr schön, diese Naïs ...«

»O ja, ein Sonnenlächeln«, sagte Friedrich und verzehrte in aller Ruhe sein Fleisch.

Joseph Roth
Die weißen Städte

LES BEAUX

Die verzauberte Welt der kleinen mittelalterlichen Epen romanisch-orientalischen Charakters ist verwüstet, aber noch nicht spurlos verschwunden. Ihre Heimat ist das »Herz der Provence«, die Gegend von Maillane und Les Beaux. Ich kenne noch die Abenteuer der fahrenden Ritter. Sie reisen, von einem kleinen, bunten Vogel geführt, durch einen dichten Wald, kaum ein paar Meilen weit, und befinden sich plötzlich in einem andern Land, in dem achtzig Burgen ragen, in der Mitte die höchste, und alles ist aus weißem Stein. Sie reiten über gläserne Brücken, an Felsen vorbei, die versteinerte Könige sind, versteinerte Bäume, versteinerte Seen. In der Burg lebt die schöne Königin, eine junge Witwe, die auf einen tapferen Mann wartet, oder die schöne, sanfte Tochter eines grimmigen Königs. Ich erinnere mich, daß das Glasmotiv immer wiederkehrt. Entweder bricht ein gläserner See, und der stürzende Reiter ist im verzauberten Land, oder er schläft ein und träumt, daß er durch eine gläserne Mauer schreitet, hinter der die unbekannte, überraschend weiße Welt sich auftut.

Als ich nach Les Beaux kam, begriff ich die Häufigkeit des Glasmotivs in den Rittersagen des Mittelalters. Die Luft ist hier ganz klar und gläsern und ganz verschieden von der Wärme, in die ich noch vor einer halben Stunde wohlig eingehüllt war. Auf diesen Höhen bläst scharf der Mistral an manchen Tagen, er verfängt sich in den Höhlen des Kreidefelsens und in den hohlen

Ruinen der Türme und weiten, fensterlosen Gemächer, er vertreibt die dichte Luft und putzt die Atmosphäre blank, so daß man glaubt, den Felsen hinter Glas zu sehn, und sich wundert, ihn mit der Hand greifen zu können. Alles Nahe rückt in die Ferne. Vielleicht, weil man sich wundern muß, ein so Fernes so nahe zu sehn. Weil man seinen Augen nicht traut, wenn mitten aus grünem Blühen eine weiße Kreidewüste dem Wanderer entgegenspringt. Man muß nicht der naive Ritter des frühen Mittelalters sein, um zu glauben, daß man im Traum durch eine gläserne Mauer gestoßen sei. Diese Berge sind aggressiv, und man gelangt nicht zu ihnen, sondern sie überfallen den ahnungslosen Wanderer. Die breite Landstraße wird immer steiler. Schon rücken die Felsen ganz nahe heran, schon säumen sie den Wegrand, auf einmal reißt ein Berg sein grünes Kleid von seinem kreidigen, zerklüfteten Leib, dann noch einer und ein dritter. Jetzt sind sie ganz nackt. Jetzt ist weit und breit kein Baum, kein Strauch zu sehen, nur ein gefrorenes Kreidemeer, mit stehengebliebenen Wogen und Wellen, mit versteinerten Schiffen und seltsamen erfrorenen Tiergestalten. Kein Ufer, kein Rand, kein Land! Der tiefblaue Himmel säumt das unerbittliche Weiß von allen Seiten, und die Sonne brennt schwer auf die Kreide. Aber das ist kein Eis, das schmelzen könnte. Das ist Glas, Glas, Glas.

Hier also liegen die Ruinen von Les Beaux.

Es sind keine Ruinen in der üblichen Bedeutung. Sondern es ist die Rückkehr des Steins zum Stein. Kreide war einmal ein Schloß und ist wieder Kreide. Die ganze Burg lag im Felsen. Der Fels hatte sie geboren und einige Jahrhunderte in seinem Schoß gehalten. Jetzt ist der Fels wieder Fels. Er wächst wieder. Er erneuert sich und überwuchert die Formen der Burg. Und immer noch leben in seinen Eingeweiden Menschen. Die Bevölkerung von Les Beaux zählt 300 Seelen. Von ihnen wohnen 100 in den Ruinen. Kinder werden geboren und wachsen auf zwischen wüstem Stein und historischen Monumenten. Verliebte junge Menschen wandern am Abend durch Kavernen. Sie umarmen sich auf Kreide. Sie zeugen in leeren Gräbern. Alle Alten werden hier »Fremdenführer«. An jeder zweiten Tür steht ein Mann, der ein Trinkgeld verdienen möchte. Es ist traurig zu sehn, wie die Unproduktivität der Wüste die Menschen unproduktiv macht. Wie alle davon leben, daß sie einen Stein zeigen, den man ohnehin sieht. Und niemand weiß, wie hier in das großartige Schweigen toter Geschichte der Lärm von sechzig Führern sechzig schreckliche Löcher schlägt.

Ach, man müßte hier schweigsam sein wie der Stein und daran denken, daß dieses Schloß einmal das Symbol einer Epoche der Menschheit war. Die Herren des Schlosses – man sagt, es wären die von Hugues – waren die mächtigsten Fürsten im Land. Sie besaßen achtzig Schlösser, und sie hatten tagsüber viel zu tun mit Kriegen, Belagerungen und kleinen Überfällen auf Kaufleute, aber ihre schönen Frauen saßen zu Hause, und es war jene großartige Zeit, in der die »Holdheit« noch keine kitschige Bedeutung hatte und eine ehrliche Eigenschaft der Frauen war. Die Troubadoure kamen von allen Seiten zur Burg Les Beaux gezogen, die Kollegen unserer Minnesänger, wahrscheinlich ein wenig galanter als diese und wahrscheinlich auch weniger innig. Aber alle schönen Worte von Liebe und der ganze Troß der Begriffe, die in den amourösen Diensten stehn, waren noch funkelnagelneu, eben aus dem Volksmund gekommen und noch nicht zersungen. Noch im 15. Jahrhundert regierte hier eine Frau, die Königin Jeanne, und verspätete Troubadours, in anderen Kleidern mit neuen Sitten, aber dem alten Gesang, pilgerten immer in dieses gläserne, verwunschene Schloß, das unwahrscheinlich und furchtbar weiß und trotzig war und in dessen Innern die Zartheit wohnte.

An die Königin Jeanne erinnert hier nur noch der kleine, nach ihr benannte Renaissance-Pavillon, den Mistral so gut besang, daß man ihn zum Lohn in einem getreu nachgebildeten Pavillon begrub. Es ist ein kleines Schlößchen zwischen zwei Wänden mit einer kleinen moosbewachsenen, aus Quadern zusammengewölbten Kuppel, die an den Panzer einer Schildkröte erinnert, mit vier kleinen Säulchen und einem Miniaturtörchen, ein bißchen zernagt vom Zahn der Zeit, von Touristen zu häufig besucht und ganz rührend in einer Bescheidenheit, die warm ist und beinahe menschlich. Viel imponierender ist das berühmte »Höllental«, eine 300 Meter lange Schlucht, von den Eingeborenen mit Scheu betrachtet. Höllengeister sollen hier wohnen. Noch zackiger ist der Stein, noch wüster die Kreide, es könnte der Rachen eines 300 Meter langen teuflischen Krokodils sein. In einigen Büchern steht es schwarz auf weiß, mit jener Sicherheit, die eine zweifelhafte Tugend der Historiker ist, daß Dantes Höllengesang durch dieses Tal verursacht wurde. Sicher ist nur, daß Dante sein großes Lied zuerst in der provenzalischen Sprache schreiben wollte. Man zeigte mir auch die »Feengrotte«, die in Mistrals *Mireille* besungen ist. Aber in der Nähe dieser Schloßruinen und in einer Welt, die so ungewöhnliche Formen aufweist, ist eine Feengrotte eine Kleinigkeit.

Nicht aber die Kirche St. Vincent aus dem 12., 13., 14., 15., 16. und 17. Jahrhundert. Es scheint, daß Menschen, die in einer Steinwüste leben, in dem Hause Gottes Erholung suchen wie andere auf einer Wiese. Strenge, Schärfe, Unerbittlichkeit waren ringsum, so weit das Auge sehn konnte. In der Kirche aber blüht die Heiterkeit. Es ist eine wunderbare, helle Kirche mit frischen, gesunden und lebensfreudigen Heiligen, mit viel hölzernem Zierat, das noch Waldgeruch auszuströmen scheint, mit niederen Bänken, wie für Kinder, und einem menschlichen, nahen Altar. Als ich in die Kirche trat, rüstete man gerade zu einem lokalen Fest, der Pfarrer hatte die Soutane aufgeschürzt und die Ärmel hochgerückt, Kinder trugen Reisig, Frauen säuberten Teppiche, Säuglinge lagen in Wiegen neben Opferstökken, das ganze Dorf war da, die Türen standen offen, die eigene Helligkeit der Kirche mischte sich mit der des Tags, und es war wie ein Lichtaustausch zwischen zwei befreundeten und verwandelten Welten. Ich glaube, die Leute könnten unter den Steinen niemals froh werden, wenn es diese Kirche nicht gäbe. Die Kinder, die in den Höhlen geboren werden, erblicken erst bei der Taufe das Licht der Welt.

Ich habe dann in St. Rémy das berühmte Mausoleum und den Arc de Triomphe betrachtet, zwei kolossale Monumente der römischen Herrschaft, berühmt und oft beschrieben, imposante Zeugen einer imposanten Größe, Stein, der so dauerhaft war wie der Geist und der sich nichts aus den Jahrhunderten macht. Diese Monumente haben es allerdings leichter als Bauten in anderen Ländern. Denn es regnet hier selten, der freie Himmel ist wie ein schützendes Zelt, er selbst sendet keine vernichtenden Kräfte aus, sondern eher erhaltende. Hier haben die Steine ein gutes und langes Leben.

Diese Betrachtung allein aber war es nicht, die mich zwang, auch im Anblick eines alten Triumphbogens, eines Mausoleums, eines wunderbar erhaltenen römischen Theaters in Orange, fortwährend an das Mittelalter und Les Beaux zu denken. Was also war es? Ist es nicht erhebend, die Ewigkeit Roms zu erleben, noch einmal die blühende Jugend Europas, unwiderleglich das Leben des längst Vergessenen zu sehn und zu erfahren, daß irgendwo noch die Steine beweisen können, was die Stumpfen nicht glauben wollen? Waren es nicht steinerne Seelen? Fühlte ich hier nicht noch den Weg nach Rom? Hier hinunter führte er über die Alpinen, schnurgerade, wie nur ein Weg, auf dem unverrückbare und ewige Ziele wandern. Felder und Städte verdecken ihn, aber sie schaffen ihn nicht aus der Welt. Auch die verdeckten Wege führen nach Rom. Wie hier, so stehen noch einige Triumphbogen in einigen Ländern, und selbst wo sie verfallen sind, weht noch immer ihr riesiger steinerner, kühler Schatten allen, die Geschichte fühlen.

Und dennoch kann ich Les Beaux nicht vergessen. Hier, scheint es mir, siegten zum erstenmal Trümmer über Monumente. Die Monumente sind erhaben. Aber die Trümmer sind tragisch. In aller Größe des Triumphbogens ist noch die Heiterkeit einer singend siegenden Welt. In aller Kolossalität lauter Harmonie und nichts von Konflikten. Wie schlossen sie die heidnischen Augen vor dem Problem, und wie kühn und licht überwölbten sie mit den schönen Bogen die Häßlichkeit und die Trauer!

Aber Les Beaux ist zerklüftet. Das Mittelalter ist tragisch. Nicht weil es zerstört wurde. Ganz erhalten, wäre es noch tragischer. Tragisch selbst der Troubadour, dessen Ankunft Frohsinn verbreitete. Tragisch die schöne Königin im sehr schroffen Gemäuer. Tragisch der Tod, die Geburt, das Fest, die Hochzeit, das Mahl. Die Welt noch naiv, aber schon problematisch. Schon liegt der Schatten des Gekreuzigten, Stillen, Traurigen über den Jahrhunderten. Noch ist Pans Flöte nicht verklungen, und schon erhebt sich die Stimme der Orgel.

Ein paar Kilometer liegen zwischen dem Triumphbogen und den weißen Ruinen. Schmal sind die Grenzen der Epochen. Ein Schritt trennt die Zeiten. Trennt er sie? Ist das eine Grenze? Ist das nicht ein Übergang? Liegen sie nicht heute friedlich nebeneinander, heute, da beides ausgekämpft hat? Lag nicht beides kindlich nebeneinander im Land meiner Kindheit? Floß nicht eins ins andere in meinen Träumen? Ist es heute nicht wieder eine Welt, zusammengeschweißt von der Macht der Erinnerung? Lebt nicht der Orient im römischen Bogen, lebt nicht der Orient im mittelalterlichen Epos? Gibt es wirklich verschiedene Welten? Gibt es nicht eine einzige? Was uns trennend erscheint, ist es nicht einigend?

Kein Führer gibt Antwort. Wir sind da, um zu fragen. Wir sind da, um zu glauben.

NÎMES UND ARLES

Im kleinen Stadtpark von Nîmes ist Alphonse Daudet in Marmor verewigt, in der Mitte eines kleinen Bassins, von zwei weißen Schwänen ständig umkreist, die sich hintereinander mit der schweigsamen und präzisen Stetigkeit von Uhrzeigern drehn. Daudet sitzt in den etwas lockeren Kleidern, die damals noch die Gewänder der Dichter waren, für unsern Geschmack zu betont künstlerisch und das Gesicht in einer zu realistischen Lebendigkeit festgehalten, in der überlieferten Pose des Dichtens, worunter sich die Bildhauer um die Wende des Jahrhunderts eine Art zielbewußter Geistesabwesenheit vorzustellen liebten. Daudet »sinnt« – wenn man dem Bildhauer Falgnière glauben soll. Dennoch ist es ein rührendes Denkmal für einen so stillen, feinen und empfindsamen Dichter, der die Grenzen der Bürgerlichkeit niemals verließ, auch nicht, wenn er die Bürgerlichkeit ironisierte. Er konnte sich und uns sehr gut über die Welt lustig machen, von deren Art er selbst war, und diese Welt hat ihm deshalb nichts übelgenommen, obwohl gerade sie es ist, die den Spott am wenigstens verträgt. Daudet ist vielleicht der einzige seiner Art, der eine westeuropäisch begrenzte Unsterblichkeit errang. Im schönen kultivierten Ziergarten der Provence ist er eine gepflegte Blüte, die über ihr heimatliches Beet hinauswächst, aber es niemals verläßt. Maupassant, der nördliche Franzose, spottete so gründlich, daß die französischen Bürger sich heute noch getroffen fühlen. Maupassant hat erst 1925 ein Denkmal in seiner Heimatstadt bekommen. Er hätte selbst darauf verzichtet. Daudet lebte schon seit 1900 in Marmor und in Nîmes, und er ist gewiß bescheiden stolz auf sein Denkmal.

Denn der Süden konserviert. Im Süden kann man vielleicht ein echter Dichter und »reaktionär« sein und die traditionellen Lügen der Gesellschaft für heilige Traditionen halten. Der Süden konserviert die Steine, die Fragmente, die Weltanschauungen. Im Norden ist es anders. Wem die Augen im Norden nicht aufgehen, der kann vielleicht ein »Dichter« im engsten Sinn des Wortes sein, aber er bleibt als Schriftsteller – das heißt zur Hälfte ein Wissender und zur Hälfte ein Weiser – unbeholfen. Er kann uns was zu singen haben. Er hat uns nichts zu sagen.

Wer in Nîmes geboren wird und noch 14 Jahre vor dem großen Krieg sein Denkmal erhält, kann leicht mit der Welt zufrieden sein. Nichts stört den bürgerlichen Frieden von Nîmes. Hier hat man sogar verstanden, die großen Monumente der wahrhaft unbürgerlichen Römerzeit der Stadt, auch ihren neuen Teilen, einzuverleiben und in der großen römischen Arena ein

Freiluftkino zu errichten. Den Einwohnern von Nîmes kommt es gar nicht in den Sinn, daß den Kinematographen von der Arena nicht nur die Jahrhunderte scheiden. Sie leben sorglos, und mit vergnügter, beharrlicher Ahnungslosigkeit flechten sie die Epochen der Geschichte ineinander, wie Blinde Körbe flechten, die sie niemals sehen werden. Sie wissen nicht, was sie tun, aber vielleicht erfüllen sie eine große Aufgabe. Das ist die Unschuld der Menschen, die im Schatten der Geschichte wachsen. Sie sind wie Kinder am Fuße eines Vulkans. Sie halten die steinernen historischen Feiertage für gewöhnliche Wochentage. Den Kaiser Augustus behandeln sie wie einen toten guten Bekannten der Familie, mit dem der Großvater noch Domino gespielt hat. Ich könnte, mit einer Gesinnung beladen, die den Braven, Guten im höchsten Grade gefährlich erscheinen müßte, unter ihnen leben. Ich käme mir um zwei Jahrzehnte jünger vor. Ich könnte mit ihnen die Arena vor jedem Sturm verteidigen, von dessen geschichtlicher Notwendigkeit ich selbst überzeugt wäre.

Denn es täten mir alle Schätze der Vergangenheit leid, und ich wünschte, daß der neue, der nächste und der übernächste Mensch, der Mensch aller Formen, durch die wir noch zu wandeln und uns noch zu wandeln haben, den Zusammenhang mit der Kindheit Europas behalte und mit seiner eigenen oder daß er sie so wiederfinde wie ich. Es muß, glaube ich, irgendwo einen geschützten Bezirk geben, in den das Neue ohne die vorangehende Zerstörung dringen soll, mit gesenkten Waffen und mit gehißter weißer Friedensfahne. Diese Bezirke sind nicht alle geographische, aber manche sind auf der Landkarte genau abzuzeichnen. Zu ihnen gehört der Süden Europas.

Ich habe hier gelernt, daß nichts beständig ist, was nicht Fortsetzung ist, überraschende Fortsetzung vielleicht, aber doch eine. Die Kette reißt nicht ab, und man darf sie nicht zerreißen. Intellekte und Kulturen gehn nicht unter. Rassen gehn nicht unter. Mitten unter uns, vielleicht in jedem von uns, leben die Völker, die scheinbar von der Erdoberfläche, aber eben nur von der Oberfläche verschwunden sind. Uns oben, uns den Stürmen unmittelbar Ausgesetzten, mag es manchmal vorkommen, daß irgendwo ein Volk, eine Rasse, eine Epoche ihr Leben ausgehaucht hat und daß anderswo ein neues Leben, eine neue Rasse, ein neuer Kampf, ein neuer Sieg beginnt. Welch eine Kurzsichtigkeit! In den allerersten Kulturwehen einer längst unsichtbar gewordenen Rasse, ja eines vom Meer verschlungenen Erdteils lag unsere letzte, endgültige Kulturform schon beschlossen. Es gibt kein unbeschränkt und allein »Kommendes«, kein endgültig »Verlorenes«. Im Kommenden ist das Vergangene. Wir können die Antike aus unsern Augen, aber nicht aus unserm Blut verlieren. Wer eine römische Arena, einen griechischen Tempel, die ägyptischen Pyramiden und ein hilfloses Werkzeug aus der Steinzeit gesehn hat, muß es wissen.

In Nîmes sind, wie gesagt, alle römischen Denkmäler durch eine Art Einverleibung bürgerlich gemacht. Aus dem Tempel der Diana hätten sie beinahe ein Magistratsbüro gemacht, im »Maison Carrée«, der einmal ein Tempel Jupiters war, statt des kleinen Museums ein Standesamt, im mächtigen Amphitheater ein Schiedsgericht. In dieser furchtbaren Nähe des Kleinbürgers wird, obwohl es ohne Zweifel Kultur hat, jede Größe niedlich.

Und obwohl das Amphitheater zu grausamen Zwecken errichtet worden ist und obwohl die blutigen Spiele der Römerzeit eine (klassische) Bestialität waren, füllt sich eine Arena als Schauplatz eines provenzalischen Stierkampfs, besonders wenn dieser ein Spektakel des Kleinbürgertums ist, mit der Atmosphäre eines bürgerlichen Kasinos. Das ist das Furchtbarste an den Stierkämpfen: daß der Barbiergehilfe, der Schneider, der Feldwebel im Anblick eines Tieres Heroen werden. Der berufliche Stierkämpfer ist es nicht einmal. Im Zivil ist er ein Spießer. Aber heute, am Sonntagnachmittag, hat er wenigstens ein Kostüm, und es mag sein, daß ein buntes Tuch, das den Stier mit Recht reizt, einen geizigen Bauer, der vor seiner Frau Angst hat, mit wirklichem Mut erfüllt. Er setzt sich ja schließlich auch der

Gefahr aus. Aber rings um den Zaun, der sie schützt, steten die kleinen Männer in den Sonntagsanzügen, Männer mit Bäuchen und Schwächlinge mit dem Kummer im Angesicht, den nur ein ganz kleinlicher Alltag und ein winziger Ehrgeiz zeichnen. Und diese Leute werfen dem Stier Mützen und Schimpfrufe in den Weg, sie reizen ihn, und wenn er gegen den Zaun stößt, verschwinden sie schnell. Alle sind sachverständig. Alle tun so, als könnten sie den Stier bei den Hörnern packen. Und ich sehe ihre kleinen, kümmerlichen Tage, die sauer sind wie ihre Gesichter, ihre Unterwürfigkeit gegen alles, was »reich« und »vorgesetzt« sein könnte, ihren Hochmut im Anblick eines Wehrlosen, ihre Demut im Anblick der Stärke. Ein Bauer stößt eine Lanze in den Rücken des Stiers, ein Bauer, der morgen feilschen wird, beim Schweinehandel: ein Held! Besungen in den Heldenliedern des Landes, Erbe verwegener Sitten, Träger alter Traditionen, geboren auf historischer Erde und ein Kleinbürger vor allem. Ein furchtsamer, scheuer, kühner, heldenmütiger Kleinbürger. Ich kann dieses sagenhaft weiße, unermeßliche Oval der Arena nicht vergessen. Auf den alten Steinen, vor denen ich Achtung hätte, wenn sie leer wären, befinden sich die Repräsentanten des sonntäglichen Familienlebens im Süden. Die Erhabenheit des Stiers aber ist jener der Steine verwandt. Ich weiß: Es ist auch damals so gewesen, als die Gladiatoren einem Mörder unter der Krone *Ave Caesar!* zuriefen. Aber das Geschlecht, dessen Blutdurst so unstillbar war, hat eben diese mächtigen Quader aufgeschichtet. Und sie lebten vor zwei Jahrtausenden! Dagegen hat eine Generation, die durch Grammophon und Zeitung, Kasino und Bakkarat gekennzeichnet ist, kein Recht auf Blut.

Keiner von den Dichtern dieses Landes hat gegen die Stierkämpfe etwas einzuwenden. Viele verherrlichen sie. Ich kann weder einen Patriotismus noch ein Genie begreifen, welche die Bestialität nicht sehn.

Man hat über die Stierkämpfe viel Wissenschaftliches, Historisches, Dichterisches geschrieben. Jedes Jahr im Mai veranstaltet man in Paris provenzalische Stierkämpfe. Und weshalb wundert sich noch jemand über die Nutzlosigkeit des Völkerbundes und der Schiedsgerichte?

Die Arena von Arles konnte ich zum Glück an einem Tag sehn, an dem man keine Stiere reizt. Es war ein stiller Wochentag. In Arles liegen die Denkmäler außerhalb der bürgerlichen Sphäre. Sie sind im mittelalterlichen und späteren Arles heimisch geworden. In den »Alyscamps« haben sich die ersten Christen verborgen, und die mittelalterlichen Arlesier haben sich da begraben lassen. In der Arena haben sie sich eine Zeitlang gegen Stürme feindlicher Belagerer verteidigt. Aber weder die Lebenden noch die Toten haben den römischen Bauten etwas von ihrer fernen Unberührtheit genommen. Sie stehn eigentlich außerhalb der Stadt: die Arena, die noch größer ist als die von Nîmes, nicht besser erhalten, aber weißer, stolzer, sonnenreicher; die Reste des alten Theaters mit den zwei steinernen, dünnen Säulen vor dem Halbrund, die wie durch einen heiligen Zufall noch stehengeblieben sind, während rings um sie alles versank und Erde wurde; das kleine, runde, ein wenig orientalische Palais Constantin, zu ebener Erde, hart am Straßenrand, wie ein Privathaus, mit drei dichtvergitterten Fenstern, an denen die Eisenstäbe wie ein zartes Gewebe sind; und die »Alyscamps«, von denen nur noch wenig geblieben ist; ein breites Tor, mit weiten, stubengroßen Nischen in den Seitenwänden; Steine, Büsten, Köpfe; und Särge, Särge, Särge.

In Arles sind die Gassen so eng, daß die Wagen, Autos und Lastfuhrwerke aneinander nicht vorbeikönnen und daß immer einer von zwei einander begegnenden Wagen in einer Seitengasse warten muß. Aber es ist keine planlose Enge wie in Tournon, sondern eine vorsorglich berechnete. Es gibt auch einen kleinen, stillen, viereckigen Ringplatz. Der ist ganz grün vom Sonnenlicht, das durch die Bäume gefiltert wird, und vom Moos, das an allen Seiten wächst. Auf diesem Platz steht Mistral, der große provenzalische Dichter, mit Schlapphut, Spazierstock und Bratenrock, mit einem Spitzbart und einer dünnen, zartflügeligen

Nase, ein guter Mann und ein Patriot. Er hat hier in Arles das berühmte provenzalische Museum angelegt: mit wenig Gelehrsamkeit und viel dichterischer Lebendigkeit, manchmal nach panoptikalen Grundsätzen und mit einer naiven Freude an einer naiven Wirksamkeit und an kindlichen Lichteffekten. In einem Fenster, hinter bläulich schimmerndem Glas, sieht man eine alte provenzalische Stube, die Menschen aus Wachs, mit historischer und physiognomischer Treue nachgebildet, eine Wiederauferstehung im toten Material. Man sieht Waffen, Wiegen, schlechte und gute Bilder, Briefe, Werkzeuge, Bedarfsgegenstände großer provenzalischer Männer, es ist ein sehr herzliches Haus – und ein Familienalbum für die Provence. Es gibt noch ganz andere Monumente, antike, in den Museen von Arles: die berühmte Nachbildung der berühmten Venus, Köpfe aus frührömischer Zeit, Köpfe aus christlich-römischer Zeit. Die Kunsthistoriker haben große Bände darüber verfaßt.

Ich wundere mich, daß die Arlesier nichts von der antiken Größe ihrer Denkmäler, bei denen sie aufgewachsen sind, aufgenommen haben. Sie sind stille, feine, bescheidene Menschen. Sie sitzen auch in den Gassen, wie die Leute von Avignon, aber sie sprechen mit leisen Stimmen, und nur zweimal in der Woche lassen sie sich im Kino einen Film vorführen. In keiner der kleinen provenzalischen Städte habe ich solche verhaltene, stille Dämmerungen, solche Abende, an denen kein Geräusch die Glocken störte, erlebt. Die Klänge hatten freie Bahn, sie lustwandelten noch lange in der Luft, ehe sie schlafen gingen.

Diese Glocken kamen von der reichen Kirche St. Trophime, die aus dem 12. Jahrhundert stammt. Sie hat ein prächtiges Tor, vor dem ich lange stehn konnte. Es ist immer geschlossen, als wäre es ganz unmöglich, daß dieser unwahrscheinliche Eingang für gewöhnliche Menschen bestimmt wäre. Sieben weiße Stufen führen empor. Da ist ein Giebel, von Köpfen gehalten, darunter ein tiefer Bogen wie aus vielfach gefaltetem Stein, zu beiden Seiten starke Säulen, in der Mitte hohl und von kleinen, schlanken, runden Säulen unterbrochen, hinter denen je vier Heilige stehn.

Sie stehen unter steinernen Baldachinen, die Köpfe gesenkt und halb im Schatten, sie laden ein, die Kirche zu betreten, demütig, wie Heilige es tun. Aber durch dieses zweiflügelige, in der Mitte durch eine runde Säule mehr zusammengehaltene als getrennte Tor geht niemand. Es ist geschlossen und vielleicht nur an hohen Feiertagen offen.

Durch den Hof gelangt man in einen der berühmtesten Klostergänge der Welt, eine Galerie aus dem 13. Jahrhundert. Die Galerie umrahmt, viereckig, den viereckigen grünen, überwucherten und bemoosten Hof. Aus Stein, Sonne, Laub und Feuchtigkeit entsteht das merkwürdige Tageslicht, das wir manchmal träumen. Aus vielen breiten, langen Wölbungen besteht die Decke. An den vielen Doppelsäulen, die den Hof vom Gang trennen, lehnen Heilige. Jeder Heilige hat einen Winkel einem Schwalbenpaar geschenkt. Jeder hat ein paar Vögel zu versorgen. Es ist grün, feucht und dennoch heiter. Es ist ein Hof für Greise, die vor dem Tod keine Furcht haben und sich nach dem Himmel sehnen, weil sie in diesem Wandelgang schon eine Ahnung finden von den schattigen, grünen und dennoch lichtgetränkten Wandelgängen des Himmels.

Die ganze Stadt hat etwas von der kühlen, alten Heiterkeit eines Klostergangs und viel von vegetativem Stein und lebendigem Marmor. Wände, Mauern, Denkmäler und Fragmente werden erst nach Jahrhunderten lebendig und mit jedem vergehenden Jahrhundert lebendiger. Alte Mauern werden klangreicher mit jedem Jahr, wie alte Geigen. Arles hat solche lebendigen Steine. Seine alte Größe – es wurde einmal das »gallische Rom« genannt – sieht man ihm nicht mehr an. Ich muß immer daran denken, daß es eine Kolonie von römischen Veteranen war, die Julius Caesar hier angesiedelt hat. Veteranen könnten heute noch in Arles leben. Hier ließen sich die Fürsten des Landes, später die deutschen Kaiser krönen. Von der Pracht einer Krönungsstadt ist wenig geblieben. Arles ist nicht, wie Vienne, mitten in der Blüte erloschen. Es ist langsam erstorben. Es hat viele Erinnerungen bewahrt, aber sie blieben eigentlich fremd in dieser Stadt. Es ist, als hätte ihr die Geschichte hier eine Arena, dort einen Palast, hier eine Kirche und dort ein Museum zur Aufbewahrung, aber nicht als Eigentum übergeben.

Arles ist auch eine weiße Stadt. Aber sie hat das weiße Silber des Alters, nicht die weiße Festlichkeit der ewigen Freude. Sie liegt in der Sonne wie ein Abend, bewachsen vom grünen Moos der Erinnerungen.

TARASCON UND BEAUCAIRE

Das großartige Fest der Tarasque beschreibt Frédéric Mistral sehr genau. Es wird von den »Chevaliers de la Tarasque« gefeiert. Diesen Orden hat der gute König René am 14. April 1474 gegründet. Seine Statuten lauten:

1. Ehrerbietigste Wahrung der *Tarasque-Spiele*, die mindestens siebenmal in einem jeden Jahrhundert gefeiert werden müssen.

2. Der große Jubel, die Feste und die *Farandolen* sollen 50 Tage dauern. Es darf nichts gespart werden, um die Spiele so bunt wie möglich zu gestalten.

3. Die Fremden sind gut aufzunehmen und während der ganzen Dauer der Feste so zu behandeln, daß sie sich wohlbefinden und nichts von ihrer Laune und Freiheit einbüßen.

Die Ritter von der *Tarasque* marschieren zu den Klängen des provenzalischen Marsches durch die Stadt, trinken, essen dabei eine *Tortilade.* Am Sonntag vor Himmelfahrt gehn die Ordensritter die alte Statue der Muttergottes aus der Schloßkapelle holen, an der Spitze einer ebenso langen wie festlichen Prozession. Das ganze Volk von Tarascon, Beaucaire, St. Rémy, Maillane und der anderen Städte und Ortschaften ist anwesend. Die Schiffer von der Rhône erwarten die Muttergottes mit Pfeifen und Tamburins vor der Stadt. Am Himmelfahrtstag, vor Sonnenaufgang, sieht man zum erstenmal die *Tarasque.* Sie hat einen Löwenkopf und den Panzer einer Schildkröte, den Bauch eines Fisches, und im Innern dieses Ungeheuers sitzen sechs Männer. Am Pfingstfeiertag findet wieder ein großes Mahl statt, das alle Ritter an einer langen Tafel vereinigt. In der Kirche Ste. Marthe befinden sich die Bewohner aller näheren und ferneren Ortschaften. Dort werden das Banner und die Lanze geweiht. Am Pfingstmontag beginnt erst das eigentliche Fest. Nach der feierlichen Messe ein Paradezug des Volkes, die Ritter an der Spitze, durch die Straßen der Stadt. Die Rhône-Fischer marschieren hinter der Fahne des heiligen Peter. Dann kommt die *Tarasque*. Ihr gegenüber stehen die Ritter in Kampfstellung. Die *Tarasque* sprüht Feuer aus den Nüstern. Der Kampf beginnt. Sie unterliegt. Und die Ritter marschieren ab, um noch einmal einen tiefen Trunk zu tun.

Dieses sagenhafte Untier, die *Tarasque*, ist in Tarascon zu Hause. Sie ist in der ganzen Provence sehr populär, oft abgebildet, in vielen Museen aufgestellt und ein dankbares Objekt der Ansichtskartenindustrie. Die Bewohner von Tarascon nennen sie »Großmutter«. Man sieht daraus, wie harmlos sie ist. Sie ist der durch die Sonne des Südens gemilderte, durch den Witz des Südens karikierte Drache der germanischen, slawischen und skandinavischen Welt. Sie wird nur zum Spaß bekämpft und eigentlich geliebt und verehrt. Die mythologischen Ungeheuer täten gut daran, im Norden zu bleiben, wo der Nebel sie isoliert und ihre Schrecklichkeit vergrößert. Wenn sie nach dem Süden kommen, verlieren die Leute die Distanz und den Respekt. Die blutigsten, mörderischsten Tiere werden nicht nur zahm, sondern auch komisch. Und das Heldentum der Menschen ist nicht mehr furchtbar und tragisch, sondern ein weinseliger, grotesker Traum. Aus der Blut- ist eine Alkoholrünstigkeit geworden.

Seitdem ich in Tarascon war und die Geschichte von der *Tarasque* kenne, wundere ich mich nicht mehr über Tartarin. In dieser Stadt, in der mindestens siebenmal in einem Jahrhundert ein Drache bekämpft wird, der eine Großmutter ist, kommt mindestens einmal in einem Jahrhundert ein Tartarin zur Welt, der gegen die zahmen Löwen zu Felde zieht und der ganz Afrika in ein großes Tarascon verwandelt. Hier lebt das einzige Heldentum, das noch erträglich ist unter allen schauerlichen Heldentümern, die durch ihre Häufigkeit in der letzten Zeit in Mißkredit geraten sind. Tartarin ist die Negierung des Heldentums überhaupt. Lange noch bevor alle Begriffe ihre Inhalte geändert haben, hat Tartarin den Begriff des Helden verwandelt. Jeder Held geht ein bißchen nach Afrika, zahme Löwen jagen. Die Größe dieses Buches beruht nicht darin, daß ein ewiger Typus geschaffen wird, ein »komischer Held«. Sondern daß der Typus »Held« komisch wird.

Tartarin ist die Fortsetzung der *Tarasque*-Spiele. Die *Tarasque*-Spiele sind die Folge dieser Sonne, die so strahlend ist, daß sie die Phrase schmelzen läßt, bis ihr wahrer, ihr Kerninhalt zum Vorschein kommt.

Es spricht für die Größe des Buches, daß es der Stadt eine eigene Physiognomie verleiht. Ich sehe immer nur das Tarascon Daudets, das Tarascon Tartarins. Es ist eine helle, kleine, freundliche, gutmütige, ein bißchen kümmerliche, ein bißchen komische Stadt. Ihre angesehenen Bürger träumen heute noch von Löwenjagden. Ihr Bahnhof schon ist außerordentlich, wie eigens für Tarascon erfunden. Der Eingang zur Halle ist im ersten Stock. Wenn man unten vor dem Portal steht, weiß man nicht, ob man schon im Bahnhof angelangt ist. Die Straße, die zur Stadt führt und aus der eigentlich die Stadt besteht, ist breit, behaglich, voll Sonne, aber auch nicht ohne Schatten. Einfache, weiße, einstöckige Häuser stehen friedlich nebeneinander, bescheidenes Bürgertum bergen sie. Hier ist auch schon das Eckhaus, das Daudet Tartarin zuschreibt. Lauter wohlbeleibte und selbstbewußte Männer gehen durch die Straßen, die gelungenen Nachkommen des großen Helden. Auf einigen hundert Ansichtskarten vor allen Papier- und Buchläden sieht man das Bild Tartarins. Das große Schaufenster der einzigen großen Buchhandlung enthält die Werke Daudets in verschiedenen Ausgaben. Wie ist diese Stadt dankbar, daß man sie berühmt gemacht hat! Schon drohte ihr der dunkle Schatten der bedeutungslosen

Jahrhunderte, der auf einigen Städten von großer Vergangenheit ruht. Ach, auch Tarascon hat eine Vergangenheit, die älter ist als Tartarin. Es war im Mittelalter die Hauptstadt eines Rhône-Arrondissements. Im Schloß an der Rhône wohnten die noblen und tapferen Herren. Das Schloß ist heute ein Gefängnis. Aber die Kirche Ste. Marthe ist heute noch schön wie ehemals. Sie stammt aus dem Ende des 12. Jahrhunderts, und man baute an ihrer Vervollkommnung noch durch das halbe 14. Jahrhundert. Sie enthält schöne, sanfte Bilder, darunter Szenen aus dem Leben der heiligen Martha von Vien, Pierre Parrocel, C. Vanloo und anderen Malern. In dieser Kirche ruht der Seneschall des guten Königs René, in einem herrlichen Sarg, eine italienische Renaissancearbeit, die man Franz Laurana zuschreibt. Und auch die heilige Martha, die Schutzpatronin der Stadt, deren Leichnam nach der Legende in Tarascon gefunden wurde, ruht in dieser Kirche. Sonst haben die bescheidenen Tarasconer keine Sehenswürdigkeiten. Ganz Tarascon ist eine Sehenswürdigkeit. Es liegt wie ein gelungener, freundlicher, behaglicher Scherz zwischen den erhabenen Kapiteln der Weltgeschichte, ein verlorenes Lächeln zwischen pathosgefüllten Begriffen. Es hat keine Denkmäler. Es hat keine Arena. Es hat nur Tartarin.

Die Brücke ist noch immer da, die Tartarin zu überschreiten fürchtete. Sie führt nach Beaucaire. Das war einmal der größte Jahrmarkt des Orients und des Okzidents. Beaucaire war die lauteste europäische Messestadt, jedes Jahr, zwischen dem 21. und dem 28. Juli. Hierher kamen die Griechen, die Phönizier, die Spanier, die Türken, die Franzosen, die Italiener und die Deutschen. Hier lebten reiche jüdische Kaufleute. Hier flossen die verschiedensten Blutströme zusammen, und hier bildete sich die großartige kosmopolitische Rassenmischung, die den europäischen Süden kennzeichnet.

Ja, Beaucaire war eine große und wichtige Stadt. Sie ist heute düster, verbittert, säuerlich, erfüllt von kleinmütigem Mißtrauen gegen Fremde, das man oft bei heruntergekommenen Händlern findet. Hier wohnen die kleinen Nachkommen großer Kaufleute. Nichts lastet so schwer auf den Menschen wie eine berühmte Ahnenschaft, derer man nicht mehr würdig sein kann. Wäre es eine Stadt der Fürsten, der Dichter, der Denkmäler und der Wissenschaft gewesen – es hätte heute die stolze Trauer verlorenen Adels. Aber es war nur eine Stadt des Geldes. Und es hat heute die kümmerliche Trauer, die ein verlorenes Vermögen ausmacht.

Zurück nach Tarascon, obwohl dort wenig zu sehn ist! Die Schildastädte des Nordens, der Schweiz, der deutschen und slawischen Länder (es gibt viele slawisch-jüdische Schildas) haben außer ihrem literarischen Leben noch ein anderes, nüchternes Geschäftsleben. Aber in diesem südfranzösischen Land kann sich Schilda erlauben, nur Tarascon zu sein und nichts mehr. Hier führt man nicht nur siebenmal im Jahrhundert, sondern siebenmal in der Woche den fröhlichen Krieg gegen den großmütterlichen Drachen.

Tarascon ist ein gesteigertes Schilda. Denn alle Tarasconer haben genug Selbstironie, um zu wissen, daß sie Tarasconer sind. Jeder Tartarin ist sein eigener Daudet. Jeder Händler verkauft die Karikatur Tartarins, dem er wie ein Bruder ähnlich sieht. Wo noch sonst kann diese Behaglichkeit wuchern, friedlich an der Seite der Ironie? Wo noch sonst findet der Mensch das nötige Gleichgewicht, um Objekt und Autor eines und desselben Witzes zu sein? Hier ist die bürgerliche Seele wie eine Schaukel, an deren einem Ende die Lächerlichkeit, an deren anderm der Spott sitzt. Das ist das lustigste Auf und Ab der alten Schalksnarrenseelen, die nirgends mehr zu finden sind.

Welch profunde Sicherheit des gesellschaftlichen Grundes gehört dazu! Wie wenig muß man hier von den Erschütterungen Europas fühlen! Wie selig das Behagen einer Welt, die sich so gelungen vorkommt, daß sie witzig wird vor Sicherheit, statt, wie wir es zu sehen gewohnt sind, platt zu werden!

Es gibt in Tarascon keine großen römischen Denkmäler. Ich

glaube aber, daß hier noch der helle, schalkhafte, mit den heidnischen Augen zwinkernde Geist der spätrömischen Humoristen lebt. Nur ist seine Epigrammatik epischer geworden, breiter, gemächlicher. Das kommt von Spanien und Frankreich.

Tartarin ist die lustigste, die andere Seite der ernsten, mit Historie gefüllten Welt. Er ist das private Gesicht des Offiziösen. Er ist der Held in Pantoffeln. Er gibt mir die tröstliche Gewißheit, daß der Mensch auch im Panzer nicht stirbt. Gesegnet sei Tartarin!

MARSEILLE

Tartarin war in Marseille ratloser als später in Afrika. Zwischen Tarascon und den Ländern der wilden Abenteuer ist der Unterschied nicht erschreckend. Aber Marseille ist eine Welt, in der das Abenteuerliche alltäglich und der Alltag abenteuerlich ist. Hier kann man ratlos sein. Marseille ist das Tor der Welt, Marseille ist die Schwelle der Völker. Marseille ist Orient und Okzident. Von hier schwammen die Kreuzritter ins Heilige Land. Durch diesen Hafen strömten viele Märchen von Tausendundeiner Nacht nach Europa. Hier landeten orientalische Motive, hier warfen sie die Anker aus, hier betraten sie den Boden europäischer Literatur und Kunst. Von hier aus drangen, einige Jahrhunderte vor Christi Geburt, die Forscher Pytheas und Euthymenes bis zum Baltischen Meer, von hier aus entdeckten sie Island. Das ist die Erbin und die alte Feindin Karthagos, die schöne Freundin Roms, die griechische Stadt, das »gallische Athen«. Hier versanken Visigoten, Lombarden, Sarazenen und Normannen, besiegte Eroberer, in lateinisch-griechisch-phönizischer Kultur. Hier wurde die große Revolution mit Jubel begrüßt, hier fand sie ihre zweite Heimat, ihre eigentliche, ihren Text und ihre Melodie. Marseille ist die Heimat von Pierre Puget und Thiers und – Edmond Rostand.

Marseille ist New York und Singapur, Hamburg und Kalkutta, Alexandria und Port Arthur, San Franzisco und Odessa. In Marseille erzeugt man Zucker, Stearin, Seife, Chemikalien, Essig, Schnäpse, Keramik, Zement, Farben. In acht Stunden macht der Schneider einen Anzug fertig. In 24 Stunden ist das Gesicht der Straße verändert. In den Straßenecken, in hölzernen Buden hausen die Winkelschreiber. In einer halben Stunde haben sie Testamente und Heiratsurkunden verfaßt und Prozesse erledigt. Vom Reichtum zur Armut ist weniger als ein Schritt. Der Obdachlose schläft auf der Schwelle des Palastes. Die Lebensmittel verkauft man in einem, die Liebe im andern offenen Laden. Das Boot der armen Schiffer schwimmt hart neben dem großen Ozeandampfer. Muscheln liegen neben den Auslagen der Brillantenhändler. Der Flickschuster verkauft korsische Messer. Der Ansichtskartenhändler bietet Schlangengift feil. Den ganzen Tag spielen die Kinos im alten Hafen. Jede Stunde läuft ein Schiff ein. Jede zehnte Welle spült Fremde an Land wie Fische. Der algerische Jude macht im Kaffeehaus Geschäfte mit dem Chinesen. Der »Dollarkönig« amüsiert sich in der Spelunke. Jede zweite Nacht ereignet sich ein Totschlag, ein Mord, ein Überfall, ein Familiendrama. Das Leben tanzt auf der Klinge eines Rasiermessers, das im Hafen als Waffe beliebt ist. Das Elend ist tief wie das Meer, das Laster ist frei wie die Wolke.

Alle Geräusche haben einen und denselben Takt. In allen Geräuschen ist etwas vom Lärm einer Schiffsmaschine. Der Stiefelputzer kündet sich an, indem er mit dem Bürstengriff auf den Deckel seines Utensilienkastens trommelt. Auch das Ende seiner Arbeit begleitet ein Trommeln. Die Straßenbahn und alle Wagen tuten wie Automobile. Jeder macht Geräusch. Jeder schlägt den Takt der Stadt. Jeder übersetzt die Musik der Welle in seine eigene Sprache. Der Kolporteur ruft mahnend seine Zeitung wie eine Kirchenglocke. Und die Glocken der Türme vermengen sich populär mit den profanen Geräuschen von unten.

Greifbar, sichtbar, körperlich und nahe ereignet sich in jeder Stunde die große unaufhörliche Blutmischung der Völker und Rassen. Schon wachsen Palmen, noch rauschen die Kastanien. Nach Norden und Westen führt der Rhônekanal, nach Süden und Osten das Meer. Da pfeift die Lokomotive, da heult die Sirene. Wasser bespült Land, und Land streckt sich vor in Wasser. Die schmalste, dunkelste Gasse mündet in den breiten, leuchtenden Boulevard. Man sieht den riesengroßen Zeiger der historischen Uhr wandern. Die »Entwicklung« und das »Werden« sind keine abstrakten Begriffe mehr. Man sieht den Fuß der Geschichte und zählt ihre Schritte.

Das ist nicht mehr Frankreich. Das ist Europa, Asien, Afrika, Amerika. Das ist weiß, schwarz, rot und gelb. Jeder trägt seine Heimat an der Sohle und führt an seinem Fuß die Heimat nach Marseille. Alle Erden aber segnet dieselbe nahe, sehr heiße, sehr helle Sonne, und über alle Völker wölbt sich dasselbe blaue Porzellan des Himmels. Alle trug das Meer auf seinem breiten, schwankenden Rücken hierher, jeder hatte ein anderes Vaterland, jetzt haben alle ein einziges Vatermeer.

Die Geschichte läßt hier keine steinernen Zeugen stehen. Sie spült sie schnell hinweg. Nur der Atem ihrer Vergangenheit bleibt in ihrem Wehn. Vor einer Woche waren hier Phönizier, vorgestern die Römer, gestern die Germanen, heute die Franzosen. Wie alle Riesenmeilen der Erde auf einigen Quadratkilometern Platz finden, so drängen sich hier die Zeiten zusammen, als gäbe es keinen Platz in den weiten Räumen der Ewigkeit. Wer nicht an Gott glaubt, spürt hier irgendeinen gewaltigen Treiber der Jahrhunderte und ahnt einen tiefen Sinn in der Regellosigkeit der Wanderungen. In einem zweiten ebenso elementaren, ebenso unerklärlichen Wechsel von Ebbe und Flut rauschen die Völker heran und rauschen wieder zurück.

Wie schwarze Fäden gegen den blauen Himmel spannen sich die Taue an den wartenden Segelschiffen. Der neue Hafen ist eine Stadt aus Schiffen. Auf dem Meer schwimmt Öl. Ich sehe vor lauter Mastbäumen nicht das Meer. Es riecht im Hafen nicht nach Salz und Wind, sondern nach Terpentin, Öl schwimmt an der Oberfläche der See. Boote, Barken, Flöße, Fußböden sind so eng nebeneinandergepflastert, daß man trockenen Fußes durch den Hafen spazieren könnte, wäre man nicht in Gefahr, in Essig, Öl und Seifenwasser zu ertrinken. Ist hier das unermeßliche Tor zu den unermeßlichen Meeren der Welt? Das ist vielmehr das unermeßliche Magazin für die Bedarfsartikel des europäischen Kontinents. Da sind Fässer, Kisten, Balken, Räder, Hebel, Bottiche, Leitern, Zangen, Hämmer, Säcke, Tücher, Zelte, Wagen, Pferde, Motoren, Autos, Gummischläuche. Da ist der berauschende kosmopolitische Gestank, der entsteht, wenn tausend Hektoliter Terpentin neben tausend Zentnern Heringen lagern; wenn Petroleum, Pfeffer, Tomaten, Essig, Sardinen, Juchten, Guttapercha, Zwiebeln, Salpeter, Spiritus, Säcke, Stiefelsohlen, Leinwand, Königstiger, Hyänen, Ziegen, Angorakatzen, Ochsen und Smyrnateppiche ihre warmen Dünste ausatmen; und wenn schließlich der klebrige, fette und lastende Rauch der Steinkohle alles Tote und Lebende umhüllt, alle Gerüche eint, alle Poren tränkt, die Luft sättigt, die Steine umflort und endlich so stark wird, daß er die Geräusche dämpfen kann, wie er längst schon das Licht gedämpft hat. Ich habe hier die Grenzenlosigkeit des Horizonts erwartet, die blaueste Bläue des Meers und Salz und Sonne. Aber das Meer des Hafens besteht aus Spülwasser mit riesenhaften graugrünen Fettaugen. Ich besteige einen der großen Passagierdampfer und hoffe, hier einen leisen Duft jener Ferne zu erhaschen, die das Schiff durchfahren hat. Aber hier riecht es wie zu Hause vor Ostern: nach Staub und gelüfteten Matratzen; nach Lack für die Türen; nach feuchter Wäsche und Stärke; nach angebrannten Speisen; nach geschlachtetem Schwein; nach gesäubertem Hühnersteig; nach Schmirgelpapier; nach einer gelben Pasta für Messing; nach einem Mittel gegen Ungeziefer; nach Naftalin; nach Bohnerwachs; nach Eingemachtem.

In dieser Stunde stehen mehr als siebenhundert Schiffe im Hafen. Das ist eine Stadt aus Schiffen. Die Bürgersteige bestehen aus Booten, und die Straßenmitten aus Flößen. Die Einwohner dieser Stadt tragen blaue Kittel, braune Gesichter und harte, große schwarzgraue Hände. Sie stehen auf Leitern, streichen die Rümpfe der Schiffe mit frischem braunem Lack an, tragen schwere Eimer, wälzen Fässer, sortieren Säcke, werfen eiserne Haken aus und nageln Kisten, drehn an Kurbeln und ziehn auf eisernen Rollen Waren in die Höhe, polieren, hobeln, säubern und verursachen neuen Mist. Ich möchte zurück in den alten Hafen, wo die romantischen Segelschiffe stehen und die knatternden Motorboote und wo man die frischen, triefenden Muscheln verkauft, das Stück zu dreißig Centimes.

Weiß leuchtet die Stadt, sie ist aus demselben Stein wie das Schloß der Troubadours in Les Beaux und der Palast der Päpste in Avignon. Aber sie ist nicht festlich. Sie ist betriebsam. Millionen zertrümmerter Existenzen birgt sie. In Avignon waren noch die Bettler stolz. Im alten Hafen von Marseille ist die Armut mehr als eine Not. Sie ist eine unausweichliche Hölle. Aufgeschichtet in höllischer Unordnung lagern die menschlichen Wracks aufeinander. Die Krankheit blüht gelb und giftig aus den verstopften Kanälen. Räudige Hunde spielen mit Kindern in den Pfützen. Die Zerlumpten kämpfen mit den Tieren um weggeworfene Knochen, Tausende Frauen und Männer sammeln Zigarettenstummel, der Hund belauert den Menschen, die Katze den Hund, die Ratte die Katze, und alle lauern auf dasselbe Stück faules Fleisch im Misthaufen.

Die Gasse der Liebe hat ihren bürgerlichen Namen abgelegt und trägt keine Schilder. Man kennt und findet sie. Wer von der großen Kathedrale nach dem alten Hafen geht, hört die metallene Musik von fünfzig unaufhörlich spielenden Automaten aus fünfzig kleinen und schmalen Läden. Vor den Läden sitzen die Frauen, die ältesten und dicksten der Welt. Sie verkaufen Leiber den ganzen Tag, die ganze Nacht. Männer, von den Schiffen kommend, durchziehen die Gasse in losen Trupps zu zehn und fünfzehn. Sie verlieren sich unterwegs in den Läden. Dann verstummt ein Automat, ein Vorhang aus Glasperlen fällt vor ein graues, düsteres Kanapee, und in der geraden Reihe der Verkäuferinnen vor den Türen entsteht eine Lücke.

Nichts mehr ereignet sich als Liebe und Musik. Manche Frauen halten ihre Kinder auf dem Schoß. In dieser Gasse wachsen viele Kinder heran, die traurigsten Kinder der traurigsten Mütter. An ihrer Wiege spielt ein Musikautomat. Seit dem Augenblick, in dem sie die Finsternis der Welt erblickten, kennen sie das Lager der billigen Liebe. Die Rätsel der Welt werden ihnen mit der banalen Auflösung zugleich geliefert. Das Leben beschenkt sie verschwenderisch mit Erfahrungen. Die Spielgefährten ihrer ersten Jahre sind kranke Katzen, die Glück bringen, und das Spielzeug der Rinnstein, eine Muschel oder ein Kiesel.

Der Morgen, der Mittag, der Vorabend, der Abend, die Nacht, alle Tageszeiten sind hier gleich. Vom Himmel sieht man nur einen Streifen, von der Sonne nichts. Auch diese Liebe ist zeitlos. Auch ihre Trägerinnen haben kein Alter. Vor vierzig Jahren waren sie schon alt und häßlich. Vierzig Jahre noch könnten sie jung und schön sein. Vor vierzig Jahren rasselte der Automat schon dieselben Melodien. Vierzig Jahre noch treibt er göttliche Musik für die Ohren betäubter Menschen. Vor vierzig Jahren schon trieb er Lauscher in die Flucht. Und noch vierzig Jahre wird er Hörer anlocken. Was ist alt, was ist jung, was häßlich, was schön, was ein Lärm und was Musik? – Wenn der Tag aus lauter Liebesnächten besteht und ein Moment eine Liebesnacht ist? Wenn die Ware aus einer Verkäuferin besteht, die Liebe einen Groschen wert ist und ein Groschen die Liebe enthält? Wenn die Nacht ein betriebsamer Tag ist und der Schlaf ein Geschäft?

In dieser Gasse gelten nicht die Gesetze der Welt. Mit stieren Atropinaugen, die Brauen bis zu den Schläfen gemalt, mit falschem Haar, das niemals grau wird, mit einem geschminkten Alter, das von der ewigen Jugend nur die Stupidität besitzt, starren die Frauen, alle wie Zwillingsschwestern und also ohne Konkurrenzneid, immer auf denselben Rinnstein, dieselbe Katze, dasselbe Pflaster – und denselben Mann, den der Zufall in zehntausend Exemplaren durch die Gasse treibt. Wenn eine ihre Arme ausbreitet, verstummt der Automat, denn durch einen Mechanismus voller Kunst ist die Maschine mit der Maschine verbunden.

Hier löst sich alles scheinbar Bleibende auf. Hier schließt es sich zusammen. Hier ist fortwährender Aufbau und Zerstörung. Keine Zeit, keine Macht, kein Glaube, kein Begriff ist hier ewig. Was nenn' ich Fremde? Die Fremde ist nah. Was nenn' ich Nähe? Die Welle trägt es fort. Was ist das Jetzt? Schon ist es vergangen. Was ist das Tote? Schon schwimmt es wieder heran.

Während ich dies schreibe, sieht Marseille schon anders aus. Und was ich in tausend Worten berichte, ist ein kleiner Tropfen aus dem Meer des Geschehens, mit dem freien Aug' nicht zu sehn, zitternd auf der dünnen Spitze meiner Feder.

René Schickele
Olivenland: Vence, Saint Paul

In Cagnes-sur-mer, einer kleinen Station vor Nizza, wo ich ausstieg, äugte ich vergeblich nach L'Amico, der mich hier erwarten sollte. Als ich mich schließlich hinter zwei Amerikanern auf die ramponierte Trambahn setzte, brach diese unversehens mit betäubendem Gepolter auf, so daß wir alle erschraken. Aber auch der Schaffner erschrak, denn dicht vor uns bremste ein Auto, in das wir um ein Haar hineingefahren wären. Eine Frau lächelte mir ins Gesicht.

»Madam«, flüsterte in ehrfürchtigem Tone der eine Amerikaner, er sprach das Wort *englisch* aus, worauf der andre, der sich mit einem farbigen Seidentuch die Stirn trocknete, einen bemerkenswerten Fluch ausstieß. Auch erhob er sich sofort und traf Anstalten, aus der Trambahn zu steigen. Seinem bedächtigeren Freunde rief er zu, er habe die Taschen voll Geld und werde »Madam« schon überreden umzukehren – womit jemand Geld verdiene, sei gleich, Geld verdiene jeder gern, und je schneller, um so lieber, und auch im Auto fahre man nicht gern an einem Geschäft vorbei.

»Wir können auch in ihr Auto sitzen und nach Nizza gondeln!«

Er schrie es der Dame zu, meinte aber den Landsmann, der, die Hände auf dem Bauch gefaltet, von seinem Polstersitz dem kollernden Freunde zusah. Die Dame selbst schien sich, ohne eine Spur von Ängstlichkeit, zu überlegen, ob es menschenmöglich wäre, vom Trittbrett des Bahnwagens, wo der Amerikaner stand, mit einem Sprung in ihr Auto zu setzen. Nein, das ging wohl nicht, und übrigens kurbelte der Chauffeur bereits den Wagen an.

Das Auto war stark, breit und geräumig, mit blauem Polster, worin die Dame in einem narzissenweißen Brokatkleid die Umwelt zur Cour empfing. Ein rundes, nicht sonderlich hübsches Gesicht, hellaschblonde Haare, ein geschwungener Hals, dessen Fülle, sich hemmungslos erweiternd, zu den Schultern abglitt, breit in die Brust verströmte – hütende, brütende Augen.

Diese Augen! Ich sah sie nicht zum erstenmal. Das im Fleisch geschwungene Lächeln dieses Mundes flog mir, wie mein forschender Blick auf ihm verweilen wollte, in ferne Vergangenheit davon. Da war ein Obstgarten, Hühner pickten, am Kopf, Rükken oder Schwanz von einem Sonnenstrahl gezeichnet, der durch das Laub stach, verschlafen schlug die Uhr einer Dorfkirche. Schnell schloß ich die Augen, um besser zu lauschen. War es die Kirchenuhr Rheinweilers, die Kirchenuhr Breuschheims? Oder jenes weltentlegenen Dorfes eine Stunde hinter Paris, wo mein Onkel Albert-Léo ein Obstgut besaß? Oder war es in der Touraine? In diesem Falle lag Tante Mary, in wollene Schals gehüllt, fröstelnd auf der Terrasse, während ich mit den Buben zwischen dem Fluß und dem halbverwilderten Garten des Pächters in Badehosen herumstreifte. Hatte man jene mit den hütenden, brütenden Augen nach mir ausgesandt? Oder war es einfach nur eine Fremde, hinter einem Zaun erblickt, wie sie sich auf die Zehen hob, um einen Apfel zu pflücken? Wo hatten diese Augen auf mir geruht, wo meine unklaren Wünsche auf diesem Mund? Aus großer Tiefe in mir kam das Erinnern, doch meine Kindheit war voller Gärten, in denen Frauen gingen. Nein, diese hier fand ich nicht wieder …

Inzwischen hatte sich auf einen Augenwink der Dame der Schaffner des tollen Amerikaners angenommen. Er brachte ihn auf seinen Sitz zurück und versuchte nun, ihm begreiflich zu machen, daß Frau Giulietta Var bald nach St. Paul zurückkehren werde – sehr bald, sie diniere nur in Nizza, wiederholte er zehnmal, und nach dem Diner also, demonstrierte er ebenso oft, indem er sich den Mund wischte und dann mit den Händen wie mit Flügeln schlug, dann käme sie heim, der Herr, so schwor er, dürfe ruhig sitzenbleiben. »A chacun son tour«, sagte er auch noch, aber das verstanden die Amerikaner nicht.

Da zog der stürmische Herr ein Notizbuch und begann darin zu blättern. »Wie sagten Sie«, schrie er. »Wie heißt die Dame?«

»Giulietta Var«, modellierte der Schaffner mit dem ganzen, fleischigen Mund:

»Giu-li-etta Var.«

Nachdem der Herr lange geblättert und sich zwischendurch mit dem gelbblauschwarzen Seidentuch einigemal die Stirn getrocknet hatte, hob er das Heftchen und zeigte triumphierend mit dem dicken Finger auf eine Seite. Der Schaffner nickte:

»Giulietta Var«, wiederholte er. Er war ernsthaft und beflissen bei der Sache.

Jetzt nickte auch der Amerikaner, und er unterstrich den Namen, der da offenbar in seinem Notizbuch stand, zweimal mit dem Bleistift. Ihn auszusprechen machte er keinen Versuch.

Und nun fuhr der Zug, barbarisch klappernd, in eine, wie vom Himmel zurückgeworfene, wie fernher gespiegelte, im Traume vielleicht vorhergesehene Landschaft. Ich aber sprach zu mir: »Wie unerwartet, nie geschaut, nie erdacht« und geriet außer mir, so sprangen meine Gedanken, von den äußeren Eindrücken gejagt, kreuz und quer vor dem Neuen.

Wir fuhren durch ein Dorf, dessen Bewohner auf beiden Straßenseiten die Köpfe aus Türen und Fenstern steckten, um uns zu betrachten, und dort, am Ausgang des Dorfes, wo man auf die Heerstraße der himmlischen Küste zurücksah, stieß ein letzter Mimosenbaum sein »Lobet die Sonne!« aus. Das sinkende Gestirn färbte ihn kupfern.

Für die Rosen der Gärten nahte indessen die Stunde, wo sie am schönsten sind, die große Klarheit, die der Dämmerung vorangeht, wenn eine jede von ihnen wie auf einer Geisterhand ruht. Am Ende des weiten, von der Olive bewohnten Tales, rund und fest auf seinem Gipfel schwebte St. Paul. Zu ihm stieg das Tal auf, in Mulden und Hängen, die mit zahllosen Mäuerchen bewehrt waren, damit der Regen die kostbare Erde nicht entführe, die all den Reichtum nährte: Orangen, Mandarinen, Rosen, äckerweit niedere Rosen, Levkojen, Spargeln, Artischocken und wiederum Rosen. Kleine Hügel, mit kastellartigen Häusern, die Pinie als Sonnenschirm, die Zypresse als Blitzableiter neben sich, wachten über dem bewegten, in der Tiefe unübersichtlichen Aufmarsch. Seine gewaltigen Mauern in den Abhang gegraben, von Wällen gegürtet, eine Front von Häusern zeigend, von denen jedes einer Festung glich, den viereckigen Kirchturm in den Himmel gereckt, so erwartete St. Paul die dem Meere entstiegenen Vasallenvölker, die früchtebeladen und blumengeschmückt zu ihm emporstrebten. Ein wenig abseits, doch auf gleicher Höhe, hielt eine Gruppe Zypressen die Hauptwache: das Gros der über das Land verteilten Aufseher. Das war der Kirchhof, wie ich vom fremdenfreundlichen Schaffner erfuhr. Nun, so war denn vorgesorgt, daß man in den hundert Mulden und in der Ebene dieses Reiches selbst die Toten St. Pauls nicht vergaß!

Plötzlich begannen die Olivenbüsche, die jungen Olivenbäume von einem unsichtbaren Leben zu erzittern, ein Rieseln ging durch ihr Laub, silberne Dämmerung umfloß ihr Dunkel – gewiß doch, die Luftgeister des Tages gingen in ihnen mit den Vögeln zur Ruhe! Die alten Bäume standen auf den Gräbern von Helden.

Ein Frohgeläute in der Brust, sprang ich auf. Kindliche Arme breitete ich, kindliche Rufe sprangen mir von den Lippen, ich drehte mich um mich selbst, nur, um das alles zu verlieren und in der nächsten Sekunde wiederzufinden, nur, um *mit* in dem großen Umzug zu sein, der im Abend angehoben! Da erblickte ich in der Ferne das Meer.

Es dämmerte. Ein Leuchtturm flitzte. Den beschmutzten Purpur des Ertrunkenen mit Füßen tretend, kam die Nacht über das Wasser. Jeden dritten Herzschlag flitzte der Leuchtturm, in sinnloser, rundum schweifender Angst.

Doch hier oben glühten tiefer die Orangen, meiner Hand erreichbar. Doch goldklare Äcker entsandten Levkojendüfte. Doch in Filigranlaub musizierten zahllose kleine Rosen, vom Himmel gefallen, auf ihren Drähten gereiht. Der Zug hielt. Dicht über mir thronte die Stadt, in einer Wolke rosigen Wohllauts, und Bob schloß mich in die Arme ...

Einen weißen Anzug trug er und strahlte. Er warf den Kopf zurück, nun erschienen bunte Lichter in seinen Augen, und die Freude hob sich auf den schwarzen Brauen wie auf Flügeln. Nach bittern Mandeln roch er.

Bob, frisch gewaschen, gekämmt und gebügelt, wie du bist, mit einer Nelke im Knopfloch dem Goldhaupt des Tages entsprungen, sei gegrüßt (mitsamt Maria, die dir das Schönste vom Mund gestohlen hat)!

Willkommen, Claus, du mit Sidonias Stirn, Sidonias Händen – wir werden mit Orangen Ball spielen, damit etwas von deinen Händen, etwas von deiner Stirn mit den Vögeln um die Wette fliegt!

»Verzeih, daß ich dich nicht drunten abgeholt habe«, sprach der Freund. »Ich mußte einen Brief aufgeben, eine sehr wichtige Arbeit, die erst vor einer Stunde fertig geworden ist ... Also, ich beginne vorzustellen: das ist Kaspar.«

Am Wegrand stand ein Maler vor einer Staffelei, vielmehr er führte aufrecht einen Kampf mit der Leinwand, die unter seinen Schlägen erzitterte. Ich beobachtete ihn neugierig. Aus den Tuben preßte er Farbkleckse in Form gewaltiger Kommata auf die Leinwand, einen unter den andern und immer die dünne Spitze nach unten, sodann ergriff er ein Malmesser und begann seine kriegerische Handlung. Bald machte er einen Satz zurück, bald schoß er nach vorn, er beschrieb mit halb zugekniffenen Augen, wie zögernd, einen Halbkreis, um darauf die Staffelei von neuem zu stürmen. Mit großen Spatelhieben verteilte, mischte er die Farben, doch so, daß die Kommaform des Auftrags erkennbar blieb. Zwischendurch beschrieb sein Arm beschwörende Bewegungen in der Richtung der hocherblühten Stadt, als wollte er sie durch Zauberei auf seine Leinwand bannen. Bob rief ihn an:

»Hallo! Kaspar, hier ist mein Freund Claus Breuschheim. Also, er bewundert Sie fest – kaum, daß er aus dem Zug gestiegen.«

Der Riesenkerl mit dem kleinen, runden, kurzgeschorenen Kopf schob die Hemdsärmel höher und wandte sich uns erhobenen Hauptes zu.

»Der Baron!« Er nickte – kurz, freundlich. »Kunstfreund! Hoffen auch, echter Saufbruder. Marquis Capponi leider nicht. Jetzt leider nicht Zeit, Stimmung gleich futsch.« Er nickte wieder, schon verdüstert, den Blick der rötlichen Augen mörderisch auf St. Paul gerichtet. Ja, da oben schwebte sie, die Rosenrote, im mattblauen Feuer … und entfärbte sich langsam. Stöhnend warf der Messerheld sich auf die Staffelei.

»Der größte Maler Schwedens«, klärte mich Bob im Weitergehn auf. Von hundert Rivierabildern, die in den Salons der nördlichen Königreiche hingen, waren neunzig von Kaspars Hand modelliert. Telegraphische Bestellungen platzten in St. Paul wie Bomben und hielten das Städtchen in Atem – aus Indien sogar kamen sie, aus Australien, ja, aus Polynesien, wo nur immer in der Welt ein Schwede ein nationales Kunstwerk an der Wand vermißte. Niemand wußte, wie er hieß, er nannte sich, zeichnete seine Bilder nur: Kaspar. Er und »Madam« waren die Berühmtheiten des Städtchens.

Ich hatte bereits von Madam gehört?

Kein Wunder. Von Amerikanern in der Trambahn?

Also, da hatte ich Fürsten aus dem Abendland getroffen, die sich aufgemacht hatten, der Kleopatra des Olivenlandes ihren Tribut zu zollen.

Es kamen übrigens auch manche aus dem Morgenland, glitzernd von Ringen und gesalbt, mit Dienern hinter sich, die Geschenke trugen, und Bob hätte nicht gewettet, daß Madams »künstlerischer« Ruf hinter dem Kaspars zurückstehe. Kaspar hatte sie denn auch als Kleopatra gemalt, mit einer goldenen Schlange und einem chinesischen Sklaven. Madam war aber heute zum Weißen Ball nach Nizza gefahren. Auch Bob sprach das Worte *englisch* aus.

Vor uns erhoben sich zwei ockergelbe Gebäude, »die erst in jüngster Zeit vorgeschobenen Corps de Garde oder Wachen der Stadt«, wie Bob sich ausdrückte. Sie standen einander gegenüber und waren mit feindlichen Mannschaften belegt, die dauernd weit ausgreifende Annäherungsarbeiten zwecks Überrumpelung der gegnerischen Position, sowie an Festtagen Ausfälle mit bewaffneter Hand wider einander ausführten. Das eine prahlte in kindshohen Drucklettern: »Grand-Hotel du Roi René«, das andre hing ein altes Herbergsschild aus Schmiedeeisen aus, worauf mit Schwung das einzige Wort »Hostellerie« gemalt war. Unter diesem traten wir in einen Hof.

Hier war eine niedrige, mit Nelken bestandene Mauer, von wo man in einen andern Teil des Olivenlandes blickte, eine sprödere Erde zweifellos, mit rauheren Tiefen, zerrissen, die Hänge in Winkeln kletternd, und erst in großer Höhe über uns, wie es schien, gewann das Land die schwellenden Kurven, die geruhigen Flächen, das Klingen, Verschweben, die ebenmäßige Bewegtheit des Vorgeländes zurück. Zuhöchst hing ein dunkelbelaubter Garten, groß genug, nicht nur zahlreiche Villen und Gehöfte, sondern gleich eine ganze Stadt mit seinen Hainen und Blumenfeldern zu umgeben. Dahinter jedoch steilte unvermittelt ein Felsengebirge, nackt und rot in den Himmel geschleudert, ohne Beziehung zur übrigen Landschaft – über sie hinaus in Urfeindschaft dem Meere zugewandt: die Luft- und Sonnenklippe des »Baou«.

So nannte Bob das Gebilde, und die Stadt zu dessen Füßen hieß Vence.

Angesichts seiner wilden Fremdheit zeigten die Siedlungen dort oben einen schier menschlichen Ausdruck, ja, die jähe, nackte Gewalt des Ungetüms bewirkte, daß jenes bewohnte Hochland, von ihm angezogen, sich selbst abstoßend und in dieser Bewegung erstarrt, zu *schweben* schien.

»Dort oben wächst Weizen«, sagte Bob und, als ich immer noch hinaufstarrte: »Schau dich auch mal im Hofe um! Hier rösten vormittags die Damen und Katzen des Hotels in der Sonne. Mir ist der Ort zu öffentlich, ich gehe also nach ›Afrika‹, das ist ein einzigartiges Sonnenbad, niemand kennt es, dir werde ich es zeigen.«

Große, geschwungene Töpfe, die einen aus roter gebrannter Erde, die andern aus Majolika, standen im Hofe verteilt. Sie trugen Blütensträucher, Mandelbäumchen, Myrten und quollen über von Kapuzinerkresse und wohlriechender Wicke. Drei, vier provenzalische Bauerntische mit ebensolchen Stühlen luden zum abendlichen Tafeln ein. Die Abdrücke der Körper in den Liegestühlen wirkten vertraulich – das konnten nicht Fremde sein, die dort mit der ganzen Last ihres Körpers geruht hatten.

»Hier ist es schön!« seufzte ich.

[...]

Nach dem Abendessen beschlossen L'Amico und ich, uns noch eine Stunde unter den Sternen umzutun. An den laut belebten Hotels vorbei schlugen wir die Straße nach Vence ein, der Stadt auf dem Hochland, das ich vom Hotelhof am Abend erblickt hatte, wie es, emporgerissen, unter dem feurigen Felsen des Baou erblaßt war.

Bob erzählte mir von jener Stadt. Ein Lieblingsaufenthalt für pensionierte englische Kolonialbeamte, Lungenkranke und Maler, lag sie eine Stunde von St. Paul entfernt, wir konnten sie von der Straße nicht sehn, ebensowenig wie den Baou, wohl aber zahlreiche weiße Villen am Rande der Hochebene. Bob sprach, und aus den Worten, die ich vernahm, machte ich im gleichen Atemzuge Märchen ... Es war Tag, die Sonne schien – die Sonne, die ich heute zum erstenmal gesehn! Zarte, junge Frauen, die auf der Terrasse der Villen lasen, erhoben sich vom

Liegestuhl, beugten sich über das Geländer, griffen mit weißem Arm in das dunkle Laub des Orangenbaums. Die Frucht funkelte in ihrer Hand, sie bissen hinein wie in einen Apfel. Im Garten übte ein kleines Mädchen, den Rücken der Sonne zugewandt, mit Mandarinen das Ballspiel der Gaukler. Vor ihr stand ein weißgekleideter Mann, schmal, ein wenig gebückt, mit müde hängenden Armen, und schaute zu. Sein Schatten lag neben ihm wie ein Bündel Lumpen. Er war unheilbar krank. Und er lächelte mit einer gewissen überirdischen Zufriedenheit... Gegen Abend befiel sie alle dort droben ein leichtes Fieber. Die Rosen wuchsen in die Fenster. Nachts rief ein mondsüchtiges Meer die Erwachten zu Ufern, die zu fern, die so nah waren... In der Stadt selbst gab es Volk, das hatte seine einfachen Gewohnheiten, von der Geburt bis zum Tod – lachte über die Fremden, wenn sie komisch waren, und staunte die erhabenen an.

Ein Bischof residierte in Vence. Man war nicht wenig stolz darauf, obwohl man bei den Wahlen für die Freimaurer stimmte. Starb der Bischof, so kamen viele andre Bischöfe zum Begräbnis, und man hätte glauben können, man sei in Rom. Blühende Frauen (man hatte sie soeben mit einem Arm voll Nelken über den Platz kommen sehn), Herren, die noch kürzlich um vier Uhr vor dem Café die Zeitung gelesen hatten, reisten in der Nacht plötzlich ab auf einem schwarzen Wagen. Manchmal lag ein Blumenkranz auf dem Sarg. Neben dem Kutscher saß ein Mann in Gehrock und umflortem Zylinder, er war betrunken und machte im Halbschlaf jeden Sprung des Wagens mit... Die ansässigen Maler holten an der Kleinbahn schöne Pariserinnen ab. Sie kamen und gingen. Einige davon kamen sogar ein zweites, drittes Mal. Die Kinder hatten Schwärmereien, die einen Frühling dauerten. Sie versteckten sich in der Umgebung der Hotels, um die Geliebten ungesehn zu erblicken. Die Vergänglichkeit war kein Makel... Wenn ich bald sterben sollte – dann hier! Nicht in Breuschheim, wo mein Sterben zwischen lauter Gesunden so einsam gewesen wäre wie das eines Tieres im Wald.

[...]

Wir lagerten auf dem Südhang hinter dem Kirchhof, in »Afrika«, wie der Ort von Bob benannt war. Hier nahmen wir unsre Sonnenbäder, und zwar, streng gegen ärztliche Vorschrift, gleich nach Tisch.

Sooft wir die Augen aufschlugen, gewahrten wir über uns ein bedenkliches Schauspiel. Die Sonne feuerte steil auf die Zypressen herab, die sonst so deutlichen Wappen- und Totenbäume St. Pauls, die aber jetzt, eine dumpfe Masse, in der Blitzluft schwankten gleich einem ungeheuern, mit buntgeflammten Banderillas gespickten Stier. Sonst sahen wir sie meilenweit ragen: sprühend, zuckend, mit einem Dunstkreis um sich, dunkles Feuer, höchster Glanz des Olivenlandes – zuvorderst der Stadt, die ein Bergschloß war, als mittägliches Fanal gehißt. Jetzt empfingen wir, nackt in der Sonne zwischen der Kirchhofsmauer und dem schütteren Kiefernwald, der dicht an unsern Sohlen in die Tiefe sank, mit geblendeten Augen die Stöße ihres Kampfes gegen das Gestirn, und wir rochen ihren Schweiß.

[...]

Und gleich darauf, während wir uns noch ankleideten, griff aus heiterm Himmel ein Windstoß die Zypressen und wirbelte sie herum, ein zweiter brach in die Kiefern, der Wald gab einen stöhnenden Laut von sich, der hinter einem Wimmern her in Abstufungen weiterlief. Dann hörten wir die Läden im Städtchen gegen die Mauern krachen und Scheiben klirren. »Der Mistral!« rief Bob.

Wir brachen auf.

Droben vom Weg erblickten wir das veränderte Land. Bei überklarem Himmel und Horizont hockte eine stumpfe Helligkeit auf der Erde, mit Streifen und Flecken gelben Lichtes behangen, die der Wind hierhin und dorthin trug. Zuweilen wehte solch ein Fetzen auf das hellgraue, starre Meer hinaus.

Er erwies sich als unmöglich zu sprechen, der Wind drückte uns den Atem in den Leib. Das Waldwimmern hatte sich in die Glocke auf der Schule verkrochen. Unter dem Tor aber packte uns der Luftzug, wir schossen durch die Gassen, zugleich mit allen Katzen der Stadt, und von den Dächern erklang eine tolle Musik: Oboe, Triangel, Cello und Holztrommel. Frauen, Männer, Kinder eilten dicht an den Wänden entlang in die Häuser und mit Geschrei durch die Zimmer, wie alarmierte Schiffsmannschaften. Als wir die Kirchgasse schnitten, hörten wir die große Glocke summen.

In zehn Minuten waren wir daheim.

Ernst Jünger
Ein Vormittag in Antibes

Antibes ist das alte Antipolis, die Gegenstadt: nach einigen Autoren von Marseille, nach anderen von Nizza; Strabo, Polybius und Ptolemäus haben es erwähnt. Thrasso Castanakis, ein griechischer Professor, der dort seine Tage verbringt, stimmte der Meinung bei, daß Antibes von den Einwohnern Nizzas gegründet worden sei, der alten, nach der Bezwingung der ligurischen Ureinwohner von den Griechen der Siegesgöttin Nike geweihten Stadt. Die Magistrate und Geschäftsleute von Nizza hätten hier, des milden Klimas wegen, ihre Villen und Weingärten gehabt. Man habe in Antibes seit jeher angenehm gelebt. Das kann ich bestätigen. Die in der Rue Barbacane verbrachten Tage sind mir in guter Erinnerung.

Das Gäßchen liegt in der Nähe des Palazzo Grimaldi, dessen weißer Turm die Stadt dem Seefahrer ankündet. *Barbacane* ist ein altes Wort für »Schießscharte«. Das Haus hatte wohl früher eine Rolle bei der Verteidigung des auf die Klippen gegründeten Mauergürtels gespielt, der sich in der von Vauban geschnittenen Form erhalten hat. Wenn ich morgens Kirschen aß, konnte ich die Steine aus meinem Fenster ins Meer knipsen.

Das Haus stand auf schmaler Grundfläche; es war turmartig. Die Stockwerke, von denen jedes kaum mehr als die enge Treppe und ein Zimmer faßte, erhoben sich bis zum flachen Dache, von dem aus man in den Nächten die Lichter von Cannes und Nizza wie Säume glimmender Holzkohlen die Küsten entzünden sah. Der Raum in der Cité war immer knapp bemessen, daran wird sich wenig geändert haben, seitdem die Griechen sie gründeten.

Das Speisezimmer lag als Nebenraum zur Küche im Erdgeschoß. Wenn ich Umm-el-Banine die erste Sure des Korans, die Fatiha, aufsagen hörte, wußte ich, daß das Frühstück gerichtet war. Wir tranken Kaffee, während Madame Thérèse mit ihrem Korb zum Fischmarkt ging. Ehe ich dann zum Strand fuhr, gab es in der Küche ein Konsilium.

Die Fische waren noch lebendig, sie spreizten die Flossen, hoben die Deckel von den Kiemen, die purpurn leuchteten. Die Augen glänzten, und Madame Thérèse versäumte nie zu sagen: »Voyez, comme ils ont les yeux coquins.«

In der Tat sah man den »schelmischen« Augen an, daß die Tiere noch in der Frühe im Meere gespielt hatten. Die Augen der Fische bilden, was die Frische angeht, ein wichtiges Kennzeichen. Nach ihnen blickt der Käufer auf dem Markt zuerst. Der Fischer Riccardo, mit dem wir zuweilen im Café du Bastion saßen, meinte, daß sogar die Pariser darüber Bescheid wüßten. Er hatte sich daher ein Hilfsmittel ausgedacht, um Ware, die überständig geworden war, noch an den Mann zu bringen, indem er sie künstlich auffrischte. Er ging mit den Fischen ans Meer, machte dort Toilette mit ihnen und nahm ihnen die grau oder schon weiß gewordenen Augen heraus. Dafür setzte er ihnen gläserne Puppenaugen ein, von denen er immer einen Vorrat mitführte. Wenn er die Fische bei den Sommergästen ablieferte, erbot er sich, sie in der Küche zurechtzumachen, und nahm ihnen beim Ausweiden auch die Augen zu fernerer Verwendung wieder fort. Dessen rühmte er sich beim Wein als einer verdienstvollen Tat und wie ein Mann, der sein Licht nicht unter den Scheffel stellt.

Madame Thérèse war eine erfahrene Köchin. Sie hatte jahrelang ihre Künste im Dienst eines der orientalischen Potentaten verfeinert, die sich an der Riviera ihres Reichtums erfreuen und deren Namen in aller Munde sind.

Die Tiere, die sie brachte, waren immer wie eben aus dem Netz gehoben, nicht nur die Fische regten ihre Kiemen, sondern auch die Langusten spielten mit den gestielten Augen und den

Fühlhörnern, die Krebse hielten die Schwänze und Scheren eng an den Leib gepreßt, und die Muscheln hatten ihre Schalen so fest geschlossen, daß das Messer nur mit Mühe den Zugang fand.

Am Markt von Antibes hängt eine Tafel, auf der mit Kreide die Fische nebst den Tagespreisen verzeichnet sind. Oft standen die Namen von fünfzig Sorten darauf. Für Auswahl war also reichlich gesorgt. Unsere Morgenkonferenz beschäftigte sich mit der Zubereitung und den Zutaten. Beides hätte ich Madame Thérèse getrost überlassen können, indessen ist vom Essen Reden kein geringerer Genuß als das Essen selbst. Erst will die Phantasie und dann das Auge, endlich der Gaumen sich erfreuen. Das Reden bewegt sich auf dem unerschöpflichen Felde der Einbildung, während dem Essen allzu bald die Sättigung folgt. So ists mit allem, was die Sinne betrifft.

Um mitreden zu können, hatte ich mir das berühmte Buch von Jean-Baptiste Reboul »Die Provençalische Köchin« besorgt. Es ist in zahlreichen Auflagen erschienen, und bereits Mistral rühmte es als unentbehrlichen Schatz seiner Bibliothek. Natürlich spielt der Fisch eine Hauptrolle darin. Bei den allgemeinen Bemerkungen betont der Autor den Wert des Auges als Erkennungszeichen für den Käufer – es soll gewölbt, klar, sprühend sein. Das eingesunkene, trübe, verschleierte Auge dagegen kündet die abgestandene Ware an – den »poisson avancé«. Reboul fügt hinzu, daß dieses Kennzeichen durch den Verkäufer am wenigsten zu beeinflussen sei. Riccardos Kunstgriff lag also außerhalb seiner Vorstellung.

Vielleicht findet sich noch Gelegenheit, auf Meister Rebouls verdienstvolles Werk an Hand einiger Beispiele einzugehen. Vorerst wollen wir Madame Thérèse das Weitere überlassen und sehen, was der Strand zu bieten hat. Ihre Küche hat übrigens den Vorteil, daß sie den Gast nicht in seiner Freiheit beschränkt. Die Tischzeit wird durch sein Belieben bestimmt. Die Gänge werden für das Feuer vorbereitet, und zwanzig Minuten nach seiner Rückkehr wird serviert. So kann er auf die Uhr verzichten und auf das lästige Bewußtsein ihm zugemessener Zeit. Damit fängt die Erholung an.

Wenn man in dieser Stadt und um diese Zeit zum Baden fährt, kann man nicht nur die Uhr, sondern fast alles zurücklassen. In Anzugsfragen herrscht letzte Lockerung. Niemand nimmt Anstoß, wenn ich, nur mit einer Badehose und ein Paar Bastschuhen bekleidet, mich auf dem Rade durch die engen Gassen der Stadt zwänge.

Unter diesen Gassen erwähne ich, des Namens wegen, die Rue Sade. Die Indifferenz in Sittenfragen geht noch nicht so weit, daß sie nach dem göttlichen Marquis benannt wäre; vielmehr ist sie seit alten Zeiten dem mächtigen, hier eingesessenen Geschlecht gewidmet, dem er entstammt. Immerhin trifft es mich jedesmal wie ein kleiner schändlicher Anhauch aus den »Hundertundzwanzig Tagen von Sodom«, wenn meine Blicke im Vorbeifahren das Schild streifen. Mit den Familiennamen ist es wie mit allen Erbgütern: es kommen Individuen, die sie vernutzen und ein für alle Mal aufbrauchen. Das gilt nicht nur für die Übeltäter: es ist ohne Zweifel eine Plage, wenn man Sade, es ist aber auch nicht angenehm, wenn man Goethe heißt. In dieser Hinsicht ist ein Allerweltsname eine gute Abschirmung.

Auf dem Markt muß ich vorsichtig sein. Die Stände drängen sich unter einem langen blauen Glasdach zusammen und greifen auch darüber hinaus. Der Fischmarkt liegt ein wenig abseits, im Schatten des römischen Turmes, ebenso der Platz, an dem die Töpfer ihre Ware auf Lagen von Stroh ausbreiten. Die Sonne leuchtet auf dem herrlichen goldgelben Ton von Vallauris, der nicht nur die Freude der Handwerker, sondern auch der Künstler ist. Er wird hier in der Stadt in einer Reihe von Öfen gebrannt.

Es ist nicht einfach, ohne abzusteigen sich durch das Gewimmel hindurchzuwinden, das die Auslagen umdrängt. Man gleitet durch Schichten von Gerüchen, den Duft von Pfirsichen und reifen Melonen, die Symphonie der Blumenstände, die Witterung der Fleischerscharren, den Dunst der Parmesanlaibe, die in zentnerschweren Rädern auf Strohmatten feil liegen.

Schon sind Bekannte unterwegs, meist Männer, die sich den Einkauf vorbehalten haben, wie es bei den Phäaken üblich ist. Dort feilscht Professor Castanakis, Athener und Epikuräer, mit einer Fischfrau um einen Meeraal; er hält das Tier dicht hinter dem Kopfe, wo es die schmackhafteste Stelle besitzt. Ich grüße ihn im Vorbeifahren. Früher kam es vor, daß ich ihn mit Niko Kazantzákis verwechselte, der auch am Kap wohnt und zu Banines Freunden zählt. Beide sind Griechen, beide Autoren und tragen Namen, die zur Verwechslung herausfordern. Kazantzákis, ein wenig gallig, nahm es übel, während Castanakis, stets bei guter Laune, darüber lachte und den Irrtum mit einem »C'est l'autre« berichtigte.

Ich sehe auch Georges Lemar, einen großen Liebhaber des Boulespieles oder der »Pétanque«, wie man hier sagt. Er hatte früher den Ehrgeiz, einer unserer großen Maler zu werden, zog dann aber hierher, um auf der Straße mit Knaben Boule zu spielen, und widmete sich der Töpferei. »Wissen Sie, wenn ich mein ganzes Leben lang angestrengt arbeite, erreiche ich vielleicht, daß so ein Bild von mir im Louvre hängt.« Er deutete dabei mit den Händen einen unwahrscheinlich kleinen Rahmen an und wies dann, weit ausladend, auf den Strand, das Meer und die Kette der Seealpen.

Zuweilen besuche ich ihn an seinem Ofen, in dem er viele Sorten von Früchten und Fischen bäckt. Besonders prächtig sind die Tomaten, deren Rot den höchsten Grad der Reife ausdrückt und denen er einen kleinen grünen Stiel anheftet. Kein Chinese könnte ihn übertreffen darin. Er zieht die Flamme der elektrischen Heizung vor. »Das Holz hat viel mehr Geist.« Man darf dort Widmungen auf Teller und Schüsseln malen, die dann gebrannt werden. Das erinnert an die Tage nach Weihnachten, den ersten Tuschkasten. An einem der Tische des staubigen Gewölbes sitzt ein alter Maler; er zaubert mit blauer Farbe Meerestiere auf ein vielteiliges, zum Servieren der Bouillabaisse bestimmtes Geschirr. Er mustert mit ihnen die Teller, Schüsseln, Platten, deren noch ungebrannter Grund die Farbe begierig trinkt. Um den Knauf der Terrine zu bilden, stelzt sich ein Seestern fünfstrahlig auf. Es muß sich um die Laune eines reichen Mannes handeln; der Maler heißt Chagall.

Übrigens vermute ich, daß Georges zu dieser für ihn frühen Stunde den Markt besucht, weil ich ihn gebeten habe, für mich einen Oktopus zu modellieren, wie ich deren bereits einige aus seinem Ofen hervorgehen sah. Er bat mich, zu warten, bis er wieder ein schönes Exemplar erstehen könne, da er sich nie wiederholt, sondern stets von neuem nach der Natur arbeitet.

Seine Modelle haben das Angenehme, daß sie sich genießen lassen, nachdem sie der Kunst gedient haben. Bis vor kurzem hatte ich gedacht, daß das hinsichtlich des Oktopus ein zweifelhaftes Vergnügen wäre, da ich einmal an einem seiner Arme wie an einem Stück Gummi gekaut hatte. Madame Thérèse hat mich eines Besseren belehrt. Sie weiß das Innere dieser Arme, das sie ihr Mark nennt, auf eine Weise zu blanchieren, die ihm Wohlgeschmack verleiht. Das Fleisch erinnert dann an die Languste und wird auch, wie ich höre, zu ihrer Verfälschung verwandt.

Auch Gerstäcker, der Goldhändler, der zwischen Paris, Pforzheim und Antibes pendelt, kommt mit gefülltem Korbe vorbei. Er bewohnt ein Studio in der Rue du Bâteau, im obersten Stockwerk eines der alten Häuser, die wie Türme über den Wall emporragen. Der Aufstieg ist eng und dunkel; die Mauern sind von der Salzluft zerfressen – man hockt dort oben zwischen den alten Möbeln wie im Mastkorb eines Schiffes, das leise schwankt.

Mit Gerstäcker verbindet mich insofern eine angenehme Symbiose, als ich ihn häufig begleite, wenn er die Juweliere der Côte d'Azur besucht. Mit einem Goldkoffer im Fond reist man lieber in Gesellschaft als allein, und ich gewinne eine gute Kenntnis des Küstenstreifens dabei.

Wir fahren eifrig die Hohe, Mittlere und Untere Corniche entlang, die man als Traumstraßen des Kontinents bezeichnen kann, rasten vor kleinen Cafés an der Croisette oder der Promenade des Anglais, baden am Sandstrand zwischen den roten und weißen Klippen, die aus der Küstenlinie vorspringen, verirren uns auch nach Grasse, Saint-Paul oder in die Felsnester des Hinterlandes wie Tourette-Saint-Loup. Dazwischen gibt es immer wieder kleine Aufenthalte, wenn Gerstäcker sich entfernt »pour faire l'article«, wie es im Jargon der Geschäftsreisenden heißt. Cannes, Nizza, Monte Carlo sind besonders goldhungrig. Auch das Gold hat seine Moden; die schönen Frauen verlangen nach immer neuen Formen, immer neuen Fassungen. Wenn Gerstäcker die Ringe, Clips und Colliers mit seinen des faszinierenden Vorweisens kundigen Händen ausbreitet, lobe ich, doch, wie Gretchen sagt, »halb mit Erbarmen«, die Kollektion. Mit dem Empire haben nicht nur das Silbergeschirr und die Möbel, sondern hat auch das Gold eine Abkühlung erfahren, die hin und wieder gemildert, doch nie behoben worden ist. Aphrodite ist schlecht bedient.

In den Jachthäfen gibt sich der Reichtum der Welt ein Stelldichein. »Ich möchte mir gern eine Jacht zulegen. Was kostet das ungefähr?« fragte ein reicher Amerikaner einen anderen. »Wenn Sie fragen, was es kostet, so lassen Sie es lieber gleich.« Unter den in Cannes ankernden Jachten ist eine von der Größe eines mittleren Passagierdampfers; auf ihr fährt eine ägyptische Prinzessin ihre Freunde durch die Welt. Eine andere ist ebenholzschwarz mit spitzen weißen Segeln und vom Steuermann bis zum Schiffsjungen mit Negern bemannt. Nur der Besitzer, ein Filmschauspieler für Piratenrollen, ist von weißer Hautfarbe. Seitdem er hier neulich durch eine Klage wegen Verführung einer Fünfzehnjährigen Ärger gehabt hat, läßt er sich vor jeder näheren Bekanntschaft den Geburtsschein vorlegen. Ein Pirat mit Hemmungen.

Vor Saint-Tropez machen kleinere Segler nach der geruhsamen Überquerung des Atlantik Rast, komfortable Gehäuse aus

Luxushölzern, an denen Land und Meer vorübergleiten – man fragt sich, ob der Weg oder das Ziel, die Fahrt oder das Verweilen angenehmer ist. Eines Abends, als wir dort mit Banine in der Dämmerung saßen wie vor den Deux Magots mit Mittelmeerkulisse, kam ein seltsames Paar vorüber: ein Jüngling in hellblauem Leinen, das Blondeste, was Schweden zu bieten hat, gefolgt von einem in Weiß gekleideten Begleiter, dessen Farbe an die einer frisch gerösteten Costaricabohne erinnerte. Auch er war noch sehr jung; den dunklen Flaum um Kinn und Wange hatte noch keine Klinge berührt. Sie setzten sich lässig, bestellten Pommery, von dem sie nippten, dann bezahlte der Blonde, und sie gingen wieder an Bord.

Von dem Grade des Wohlwollens, mit dem ein avanciertes Publikum auf einen solchen artistisch geführten Schock reagiert, läßt sich auf die Substanz schließen – zunächst auf ihr Vorhandensein und dann auf ihren Aggregatzustand. Die Vision eines Weißkittellamas taucht auf, der einen Glasstab in eine Flüssigkeit taucht, um zu sehen, wie sie abtropft und ob sie schon Fäden zieht.

Daß Nietzsche diese Küste liebte, hat komplexe Ursachen, nicht zuletzt die, daß sich hier Kristallisationspunkte der europäischen décadence ansetzten. Hier versammelten sich Wesen, die schwach auf der Brust oder aus anderen Gründen auf ein Schonklima angewiesen waren, vom Kronprinzen Friedrich bis zu Marie Bashkirtseff, die ihren schon von der Schwindsucht gezeichneten Körper in luxuriösen Spiegeln bewunderte, im gleichen Nizza, in dem Nietzsche in der »Pension de Genève« hauste.

Die Häuser jener Epoche bilden noch ansehnliche Viertel der Rivierastädte. Sie leuchten in goldbraunem Sandstein als prunkvolle Relikte des »stile pâtisserie« oder der »architecture grand-ducale«, wie Banine sie im Vorbeifahren tauft, sei es auf Grund ihrer Schnörkel oder ihrer Erbauer, zu denen enorm reiche Russen ein Kontingent stellten. Ihr Einfluß ist nicht wegzudenken und muß, vielleicht weniger unmittelbar als atmosphärisch, auf den Mann des Jahrhunderts gewirkt haben.

Das wäre vorauszusetzen als Oberfläche, als zeitliche Haut über dem Altprovençalischen der Landschaft, das den vornehmen Sinn anspricht und unter dem sich wiederum die Urlandschaft verbirgt, der glühende Fels über dem leuchtenden Meer. Sehr deutlich wurde mir das in einer der weniger bekannten Residenzen Nietzsches, dem Felsnest Èze. Als wir vom Kap Ferrat aus den Ort in der Höhe erblickten und Gerstäcker mir seinen Namen nannte, bat ich ihn, hinaufzufahren, da ich mich entsann, während des Krieges eine Broschüre gelesen zu haben, »Nietzsche à Èze«, die mir inzwischen abhanden gekommen ist. Dort oben fand ich das Adlernest, auf dessen Steingärten eine schon afrikanische Sonne herabglühte. Einwohnern, die ich nach dem Hause fragte, in dem Nietzsche gewohnt hatte, war der Name unbekannt. Ich sah eine alte Mühle am Hange, die ich mir als Denkhütte vorstellen konnte; sie war auch bereits »installe« für eine Dame aus Illinois.

Hier war alles, Fels und Sonne, Meer und Himmel, Adler und Schlange und, sogar noch heute, köstliche Einsamkeit. Zuweilen überfällt uns der Wunsch, einen prophetischen Geist zu zitieren, um ihm zu zeigen, was sich inzwischen ereignete. Aber wir können im Spektrum nicht mehr, nichts anderes vorweisen, als was im blendenden Lichte zu schauen war. Das gehört auch zum Nachweis des Ranges eines Denkers: inwieweit es ihm den historischen Menschen in sich zu überwinden gelang. Prophet sein heißt, mehr als die Zukunft kennen: die tiefste Gegenwart.

An unbekannten, oft seltsam gekleideten Gestalten erfreut die Wiederkehr. So fällt mir regelmäßig ein dicker Kolonialer auf, dessen ungeheurer Bauch sich über einer Badehose wölbt. Außer ihr trägt er ein Paar Pantoffeln und einen Tropenhelm. So sitzt er um diese Stunde bei »Pierre au Port« behaglich in der Sonne, liest bei einem ersten apéritif seine Zeitung und raucht die Pfeife dazu. Auf diese Weise muß er unglaublich viel Zeit bei der Toilette sparen, und das Schönste dabei ist, daß er diese Zeit durchaus nicht als Ersparnis, sondern als freies Kapital zu betrachten scheint. Er setzt sie völlig in Muße um und ruft damit, allein schon durch den Anblick, den er bietet, eine beruhigende Wirkung hervor – als ob die Weltlage doch nicht so schlimm wäre, wie man in trüben Stunden meint. Das gehört zu den Annehmlichkeiten dieses Strandes überhaupt. Die unheilvollen Gerüchte dringen nur vage, nur aus der Ferne ein und trüben kaum die reine Existenz.

In der Nähe des Strandes tauchen in Bikinis gekleidete Gestalten auf, Gazellen, die in kleinen Rudeln zum Meere ziehen. Es scheint ein Wettbewerb zu herrschen, der auf den geringsten Stoffaufwand zielt. Dabei muß aber immer etwas bleiben, die Ersparnis darf nicht absolut werden. Das gehört zu den Spielregeln. Auch Ordensbänder werden oft so diskret getragen, daß sie kaum wahrzunehmen sind; aber etwas sieht man eben doch noch, und wäre es nur ein roter Zwirnsfaden. Man sieht: es ist ein dekorierter Herr. Würde man gar nichts sehen, so wäre er ein Herr wie alle anderen.

Der Bikini ist, wie fast jede Mode, keine Erfindung unserer Zeit. Terrakotten und Wandmalereien verraten, daß er bereits in Kreta getragen wurde, längst vor dem Trojanischen Krieg. Es ist wohl anzunehmen, daß er immer wiederkehrt, denn er ist die natürliche Verhüllung des weiblichen Körpers seit dem Sündenfall. Schon die Venus von Milo deutet ihn mit ihren Gesten an.

Alles kehrt wieder, auch an dieser Küste, Frühzeit und Spätzeit, Entvölkerung und Übervölkerung. Schon oft haben sich die Hänge mit Villen und Palästen überzogen und wurden wieder menschenleer. Wenn viel gebaut wird, weltstädtisches Wesen vordringt wie heute, lockern sich die Sitten; sie werden wieder strenger, wenn Piraten und schweifende Nomaden auftauchen, wenn nachts der Schakal die Ruinen umkreist, die Eule über ihnen schwebt. Immer aber bleibt eine Regel, ein modus in rebus, selbst in der Lockerung.

Um noch einmal auf den Bikini zu kommen: das Wort hat seinen Reiz auch für den Liebhaber etymologischer Studien. Solche Bildungen, mit denen die Sprache sich bereichert, gelingen nicht zufällig. Da ist nicht nur die Verteilung der Vokale und Konsonanten, besonders die dreifache Zuspitzung im *I*, dessen sich der Sprachgeist mit Vorliebe bei den die Prüderie und die Enthüllung betreffenden Wendungen bedient. Dazu die Anklänge bildhafter Art. Man sieht das Atoll, die braunen Samoanerinnen am Korallenriff, zugleich den verheerenden Blitzstrahl, den mächtigen Rauchkegel. Das Wort gibt nach vielen Richtungen hin zu sinnen; es gehört in das Kapitel der zivilisatorischen Naivität. Man sieht, was imponiert.

Die Schwalben kreisen immer noch über den rostigen Dächern, die in den Farben alter Fayencen leuchten; die Sonne hat sie vergilbt. Die Schreie sind gläsern, zerschneiden wie Diamanten den Azur.

Des Windes wegen ist heut das Bad am Sandstrand vorzuziehen. Bei stillem Wetter ist es an den Klippen schöner, etwa bei La Garoupe. Der Weg führt zu einer Aussicht, die der große Kenner des Mittelmeeres, Guy de Maupassant, als eine der schönsten bezeichnet hat:

»Ich habe nichts Überraschenderes gesehen als Antibes vor den Alpen, wenn die Sonne verglüht.«

Bei ruhigem Wetter kann man sich dort im Meere treiben lassen und, die Arme hinter dem Kopf verschränkt, im warmen Wasser fast einschlafen. Die Ohren sind eingetaucht, man hört ein leises Klickern, als ob Glas spränge. Auf der heißen Klippe verfliegt die Zeit wie im Traum. Die Zikaden schrillen auf den Kiefern so rastlos, daß man sie nicht mehr hört. Wenn es ganz still wird, steigen marmorierte Krabben aus den Felsspalten empor.

Der schönste Sandstrand ist bei Juan-les-Pins. Der Weg zu ihm führt über das Kap. Es ist übervölkert dort. Jeder zweite Laden ist eine Bar oder ein Schönheitssalon. Beim »Eden Rock« kommt man an einer Terrasse vorüber, auf der hochblonde Amerikanerinnen mit brillantroten Fußnägeln und von Ambre solair glänzend sich langsam wie auf Toaströstern in der Sonne drehen. Zuweilen erfrischen sie sich in einem blauen Schwimmbecken. Das Bild erinnert an Boschs »Garten der Lüste«; es ist auch ein wenig Hölle dabei.

Draußen treiben Paare auf blauen und gelben Luftmatratzen, den »Barracudas«, auf denen man durch kleine Fenster die Fische betrachten kann. Andere fahren auf grotesken Tretrádern vorbei. Schwimmer, die sich mit den Bewegungen von Meerestieren auf einen Wettkampf vorbereiten, die Arme lässig wechselnd und mit den Beinen das Wasser peitschend, leuchten wie brauner Bernstein in der Flut. Am Strand sind Badekabinen gereiht, dazwischen Snackbars und Schnellküchen.

Dahinter wird es wieder einsam – dort, wo die Klippen aus blendend weißem Kalkstein aufragen. Sie fallen senkrecht zu großer Tiefe ab und bilden eines der besten Reviere für den Taucher, der die Pflanzen und Tiere, die sie beleben, sich gegen den Felsen abzeichnen sieht, als wären sie auf Porzellan gemalt. Wenn er Glück hat, sieht er dort die großen Brassen mit stumpfem Maul die Muschelbänke abweiden.

Der Kieselstrand, die Plage des Galets, für den ich mich heute entschieden habe, ist wenig besucht. Allerdings fallen auch hier, im Verhältnis zum Vorjahr, Veränderungen auf. Wo damals noch eine schöne Stelle war, erheben sich Gerüste, werden Bauplätze abgesteckt. Der freie Raum wird schnell beschnitten, man merkt es von einem Jahr zum anderen. Und es sind meist die besten Plätze, die so verloren gehen. Das gilt nicht nur für die belebte Küste, sondern auch für die innere Provence. Man hat sich noch bis vor kurzem an einer alten Mühle, einer verlassenen Wirtschaft, einem Mas mit gedrehten Schornsteinen erfreut. Wenn man wiederkommt, wird bereits für einen Maler, einen Schauspieler, eine reiche Amerikanerin umgebaut. Zu den Zeichen der Zeit, den Symptomen des Schwundes gehört der schmerzhafte Drang nach den alten Stätten beseelter Heimat, überlieferter Kultur. Sie werden parasitär beflogen und psychisch abgegrast. Auch das erinnert an späte Römerzeiten, an Martial, der die Schönheit etruskischer Krüge und ländlicher

Kamine besingt. Sie wird nachleuchtend, wird erst im Verluste offenbar.

Der Kieselstrand hat seinen Namen verdient. Noch an keinem Orte sah ich eine so ungeheure Masse von Kieseln aufgehäuft. Sie sind mattgrau und von einem Netz haarfeiner Quarzadern durchwoben, die sich überschneiden wie die Linien der inneren Hand.

Am schönsten geht es sich an der Strandlinie, wenn die Wellen nur sanft anschlagen. Die Kiesel drehen sich dann ein wenig und folgen dem Sog mit einem leichten, heiteren Klingen, das die Sorgen vertreibt.

Unweit des Strandes zieht sich die nach Nizza führende Bahn entlang. An ihrem Damm haben sich Agaven angesiedelt und zum Gestrüpp verfilzt. Zahlreiche Schäfte sind aus ihm hervorgetrieben; es muß ein günstiges Jahr sein für die Blüte dieser Pflanze, die zugleich ihren Tod ankündet. Sie entfaltet sich urtümlich in geballter, mexikanischer Kraft. Es ist wohl kein Zufall, daß aus ihrem Saft ein feurig berauschender Trank gegoren wird. Einmal, nach vielen Jahren stillen Wachstums auf trockenen Böden, öffnet sich ihr Herz, und ein grüner Sproß in der Form eines riesenhaften Spargels schießt aus ihm empor, sich in der Höhe zu einem Kandelaber verzweigend, der Tausende von duftenden Blüten trägt. So wird das Liebesspiel gerafft. Die Blüte, wie sie ein Apfelbaum in sechzig Jahre aufteilt, wird hier in einem gewaltigen Frühling verschwendet und erschöpft. Das ist ein Merkmal der Agaven, die auch zu jenen zählen, »welche sterben, wenn sie lieben«, wie es vom Stamme Asra heißt. Viele der Schäfte sind im Sprießen, einige haben das weiße, wattige Blütenspiel bereits entfaltet, dazwischen sind die vom Vorjahr schon zu zundrigem Holz vertrocknet, das hier im Süden als Stoff für Federhalter dient. Dabei muß ich an einen Autor des vorigen Jahrhunderts denken, an Alexander von Villers, der in seinen Briefen den Wunsch äußert »nach einem Aloeschaft als Feder und dem Vesuv als Tintenfaß«.

In diesem Klima gedeihen die Agaven prächtig. Man pflanzt

sie in vielen Arten, sowohl in dem kleinen Stadtpark als auch im Jardin Thuret, der besonders der Zucht und Einbürgerung fremder Gewächse dient. Dort wuchern sie von ihren riesenhaften Vertretern bis zu winzigen Spielformen, wie Kakteenfreunde sie an den Fenstern ziehen. Darunter erstaunte mich ein baumartiges Gewächs, aus dem sich die Blüte als ein zweiter Baum in Form eines leuchtenden und duftenden Springbrunnens entfaltete. Der Anblick erinnerte an den singenden Baum des Märchens, an die Erhebung auf eine höhere Stufe durch Musik. Jedesmal während dieses Ganges am Bahndamm beschäftigt mich die Frage, wie ein solcher Aufwand möglich ist. Man stößt da sogleich, wenn man sich nicht auf der Oberfläche halten will, auf Unerklärliches. Das ist aus dem Universum einschießende Macht. Wir werden ihr Geheimnis niemals lösen; es muß genügen, daß es uns beglückt.

Noch eine andere Pflanze regt auf diesem Gange stets zum Verweilen an, ein kurioses Kraut, das eine grüne Decke aus filzigen Blättern über den heißen Schotter breitet: Momordica, die Esels- oder Spritzgurke. Sie gehört zu den Kürbisgewächsen und bringt gleichzeitig eine Unmenge gelber Blüten und stachliger Früchte von der Form einer winzigen Melone hervor, die mit der Reife explosiv werden. Wenn man sie dann nur ganz leicht berührt, öffnen sie sich mit dem Knall einer Kinderpistole und schleudern Fruchtwasser und Samenkörner aus. Einmal traf mich die Ladung ins Gesicht; sie hatte einen bitteren, zusammenziehenden Geschmack. Bei vorgeschrittener Jahreszeit braucht man nur durch die Polster zu gehen, damit man wie von einer Artillerie aus Liliput beschossen wird. Die leichte Erschütterung durch die Schritte, ein Hauch der Luft genügt, endlich sogar das pure Sonnenlicht. Die Eselsgurke gehört, wie das Rührmichnichtan unserer Wälder und der indische Sandbüchsenbaum, zu den Gewächsen, die durch raffinierte Vorkehrungen die Frucht sprengen. Dieses Wachstum mit der finalen Absicht der Selbstzerstörung hat etwas Bestürzendes, auch wenn man sich sagt, daß es zur Erhaltung der Art geschieht. Dazu kommt, daß jähe Bewegungen dem Pflanzenreich und seinem stillen Werden im Grunde fremd sind und Gedanken an eine bewußte, zielende Intelligenz wachrufen. Reife und Tod freilich sind immer verwandt.

So führt der Weg zum Meere zwischen der Agave, die sich in der Blüte, und dem Springkraut, das sich in der Frucht zerstört, dahin. Aber immer wieder treibt die eine neue Hecken empor, breitet die andere neue Teppiche aus. Der Weg ist der gleiche wie im Vorjahr und wird auch im nächsten Jahre wieder der gleiche sein.

Unweit der Mündung eines die Brague genannten Flüßchens liegt ein einsamer Ort. Er wird durch einen der zahlreichen Bunker bezeichnet, die immer noch den Strand säumen. Sein Gewölbe dient mir dazu, das Rad unterzustellen, und die mit Lavendel bewachsene Kuppe bietet eine gute Aussicht auf das Meer. Der Platz wird strandwärts vom Schilf einer flachen Lagune, an den Seiten und im Rücken durch Buschwerk gedeckt. Man kann sich nackt auf ihm bewegen, während wenige Meter entfernt die Luxuszüge nach Cannes, Nizza und Monte Carlo vorbeibrausen.

Während die Schmetterlinge an den Lavendelblüten saugen, kommen wie sie Gedanken angeflogen, verweilen ein wenig und fliegen wieder fort. Der Lavendel strömt einen reinen Duft aus; er erinnert an Kräuterkissen in alten Wäscheschränken und an Geschichten, die längst vergessen sind.

Benoit erzählte mir, daß er, bevor er zur Fremdenlegion ging, sich hier in der Provence zwei- oder dreimal mit der Lavendelernte beschäftigte. Es ist möglich, daß ich mich irre und daß es bereits nach seiner ersten Dienstzeit war, jedenfalls war er wenig über zwanzig Jahre alt. Er hatte in Lyon als Maurer gearbeitet, war dann zu Fuß in die Nähe von Grasse gewandert und hatte dort im Auftrag eines kleinen Fabrikanten im Gebirge Lavendelöl destilliert. Dazu gehörte zunächst die Anwerbung der

Sammlerinnen in einem Abruzzendorfe, zu dem nur Saumpfade emporführten. Es gab dort weder Rad noch Wagen, sogar die Fässer waren zweiteilig. Sie waren auseinanderzuschrauben, um als Traglast für Maultiere geeignet zu sein. Aus diesem Bergnest brachte er für die Blütenernte etwa zwanzig Pflückerinnen mit, wilde Hummeln, die weder lesen noch schreiben konnten, aber munter und unermüdlich arbeiteten. Sie wohnten in einer einsamen Ferme. Die Mädchen schwärmten am frühen Morgen mit großen Netzen in die Macchia aus, während ihr junger Chef sich mit der Destillation beschäftigte. Gegen Abend machte er mit Pferd und Wagen die Runde und sammelte die prall mit Lavendel gefüllten Netze ein.

Die Mädchen kochten dann ihre polenta, und er mußte in der von ihnen bestimmten Reihenfolge mit jeder das Mahl teilen. Nachdem sie gescherzt und gesungen hatten, machte wiederum jede für sich in der Scheune auf den Lavendelpolstern mit zwei Leinentüchern ihr Nachtlager zurecht. Auch die Reihenfolge, in der er bei jeder zu schlafen hatte, war ausgemacht; er durfte keine vernachlässigen.

Ich hatte, als ich das hörte, zu früh gelächelt, denn es handelte sich wirklich nur um das Schlafen, dem ein kurzes Geplauder vorausging, und auch ein Kuß war erlaubt.

Die Geschichte gefiel mir, sie paßte gut zum reinen, starken Dufte des Lavendelkrautes, der sie mir wiederbringt, übrigens entspricht sie auch dem Modus, nach dem ein junger Mensch in dieser Lage sich einzig verhalten kann. Sonst kommt es zur Despotie des Harems mit seinen Umtrieben, zur schnellen Zerstörung der Gemeinschaft und ihrer Aufgaben.

Die Vorliebe für den Lavendel ist nicht zufällig verteilt. Sie bildet eine der namenlosen Sekten, die sich weniger durch den Zusammenschluß als durch die Existenz ausweisen. Wir werden immer wieder Menschen begegnen, die auf den Lavendel schwören und seinen Duft als das einzig erlaubte Parfüm bezeichnen, und diese Menschen werden sich in mancher Hinsicht ähnlich sein. Das Wort *Lavendel* hängt seit alten Zeiten mit dem lateinischen *lavare*, »waschen«, zusammen und auch diese Bezeichnung hat nichts Zufälliges.

Die Vorliebe für die weiße Farbe gehört hierher, auch das Zeichen der Jungfrau hat mit dieser Neigung zu tun. Es könnte sein, daß sie eines Tages schwindet, wenn andere Blumen erblühen. Das ist ein großes Thema; auch ein Gespräch, das ich neulich mit Kazantzákis führte, brachte uns darauf. Wir standen in seinem Garten unter einem Feigenbaum, von dem er ein Blatt brach und mich daran riechen ließ. Der Duft ist angenehm aromatisch; Manna stellt man sich ähnlich vor. Kazantzákis erzählte, daß er bei ihm zu Hause als Mittel gelte, die Jungfräulichkeit zu prüfen: reicht man ein solches Blättchen einem unberührten Mädchen, so wird es ein Gesicht ziehen, als ob es eine Schlange erblickte, mit dem Fuß auf den Boden stampfen und das Blatt verächtlich fortwerfen. Hat es dagegen schon vom Baum der Erkenntnis gekostet, so wird es wohlgefällig lächeln, sich drehen und wenden und den Duft tief einatmen.

Ja, Feige und Lavendel sind ganz verschiedene Gewächse, obwohl man sie oft nebeneinander am gleichen Hange trifft. Jede Pflanze hat ihre Aura oder, wie die Alten sagten, ihre Tugend; sie hat ihre Freunde und Verehrer, ihre Mythen, ihren Zauber, ihre Gifte und Heilkräfte. Sie hat ihr Wachstum, nicht nur aus dem Keimgrund in die ausgedehnte, sondern auch aus der Substanz in die qualitative Welt. Hier beginnt der Reiz der höheren Botanik, der Wissenschaft von den Geheimnissen der Pflanzen, die zu den Zweigen der Symbolik gehört. Jeder Mensch hat nicht nur sein Sternzeichen und sein Wappentier, sondern auch seine Blume, seinen Baum, seine Frucht. Es gibt hier ein Entzücken, zu dessen Erklärung Duft und Farbe nicht genügen; es muß auf Verwandtschaft beruhen.

Die Pflanze spricht, indem sie ihren Zauber um sich breitet, den wir durchschreiten, oft ohne es zu merken, als ob wir Netze zerrissen, die zu fein für uns gesponnen sind. Das wurde mir eines

Abends deutlich, als ich im Dünensande einen Strauß der großen duftenden Trichterlilien gepflückt hatte, die der Italiener Meeresnarzissen nennt. Indem ich, ihn in der Hand haltend, durch die Dämmerung schritt, kamen große, schwarz und rot gestreifte Nachtschwärmer, Sphinxe mit sammetweichen Flügeln, angeflogen und tauchten den Rüssel in die Blüten ein. Ich hielt den hellen Strauß wie einen Kelch; sie kommunizierten aus ihm, mit ihm und um ihn in einer träumenden Welt.

Immer bleibt es ergreifend, wenn wir auf unserem Wege Wesen begegnen, die für einander geschaffen sind – nicht nur deshalb, weil sich in ihrem Anblick die Weltordnung und ihre Harmonie bestätigt, sondern mehr noch, weil wir durch ihn in einen feinen Strudel einbezogen werden, der weithin trägt: die Schwere mindert sich. Das kann nur für Augenblicke sein, wie neulich, als ich mich in den Gartenwegen des Kaps verirrt hatte. Als ich es merkte, blieb ich stehen, um mich zu orientieren; mein Blick fiel auf ein Schildchen mit der Inschrift »Clair Azur«. Es mußte der Name eines Hauses sein. Die Sonne brannte; es war Mittagszeit. Ich stand zwischen verwilderten Gärten, die Hecken einschlossen. Man sah aber weder die Gitter noch die Büsche; sie waren durch zahllose tellergroße Blüten einer hellblauen Winde verdeckt. Zwischen ihnen schwirrten schwere goldene Scarabäen den Weg entlang.

In solchen Augenblicken wird es stiller: die Welt wird heimatlich. Wir haben an einer Feierstunde des Universums teilgenommen und waren Gäste in einer jener Kammern, in denen es sich selbst genügt. Der Scarabaeus war Priester, die Winde Priesterin, die Kammer Heiligtum. Die Winden schlugen sie mit blauem Atlas aus. Daß diese Pracht bereits am frühen Abend verblichen, vergilbt ist, zählt zu den Zeichen des großen Überflusses: der Festherr wirft den Becher in das Meer.

Ich war auf dem Wege zu Kazantzákis gewesen, als ich mich bei »Clair Azur« verirrt hatte. Die Griechen leben gern in der Provence. Sie haben seit den ältesten Zeiten eine Vorliebe für das

Land, durch das sie sich an Attika erinnert fühlen. Sie finden die gleichen Bäume und Früchte wieder, das braune, von Felsen durchsetzte Erdreich, die duftenden, bienendurchsummten Berghänge, das große, ausgewogene Verhältnis zwischen Wildnis und Kultur. Es ist kein Wunder, daß ihre Pflanzstädte hier so gut gediehen.

Kazantzákis' Arbeitszimmer ist auf das Haus gesetzt wie die gläserne Kuppel eines Leuchtturms oder einer Sternwarte. Der Blick fällt nach jeder Richtung auf die Gärten und weit hinaus über das Meer, auf dem er die Schiffe verfolgen kann. Es müßte auch in unseren Breiten schön sein, so einen Glaskäfig auf dem Dache zu besitzen. Wenn man auch bei der Arbeit zu stark abgelenkt würde, so könnte man ihn doch hin und wieder beziehen wie eine Seewarte. Man könnte die Sonnenstunden während der rauhen Monate genießen, aber auch die Unwetter, und manchmal oben schlafen, um, zuweilen erwachend, das Kreisen der Gestirne und den Fall der Sternschnuppen zu sehen.

Kazantzákis erinnert an den Helden seines Romans »Alexis Sorbas«, den ich vor Jahren gelesen habe – in dieser Figur sind sokratische Züge mit denen eines listigen mittelmeerischen Räubers verstrickt. »Wir tragen viel mehr in uns, als wir wissen«, sagte er mir unter anderem an jenem Mittag, als ich sein Observatorium erreicht hatte, »nicht nur gute Dinge, sondern auch andere.« Er knüpfte daran eine Anekdote aus seinem Leben.

Einmal war er mit einem Freunde auf den Bergen von Kreta, seiner Heimatinsel, bei trübem Wetter gewandert; Küste und Meer waren von Wolken verhüllt. Am Abend spaltete sich die Wolkendecke, und ein Sonnenstrahl beleuchtete ein Dorf, das unten am Strande lag. Sie betrachteten lange das friedliche Bild. Dann setzten sie die Wanderung fort. Plötzlich blieb der Freund stehen und fragte:

»Was hast du eben gesagt?«

»Ich habe nichts gesagt – was willst du gehört haben?«

»Du hast gesagt: ›Ich werde euch heut nacht alle umbringen.‹«

Kazantzákis schloß seine Geschichte: »Nichts lag mir natürlich ferner – es war die Stimme eines Vorfahren, eines alten Bluträchers, die sich beim Anblick des Dorfes dort unten in mir erhoben hatte; er hatte es wiedererkannt.«

Die Bunker werden für lange Zeit das Bild der Küste beeinträchtigen, wenn sie nicht gesprengt werden. Die Verwitterung kann ihnen wenig anhaben. Ein Trost liegt darin, daß sie sich allmählich mit Moos und Flechten überziehen und daß sich Kräuter wie der Lavendel auf ihnen ansiedeln. Eidechsen haben hier ihre Wohnungen und Spielplätze.

Erklärt sich die Häßlichkeit der Bauten aus ihrer Aufgabe, aus ihrer Rolle im Kampf? Dann müßten auch die gegen die Mauren errichteten Türme und Ausluge, mit denen die christlichen Völker ihre Küsten säumten, häßlich sein. Das Auge empfindet sie indessen eher als Bereicherung. Ich denke etwa an den schönen Turm bei Saint-Tropez.

Eine andere Frage, die mich, wenngleich nur flüchtig, hier beschäftigt, bezieht sich auf den ameisenhaften Charakter der titanischen Anstrengung, auf ihren Rückfall in stets dieselben Irrtümer. Nachdem die Maginotlinie fast mühelos durchbrochen und überrannt war, galt die Nutzlosigkeit solcher Bollwerke gegenüber dem Zuwachs an Bewegung für ausgemacht. Zwei oder drei Jahre später verbrauchte man ungeheure Kräfte, um die Küsten Europas mit diesen Wällen zu beziehen. Tage genügten, um die im Schildkrötenstil erbauten Anlagen zu durchbrechen, zu überfliegen und sie in das Denkmal der Phantasielosigkeit zu verwandeln, als welches sie nun bestehen.

Ich sprach darüber unlängst mit einem deutschen Unteroffizier, der hier in Gefangenschaft geriet und im Lande blieb. Er erzählte, daß, als die Kriegsschiffe kamen, die Bunker, die in ihr Feuer gerieten, wie im Brennpunkt von großen Hohlspiegeln aufflammten und pulverisiert wurden. Bombergeschwader vollendeten das Werk. Das war hier in der Nähe gewesen, er dachte ungern daran zurück. Inzwischen hat er geheiratet und

Kinder bekommen, der Lavendel bewuchs die Betonkuppeln, und wir alle erfreuen uns der Sonnenstunden wie hier die Eidechsen, befolgen die Mahnung, die eine provençalische Sonnenuhr schmückt:

Gai lesert, béou toun soulèu;
L'ouro passo que trop lèu,
E deman ploura belèu.

Fröhliche Eidechse, trink deine Sonne;
Die Stunde verstreicht nur zu leicht,
Und morgen kommt Regen vielleicht.

Viel besser ist es, die Blumen zu betrachten; sie lassen uns nie im Stich. Ihr Bauplan ist ohne Irrtümer. Sie schließen die kleine Fläche wie Wände ein Zimmer ein: Gewächse, wie man sie in den wasserlosen Flußbetten des Südens und im heißen Dünensande trifft. Der Strand wird durch einen dichten Bestand, durch eine grüne Mauer von Riesenschilf verdeckt, das eine Kette von Tümpeln und flachen Lagunen umfaßt. In seinem Dickicht muß ein seltsames Wesen hausen; ich höre zuweilen Schreie, die schwer zu deuten sind. Sie weisen auf ein großes Tier hin, doch ist kaum zu begreifen, wie es sich hier verbergen könnte; die Deckung ist gering. Oft stöberte ich schon vergeblich auf dem heißen Tretpfad, der durch das Schilf führt und auf dem die Füße einsinken, während Sumpfblasen aufsteigen. Ich scheuchte dort Rohrsänger auf, einmal auch ein Wildentenpärchen, doch nie ein Wesen, dem die spukhafte Stimme am heißen Mittag zuzutrauen war. Natürlich fehlte es an Libellen und Schmetterlingen nicht.

Bei der Erwähnung der Insekten gerät man, wie ich erfahren habe, leicht in die Rolle des Naturforschers, der im Bannkreis der großen Städte mit seinem Fangnetz zur Belustigung des Sonntagspublikums beiträgt; ich wills also kurz machen. Worauf beruht denn, fragte ich mich bisweilen, diese Heiterkeit? Sie kann doch nur hervorgerufen werden durch den Anblick eines Menschen, der Dinge treibt, die offensichtlich außerhalb der alltäglichen, vor allem der ökonomischen, Zwecke des Lebens stehen. Zugleich sind diese Dinge harmlos, daher die Heiterkeit. Im Orient kann die Neugier peinlich werden, sich zum Verdacht steigern. Ich hielt daher zuweilen die Erklärung für angebracht, daß ich Medizin sammle. Medizin ist ein gutes Wort, ein Zauberwort, das fast alles erklärt und Respekt verschafft. Das war die erste Abzweigung vom common sense mit respektabler, stichhaltiger Begründung: einer, dem die Gesellschaft zuviel wurde, schlug sich in die Büsche und sammelte Medizin. Außerdem ist es richtig, daß Insekten offizinell sind, wie etwa die Spanische Fliege, die einen der stärksten Liebestränke liefert, ein scharfes, aber auch gefährliches Aphrodisiakum.

Die meisten Entomologen suchen das Absurde ihrer Neigung durch die Erklärung aufzuhellen, daß sie »wissenschaftlich« tätig sind. Das ist auch eine Ausrede. Kein wahrer Liebhaber steigt zur Wissenschaft hinab. Es gibt allerdings Liebhaber, die sich als Wissenschaftler verkleidet haben, und das nicht nur in der Entomologie.

Linnés System ist ein vorzüglicher Schlüssel, aber es dient, wie alle Schlüssel, zu nichts mehr und zu nichts weniger als zum Aufschließen. In den Fächern liegt anderes, liegt mehr. Die Kenntnis der Insekten hat auch eine magische Seite: wie einem Auge, das lange auf einem winzigen Kristall geruht hat, ein Tor sich öffnet, hinter dem Paläste, Zeltlager, Festzüge erscheinen, so kann der Blick, indem er sich auf eines dieser Wesen richtet, das Geheimnis einer Landschaft aufschließen.

Von jeher hatte ich eine Vorliebe für die Familie der Buprestiden, der schlanken, buntmetallischen Prachtkäfer, die in den Stunden des hellsten Lichtes gefälltes Holz und Blüten anfliegen. Sie sind schwer zu erbeuten, vor allem muß man vermeiden, daß Schatten auf sie fällt. Der Ton, mit dem sie die Luft durchschneiden und am Ziel einfallen, gehört zu ihrer Physiognomik im weiteren Sinn. Ich habe, wie jeder Jäger für das

Nahen seines Wildes, das Ohr dafür geschärft und unterscheide ihn deutlich vom Gewebe der Geräusche, von dem der Ort durchflochten ist. Es ist ein elektrisierender Ton.

Fabre, neben Mistral der zweite große Provençale der Moderne, muß hier in der Nähe den Garten besessen haben, in dem er seine berühmt gewordenen Insektenstudien trieb. Die Anteilnahme, die sie erwecken, rührt daher, daß hier noch Wissenschaft im alten, aristotelischen Sinn getrieben wurde – ohne Statistik, ohne Apparate, ohne Meßkünste. Dort ist das Objekt und hier der Mensch mit seinem Auge, das liebend erkennt. Das gibt ihm den freien Gang des Kämpfers, der nackt in die Arena tritt. Die Apparate schärfen und klären, aber sie filtern auch, wenngleich im umgekehrten Sinne, indem sie Unwägbares zurückhalten. Was den Mechanismus passiert, tritt in die Ziffernordnung ein.

Ich kam auf Fabre, weil er einen Assistenten hatte, der ein feines Ohr für die Insekten besaß. Er unterschied die Arten nicht nur nach den mannigfaltigen Tönen, die wir Gesang nennen, sondern auch am Geräusch des Flugs und hatte es darin fast zur Vollkommenheit gebracht. Wenn er mit seinem Meister im Feld war, pflegte er zu rufen: »Monsieur Fabre, une cicindèle« oder »un scarabée«.

Dieser Assistent war blind. Warum hatte ich mir bereits als Kind diese Szene mit so großem Behagen vorgestellt? Ich dachte an einen Park mit alten Bäumen, durch die im Hintergrund ein Haus schimmerte. Das Haus war geräumig; es war mit Büchern und Sammlungen gefüllt. Der Meister stand mit seinem blinden Schüler und Gehilfen auf einem Sande, der von den uralten Bäumen, aber auch von blühenden Gebüschen und Blumenbeeten eingeschlossen war. Über den Sandplatz flogen die Schmetterlinge, die Bienen und Käfer mit bunten und gläsernen Flügeln dahin, sie belebten, beseelten die milde Luft. Da gab es nichts, was ohne Leben war. Und plötzlich hörte ich die Stimme des blinden Assistenten: »Monsieur Fabre, un bupreste.« Er hatte in dem ungeheuren Orchester ein Instrument erkannt.

Warum ergriff mich das so tief? Männer wie der alte und der junge Brehm, wie Naumann, der große Kenner und Freund der Vögel, wie Anton Dohrn oder der Graf Dejean waren für mich Halbgötter. Und es war etwas Paradiesisches an diesem Garten, in dem der Meister den Tieren Namen gab. Sein blinder Gehilfe nahm die Sonne nicht an ihrem Glanze, er nahm sie an ihrer Wärme wahr. Er sah nicht den Prunk der Flügel, aber er hörte sie vorbeigleiten. Und er rief: »Monsieur Fabre, un bupreste«. Das war sein Gebet. Er sah auch nicht, wie die Blumen sich der Sonne zuwandten, deren strahlendes Rund sie gleich Spiegeln nachahmen. Aber er ahnte es in ihrem Duft. Ich hörte und sah das wie im Wachtraum und hatte dabei die Vorstellung, daß ich aus dem mit Büchern und Sammlungen gefüllten Hause kam. Dort konnten alle Blumen, alle Tiere benannt werden. Darin lag große Sicherheit. Zu ihr gehörte, daß der Park sich in unbekannte Tiefen ausdehnte.

Hier, auf der von blauem Lavendel verhüllten Bunkerkuppe, kommt die Verzauberung zurück. Dazu mag beitragen, daß Fabres Manen in diesem Sonnenlande weben, das seine Heimat war und bleiben wird.

Die Vorderwand der Lichtung wird, ich sagte es bereits, aus Riesenschilf gebildet, über dessen starken, hochschäftigen Rohren rotbraune Rispen wehen. Das mächtige Gewächs paßt gut in diese Landschaft; es führt auch den Namen »Canne de Provence«. Oft hat sein Grün mir im südlichen Sommer die Augen erfrischt – inmitten verstaubter und ausgedörrter Felder, die von heißen Hängen wie von Strohmatten begrenzt werden. Dort deutet es in saftigen Bändern den Zug der Sümpfe und Wasserläufe an und labt sich aus ihren Gründen, auch wenn sie längst vertrocknet sind. Der Entenjäger liebt dieses Dickicht, der Angler schneidet aus ihm seine Rute, der Hirt deckt seine Hütte mit ihm.

In diesen grünen Bändern zieht sich ein Rest von Wildnis durch das bestellte und abgeteilte Land. Dicht hinter den gestreiften und vom Licht gescheckten Wänden nisten nicht nur die scheuen Vögel, es hat sich auch ein Hauch von morgenfrüher Heimat dort erhalten, von mythischem Glanz. Die Wildnis hat Ebbe; sie wird auf schmale Gürtel zurückgedrängt. Auch diese Lagune wird bald vertrocknet sein.

Wenn der Wind weht, wird alles zum Instrument. Wenn, wie eben jetzt, die Sonne scheint und wir die Augen schließen, dringt das Behagen nicht nur aus Duft und Wärme in uns ein. Es quillt auch aus den Stimmen der Tiere und selbst aus der Bewegung jener Welt, die wir die unbelebte nennen und die sich lustvoll zu regen beginnt. Das ist ein großes Orchester, in das der Sand der Düne und die Strandkiesel einstimmen und auch das Rauschen des Schilfes, das nun nicht mehr der Wind bewegt. Das Universum lebt. Vom Bahndamm her ertönt ein feines Knistern, als ob sich Gedanken regten: die Pinienzapfen richten ihre Schuppen auf.

Das sind Naturlaute. Es scheint zuweilen, als wollte die Welt mit ihrem vollen Geheimnis in sie eintreten. In den Morgenstunden sind wir besonders empfänglich dafür. Der Wasserstrahl, der einen Becher füllt, belehrt uns über Maß und Zahl in einer Weise, die kein Kompendium erfaßt. Im Hufschlag eines Pferdes vor unserem Fenster hören wir genauer, als jede Uhr uns künden könnte: 's ist Mitternacht. Die Hohe Jagd beginnt, wo Physisches und Metaphysisches nur durch ein Häutchen geschieden sind.

Auch die Tamariske ist ein Strauch der heißen Sandbetten. Sie deckt den Ort zur Linken und im Hintergrunde ab. Die zierlich grünen Gerten laufen in rosa Rispen aus. Hier wächst die afrikanische, duftende Art. Sie erinnert mich an einen schönen Tag, den ich mit einem Fischer an einem Ort verbrachte, der *Su Tramazu*, »Unter den Tamarisken«, hieß. Es war sehr heiß. Wir waren zu einer Klippe hinausgeschwommen, um dort Patellen und Seeigel zu suchen, und hatten im Sande die grünen Muscheln ausgegraben, die man Arselle nennt. Auf der Düne fragte ich den Gefährten nach den Pflanzen und Tieren der Insel, darunter auch nach der Tamariske, in deren Schatten wir uns wohl fühlten. Er meinte, das sei eigentlich leichtsinnig, da der Strauch ungesunde Luft verbreite und überall nach Kräften auszurotten sei.

In der Tat hatte ich schon oft bemerkt, daß die Tamariskenzweige feucht sind, auch in den heißesten Monaten. Andererseits hört man, daß die Mönche des Libanon, wo die Tamariske Wälder bildet, aus ihrem Saft einen Stoff gewinnen, den sie für das Manna der Bibel ausgeben. Wahrscheinlich handelt es sich also um einen Fehlschluß: so mancher, der im Schatten der Tamariske geruht hatte, wurde bald danach vom Fieber heimgesucht. Das lag jedoch nicht an der Schädlichkeit des Strauches, sondern am Hauch der Sümpfe, an deren Rändern er sich mit Vorliebe ansiedelt.

Zur Rechten endlich ist der Ort durch locker verteilte Büsche abgeschlossen, die in Schotter und Dünensand Wurzel gefaßt haben. Hier könnte Rikli, der große Kenner und Liebhaber der Mittelmeerflora, ohne sich von der Bunkerkuppe zu bewegen, ein Kolleg über die Besiedlung der heißen Bachbetten abhalten. Neben der Tamariske, der Wolfsmilch, dem Oleander ist ein hoher Strauch aus der Verbenenfamilie vertreten, ein unverwüstlicher und unermüdlicher Blüher, dem kein Standort zu trocken, zu unwirtlich scheint.

Vielleicht hängt es mit dieser strengen Bedürfnislosigkeit zusammen, daß man ihm seit altersher Kräfte nachsagt, die die Askese fördern, der Keuschheit dienlich sind. Sein scharfer Same, der Mönchspfeffer, diente in den Klöstern als Antiaphrodisiakum, als niederschlagendes Gewürz. Schon Hippokrates erwähnt ihn in diesem Sinn. Bei den Ceresfesten bestreuten Matronen die Straßen mit seinem Laub. Auch viele seiner Namen weisen auf seine Tugend hin: Keuschlamm, Agnus castus, Chaste tree.

Ein solcher Busch blüht wenige Schritte entfernt im heißen Sand so üppig, daß sein Flor das Grün der Blätter unter sich verbirgt. Er steht als Pförtner vor dem Eingang, als violetter Obelisk von großer Pracht. Zuweilen bewegt er, von einem Hauch getroffen, die Gerten in der heißen Luft. Wer lernen will, was Sonne und Wind den Pflanzen mitzuteilen haben, der wird in der Provence auf seine Kosten kommen wie kaum in einem anderen Land. So bemerke ich, daß meine Augen sich hier auch für van Goghs Gemälde aufgeschlossen haben und eine neue Tiefe in ihnen sehen: die des Mistrals, der Blumen und Bäume umarmt. Freilich mußte ein innerer Mistral hinzukommen, polarisierend – doch Schloß und Schlüssel sind immer aufeinander angelegt. Zu den Apokryphen des 19. Jahrhunderts gehört die Wiederkehr des Augenblickes, in dem sich das Tor öffnet und das Licht so stark wird, daß es blendet und verwirrt. Van Gogh zählt zu den letzten dieser Reihe; hier hat man den Eindruck, daß der Große Mittag von Sturm begleitet ist. Es wird sehr heiß; die Fenster schmelzen im Götterwind.

Wenn wir in einem Land verweilen und es lieb gewinnen, kann es zu einem Einklang kommen, in dem wir meinen, daß es unsere Heimat sei. Das sind die Augenblicke, in denen es transparent wird und als Vorhof erscheint. Dieses Gefühl gewährt die Provence in hohem Maß.

Die Zweige des Agnus castus dienen in ähnlicher Weise, wie Kazantzákis es vom Feigenblatt erzählte, zur Keuschheitsprobe; man gibt sie in Griechenland noch heute bei Prozessionen den jungen Mädchen in die Hand, wo sie die Frische bewahren müssen, in der sie gebrochen sind. Die Probe kommt mir nicht allzu streng vor, wenn ich bedenke, wie munter die Büsche hier im heißen Schotter aushalten.

Blau oder violett muß ohne Zweifel die Farbe eines Krautes von so hoher Tugend sein. Natürlich könnte man sich auch Weiß vorstellen. Doch gibt es hier Unterschiede – die weiße Myrte etwa gilt als Zier der jungfräulichen Braut und bleibt ihr vorbehalten, während die nicht minder weiße Orangenblüte der Witwe zukommt, die sich zum zweiten Mal vermählt. Allerdings ist nicht nur zwischen ihr und der Myrte, sondern auch zwischen ihr und dem Lavendel die Entfernung groß. Das erinnert mich an den Abend eines Tages, den ich mit Banine und Gerstäcker in Saint-Paul verbracht hatte. Auf der Rückfahrt sahen wir erst einzeln und dann in immer größeren Mengen Glühwürmchen aus den Büschen aufsteigen. Sie unterschieden sich von unseren Johanniswürmchen nicht nur durch die Stärke ihres grünen Lichtes, sondern auch dadurch, daß sie es aufflammen lassen und wieder löschen konnten, als verfügten sie über einen elektrischen Kontakt. Bald wurde ihre Zahl ganz ungeheuer; es mußten Tag und Stunde ihrer höchsten Entfaltung, ihrer Liebesfeier sein.

Wir stiegen aus, um das Schauspiel zu betrachten, und bemerkten dabei, daß wir uns als Silhouetten vor einer glühenden Wolke abhoben. Das Bild war groß: wir waren die dunklen Gäste bei der Hochzeit, die nicht Geladenen. Kaum war ich erstaunt, als ich wahrnahm, daß wir zugleich in einen Duft von einer Stärke eingetreten waren, die außerhalb der Erfahrung lag. Wir hielten an einem Hange, an dem sich terrassenförmig Bestände niedriger, weißblühender Bäume emporzogen. Ihr Duft sank abwärts, verdichtete sich im Tal. Wir waren in einen Orangenhain geraten, wie man sie in dieser Gegend für die Parfümerien anlegt; es handelt sich dabei um eine Wildart, die bittere Früchte und Blüten von besonderem Aroma trägt. Wir erfuhren das von einer Frau, die dort am Zaun lehnte. Ich bat sie um einen Zweig, den sie mir verweigerte, und zwar mit der Begründung: in der Nacht, in der man einen solchen Zweig breche, müsse ein Mensch sterben. Das erinnert an den Stab, den der Richter bricht, bevor der Henker sich des Verurteilten bemächtigt – wohl müßte dieser sterben, auch wenn der Stab nicht gebrochen würde, aber es leuchtet doch ein Zusammenhang ein, der auch mich bewog, auf meiner Bitte nicht zu bestehen.

Der Agnus castus ähnelt der Buddleya, die man als Schmetterlingspflanze in unseren Gärten zieht. Auch ihn besuchen die Falter gerne, und es war während der Morgenstunden ein lebhaftes An- und Abfliegen. Wie leicht die Wesen auch sind, so biegen sie doch die blauen Rispen nieder, wenn sie darauf ausruhen. Der Strauch steht so nahe, daß ich bequem die Augen und die Bänder der Flügel betrachten kann.

Gegen Mittag schwirrt ein härteres Wesen heran, von der Form einer Hornisse, aber fast doppelter Größe, mit schwarzem, gelb gemakeltem Leib: die Dolchwespe. Der Name sagt schon, daß das Tier nicht mit sich spaßen läßt. Es muß sich eine große Siedlung in der Nähe befinden, denn dieser ersten folgen viele andere, als wären sie von ihr benachrichtigt. Bald ist der Busch von ihnen dicht behangen; ihr Schwarz scheint zu verschwinden, die gelben Tupfen leuchten prächtig auf dem violetten Grund. Der Schwarm verdichtet sich und ist weithin zu hören; der Strauch scheint sich wie eine duftende, hörnerne Spieluhr zu drehen.

Der Sand beginnt zu glühen. Es ist nicht mehr zu sagen, ob die Zeit schnell oder langsam vergeht. Zwar scheint sie zu verfliegen, doch paßt zugleich, als ob sie sich dehne, unendlich viel in sie hinein. Das ist ein Zeichen, daß sie sich verändert, daß andere Maße in sie eindringen.

Im Schilf ertönt ein Plätschern und schweres Flattern, dann steigt, fast senkrecht, ein großer Vogel aus ihm empor. Sein fahles, schwarz gezeichnetes Gefieder leuchtet in der Sonne, es trägt die Rohrfarben. Ich würde ihn für einen Reiher halten, wenn dem die kurzen Ständer und der gedrungene Hals nicht widersprächen: die plumpere Gestalt. Das Tier begegnet mir im Freien zum ersten Male, es kann nur die Rohrdommel sein. Damit erklären sich auch die dumpfen Rufe, die mich befremdeten.

Ich sehe den Vogel, bevor er Höhe gewonnen hat und abstreicht, mit großer Schärfe und habe den Eindruck, daß ich auch von ihm gemustert werde: die Augen sind starr, hell bernsteingelb. Der Schnabel ist viel kürzer als der des Reihers, ist hoch und hornig, ein scharfes Instrument. Er hält eine weiße Schlange, die mit Kopf und Schwanz herabweht, in seinem Griff. Die Sumpf- und Wasservögel fassen die Schlange auf diese Weise, während die Adler sie in den Fängen tragen; das ist die noblere Jagd.

Zwei neue Tiere – und ich meinte, daß ich den Fleck gründlich durchspäht hätte. Aber die Jäger sagen, daß man die Rohrdommel fast streifen kann, wenn sie sich mit aufgerecktem Halse reglos im Schilf verhält. Kein Vexierbild kann täuschender sein. Und was die Schlange angeht, so würde sie, wenn sie sich nicht trefflich zu verbergen wüßte, längst ausgerottet sein.

Die Sonne ist weit vorgerückt. Es wird Zeit für die Rue Barbacane. Der Rückweg führt durch die Oleanderbüsche an einem Ausläufer der Lagune entlang, der sich flach über die Kiesel ausbreitet. Über den hellen Grund bewegt sich ein Wesen, das sich nur durch den Wirbel verrät, mit dem es das Wasser teilt. Ich lasse das Rad fallen und eile hinab. Das warme Wasser reicht kaum bis zum Knie. Es ist ein günstiger Tag. Auch die andere Seite des Vexierbildes erfährt ihre Lösung: ich habe die Schlange überrascht. Wahrscheinlich bin ich schon oft an ihr vorbeigegangen; es mußte die Bewegung über die Blöße hinzukommen. Ich wate langsam hinter ihr her. Ihre Windungen sind flach und geschmeidig, als böge sich eine Klinge durch. Sie ist eine vorzügliche Schwimmerin, die stetig und gleichmäßig Raum gewinnt. Offensichtlich handelt es sich nicht um ein Tier. das ein Bad nimmt, sondern um eine echte Wasserschlange; das Element hat sie geformt. Kein Fisch bewegt sich mit solcher Selbstverständlichkeit, mit solcher Eleganz. Der Eindruck rührt wohl daher, daß kein Glied, kein Flügel, keine Flosse, sondern der ganze Leib im Spiel ist – das ist das Ziel jedes Tanzes, jeder gymnastischen Kunst.

Ich bin ihr zu schnell gefolgt. Sie muß mich bemerkt haben,

denn sie hält plötzlich inne, rollt sich zusammen und reckt den Kopf aus dem Wasser empor. Sie macht sich zur Verteidigung bereit. Was mag sie von mir halten, von mir wahrnehmen? Ich fragte mich das schon vorhin, als mich der Vogel musterte. Sie kann meinen Schatten nicht bemerkt haben. Vielleicht hat sie den Wirbel im Wasser gespürt. Gleichviel, sie erfaßt an mir das für sie und ihre Sicherheit Notwendige. Mehr würde sie schädigen. Sie bietet mir nun Muße, sie in aller Ruhe zu betrachten, als ob ich sie vor mir in einem Glas hätte.

Das Tier ist mir neu. Ich entsinne mich nicht, daß ich jemals, sei es im Freien, sei es im Käfig, ein ähnliches sah. Es ist eine weiße Schlange, mit einem leichten Stich ins Graue und Bläuliche. Sie kommt in ihrer Färbung der Aschenschicht nahe, die man auf erloschenen Holzfeuern sieht. Diese Grundfarbe durchbricht längs des Rückens ein tiefschwarzes, gezacktes Band. Das Muster macht auf einem Bett von hellen und dunklen Kieseln unsichtbar. Beim Anblick des Zackenbandes drängt sich die Diagnose »eine Viper« auf. Ich will jedoch nicht vorschnell urteilen. Der schmale Kopf, die hohe Schwimmkunst, der schlanke Körper deuten weit stärker auf eine Natter hin. Ich betrachte die Augen: die goldbraune, punktierte Iris schließt nicht wie bei den Vipern einen senkrechten Schlitz, sondern eine runde Pupille ein. Das sind die Augen eines Tieres, das im Sonnenlichte Jagd macht, und nicht in Höhlen und Gängen, nicht in der Dunkelheit.

Es ist kein Zweifel: ich habe die Vipernatter vor mir, ein harmloses Wesen, das sich von Fischen nährt und seinerseits, wie ich vorhin gesehen habe, den Raub- und Wasservögeln zum Opfer fällt. Allerdings bin ich gleich einem ausgefallenen Stück begegnet, einem von denen, die der Viper am meisten ähneln und denen Rollinat, der beste Kenner der Schlangen dieses Landes, nachsagt, daß selbst geübte Augen durch ihre »livrée« getäuscht werden.

Ich strecke die Hand vor – das Schlänglein beginnt zu züngeln, aber es öffnet die Kiefer nicht. Eine Viper würde die Zähne gezeigt haben. Nachdem wir diese Gesten getauscht haben, entrollt es sich wieder und strebt dem Ufer zu. Bevor es dort landet, ergreife ich es an der Schwanzspitze – zu spät, denn es hat mit dem Kopf bereits eine Binse erreicht, um die es sich windet, und schießt in der Form einer Haarnadel gegen meine Hand zurück. Ich lasse es sogleich fahren, und im Nu hat es sich unsichtbar gemacht. Ich war von meiner Wissenschaft fest überzeugt gewesen, aber ich hatte die Hand nicht dafür riskiert. Das war vernünftig, und es kam noch etwas anderes hinzu: das Tierchen hatte seine Macht gezeigt.

Inzwischen sind Schafe durch den Oleander hervorgebrochen, über dem eine Staubwolke steht. Sie knabbern an den Katzenpfoten und anderen strohigen Kräutern, nehmen auch einen Schluck von dem Brackwasser. Der Schäfer lehnt auf seinem Stock, ein zahnloser Greis. Er hat meine Jagd verfolgt und blickt mich mißbilligend an. Er kennt die Schlange, die er als »serp« bezeichnet, dann spezieller als »aspic d'eau«. Der Name verrät schon, daß er sie für giftig hält. Zudem sei sie insofern schädlich, als sie die Köderfische von der Angel fresse, sie bleibe dann freilich daran hängen wie ein Aal.

Das legt die Frage nahe, ob sie eßbar sei. Die weiße Schlange gilt ja im Märchen als Gericht der Könige. Sie heilt den Aussatz, läßt die Frauen Söhne empfangen, schärft das Ohr für die Sprache der Vögel und verleiht Wahrsagekraft. Wo selbst der Ginseng versagte, ruft sie den Sterbenden in das Leben zurück.

Die Frage scheint den Alten in Zorn zu bringen – sei es, daß er sie für einen schlechten Scherz hält, sei es aus einem anderen Grund. Er beginnt mit den Füßen den Boden zu stampfen und mit seinem Stock auf die Kiesel zu schlagen, um zu zeigen, wie man mit dem Tier verfahren muß.

Ich suche ihn abzulenken und eine Diversion zu machen, indem ich ein Friedenszweiglein von der Staude breche, die zwischen uns steht, und es ihm hinhalte. Es ist die Raute, ein bitteres Kraut, das giftfest macht. Man sagt, daß das Wiesel, bevor es die Schlange angreift, ein wenig davon frißt. Der Alte betrachtet das Zweiglein, nickt und sagt »ruda«; das ist das provençalische Wort. Dann beginnt er ein Blättchen davon zu kauen und bläst es in die Luft. So soll mans halten, wenn man einen weißen Fleck im Auge hat. Zum Glück leide ich an diesem Übel nicht. Aber bei den Hirten, die nachts um offene Feuer liegen, aus denen die Funken springen, kommt es häufig vor.

Der Alte mustert mich noch einmal, dann erhebt er den Kopf, hustet und geht hinter seinen Schafen davon. Eine weiße Staubwolke glüht hinter ihnen in der Luft.

Zauber
der Camargue

FRÉDÉRIC MISTRAL

Die Reise zu den Heiligen Marien

Mein ganzes Leben lang hatte ich von der Camargue, von den Heiligen Marien und von ihren Wallfahrten sprechen hören, aber hingekommen war ich nie. Im Frühjahr des Jahres 1855 schrieb ich an Freund Mathieu, der immer zu all solchen Unternehmungen bereit ist: »Willst du mit mir zu den Heiligen gehen?«

»Ja«, erwiderte er. Es wurde vereinbart, daß wir in Beaucaire, im Quartier Condamine, zusammentreffen sollten, denn von dort aus zog jedes Jahr am 24. Mai eine ganze Karawane zu den Saintes-Maries-de-la-Mer, und in Gemeinschaft mit einer Unmenge von Frauen, Kindern und Männern aus dem Volke begaben wir uns etwas nach Mitternacht, eng in den Wagen zusammengedrängt, auf die Reise. Ihr könnt euch vorstellen, daß die Wagen ihre volle Ladung hatten: Auf dem unsrigen waren wir vierzehn Pilger.

Unser Fuhrmann, ein gewisser Lamouroux, der zu jener Sorte von beredten Provenzalen gehörte, die sich durch nichts aus der Fassung bringen lassen, wies uns zwei Vorderplätze an, wo wir auf der Gabeldeichsel saßen und die Beine herabhängen ließen. Er hielt sich meistens zur Linken seines Tieres und schritt mit geschulterter Peitsche dicht neben uns her, indem er von Zeit zu Zeit Feuer schlug, um seine Pfeife anzuzünden. Wenn er müde wurde, schmiegte er sich in einen vorm Rade aufgehängten Sitz, den die Fuhrleute »Faulenzersitz« nennen.

Hinter mir, fest eingewickelt in ihren wollenen Mantel, hockte eine junge Person namens Alarde zusammen mit ihrer Mutter auf einem Strohsack und hielt ihre Füße gegen meinen Rükken gestemmt. Da wir jedoch noch nicht mit unseren Nachbarinnen, die untereinander plauderten, Bekanntschaft gemacht hatten, so unterhielten Mathieu und ich uns einstweilen mit dem Fuhrmann.

»Also, Sie beide, woher stammen Sie denn, wenn man fragen darf?« begann Maître Lamouroux.

Wir antworteten: »Aus Maillane.«

»Oho! Dann sind Sie also in der Nähe zu Hause ... Ich erkannte das schon an Ihrer Sprechweise. ›Fuhrmann aus Maillane wirft auf der Ebene um!‹«

»Aber nicht alle, mein guter Freund.«

»Nun, nun«, versetzte Lamouroux, »es ist ja nur eine spaßhafte Redensart ... Übrigens habe ich früher, als ich noch auf der großen Straße war, einen Fuhrmann aus Maillane gekannt, der wirklich wie ein St. Georg ausgestattet war: Man nannte ihn ›l'Ortolan‹.«

»Das ist wohl schon einige Zeit her.«

»Ach, meine Herren, ich spreche von der Zeit der Fuhrleute, eh' die Prahlhänse mit ihren Eisenbahnen kamen und uns alle ruinierten. Ich spreche von der Zeit, wo der Jahrmarkt von Beaucaire noch in seiner Glanzzeit stand, wo die erste Tartane, die auf dem Markt eintraf, als Preis ein Schaf erhielt, dessen Fell von den siegreichen Schiffsleuten am großen Mast aufgehängt wurde; ich spreche von den Zeiten, in denen die Zugpferde nicht ausreichten, um die Warenballen, die in Beaucaire verkauft wurden, die Rhône hinaufzuführen, von der Zeit, wo die Karrenführer – Sie können sich dessen nicht mehr erinnern, Sie jungen Leute! –, die Rollkutscher und Fuhrleute noch auf den großen Heerstraßen verkehrten und sich für Herren der Straße hielten und ihre Peitschen von Marseille bis Paris und von Paris nach Lille in Flandern knallen ließen!«

Und nun er auf dieses Thema gekommen war, hörte Lamouroux nicht wieder auf: Während sein Tier langsam im Mondenschein dahinschritt, unterhielt er uns bis zum Sonnenaufgang über jene schöne Zeit der Fuhrleute.

»Ach!« sagte er. »Das muß man gesehen haben, damals beim Pont de Bon-Pas oder an der Viste von Marseille; diese große Straße, die vierundzwanzig Schritt in der Breite maß, die muß man gesehen haben, mit ihren endlosen Reihen von beladenen Karren, von Planwagen, von vollgepfropften Rollwagen, die einander fast berührten – diese Mengen von prachtvollen Gespannen von drei, von vier und von sechs Tieren, die nach Marseille hinunterzogen oder nach Paris hinauf und die langsam und mit Bedacht das Getreide, den Wein, den Hafer, die Stockfischballen, die Anchovisfässer und die Seifenriegel fortführten – ›in Gottes Obhut‹, wie es damals in den Frachtbriefen hieß!

Und wenn wir durch ein Dorf kamen, dann klammerten sich ganze Haufen von kleinen Schlingeln an der hinteren Wagenstange fest und ließen sich mitziehen, während die anderen uns zuschrien:

›Hinten, Fuhrmann, hinten!‹

An der Landstraße befanden sich zum Mittagessen, fürs Abendbrot und zum Schlafen in angemessenen Entfernungen voneinander berühmte Wirtshäuser mit hübschen, lustigen Wirtinnen, mit großen Küchen und Herden, wo sich ganze Schweine am Spieß drehten, mit stets weitgeöffneten Türen, mit Ställen so groß wie Kirchen, in denen sich doppelte Reihen von Krippen erstreckten und wo ein buntes Bild von St. Aloysius an der Mauer befestigt war. Diese Gasthöfe hießen: Zur Krähe, St. Martin, Goldener Löw, Schwarzes Maultier, Rotkäppchen, Zur schönen Wirtin, Zum großen Logis und wer weiß wie noch alles! Und man sprach auf Meilen im Umkreis von ihnen.

An der Landstraße gab es auch hier und da Sattler, die ein neues Kummet ausstellten, Wagner, die im Notfall ein Rad flikken konnten, rußige Hufschmiede, die als Schild ein Hufeisen herausgehängt hatten, kleine Läden, die hinter ihren Scheiben Peitschenschnüre und Pfeifenköpfe zur Schau gestellt hatten, und kleine Wirtschaften mit einer weißbestäubten Weinlaube vor der Tür, wo die Fuhrleute hinkamen und ihr Gläschen Branntwein schlürften.

Mit schweren, wiegenden Schritten, die sich dem Holpern ihrer Wagen anpaßten, stampften die Fuhrleute hochmütig auf der Straße dahin, in blauer Bluse, Samthosen, bunter Mütze, wehendem Mantel und Gamaschen; sie grüßten diese ganze wohlbekannte Welt nur mit der Peitsche und riefen bald ›Hüh!‹, bald ›Dia‹, bald ›Hü, hott!‹ Und war die Straße blank, ging die Reise gut vonstatten und drehten sich die Räder knirschend um die Naben, so sangen sie zum gleichmäßigen Schritt ihrer Tiere und zum Klingklang der Glöckchen das Fuhrmannslied:

Ist ein Fuhrmann wohlverseh'n,
Muß er Räder haben,
Sechs Zoll breit à la Marlborough,
Das ist die neuste Mode.
Die Achse sei zehn Spannen lang,
Ein kleiner Schimmel, jung und schlank,
Der zieht dann rasch
Die Equipage.

Warum sollte man auch nicht singen? Die Fahrten wurden gut bezahlt: von Arles nach Lyon sieben Franken für den Zentner… Passierten keine Unfälle, konnte ein Fuhrmann sich ohne Mühe mit seinen zwei Tieren einen Louisdor im Tag verdienen.

Darum hielt man auch etwas auf sich auf den Straßen von Frankreich. Unsere Fuhrleute waren großartig! Ach, diese prächtigen Pferde! Und die Maultiere – was für frische, kräftige Tiere! Die Gabelpferde, die Vorderpferde, die Scherenpferde, alle waren sie geputzt und angeschirrt, daß es eine Freude war. Die Maulkörbe hatten Fransen, die Halfter hatten Glöckchen, die Trensen waren mit buntfarbigen Troddeln geschmückt. Die Kummete streckten ihre gehörnten Hauben empor; die Kummethörner, die Federbüscheln glichen, hielten die Leine in blauen Glasringen in der Luft; die Wolle der Schabracken kräuselte sich auf den Rücken der Pferde; die gestickten Decken hatten

Fliegennetze; die Kreuzriemen, die Bauchgurte, die Schwanzriemen – alles war gesteppt und meisterhaft gearbeitet …

Warum sollten sie also nicht singen?

Kommen wir dann nach Lyon,
Will man uns schikanieren,
Und auf die Brückenwaage gar
Muß man den Wagen führen,
Alles das sind Leute,
Die Geld nur woll'n als Beute;
Um mit Spitzen und Seiden
Ihre Liebsten zu kleiden.

Von Marseille bis Lyon marschierten die Fuhrleute zur linken Hand ihrer Tiere – oder, um mit ihnen zu reden, ›*à dia et de la main*‹, weil man die Leinen damals an der linken Seite hielt. Die andere Seite des Gespannes nannte man ›*hors la main*‹ (außerhalb der Hand).

Aber diese provenzalische Sitte reichte nicht über Lyon hinaus. In Lyon änderte sich das Klima, die Mundart, mit einem Wort: alles. Dann fing der Regen an, der garstige, unaufhörliche Regen, mit seinem Schmutz und seinen tiefen Geleisen, die man vermeiden mußte, wenn man nicht zu Schaden kommen wollte. Dazu kamen dann noch die Brückenleute, die einem immer etwas anhaben wollten und noch dazu *franchimand* sprachen … Dann hagelte es böse Worte: ›Donnerwetter!‹ und ›Schwerenot!‹ Und sie fluchten und schimpften ebenso wie die Fuhrleute: ›Hüh, Mouret! Hüh, Robin! Hüh, du Luder! Ei doch, du altes Rindvieh! Ah, verflucht, die Karre sitzt im Dreck!‹

Aber es kamen Vorspannpferde mit ihren Kutschern; man verdoppelte das Gespann, man verdoppelte es und verdreifachte es, und dann stemmte man die Schulter gegen das Rad und kriegte den Wagen endlich heraus … Dann kam man beim Gasthof an. Auf den Lärm des Peitschenknallens hin eilten Wirtin, Hausmädchen und Stallknecht mit einer Laterne herbei, um die kotbespritzten Fuhrleute zu empfangen. Man stellte die Wagen unter; und wenn die Tiere ausgespannt und die Krippen gefüllt waren, ging man zu Tisch.

Herrgott! Mit dreißig Sous pro Kopf konnte man sich in diesen Gasthöfen an der Landstraße fast zu Tode schmausen. Die Fuhrleute aßen mit aufgestemmten Ellenbogen. Mitten auf dem Tisch stand eine dickbäuchige Weinflasche von neun Pinten Inhalt; und wenn sie getrunken hatten, schleuderten sie die letzten Tropfen aus dem Glase hinter sich. In der Mitte der Mahlzeit erhoben sie sich, dem alten Brauch gemäß, um ihre Tiere zu tränken; dann setzten sie sich wieder zu Tisch und nahmen den Braten in Angriff. Ja, so war es!

Dann wurde mit dem Stein Feuer geschlagen und die Pfeife angezündet; rasch faßte man beim Abschied dem lachenden Hausmädchen, das an der Tür auf ein Trinkgeld wartete, mit der rauhen Hand unters Kinn, zog den Strick, der die Ladung umschnürte, mit einer Knebeldrehung fester an, und weiter ging es!

Nun muß ich freilich einräumen, daß die Tage auf der Landstraße nicht immer bequem und angenehm waren. Ganz abgesehen von tiefen Löchern, in denen der Schmutz bis über die Radnaben heraufreichte, ganz abgesehen von den mühsamen Steigungen, dem Bergabfahren mit Hemmschuhen, dem Überwinden tiefer Geleise, den Achsenbrüchen, den schnauzbärtigen Gendarmen, die sich die Schilder der eingeschlafenen Fuhrleute merkten und sie zu Protokoll nahmen, mußte man sehr oft, um Zeit zu gewinnen, die Etappen überschlagen, also an den Gasthöfen vorüberfahren, ohne zu essen.

Oder es begegneten einander zwei Fuhrleute, die ebenso eigensinnig wie ihre Maultiere waren, auf der Landstraße: ›Weich aus, du!‹ – ›Ich soll ausweichen?‹ – ›Was, du weichst nicht aus, du Esel?‹ Klatsch! hat das Vorderpferd einen Peitschenhieb über die Nase, daß es nichts mehr sieht und den Wagen gegen einen Steinhaufen schleudert! Und dann lief man nach Pfählen und nach Steineichenknüppeln, und es gab auf offener Landstraße ein entsetzliches Getümmel, bei dem einem

Fuhrmann gelegentlich mit einem Schlag einer Wagenleitersprosse der Kopf eingeschlagen wurde.

In bezug auf die Fuhrordnung herrschte übrigens ein alter Brauch, der von allen respektiert wurde: Der Fuhrmann, dessen Vorderpferd vier weiße Füße hatte, besaß das Recht, sowohl beim Bergan- wie beim Bergabfahren niemals auszuweichen: ›Wer vier weiße Füße hat, kommt überall durch‹, sagt das Sprichwort.

Endlich kamen die Fuhrleute in Paris an und spannten in der ›Großen Pinte‹ aus, in einem so beliebten Quartier, daß mein Großvater zu sagen pflegte, die Regierung könnte da, wenn sie wollte, mit einem Pfiff hunderttausend Leute ausheben!

Kommen wir dann nach Paris,
Kein Gürtel schmückt die Rippen:
Nach neustem Brauche trägt man dort
Die Hosen jetzt an Strippen.
Es sind ja *franchimands*,
Die ganz verkehrt anspannen,
Sie braten alles mit Butter ...
Der Teufel hol' solch' Futter!

Und beim Einfahren in das ›Große Dorf‹ – Herrgott, ging da aber ein Peitschenknallen an! Es war ein unausgesetztes Geknall, ein Getöse, ein Prasseln, das an Donner und Blitz erinnerte!

›Ach!‹ sagten die Pariser, indem sie sich mit beiden Händen die Ohren zuhielten, die ihnen geradezu gellten. ›Die Provenzalen kommen!‹ Und dann gaben sie Fersengeld und rannten davon, als ob es ihnen unter den Sohlen brennte!

Ich muß sagen, daß die Provenzalen damals in bezug auf das Peitschenknallen wirklich ihresgleichen suchen konnten! Mangechair aus Tarascon hatte zum Beispiel während einer Meile Fahrt so oft vierfach geknallt, daß er für vier Franken Schnur verbrauchte. Maître Imbert aus Beaucaire konnte mit einem einzigen Peitschenschlag eine Kerze putzen, ohne sie auszulöschen! Le Puceron aus Châteaurenard entkorkte eine Flasche, ohne sie umzuwerfen; und von dem dicken Charlin aus Pierre-Plantade erzählte man sich, daß er einem Maultier mit einem Peitschenknall alle vier Eisen abreiße!

Kurzum, wenn die Fuhrleute ihre Wagen abgeladen, ihren Lohn im Ledergürtel verwahrt, neue Ladung für Marseille aufgepackt und einen Rundgang durchs Palais-Royal gemacht hatten, stimmten sie seelenvergnügt den letzten Vers ihres Liedes an:

Hier, *garçon*,
das ist für dich!
Geh, richt die Deichsel mir.
Die Wirtin aber ruft: Und ich?
Die ich so gut zu dir?
Ich tat dir doch soviel zulieb',
Was schenkst du mir, du Herzensdieb?
Ach, lindre meinen Schmerz
Und nimm mich an dein Herz.

Wenn die Kummete aufgelegt waren, wurde angespannt, und beim eintönigen Geräusch der Glöckchen kehrten sie dann in zwanzig, in zweiundzwanzig, in vierundzwanzig Tagen nach der Provence zurück, um dort am Aloysiustag bei der ›Charrette de Verdure‹ Triumphe zu feiern … Und dann ging es im Wirtshaus an ein Erzählen und Prahlen. Haarsträubende Lügen wurden da aufgetischt! Einer, der bei Nacht gefahren war, hatte das St.-Elms-Feuer gesehen, und der Irrwisch hatte sich auf seinen Wagen gesetzt und war zwei Stunden lang mitgefahren. Ein anderer hatte unterwegs einen Koffer gefunden, einen unglaublich schweren Koffer! Es mußten sicherlich mindestens hunderttausend Franken drin gewesen sein … Aber gerade, als er ihn aufheben wollte, war mit verhängten Zügeln ein maskierter Reiter herangesprengt und hatte ihn als sein Eigentum zurückgefordert. Ein anderer war mit bewaffneter Hand angehalten worden: Glücklicherweise hatte er seine Louisdors in den Wulst seines Zopfes eingeschnürt – der damals gerade Mode war – und die bärtigen Räuber mit ihren Dolchen und Doppelpistolen konnten nach Herzenslust in seinem Wagenkasten herumstöbern, sie fanden nichts weiter als die Korbflasche.

Ein anderer behauptete, in Paris eine Prinzessin gesehen zu haben, eine sehr schöne Prinzessin mit einer Schweineschnauze; ihre Eltern reisten mit ihr von einer großen Stadt zur andern und stellten die Arme in einer Laterna magica aus und böten jedem, der sich entschlösse, sie zu heiraten, eine Million Franken!

›Hol's der Teufel!‹ sagte der alte Bragasse. ›Alles das ist etwas und ist doch wieder nichts. Was mich in Paris am meisten gewundert, was mich ordentlich verblüfft hat, das will ich euch sagen. Wenn hier bei uns irgend jemand französisch spricht, so sind das studierte Leute, Bürger, Advokaten, Polizeikommissare, die wohl zehn Jahre oder mehr auf der Schule gewesen sind ... Aber da oben, potztausend! da kann jeder französisch. Man sieht kleine Bengels von kaum sieben Jahren, winzige Würmer, richtige Dreikäsehochs, mit Tropfen an der Nase, und die französisch sprechen wie ausgewachsene Menschen. Ich weiß wahrhaftig nicht, wie sie es machen.‹«

Der wackere Lamouroux hätte uns beim gemächlichen Schlendrian seines Pferdes noch mehr erzählt. Doch wir kamen soeben am Pont de Fourque an, und im Lichte der aufgehenden Sonne erstreckten sich vor uns, im Delta der Rhône, die ungeheuren Tiefebenen des Saumes der Camargue.

Aber was uns noch mehr als die Sonne entzückte (uns, die wir fünfundzwanzig Jahre alt waren), das war das junge Mädchen, das, wie ich schon sagte, mit seiner Mutter zusammengeschmiegt dicht hinter uns saß und das sich jetzt, indem es lachend die Mantelkapuze zurückschob, bei hellem Tageslicht als wahre Königin der Jugend enthüllte. Ein rötlichviolettes Band umschlang anmutig das aschblonde Haar, das sich unter der Haube hervordrängte: ein etwas irres Sibyllenauge, zarte, helle Haut, ein geschwungener Mund, der stets zu lachen schien – wahrlich, sie war wie eine Tulpe, die sich in der Frühe aus dem Morgentau emporrichtet. Wir grüßten sie, ganz hingerissen von ihrem Zauber. Doch sie – Alarde – sagte, ohne uns zu beachten:

»Mutter, ist es noch weit bis zu den Heiligen Marien?«

»Mein Kind, wir haben noch ungefähr neun oder zehn Meilen Fahrt vor uns.«

»Wird er da sein, mein Cadet? Wird er da sein?«

»Pst, Liebling!«

Das junge Ding gähnte so herzhaft, daß sie all ihre Zähne zeigte – ihre schönen milchweißen Zähne.

»Die Zeit wird mir recht lang!« sagte sie. »Ich kann nicht mehr an mich halten vor Hunger ... Was meinst du? Sollen wir frühstücken?«

Sofort faltete sie auf ihrem Schoß ein ungebleichtes leinenes Handtuch auseinander; die Mutter holte aus einem Korbe Brot, Feigen, eine Apfelsine, einige Datteln und ein Stück Zervelatwurst hervor, und beide begannen ohne weitere Umstände zu essen.

»Guten Appetit!« sagten wir.

»Meine Herren, zu Ihren Diensten«, sagte die liebliche Alarde, indem sie mit ihren Mäusezähnchen in eine Brotrinde hineinbiß.

»Unter der Bedingung, daß wir unsere Lebensmittel mit den euren mischen.«

»Gern.«

Mathieu hatte zwei Flaschen guten Nerthe-Weins in seiner Jagdtasche. Er entkorkte eine, und nachdem wir alle nach der Reihe einen Schluck genommen hatten – Alarde, ihre Mutter, ich, Mathieu und der Fuhrmann –, tranken wir alle miteinander aus derselben Kokosschale und betrachteten uns von da an als eine Familie.

Als wir dann abgestiegen waren, um die steifen Beine ein wenig zu recken, fragten wir Lamouroux:

»Wer ist denn dieses Mädchen, das ein so niedliches Wesen hat?«

»Wenn man sie so sieht«, erwiderte der Fuhrmann mit leiser Stimme, »sollte man nicht glauben, daß sie nicht ganz richtig im Kopf ist, nicht wahr? Und doch soll sie, seit ihr ›Cadet‹ sie vor drei Monaten verlassen hat, nicht ganz bei sich sein.«

»Was! Dies hübsche Mädchen – von ihrem Liebhaber verlassen?«

»Der Schuft hat sie entführt, und nachher ließ er sie sitzen und lief einer anderen nach, die häßlich wie die Sünde, aber sehr reich ist. Und Alarde, unsere Rose von Condamine – Sie sehen, daß sie jetzt mit ihrer Mutter zu den Heiligen fährt, weil man hofft, sie aus ihrem Traum zu erwecken oder womöglich zu heilen.«

»Arme Kleine!«

Wir erreichten die Jasses d'Albaron, wo man Station machte, um die Tiere aus dem vorm Rade aufgehängten Futtertuch fressen zu lassen. Die jungen Mädchen aus Beaucaire, die bei uns waren, kamen mit ihren bunten Haarbändern heran und tanzten unterdessen einen Reigen um Alarde:

»Bei meiner Tante Reigen
Wollt' die Nachtigall nicht schweigen:
Oh! welche Rosen! welche Blumen!
Schöne Alarde, dreh dich um.
Die Schöne hat's getan,
Ihr Liebster blickt sie an:
Oh! welche Rosen! welche Blumen!
Schöne Alarde, faßt Euch um.«

Und die arme Kleine rannte mit ausgestreckten Armen davon, lachte wie toll und rief: »Mein Cadet! Mein Cadet! Mein Cadet!«

Doch der Himmel, der seit Sonnenaufgang nicht wolkenfrei gewesen war, bezog sich mehr und mehr; der Seewind begann zu wehen und jagte große Wolkenmassen nach Arles hinauf, die bald den ganzen blauen Himmel bedeckten. Die Frösche und Kröten quakten in den Sümpfen, und der lange Wagenzug unserer Karawane geriet immer weiter auseinander und verlor sich in den Meerfenchelgefilden, in den Salzsteppen mit ihren weißlichen Tümpeln, auf dem endlosen, von rosig blühenden Tamarisken eingefaßten Wege. Die Erde strömte einen muffigen Geruch aus. Dann und wann zog ein Flug Enten schreiend über unseren Köpfen dahin.

»Lamouroux«, fragten die Frauen, »gibt es Regen?«

»Ha!« erwiderte dieser mit emporgerichteten Augen und besorgter Miene, »man sagt, daß aus Wolken schon einmal Regen gekommen ist.«

»Nur, das kann hübsch werden, wenn der Schauer uns mitten in der Camargue überfällt!«

»Ihr werdet eure Röcke über den Kopf schlagen müssen, ihr armen Mädchen!«

Ein berittener Hüter, der seine auf dem Brachfeld zerstreuten schwarzen Stiere mit dem Dreizack in der Hand zusammentrieb, rief uns zu: »Ihr werdet naß werden!«

Es begann zu nebeln; dann regnete es sich immer mehr ein, und schließlich ging das Wasser in Strömen nieder. Im Umsehen hatten sich die Tiefebenen in riesenhafte Lachen verwandelt. Und wir hockten unter unserer Plane und beobachteten die Pferdeherden der Camargue, die in der Ferne mit fliegenden Mähnen und Schweifen zu den Bodenerhebungen und Sanddünen hinaufgaloppierten. Und immer mehr Wasser stürzte herab! Die völlig überschwemmte Landstraße ward grundlos. Die Räder sanken immer tiefer ein. Die Tiere standen still. Schließlich gab es, soweit das Auge reichte, nur noch eine einzige ungeheure Wasserfläche, und die Fuhrleute sagten:

»Es hilft nichts, ihr müßt aussteigen. Frauen, Mädchen, herunter mit euch, wenn ihr nicht zwischen den Tamarisken übernachten wollt!«

»Ja, sollen wir denn durchs Wasser gehen?«

»Barfuß wandernd werdet ihr euch den großen Ablaß verdienen, meine schönen Damen: und den habt ihr sehr nötig, denn eure Sünden wiegen verteufelt schwer!«

Alt und jung, Frauen und Mädchen, alle Welt stieg aus. Unter Lachen und Gekreisch zog jeder Schuh und Strümpfe aus und krempelte die Kleider auf, um durchs Wasser zu patschen. Die Fuhrleute nahmen die Kinder rittlings auf die Schultern, und Mathieu bot der Mutter unserer jungen Reisegefährtin seinen Rücken an und sagte zu ihr:

»Hier, steigen Sie nur auf, gute Frau! Ich werde Sie huckepack tragen.«

Diese, eine dicke Weibsperson, die kaum zu gehen vermochte, sagte nicht nein.

»Und du«, fügte er augenzwinkernd hinzu, »nimm Alarde auf den Rücken, ja? Nachher tauschen wir dann einmal, um uns die Sache zu erleichtern.«

Und ohne weitere Umstände beluden wir uns jeder mit der Unseren, und alle Burschen taten es uns nach und bepackten sich jeder mit der Seinen. Ihr könnt euch vorstellen, was das für ein Spaß war!

Mathieu und seine dicke Alte lachten beide wie toll. Und als ich zwei kühle, runde Arme um meinen Hals fühlte, die zwei Arme unserer Alarde, die den Regenschirm über unseren Häuptern aufgespannt hielt, und als ich die Waden der Kleinen auf meinen Hüften hatte, die das arme Ding vor lauter Züchtigkeit nicht anzudrücken wagte, da (das gesteh' ich noch heute) hätte ich unsere Reise nach der Camargue mitsamt dem Regen und allen Unannehmlichkeiten um nichts in der Welt hergegeben.

»Mein Gott!« sagte Alarde immer wieder. »Wenn mein Cadet mich so sähe! Mein Cadet, der nichts mehr von mir wissen will! Mein hübscher Cadet! Mein hübscher Cadet!«

Ich mochte noch so viel auf sie einreden und ihr verstohlen allerlei Komplimente machen! Sie hörte mich nicht und sah mich nicht ... Aber ihr Atem umhauchte meinen Hals und meine Schultern, und ich hätte wirklich nur ein klein wenig den Kopf umzudrehen brauchen, um ihr einen Kuß zu geben; ihr Haar streifte das meine; der laue Duft ihres Fleisches, dieses jungen Fleisches, berauschte mich; ihre wogende Brust berührte mich, und ich versenkte mich ebenso wie sie, die nur an ihren Cadet dachte, in Illusionen und bildete mir ein, daß ich, wie Paul, meine Virginie trüge.

Mitten in diese Träume hinein rief Mathieu, der fast unter seiner dicken Mama erlag: »Laß uns ein bißchen tauschen! Ich kann nicht mehr, mein Lieber!« So machten wir denn am Fuße eines unbeschnittenen Tamariskenbaums halt; Mathieu übernahm die Tochter und ich – oh weh! – die Mutter. Und so wateten wir mehr als eine Meile weit bis zu den Knien im Wasser, ohne uns allzusehr zu ermüden, indem wir uns von Zeit zu Zeit auf die beschriebene Art erholten und uns in eine ideale Liebesgeschichte hineinträumten.

Mit der Zeit kam das Schloß von Davignon in Sicht; der heftige Regen ließ nach, das Wetter klärte sich auf, die Wege trockneten; wir bestiegen wieder unsere Wagen, und etwa gegen vier Uhr gewahrten wir mit einem Male im Azur des Meeres und des Himmels die Kirche der Heiligen Marien mit ihren drei romanischen Glockenturmfenstern, ihren rötlichen Scharten und Strebepfeilern.

Einstimmig ertönte der Ruf: »Oh, ihr großen Heiligen!« Denn dieses weltverlorene Heiligtum, das weit unten im Vaccarès, in den Sanddünen der Meeresküste liegt, ist sozusagen das Mekka des ganzen Golfe du Lion. Und was durch seine harmonische Größe und sein unermeßliches Gewölbe einen besonders tiefen Eindruck hervorruft, das ist die ungeheure Oberfläche von Land und Meer, wo das Auge besser als irgendwo anders den Halbkreis des irdischen Horizontes zu umfassen vermag – der Orbis terrarum der antiken Welt.

Und Lamouroux sagte zu uns:

»Wir kommen noch zur rechten Zeit, um die Reliquienschreine herabzulassen, denn das wissen Sie doch, meine Herren, uns Männern von Beaucaire steht vor allen anderen das Recht zu, die Welle zum Herabsteigen der Heiligen zu drehen.«

Diese Bemerkung beruht auf folgendem alten Brauch:

Die heiligen Reliquien von Maria Jakobä, Maria Salome und ihrer Dienerin Sarah befinden sich unter dem Gewölbe des hohen Chors und der Apsis in einer hochgelegenen Kapelle, aus der man sie durch eine nach dem Innern der Kirche zu gelegene Öffnung am Vorabend ihres Festtages mittels eines Strickes ganz langsam zu der begeisterten Menge hinabläßt.

Sobald die Pferde ausgespannt waren, eilte alles durch die mit Melden und Tamarisken bestandenen Dünen, die den Ort umgeben, zur Kirche hin.

»Erleuchtet sie, die geliebten Heiligen!« riefen die Frauen aus Montpellier, die vor den Türen mit Kerzen, Heiligenbildern und Medaillen handelten.

Die Kirche war voll von Leuten des Languedoc, von Frauen aus dem Arelat, von Kranken und Zigeunern; alles drängte durcheinander. Übrigens pflegen die Zigeuner die größten Kerzen anzuzünden, aber ausschließlich auf dem Altar der Sarah, die ihrer Überzeugung nach aus ihrem Stamme war. Deshalb hält dies Nomadenvolk auch bei Saintes-Maries seine jährlichen Versammlungen ab, bei denen es von Zeit zu Zeit eine Königin erwählt.

Es war durchaus nicht leicht, hineinzugelangen. Alte, schwarzgekleidete Gevatterinnen aus Nîmes, die ihre Zwillichkissen mitschleppten, um in der Kirche zu übernachten, stritten sich um die Stühle:

»Ich habe ihn zuerst gehabt!« – »Ich hatte ihn aber doch gemietet!« – Ein Priester reichte den »Heiligen Arm« von Mund zu Mund zum Küssen dar; den Kranken gab man Gläser mit salzigem Wasser, dem Wasser des heiligen Brunnens, der sich in der Mitte des Schiffes befindet und, wie man sagt, an diesem Tage zu Süßwasser wird. Einige Leute kratzten mit ihren Nägeln den Staub von einem antiken Marmordenkmal herunter, das in die

Mauer eingelassen ist und ehemals »das Kopfkissen der Heiligen« war. Ein Dunst – ein Gemisch vom Geruch brennender Kerzen, von Weihrauch, von Schweiß und Hitze – raubte fast den Atem. Und jede Gruppe sang mit lauter Stimme und in wirrem Durcheinander ihren Choral.

Doch als nun gar hoch oben in der Luft die beiden gewölbten Reliquienschreine auftauchten, da schrie und kreischte alles: »Große Heilige Marien!« Und je weiter das Seil sich abrollte, um so durchdringender wurde das Geschrei, um so heftiger die Krampfanfälle! Mit erhobenen Stirnen und erhobenen Armen erwartete die keuchende Menge ein Wunder … Ach, und plötzlich fliegt aus dem Hintergrunde der Kirche, als ob es Flügel hätte, ein schönes, blondes junges Mädchen mit gelösten Haaren daher; über die Köpfe der Menge hinweg schwingt es sich wie ein Geist durch das Schiff hindurch auf die schwebenden Heiligtümer zu und ruft: »Oh! Ihr großen Heiligen! Habt Erbarmen, gebt mir die Liebe meines Cadet zurück!«

Alles erhob sich von den Knien: »Es ist Alarde!« riefen die Leute aus Beaucaire. »Es ist die heilige Magdalene, die kommt, um ihre Schwestern zu besuchen!« sagten andere angstvoll … Und wir weinten alle.

Zum Schluß fand am nächsten Tag auf dem Sande des Meeresstrandes die Prozession statt – beim Gebrüll und beim Seufzen der schäumend heranprallenden Wogen! In der Ferne auf offenem Meere lavierten zwei oder drei Schiffe vor dem Wind, und die Leute zeigten sich eine schimmernde Straße, die das Wogen des Meeres ins Ungemessene verlängerte: Das ist der Weg, auf dem die Heiligen Marien gefahren kamen, als sie nach dem Tode des Heilandes in der Provence landeten. Auf dieser weiten Küste, inmitten von Visionen, die der klare Himmel erleuchtete, schien es uns wirklich, als ob wir uns im Paradiese befänden.

Alarde, die Schöne, deren Wangen seit dem gestrigen Abend ein wenig bleich geworden waren, trug mit den anderen Mädchen von Beaucaire zusammen den »Nachen der Heiligen« auf der Schulter, und alle sagten: »Ach, es ist eine arme Irrsinnige, die von ihrem Cadet verlassen wurde!«

Da wir aber noch nach Aigues-Mortes wollten und einen gedeckten Wagen erspäht hatten, der im Begriff war abzufahren und die Stadt auf dem Wege nach Montpellier berühren mußte, eilten wir gegen vier Uhr, nachdem die Heiligen wieder in ihre Kapelle hinaufgefahren waren, zu unserem Wagen und fuhren in Gesellschaft einer ganzen Schar von alten Frauen von dannen: Es waren zum größten Teil Trödlerinnen und dergleichen mehr mit großen, buschigen Hauben, die gleich nach der Abfahrt zu singen begannen:

»Laßt zu den Marien uns eilen
Und ihnen im Glauben uns weih'n;
Oh, laßt unsere Herzen knien
Vor dem Herrn und dem Kreuze sein.«

Auch der andere Choral, der während des Festes immer wieder gesungen worden war, wurde hier auf dem Wagen von neuem angestimmt:

»Entwaffnet den Herrn, entwaffnet den Herrn
Durch Euer Fleh'n.
Entwaffnet den Herrn, entwaffnet den Herrn!
Seid uns Mütter in himmlischen Höh'n.«

»Wenn man denkt, daß es die gute Dame Roque gewesen ist, ganz allein sie und ihr Mann, die diesen hübschen Gesang gemacht haben!« bemerkte eine Fischhändlerin, die ihr Vesperbrot verzehrte. »Man hat ja die ganze Nacht nichts anderes gesungen. Die Frauen der Provence wußten nichts Besseres zu singen als die uralten Choräle aus ihrer *›Frommen Seele‹:*

»Ich sah in der düsteren Ferne
Elf Sterne,
Die Sonne und den Mond.«

»Ach, wieviel hübscher sind doch unsere Gesänge!«

Das Schwatzen nahm kein Ende ... In Sylve-Réal setzten wir auf einer Fähre über die kleine Rhône. Es gab dort ein Fort, ein hübsches, kleines, von Vauban erbautes, von der Sonne vergoldetes Fort, das seitdem dummerweise von den Ingenieuren zerstört worden ist.

Wir fuhren durch die Einöde und den Fichtenwald des Sauvage, und gegen Abend stiegen mitten aus den Sümpfen die gigantischen Türme, Zinnen und Mauern der Stadt Aigues-Mortes vor uns empor, die sich finster und drohend von dem Purpur des Abendhimmels abhoben.

»Das steht fest!« sagte da eine der braven Frauen. »Wenn es in Aigues-Mortes während unserer Abwesenheit sehr viele Tote gegeben hat, so werden die Totengräber von Montpellier in einer üblen Lage gewesen sein.«

»Ei, dann braucht man eben die Arme!«

»Oh, ich glaube, sie haben zwei Leichenwagen –«

Bei diesen Worten wurden wir uns bewußt, daß die abscheuliche Karre schwarz angestrichen war, und fragten entsetzt:

»Aber bitte! Dann wäre dieser Wagen also –«

»Die Leichenkarosse von Montpellier, meine Herren.«

»Ei, der Teufel!«

Voller Schrecken stießen wir mit einem Fußtritt den Wagenschlag auf, sprangen auf die Landstraße hinab, bezahlten unser Fahrgeld und gelangten, nachdem wir unsere Kleider gehörig im Winde ausgeschüttelt hatten, ganz bequem zu Fuß nach Aigues-Mortes.

Wahrhaftig, wie eine syrische oder ägyptische Festung mutet sie an, diese Stadt der *Ventres bleus* (der »Blauen Bäuche«, wie die Einwohner von Aigues-Mortes manchmal wegen der dort vorkommenden endemischen Fieber von den Nachbarn genannt werden); man sollte meinen, das imposante, in der Sonnenglut rissig gewordene Befestigungsviereck sei eben erst vom heiligen Ludwig verlassen worden – dem Erbauer jenes Constance-Turmes, in dem man zur Zeit Ludwigs XIV. nach den

Dragonaden vierzig Protestantinnen einsperrte, die dort bis zum Tode des Königs, fast vierzig Jahre lang, in einer fürchterlichen Haft gehalten wurden, weil man sie völlig vergessen hatte.

Nach langen Jahren kamen wir einmal in Gesellschaft einiger schöner Damen aus den protestantischen Kreisen von Nîmes wieder nach Aigues-Mortes; wir statteten dem riesenhaften alten Turm abermals einen Besuch ab, und als diese Frauen die Namen lasen, die jene Unglücklichen damals selbst in die Mauern ihres Verlieses eingegraben haben, da sagten sie in tiefer Bewegung zu mir: »Dichter, wundern Sie sich nicht, uns so weinen zu sehen: Für uns Hugenotten sind diese armen Frauen, diese Märtyrerinnen ihres Glaubens, was euch eure heiligen Marien sind.«

Alphonse Daudet

In der Camargue

1. Der Aufbruch

Großer Lärm im Schloß. Der Bote hat soeben den Auftrag des Jagdhüters halb französisch, halb provenzalisch ausgerichtet, welcher ankündigt, daß bereits zwei oder drei schöne Flüge von »Galéjons«, von »Charlottines« vorübergezogen sind und daß es auch an anderen Vögeln nicht fehlt.

»Sie gehen mit uns!« haben mir meine liebenswürdigen Nachbarn geschrieben; und diesen Morgen bei Tagesanbruch, um fünf Uhr, hielt ihr großer Break, beladen mit Flinten, Hunden und Lebensmitteln, am Fuß des Abhangs, um mich abzuholen. Und nun rollen wir auf der Straße nach Arles, die ein wenig langweilig, ein wenig kahl ist, durch den Dezembermorgen, an dem das fahle Grün der Oliven kaum zu erkennen ist, das harte Laub der Kermeseichen aber ein wenig zu winterlich und wie gemacht erscheint. In den Ställen beginnt es sich zu regen. Hier und da erglänzt schon Licht aus den Fenstern der Meierhöfe, deren Besitzer vor Tag aufgestanden sind, und zwischen den steinernen Zinnen der Abtei von Montmajour schlagen Seeadler, noch vom Schlaf umfangen, mit den Flügeln zwischen den Ruinen. Dennoch begegnen wir schon an den Gräben entlang alten Bäuerinnen, die auf ihren Eselchen zum Markt trotten. Sie kommen von Ville-des-Baux. Sechs lange Meilen, um sich eine Stunde auf den Stufen von Saint-Trophyme hinzusetzen und kleine Päckchen Heilkräuter zu verkaufen, die sie im Gebirge gesammelt haben!

Sieh! Da sind schon die Wälle von Arles; niedrige, mit Zinnen gekrönte Wälle, wie man deren auf alten Kupferstichen sieht, wo gewöhnlich mit Lanzen bewaffnete Krieger auf der Höhe der Böschungen erscheinen, die weniger hoch sind als sie selbst. Wir durcheilen im Galopp diese wunderbare kleine Stadt, wohl eine der malerischsten Frankreichs, mit ihren abgerundeten, bis in die Mitte der engen Straßen reichenden Balkonen, mit ihren alten, schwarzen Häusern mit kleinen, gewölbten, maurischen Türen, die an die Zeiten Wilhelms mit der kurzen Nase und der Sarazenen erinnern. Um diese Stunde ist noch niemand draußen. Nur der Rhônekai ist belebt. Am Fuß der Treppe liegt das Dampfboot, welches nach der Camargue fährt, zur Abfahrt bereit. Landwirte in Röcken von roter Serge, Mädchen von La Roquette, die auf den Meierhöfen Dienste suchen wollen, besteigen mit uns das Verdeck, untereinander plaudernd und lachend. Die langen braunen Mäntel schützen die Mädchen vor der scharfen Morgenluft, der hohe arlesische Kopfputz läßt ihren Kopf elegant und klein erscheinen, und mit einem allerliebsten Anflug von Unverschämtheit richten sie sich empor, um Scherz oder Bosheit weiterzugeben ... Die Glocke ertönt; wir fahren ab. Mit der dreifachen Geschwindigkeit der Rhône, der Schraube, des Nordwinds fliegen wir an den Ufern vorüber. Auf der einen Seite die Crau, eine dürre, steinige Ebene, auf der andern die Camargue, ebenfalls eine Ebene, aber viel grüner, die ihre mit kurzem Gras bewachsenen, von großen sumpfigen Rohrdickichten unterbrochenen Flächen bis zum Meer vorschiebt.

Von Zeit zu Zeit hält das Boot bei einer Fähre an, zur Linken oder zur Rechten, auf der Reichsseite oder auf der Königsseite, wie man im Mittelalter, zur Zeit des Königreichs von Arles, sagte und wie die alten Rhôneschiffer noch heute sagen. Bei jeder Fähre ein weißer Meierhof, ein Kranz von Bäumen. Die Arbeiter verlassen das Boot, mit ihrem Arbeitsgerät beladen; die Frauen, ihren Korb am Arm, gehen aufrecht den schmalen Steg hinüber. Nach der Reichs- und nach der Königsseite leert sich allmählich das Boot, und als es an der Fähre der Meierei von Giraud anlegt, wo wir aussteigen, ist fast niemand mehr an Bord.

Der Meierhof von Giraud ist eine alte Besitzung der Herren von Barbentane. Wir treten ein, um den Wildhüter zu erwarten, der uns abholen soll. In der hohen Küche sitzen alle Männer des Meierhofes, Arbeiter, Winzer, Schäfer und Schäferknechte, am Tisch, ernst und schweigsam. Sie essen langsam, bedient von den Frauen, die erst nach ihnen essen werden. Bald erscheint der Wildhüter mit dem Karriol, das wahre Urbild eines Fenimoreschen Trappers zu Land und zu Wasser, ein Jagd- und Fischereiwächter. Die Leute der Umgegend nennen ihn Lou Roudeïroù (den Herumschleicher), weil man ihn stets in den Nebeln des aufgehenden oder des sinkenden Tages im Schilf verborgen auf dem Anstand sieht, oder unbeweglich in seinem kleinen Boot, damit beschäftigt, seine Fischreusen in den Clairs (den Teichen) und den Roubines (den Bewässerungsgräben) zu überwachen. Vielleicht ist es dieses Geschäft als ewiger Aufpasser, was ihn so schweigsam, so verschlossen macht. Indes, während das kleine Karriol, mit den Flinten und den Körben beladen, vor uns her fährt, erstattet er uns Bericht über die Jagd, über die Zahl der Flüge, über die Orte, wo die Zugvögel sich niedergelassen haben. So plaudernd dringen wir immer tiefer in das Land ein.

Nachdem wir die kultivierten Ländereien passiert haben, sind wir nun mitten in der wilden Camargue. Soweit das Auge reicht, schimmern zwischen den Weideplätzen Sümpfe und Bewässerungsgräben, von Salzpflanzungen umgeben. Gruppen von Tamarisken und Rohrdickichte wogen auf und ab, wie ein ruhiges Meer. Nirgends ein hoher Baum. Der eintönige, unendliche Anblick der Ebene wird durch nichts unterbrochen. In größeren Entfernungen voneinander breiten Pferche ihre niedrigen, fast zur Erde reichenden Dächer aus. Die zerstreuten Herden, in die Salzpflanzen gelagert oder um den braunroten Mantel des Hirten geschart, verschwinden fast in der unendlichen Ausdehnung des blauen Horizonts und vermögen kaum die lange, gleichförmige Linie zu unterbrechen. Wie das Meer, welches trotz der unendlichen Menge der Wogen einförmig erscheint, so erregt diese Ebene ein Gefühl der Einsamkeit, der

Unendlichkeit, welches noch gesteigert wird durch den Nordwestwind, der unaufhörlich, ungehindert bläst und durch seinen mächtigen Hauch das Land zu ebnen, zu vergrößern scheint. Alles beugt sich vor ihm. Die kleinsten Stauden bewahren die Spuren seines Hauchs und bleiben gekrümmt, nach Süden gekehrt, wie auf ewiger Flucht vor ihm …

2. *Die Hütte*

Ein Dach von Schilf, Wände von trockenem, gelbem Schilf, das ist die Hütte. Sie ist unser Jagdsammelplatz. Abbild eines Hauses der Camargue, besteht die Hütte aus einem einzigen, hohen, weiten Raum ohne Fenster, welcher sein Licht durch eine Glastür bekommt, die man abends durch Läden schließt. An den langen geweißten Wänden erwarten Hakenleisten die Flinten, Jagdtaschen und Wasserstiefel. In der Mitte stehen fünf oder sechs Lagerstätten um einen wahren Mastbaum herum, der vom Boden bis zum Dach reicht und letzterem als Stütze dient. Nachts, wenn der Nordwind weht und das Gebäude an allen Enden kracht, wenn das ferne Meer braust und der Wind dieses Brausen herüberträgt, verlängert und verstärkt, könnte man sich in die Kabine eines Schiffes versetzt glauben.

Aber namentlich nachmittags ist die Hütte reizend. Während der schönen Tage unseres südlichen Winters liebe ich es, ganz allein neben dem hohen Kamin zu bleiben, in welchem ein paar Tamariskenwurzeln rauchen. Unter den Stößen des Nordwestwindes oder des Nordwindes fliegt die Tür auf, kreischt das Schilf, und alle diese Stöße sind nur ein winziges Echo der großen Erschütterungen der Natur, die mich umgibt. Die Wintersonne, von dem gewaltigen Luftstrom gepeitscht, löst sich in einzelne Strahlen auf, sammelt sie wieder und zerstreut sie von neuem. Große Schatten laufen unter einem wundervoll blauen Himmel dahin. Das Licht kommt stoßweise an, auch die Geräusche; und die Glöckchen der Herden, jetzt plötzlich gehört, dann im Wind verloren und vergessen, kehren wieder und singen unter der erschütterten Tür ihren lieblichen Kehrreim … Die schönste Zeit, das ist die Zeit der Dämmerung, kurz bevor die Jäger zurückkehren. Dann hat sich der Wind beruhigt. Ich trete einen Augenblick hinaus. Friedlich schwebt die große rote Sonnenscheibe hinab, leuchtend, ohne zu wärmen. Die Nacht sinkt und streift dich im Vorübergehen mit ihrem schwarzen, feuchten Flügel. Dort unten, dicht am Boden in weiter Ferne, blitzt ein Gewehrschuß auf wie ein roter Stern und verschwindet wieder in der Nacht, die seinen Glanz erhöhte. Je weniger vom Tag übrig ist, desto mehr hastet das Leben. Ein Zug Enten, in langem Dreieck geordnet, fliegt sehr niedrig, als wenn er sein Nachtlager aufschlagen wollte. Da wird in der Hütte ein Licht angezündet. Die Ente an der Spitze des Zuges wendet den Hals, steigt wieder empor, und die andern folgen ihr nach mit wildem Geschrei.

Nun nähert sich ein unendliches Getrippel; es gleicht dem Geräusch eines tüchtigen Platzregens. Tausende von Schafen, von den Schäfern zurückgeführt, getrieben von den Hunden, deren unregelmäßigen Galopp, deren keuchenden Atem man hört, drängen sich nach ihrem Pferch, furchtsam und ohne Ordnung. Ich werde hineingerissen und fortgetrieben von diesem Strudel gekräuselter Wolle und blökender Stimmen; in Wahrheit eine hohle See, in welcher die Schäfer mit ihrem Schatten durch hüpfende Wellen fortgetragen werden … Hinter den Herden horch! – kommen bekannte Schritte, lustige Stimmen. Es füllt sich die Hütte, es wird lebendig, geräuschvoll in ihr. Die Weinreben im Kamin brennen. Man lacht um so mehr, je müder man ist. Es ist der Taumel der glücklichen Ermüdung: die Flinten in einen Winkel, die großen Stiefel bunt durcheinandergeworfen, die leeren Jagdtaschen und zur Seite das braunrote, goldene, grüne, silberne Gefieder der Beute, alles mit Blut befleckt. Der Tisch ist gedeckt, und wie der Dampf einer trefflichen Aalsuppe emporsteigt, senkt sich ein Schweigen nieder, das tiefe Schweigen des kräftigen Hungers, nur unterbrochen durch das wilde Geknurr der Hunde, die im Dunkel vor der Tür ihren Napf auslecken …

Die Abendunterhaltung wird kurz sein. Nur der Wächter und ich sind übrig geblieben. Wir sitzen am Feuer, dem Wächter wollen die Augen zufallen. Wir plaudern, das heißt, wir werfen uns von Zeit zu Zeit nach Art der Bauern halbe Worte zu, Ausrufe, kurz und bald erloschen, wie die letzten Funken der verbrannten Weinreben. Endlich erhebt sich der Wächter, zündet seine Laterne an, und ich höre seinen schweren Schritt, der sich in der Nacht verliert ...

3. Auf dem »Hoffe!« (Auf dem Anstand)

Das »Hoffe!«, welch hübscher Name für den »Anstand«, für das Warten des verborgenen Jägers, für die unentschiedenen Stunden, wo alles wartet, »hofft« zwischen Tag und Nacht. Der Anstand des Morgens ein wenig vor dem Aufgang der Sonne, der Anstand des Abends in der Dämmerung. Den letzteren ziehe ich vor, namentlich in jenen sumpfigen Gegenden, wo das Wasser der Clairs das Licht so lange festhält ...

Zuweilen »liegt« man auf dem Anstand im »Negochin«, einem ganz kleinen, engen Boot ohne Kiel, das bei der geringsten Bewegung schwankt. Gedeckt durch das Schilf, beobachtet der Jäger die Enten vom Grund seines Bootes aus, über dessen Rand sich nur sein Kopf, der Lauf der Flinte und der Kopf des Hundes erhebt, welcher nach Mücken schnappt oder mit seinen ausgestreckten großen Pfoten das ganze Boot zur Seite neigt und mit Wasser füllt, während er in der Luft herumschnuppert. Dieser Anstand ist für mich zu kompliziert, ich besitze dazu nicht die genügende Erfahrung. Ich gehe daher zu Fuß auf das »Hoffe!«, indem ich mit Riesenstiefeln, die aus dem Leder der ganzen Länge nach geschnitten sind, die Sümpfe durchwate. Dabei gehe ich langsam, vorsichtig, aus Furcht, im Schlamm zu versinken. Ich vermeide die Rohrdickichte, die nach Brackwasser riechen und in denen die Frösche herumhüpfen ...

Endlich! Da ist ein Inselchen von Tamarisken, ein trockener

Erdenwinkel, wo ich mich aufstelle. Der Jagdhüter, um mir eine Ehre anzutun, hat seinen Hund mit mir gehen lassen, einen gewaltigen Pyrenäenhund mit langen weißen Haaren, einen Jäger und Fischer ersten Ranges, dessen Gegenwart mir ein wenig bange macht. Wenn ein Wasserhuhn in Schußweite an mir vorüberkommt, hat er eine gewisse ironische Art, mich anzublicken, indem er mit einer kunstgerechten Kopfbewegung seine zwei langen schlaffen Ohren, die ihm ins Gesicht hängen, nach hinten wirft. Dann nimmt er eine Stellung ein, als ob er vor dem Wild stehe, bewegt wedelnd den Schwanz und gibt seine Ungeduld auf jede Weise zu erkennen, als wollte er sagen: »Schieß! ... So schieß doch!«

Ich schieße; ich fehle. Da legt er sich nieder, gähnt und streckt sich aus mit einem gelangweilten, niedergeschlagenen, unverschämten Gesicht ...

Nun ja, ich gebe zu, daß ich ein schlechter Jäger bin. Für mich ist der Anstand der Tag, der sich neigt; das schwindende Licht, das sich in das Wasser, in die Weiher flüchtet, um aus ihnen zu leuchten, das die graue Farbe des düsteren Himmels in strahlendes Silber verwandelt. Ich liebe diesen Wassergeruch, dieses geheimnisvolle Anstreifen der Insekten an die Schilfstengel, das sanfte Gemurmel der langen, erschauernden Blätter. Von Zeit zu Zeit zieht ein Ton vorüber und rollt in den Himmel wie das Schnarchen einer Seemuschel. Das ist die Rohrdommel, die ihren großen Schnabel zum Fischfang bis zum Grund des Wassers hinabtaucht und »rrruuu!« schnarcht ... Flüge von Kranichen zielen über meinen Kopf hinweg. Ich höre das Aneinanderreiben der Federn, das Auseinanderreißen des Flaums durch die scharfe Luft. Dann nichts mehr ... Das ist die Nacht ... Das ist die tiefe Nacht, mit ein klein wenig Tag, der auf dem Wasser zurückgeblieben ist ...

Plötzlich fühle ich einen Schauder, eine Art nervöse Erregung, als ob jemand hinter mir stehe. Ich drehe mich um und bemerke den Gefährten der schönen Nächte, den Mond, einen großen, ganz runden Mond, der sich sanft erhebt, anfangs ziemlich rasch, dann immer langsamer, je weiter er sich vom Horizont entfernt.

Schon ist sein erster Strahl deutlich neben mir, dann ein zweiter ein wenig weiter hin, und nun ist der ganze Sumpf in Licht getaucht. Das kleinste Grasbüschelchen hat seinen Schatten. Der »Anstand« ist aus, die Vögel sehen uns; wir gehen nach Haus. Der Weg führt durch eine Überschwemmung von blauem, leichtem Licht; und jeder unserer Schritte in den Clairs, in den Roubines bewegt darin Massen von herabgefallenen Sternen und Mondstrahlen, welche bis auf den Grund des Wassers dringen.

4. Der Rote und der Weiße

Ganz nahe bei uns, einen Flintenschuß weit von der Hütte, steht eine andre, die ihr ähnlich, nur noch einfacher ist. Hier wohnt unser Jagdhüter mit seiner Frau und seinen beiden Ältesten: der Tochter, welche die Mahlzeiten der Männer zubereitet und die Fischnetze ausbessert; dem Sohn, der seinem Vater hilft, die Reusen zu heben und die Schutzbretter der Fischteiche zu überwachen. Die beiden Jüngsten sind in Arles bei der Großmutter, und sie werden dort bleiben, bis sie lesen gelernt haben und bis sie zum Abendmahl gegangen sind; denn hier ist man zu weit von der Kirche und von der Schule entfernt, und dann würde die Luft der Camargue für die Kleinen nicht taugen. In der Tat ist die Insel im Sommer, wenn die Sümpfe nahezu trocken sind und der weiße Schlamm der Bewässerungsgräben in der großen Hitze zerspringt, kaum bewohnbar.

Ich habe das einmal im August gesehen, als ich kam, um junge Wildenten zu schießen, und ich werde niemals den traurigen und wilden Anblick vergessen, den das verbrannte Land gewährte. Die Teiche rauchten in der Sonne wie ungeheure Kübel, die ganz auf dem Boden noch einen Rest des Lebens bewahrt hatten, das sich bewegte, ein Gemisch von Salamandern, Spinnen, Wasserfliegen, die nach einem feuchten Winkel suchten.

Die Luft war verpestet, ein dicker Nebel von Miasmen durchzog sie schwerfällig, noch verdichtet durch unzählige Mückenschwärme. Bei dem Jagdhüter klapperte alles vor Frost, alles hatte das Fieber, und es war ein wahrer Jammer, die gelben, eingefallenen Gesichter, die großen, von Ringen umgebenen Augen dieser Unglücklichen zu sehen, die dazu verdammt waren, sich drei Monate lang in dieser unerbittlichen Sonnenglut hinzuschleppen, die den Fieberkranken verbrennt, ohne ihn zu wärmen … Es ist ein trauriges, mühevolles Leben, das eines Jagdhüters in der Camargue! Und dieser hier hat noch seine Frau und seine Kinder bei sich; aber zwei Stunden weiter hinein in den Sumpf wohnt ein Pferdewärter ganz allein vom einen Ende des Jahres zum andern, ein wahrer Robinson. In seiner Hütte von Schilf, die er selbst gebaut hat, gibt es kein Gerät, das nicht sein Werk wäre, von der Hängematte aus geflochtenen Weidenruten, den drei schwarzen, als Herd aufgestellten Steinen, den zu Fußschemeln geschnitzten Tamariskenwurzeln bis zu dem Schloß und dem Schlüssel aus weißem Holz, die diese sonderbare Wohnung verschließen.

Der Mann ist mindestens ebenso sonderbar wie seine Wohnung. Er ist eine Art von schweigsamem Philosophen wie die Einsiedler, der sein bäuerisches Mißtrauen unter dichten, struppigen Augenbrauen verbirgt. Ist er nicht auf dem Weideplatz, so findet man ihn vor seiner Hütte sitzend und langsam, mit kindlichem und rührendem Eifer eine der kleinen rosenfarbenen, blauen oder gelben Broschüren entziffernd, in welche die Apotheker die für seine Pferde bestimmten Medizinflaschen eingewickelt haben. Der arme Teufel hat keine andere Zerstreuung als Lesen, und keine andern Bücher als diese. Obwohl er und unser Jagdhüter Hüttennachbarn sind, besuchen sie doch einander niemals. Sie vermeiden es selbst, einander zu begegnen. Als ich eines Tages den Roudeïroù nach dem Grund dieser Antipathie fragte, antwortete er mir mit feierlicher Miene: »Das ist von wegen der Ansichten … Er ist rot, und ich, ich bin weiß.«

So haben selbst in dieser Wüste, deren Einsamkeit sie hätte

zusammenführen müssen, diese beiden Wilden, von denen der eine so wenig weiß wie der andere, die kaum einmal im Jahr in die Stadt kommen und denen die kleinen Kaffeehäuser in Arles mit ihren Vergoldungen, mit ihren Spiegeln ebenso blendend erscheinen, als wären es die Paläste der Ptolemäer, Mittel gefunden, sich zu hassen auf Grund ihrer politischen Überzeugungen!

5. Der Vaccarès

Das Schönste in der Camargue, das ist der Vaccarès. Oft verlasse ich die Jagd, um mich am Ufer dieses Salzsees niederzusetzen. Das kleine Meer erscheint wie ein Stück des großen, das in das Land eingeschlossen und gerade durch diese Gefangenschaft vertraut wurde. Statt der Trockenheit und Unfruchtbarkeit, die gewöhnlich solche Ufer traurig erscheinen lassen, läßt der Vaccarès auf seinem etwas hohen, von feinem Gras samtartig grünen Ufer eine eigentümliche und reizende Flora emporsprießen: Flockenblumen, Wasserklee, Enzian und die schönen, im Winter blauen, im Sommer roten Saladellen, die ihre Farbe mit den Jahreszeiten wechseln und, da sie beständig blühen, durch ihre verschiedene Farbe die Jahreszeiten andeuten.

Gegen fünf Uhr abends, wenn die Sonne sich neigt, bietet diese drei Stunden lange Wasserfläche ohne Barke, ohne Segel, die ihre Ausdehnung unterbrechen oder begrenzen könnten, einen bewundernswerten Anblick. Das ist nicht die bescheidene Anmut der Clairs, der Roubines, die von Strecke zu Strecke zwischen den Falten des Mergelbodens erscheinen, aus welchem überall unter dem leisesten Druck das Wasser hervortritt. Hier ist der Eindruck ein großer, weiter. Von fern her zieht das Leuchten der Wogen Scharen von Möwen, Reihern, Rohrdommeln, Flamingos mit weißem Bauch und rosenroten Flügeln herbei, die sich das ganze Ufer entlang in langer Reihe zum Fischen aufstellen und mit ihren verschiedenen Farben ein buntes Band um den See herumlegen, und dann Ibisse, wirkliche ägyptische Ibisse, die sich in diesen warmen Sonnenstrahlen, in diesem stillen Land ganz heimisch fühlen. Von meinem Platz aus höre ich in der Tat nichts als das Anschlagen der Wellen und die Stimme des Wächters, der seine am Ufer zerstreuten Pferde zusammenruft. Sie führen hochtönende Namen: »Cifer (Lucifer)! … L'Estello! … L'Estournello!« Jedes Tier läuft mit fliegender Mähne herbei, sobald es seinen Namen nennen hört, um Hafer aus der Hand des Wächters zu fressen …

Weiterhin, immer noch auf demselben Ufer, weidet eine große Herde (manado) Stiere in Freiheit, wie die Pferde. Von Zeit zu Zeit erblicke ich über einem Tamariskengesträuch ihre gekrümmten Rücken und ihre kleinen sichelförmigen Hörner, die sich emporrichten. Die Mehrzahl dieser Stiere der Camargue werden für die Ferrades (Stierkämpfe) gezüchtet, und einige von ihnen gehören zu den Zirkus-Berühmtheiten der Provence und des Languedoc. So zählt die benachbarte Manado unter anderen einen gefürchteten Kampfstier namens »Le Romain«, der bei den Stierkämpfen in Arles, Nîmes, Tarascon schon ich weiß nicht wie vielen Menschen und Pferden den Leib aufgeschlitzt hat. Infolgedessen haben ihn seine Gefährten zum Führer gewählt; denn bei diesen eigentümlichen Herden regieren sich die Tiere selbst, indem sie sich um einen alten Stier scharen, den sie als Anführer anerkennen. Überfällt ein Orkan die Camargue, ein Orkan, der in dieser weiten Ebene um so schrecklicher ist, als nichts ihn aufhält, nichts ihn von seinem Weg ablenkt, so muß man sehen, wie die Manado sich hinter ihrem Führer zusammendrängt, alle Köpfe gesenkt und die breiten Stirnen, in denen sich die Kraft des Stiers verdichtet, in Richtung des Windes gekehrt. Unsere provenzalischen Hirten nennen dieses Manöver: »vira la bano au gisele« – die Hörner nach dem Wind richten. Und wehe den Herden, die sich ihm nicht anbequemen! Von dem Regen blind gemacht, von dem Orkan fortgetrieben, wendet sich die Manado in wahnsinniger Flucht gegen sich selbst, zerstreut sich entsetzt, und die rasenden Stiere stürzen, um dem Sturm zu entfliehen, in die Rhône, in den Vaccarès oder ins Meer.

Rudyard Kipling
Der Stier, der denken konnte

Von einer Stadt nahe der Rhonemündung läuft nach Westen zu eine Straße, so mathematisch gerade und so barometrisch eben, daß sie als eine der Normalstrecken der Welt gilt und von Autofahrern zu Rekordmessungen benutzt wird.

Ich hatte die Strecke schon mehrmals in Angriff genommen, stets jedoch behindert vom blasenden Mistral oder vom weidenden Vieh in jener Gegend, das mir in die Quere kam. Einmal aber, als ich von Osten kommend der Hochglut eines nahezu ägyptischen Sonnenuntergangs entgegenfuhr, brach eine Nacht herein, die ungenützt zu lassen Sünde gewesen wäre. Die Luft war warm vom milden Atem des vorgerückten Sommers; über der weiten, ebenen Fläche lag volles Mondlicht, unterbrochen nur vom Schatten der runden Steine und der spitzen Zypressenhecken. Und mein Mister Leggatt, der vor die Tür getreten war, um Ausschau zu halten, berichtete, daß die Straße einwandfrei wäre.

»Jetzt«, schlug er vor, »wollen wir mal sehen, was Esmeralda leisten kann bei tadelloser Bahn. Den ganzen Tag über hat sie gezogen wie der Orientexpreß. Wenn mich nicht alles täuscht, hat sie heute ihren guten Tag.«

Der Versuch sollte nach Tisch vor sich gehen: dreißig Kilometer immer schnurgerade weg und zweiundzwanzig davon ohne jede Kreuzung.

Neben mir an der Wirtstafel saß ein älterer, bärtiger Franzose mit der Rosette eines höheren Grades der Ehrenlegion; er war mit einem geräuschvollen Citroën angekommen. Ich hörte, daß er viele Jahre seines Lebens im französischen Kolonialdienst in Annam und Tongking verbracht hatte. Während des Krieges hatte er, seines Alters wegen von der Front ausgeschlossen, chinesische Holzfäller überwacht, die zur Gewinnung von Schützengräbenstützen die Wälder im Innern Frankreichs mit Axt und Dynamit kahl schlugen. Er sagte, mein Chauffeur habe ihm erzählt, wir planten eine Rekordfahrt. Er habe Interesse für Autos, habe das meinige schon bewundert; kurzum, er wäre mir außerordentlich verbunden, wenn ich ihm die Mitfahrt als Beobachter gestattete. Ich konnte nicht gut abschlagen; und wie ich meinen Mister Leggatt kannte, mochte vielleicht auch eine Wette dahinterstecken.

Während er seinen Mantel holte, fragte ich den Wirt nach seinem Namen. – »Voiron – Monsieur André Voiron«, war die Antwort. »Und was ist er?« – »Mon Dieu! Er ist Voiron! Er ist alles, was Sie hier sehen.« Dabei wies der Wirt nach den farbigen Anzeigen an den Wänden des Eßsaals, aus denen ersichtlich war, daß die Gebrüder Voiron in Weinen, Ackerbaugeräten, Kunstdünger, Landwirtschaftsprodukten und sonstigen Erzeugnissen dieses Teils der Erde handelten.

Auf der Fahrt sprach er in den ersten fünf Minuten wenig, und während der nächsten zehn verstummte er ganz – denn Esmeralda hatte, nach Leggatts richtiger Vermutung, ihren guten Tag. Und als der Geschwindigkeitsmesser eine bestimmte Höhe erklommen hatte und die Zahl drei blanke Kilometer lang hielt, erklärte er sich befriedigt und schlug vor, das Ereignis im Gasthaus zu feiern. »Ich habe da noch einen Wein«, sagte er, »über den ich gern Ihre Meinung hören möchte.«

Bei unserer Rückkehr verschwand er für einige Minuten, und ich hörte ihn unten im Keller herumwirtschaften. Bald darauf lud mich der Wirt in das Eßzimmer, wo unter spärlicher Lampe ein Tisch mit allerlei Speisen von lokaler Berühmtheit hergerichtet war. Mitten darauf stand eine Flasche von mehr als üblicher Größe mit einer Jahreszahl und schwarzer Aufschrift auf roter Etikette. Monsieur Voiron öffnete sie, und wir tranken auf das Wohl meines Wagens. Das würzig milde Getränk, weder zu süß noch zu herb und goldigbraun wie Topas, schäumte in den hohen Gläsern. Ein solcher Wein – aus Engelsflügelwispern, Paradieseshauch und aller Lust und Glut der Jugend bereitet – war mir bisher noch nicht begegnet, und ich fragte, was es wäre.

»Es ist Champagner«, sagte er gewichtig.

»Dann möchte ich wissen, was ich mein Leben lang getrunken habe.«

»Wenn Sie Glück hatten, vorm Kriege, und dreißig Schilling für die Flasche anlegten, mögen Sie vielleicht eins unserer besseren Gewächse gelegentlich getrunken haben.«

»Und dieses da, wo bekommt man das?«

»Hier, wie ich erfreulicherweise sagen kann. Anderswo dürfte es schwierig sein. Wir Produzenten pflegen nämlich unsere wahren Weine nur untereinander auszutauschen.«

Ich neigte freudig mein Haupt in Bewunderung und Beifall. Da stand die gewaltige Flasche, und es war noch nicht elf Uhr. Im Hause wurden Türen zugeschlagen und Läden geschlossen. Irgendein letzter dienstbarer Geist ging gähnend zu Bett. Monsieur Voiron öffnete das Fenster; über einen kleinen gepflasterten Hof flutete das Mondlicht herein. Es war fast, als könnte man die Stadt Chambres atmen hören im ersten Schlaf. Jetzt aber erhob sich dumpfer Lärm, man hörte Schritte, Hufgetrappel, Geblök und das Gekläff von Hunden. Staub stieg über die Hofmauer, gefolgt von dem starken Geruch von Rindvieh.

»Da wird Vieh getrieben«, bemerkte Monsieur Voiron aufhorchend. »Meins, wie mir scheint. Richtig, ich höre Christophe. Unsere Tiere lieben Autos nicht, daher wird des Nachts getrieben. Sie kennen unser Land nicht, die Crau hier oder die Camargue? Ich war – bin jetzt wieder – von hier. Ganz Frankreich ist schön; aber dieses Land hier ist am schönsten.« Er sprach, wie nur ein Franzose sprechen kann, von seiner geliebten Heimat in seinem geliebten Vaterlande.

»Was mich betrifft – hätte ich nicht diese ganzen Geschäfte am Hals« – er wies auf die Anzeigen –, »so möchte ich am liebsten auf unserm Hof leben zusammen mit unserm Vieh und es heilighalten wie der Hindu. Sie kennen unser Vieh von der Camargue, Herr? Nicht? Nun, das ist auch keine Bekanntschaft, die man so im Vorübergehen macht. Solche Tiere gibt's nicht ein zweites Mal. Ihr Intellekt ist anderen ihrer Art überlegen. Das wählt sich seine Weideplätze selbst und trotzt dem Mistral, was man von manchen Autos nicht sagen kann. Außerdem besitzen sie die Fähigkeit zu denken – und wenn so ein Tier denkt – nun, ich habe erlebt, was dann geschieht.«

»Sind diese Tiere wirklich so gescheit?« fragte ich obenhin.

»Herr, wenn Ihr trefflicher Chauffeur Ihre Limousine derart verkleidete, daß sie aussähe wie ein Armeelastwagen, so würde ich an ihre Leistungsfähigkeit nicht glauben. Ich würde wetten – sagen wir zwei zu eins –, sie brächte es nicht auf neunzig Kilometer. Nun, es wurde bewiesen, was sie leistet. Ich kann Ihnen keine Beweise geben; aber wollen Sie mir glauben, wenn ich Ihnen erzähle, was ein Tier, das denken kann, fertigbringt?«

»Seit dem Kriege ist nichts unglaublich«, sagte ich so allgemein.

»Das stimmt! Denkbar Unwahrscheinlichstes ist eingetreten, und trotzdem, wir lernen nichts und glauben nichts. Als ich noch als Kind im Elternhaus lebte – bis ich Kolonialbeamter wurde –, galt all mein Interesse und meine ganze Liebe allein unserm Vieh. Wir vom alten Schlage leben hier – Sie haben es vielleicht gesehen? – in festen Höfen wie Burgen. Einzelne mögen auch wirklich aus der Sarazenenzeit stammen. Rings um den Hof Scheunen – große, weiß getünchte Scheunen und Ställe, solid wie unsere Häuser; das Ganze von festem Gatter umschlossen. Es ist eine Welt für sich, ein kleiner Staat zur Pflege und Aufzucht von Vieh. Damals lernte ich einigermaßen mit Vieh umzugehen. Es war, verstehen Sie, das Spielzeug für uns von der Camargue und der Crau. Der Knabe erprobt seine Kraft am jungen Kalb, das ihn spielend über den Misthaufen boxt. Er läuft hin und her zwischen den Kühen, die – weniger liebenswürdig sind. Mit den Hirten reitet er hinaus, um die Herden zu treiben. Früher oder später trifft er die jungen Kälber, mit denen er sich herumbalgte, als Stiere an. So stand es mit mir – als ich notgedrungen in die Kolonien mußte.« Er lachte. »Ja, sehr notgedrungen. Glückliche Zeit der Jugend, Herr, wo man Dinge ausfrißt, die den Eltern mißfallen. Warum ist es immer der Vater, der empört ist und so was unerhört findet – und immer die Mutter, die Entschuldigungen bereit hat? ... Und als dann mein Bruder – der ältere, der das Geschäft auf die Beine brachte – mich heimverlangte, um ihm zu helfen, da verzichtete ich mit Freuden auf meine koloniale Laufbahn. Ich kehrte in mein Land zurück und zu meinem vielgeliebten, gottlosen, weißgelben Vieh der Camargue und der Crau. Weiß Gott, ich könnte die ganze Nacht davon erzählen, denn dieser Trank löst die Zunge, ohne daß man's am nächsten Morgen zu bereuen braucht. Ja! Also nach dem Kriege hat es sich zugetragen. Wir hatten da ein Kalb, unter wer weiß wie vielen – ein Stierkalb – ein Stück Jungvieh genau wie alle andern. Da es schwach war, wurde es zusammen mit der Mutter bei uns zu Hause auf dem Hof aufgezogen. Zuerst natürlich waren es die Kinder unserer Hirten, die sich an ihm schulten. Das liegt ihnen im Blut. Den Spaniern ist der Stierkampf ein Kult. Unsere jungen Teufel hier unten hetzen Stiere genauso selbstverständlich, wie englische Kinder Ball schlagen. Dieses Kalb nun jagte beim Spiel hinter ihnen drein mit weitoffenen Augen, gleich einer Kuh, die einen Mann hetzt. Sie suchten dann Schutz hinter Pflügen und Weinkarren mitten im Hof: der Jungstier aber war hinter ihnen drein wie der Hund hinter der Ratte. Mehr noch, er erforschte Auge in Auge ihre Wesensart; ja, er studierte ihre Mienen, um zu erraten, nach welcher Seite sie sich wenden würden. Und er wiederum tat bisweilen so, als ginge er direkt auf einen der Burschen los. Dann schwenkte er plötzlich ab nach rechts oder links – das wußte man nie vorher – und überrannte etwa ein Kind, das sich im Schutz der Mauer sicher glaubte. Hernach blieb er stehen über dem niedergeworfenen, weil er wohl wußte, daß die Kameraden zu Hilfe eilen würden. Wenn sie nun alle gelaufen kamen, die Jacken vor seinen Augen schwenkten und ihn am Schwanz zogen, dann jagte er sie auseinander – und wie er sie auseinanderjagte! Auch ausschlagen konnte er, seitwärts, wie eine Kuh. Er kannte seine Schußweiten so genau wie unsere Kanoniere und stand so rasch wieder auf den Füßen wie unser Carpentier. Ich habe ihn häufig beobachtet. Christophe – Sie wissen, der Mann, der eben vorüberging –, unser erster Hirte, er brachte mir als Zehnjährigem bei, mit dem Vieh zu reiten – Christophe also erzählte mir, daß er von jener gelben Kuh abstammte, die uns einmal in die Marschen gejagt hatte. ›Genau auf ihre Art stößt er‹, sagte Christophe. ›Er kann mitten im Sprung seitwärts zustoßen. Haben Sie auch bemerkt, daß er sich nicht täuschen läßt, wenn ein Junge die Jacke vor ihm schwingt? Das benutzt er, um den Burschen auszuspüren. Die glauben immer, sie könnten ihm was vormachen; aber er macht ihnen was vor. Ich sag' Ihnen, der da, der kann denken.‹ Ich war zur gleichen Überzeugung gekommen. Ja – dieses Tier vermochte zu denken, soweit es für seinen Sport erforderlich war; und obendrein war es ein Humorist, wie so manche geborene Mörder. Man kennt den Typ bei Tieren so gut wie bei Menschen: er ist einer von einer gewissen grausamen, fast schamlosen Spaßhaftigkeit – ganz unverkennbar.«

Monsieur Voiron füllte von neuem die Gläser mit dem herrlichen Wein, der bei jedem Schluck glatter hinunterrann.

»Sie hielten ihn eine Zeitlang im Hof, um sich an ihm zu üben. Natürlich wurde er ein bißchen frech; Christophe brachte ihn daher, damit er Manieren lernte unter seinesgleichen, auf die Weiden hinaus, da wo die Camargue und die Crau aneinandergrenzen. Wie alt er damals war? Etwa acht oder neun Monate, glaube ich. Wochen darauf begegneten wir uns – er und ich. Ich kam auf einem unserer halbwilden Pferde die Straße nach der Crau entlanggeritten, als ich mich plötzlich fast aus dem Sattel gehoben sah. Er war es! Hatte sich hinter einer Windhecke versteckt, bis wir heran waren, und dann mein Pferd von hinten attackiert. Ja, sogar mein Pferdchen hatte er zu täuschen gewußt!

Aber ich erkannte ihn wieder. Ich gab ihm einen Hieb über die Nase und sagte: ›Apis, dafür wirst du nach Arles geschickt. Das war deiner unwürdig, zwischen uns beiden.‹ Aber dies Biest besaß kein Schamgefühl. Er trollte sich davon, lachend wie ein Apache.

Wäre ich aus dem Sattel geflogen, ich glaube kaum, daß ich gelacht hätte – einjährig wie der Kerl war.«

»Warum wollten Sie ihn nach Arles schicken?« fragte ich.

»Zum Stierkampf. Sobald Ihre liebenswürdigen reisenden Landsleute uns verlassen haben, pflegen wir dort unsere kleinen Vergnügungen zu veranstalten. Keine richtigen Stierkämpfe, verstehen Sie, nur so ein Spiel zwischen den Burschen aus Stadt und Umgegend und den jungen Stieren mit umwickelten Hörnern. Bevor wir sie hinsenden, werden sie natürlich bei uns im Hof abgerichtet. So wurde also Apis von der Weide hereingebracht. Er wußte gleich, daß er unter Jugendfreunden war – er schüttelte ihnen gleichsam die Hand – und ließ sich mit wahrer Engelsgeduld die Hörner umwickeln. Er untersuchte die Pflüge und Karren im Hofe, um brauchbare Angriffs- und Verteidigungslinien zu erkunden. Und dann – griff er an mit einem Elan und verteidigte sich mit einer Umsicht und Zähigkeit, daß wir alle entzückt waren. In unserer Begeisterung mögen wir wohl seiner Geduld zuviel zugemutet haben. Wir stachelten ihn zu Wiederholungen an, was kein wahrer Künstler verträgt. Aber er gab uns eine ehrliche Warnung. Er zog sich nach der Mitte des Hofes zurück, wo der Boden locker war; hier kniete er nieder – haben Sie jemals ein Kalb gesehen, dessen Hörner sich schälen, wie es in eine Böschung stößt und wühlt? Nun, genau das tat er, ganz mit Bedacht, bis er die Umwicklung der Hörner abgestreift hatte. Dann richtete er sich hoch, tänzelte auf seinen wundervollen Hufen, die uns gleichsam zublinzelten, und sagte: ›Jetzt, ihr Freunde, sind die Knöpfe weg von den Floretts. Wer fängt an?‹ Wir verstanden. Wir machten sofort Schluß. Er wurde wieder auf die Weiden hinausgebracht, bis die Zeit der Belustigung in unserer kleinen Hauptstadt gekommen war.

Kurz bevor er nach Arles gebracht wurde – ja, ich glaube, so war es –, kam Christophe von der Crau herein und meldete, daß Apis einen jungen Stier umgebracht habe, der Miene gemacht hatte, sich zum Rivalen zu entwickeln. Das kommt natürlich vor, und unsere Hirten sollen das eigentlich verhindern. Aber Apis hatte in seinem ganz persönlichen Stil getötet. Im Dunklen aus dem Hinterhalt einer Windhecke vorbrechend, hatte er durch einen Stoß von schräg rückwärts den andern über den Haufen gerannt; dann hatte er ihm den Leib aufgerissen. Durchaus möglich alles; aber – als die Mordtat vollbracht war, spazierte Apis zu der Böschung einer Windhecke, kniete nieder und reinigte, ganz wie damals auf dem Hof, sorgfältig seine Hörner in der Erde. Christophe war so etwas noch nicht vorgekommen; er lief zu der kleinen Kapelle bei den Weiden, entlieh sich (wissen Sie, daß es auf diese Art am wirksamsten ist?) etwas Weihwasser, besprengte Apis damit (dem das keinen Eindruck machte) und ritt nach Hause, um mir zu berichten. Offenbar lag es in der Natur eines Denkers von der Art dieses Stiers, auch auf sein Äußeres mit peinlicher Sorgfalt zu achten. Als er dann nach Arles geschickt wurde, legte ich den Begleitern ans Herz, nur ja vorsichtig mit ihm umzugehen. Glücklicherweise schien er Freude zu haben an dem Szenenwechsel, der Musik, der allgemeinen Aufmerksamkeit und dem Wiedersehen mit alten Freunden; denn alle unsere schlimmen Burschen waren anwesend. Er wurde für eine Weile wieder zum richtigen Spaßmacher; aber seine Wendungen, seine Vorstöße, seine Rattenjagd waren vollendeter als je. Es zeigte sich jetzt darin, verstehen Sie, eine Sicherheit der Technik, wie sie nur aus wohldurchdachter Kunst erwächst, und vor allem jene wahre Leidenschaft eines erprobten Könnens. Oh, er hatte etwas gelernt da draußen in der Crau. Zum Schluß des Spiels wurde mit ihm ganz so verfahren wie mit einem berufsmäßigen Stier, der sterben muß, nur daß dem lokalen Brauch gemäß statt des Degens ein Stecken Verwendung fand. Man manövrierte ihn in die erforderliche Stellung, oder er nahm sie auch von selber ein, machte einen Ansprung, empfing den Stoß über der Schulter – und dann drehte er sich um und galoppierte nach dem Ausgang der Arena, durch den er gekommen war. Er sagte zu dem Publikum: ›Werte Freunde, die Vorstellung ist aus. Ich danke für den Beifall. Ich gehe mich jetzt ausruhen.‹ Aber unsere Arlesianer, die nicht ganz so gescheit sind wie andre Leute, verlangten ein Dakapo, und Apis wurde wieder zurückgejagt. Wir Landsleute von ihm wußten, was kommen würde. Er trollte in die Mitte der Manege, ging nieder und bohrte gemächlich und so recht vor aller Augen die Hörner abwechselnd in den Sand, bis die Polster herunter waren. Christophe rief: ›Macht euch fort, ihr Esel, ihr! Macht euch freiwillig fort, eh' ihr müßt!‹ Aber es kitzelte sie nach Aufregung; wie ja schon Rom immer seine vielgeliebte Provincia mit Brot und Spielen gepäppelt hat. Nun, sie bekamen ihr Teil. Haben Sie, Herr, schon einmal einen Diener mit Schaufel und Besen ein Zimmer in allen Ecken ausfegen sehen? In einer halben Minute hatte Apis sie alle hinaus und über die Schranken gefegt. Dann verlangte er noch einmal, daß ihm das Tor geöffnet würde. Es wird geöffnet, und er zieht sich zurück in einer Haltung wie mit Lorbeeren überschüttet.«

Monsieur Voiron füllte die Gläser, zündete sich eine Zigarette an und rauchte eine Weile.

»Und nachher?« fragte ich.

»Ich überlege gerade. Die Sache richtig darzustellen ist nicht ganz leicht. Nachher – ja, nachher kehrte Apis zu seinen Weiden und zu seinen Weibern zurück, und ich zu meinen Geschäften. Der alte Sportfex in Hemdsärmeln, der dem gelben Sohn einer Kuh begeistert zubrüllte, verwandelte sich wieder in Voiron Frères – Weine, Kunstdünger et cetera. Und im nächsten Jahr, vermöge irgendwelcher Kniffe, die hier zu weit führen würden, und dank unserm patriarchalischen System, die älteren Hirten aus dem Zuwachs der Herden zu entlohnen, gelangte der brave Christophe in den Besitz von Apis. O gewiß, er bewies, daß Apis von einer Kuh abstammte, die zur Zeit des zweiten Kaiserreichs mein Vater seinem Vater geschenkt hatte.

Hüten Sie sich vor dem Gedächtnis des einfachen Mannes, Herr! Ein Vorfahr von Christophe war Soldat gewesen unter unserm Soult, der bei Bayonne gegen Ihren Beresford kämpfte. Er fiel in die Hände spanischer Freischärler. An Feiertagsabenden, als ich noch ein Kind war, pflegten Christophe und seine Frau mir die Geschichte ausführlich zu erzählen. Jetzt, wenn ich so Soults Kämpfe und Rückzug über die Bidossoa mit unserm letzten Krieg vergleiche ...«

»Aber erlaubten Sie denn Christophe, sich just diesen Stier anzueignen?« fragte ich.

»Sie kennen unsern Christophe nicht. Ehe ich überhaupt davon wußte, hatte er ihn längst nach Spanien verkauft. Die Spanier zahlen in barer Münze – Duros von reinstem Silber. Unsere Bauern mißtrauen dem Papier; Sie kennen die Rede: ›Tausend Franken sind nur Papier – achthundert in Münze, und die Kuh gehört dir.‹ Ja, Christophe also verkaufte Apis, der damals zweieinhalb Jahre und nach Christophes Kenntnis mindestens dreifacher Mörder war.

Oh, nur seinesgleichen hatte er umgebracht. Und wie Christophe mir erzählte, stets mit dem gleichen schrägen Ansprung von hinten, dem gleichen seitlichen Überrennen und dem gleichen prompten Ausweiden, gefolgt stets von der priesterlichen Reinigung der Hörner. Im menschlichen Leben würde er sich eine Maniküre gehalten haben – dieser Minotaurus. Apis also verschwand aus unserm Lande. Das beunruhigte mich weiter nicht; ich wußte, ich würde zur gegebenen Zeit schon von ihm hören. Warum? Weil in diesem Land, Herr, zwischen Berre und Sainte Marie, kein Huf sich bewegt, ohne daß Kenner wie Christophe davon wissen. Das Vieh bedeutet ihnen Inhalt und Leidenschaft ihres Lebens. Und kaum hatte mir dann Christophe kurz vor Ostersonntag mitgeteilt, daß in einer kleinen katalanischen Stadt an der Straße nach Barcelona Apis zum erstenmal in der Arena auftreten werde, da hatte ich auch schon meinen Wagen hergerichtet und rollte mit Christophe zusammen der Grenze zu. Der Ort war ohne Bedeutung für Handel und Wandel, hatte aber einen Matador von Ruf hervorgebracht, der sich jetzt herbeilassen wollte, seine Kunst in seiner Vaterstadt zu zeigen. Nun sind unsere französischen Eisenbahnen schon miserabel genug, aber die spanischen ...«

»Sie nahmen die Landstraße, nicht wahr?«

»Natürlich. Die war auch nicht besonders gut. Der Matador hieß Villamarti. Er beabsichtigte, zwei Stiere zu Ehren seiner Vaterstadt zu töten. Apis sollte der zweite sein, wie Christophe berichtete. Der kleine Ausflug lohnte sich, das Städtchen lag wirklich entzückend am Rande der Küste. Die Arena stammte aus der Mitte des siebzehnten Jahrhunderts, sehr stimmungsvoll das Ganze. Auch das Einleitungszeremoniell – wenn die Berittenen hereingaloppieren und den Bürgermeister in seiner Loge ersuchen, ihnen die Schlüssel zum Zwinger herabzuwerfen –, das alles wurde brillant ausgeführt. Sie wissen, es bedeutet ein gutes Vorzeichen, wenn der Reiter die Schlüssel in seinem Hut auffängt. Und er fing sie tadellos auf. Wir hatten unsere Sitze in der ersten Reihe neben dem Tor, durch das die Stiere hereinkamen.

Villamartis erster Stier wurde in leidlicher Form getötet. Der zweite Matador, der Name ist mir entfallen, erledigte den seinigen ohne jede Bravour – was Villamartis Glanz erhöhte. Auch der dritte, Chisto, ein tüchtiger Fachmann mittleren Alters, der nie über eine gewisse flaue Mittelmäßigkeit hinausgekommen war, blieb gleichfalls im Hintergrund. Ja, sie sind eifersüchtig aufeinander wie die Aktricen der Comédie Française, diese Matadore! Villamarti stand mit der Truppe für seinen zweiten Stier bereit. Das Gatter öffnete sich, und Apis erschien, prachtvoll auf seinen Hufen sich wiegend und kokett um die Ecke lugend, als wäre er hier ganz zu Hause. Ein Picador – ein Berittener mit langer Lanze – hielt rechts von ihm nahe der Schranke. Der Mann hatte sich nicht mal die Mühe gemacht, sein Pferd zu wenden, denn die Capeadors – die mit den roten Mänteln – gingen bereits vor, um Apis auf sich zu lenken und seine Wesensart und seine Absichten auszuspüren, nach den Regeln der

Kunst, die für Stiere gemacht sind, die nicht denken können ... Ich erfaßte die Mordtat erst, als sie vollbracht war! Die plötzliche Wendung, der Ausfall, der schräge Stoß von rückwärts, der Sturz von Pferd und Mann – alles war das Werk eines Augenblicks. Apis setzte über das Pferd hinweg – mit dem hatte er keinen Streit – und landete mit allen vier Füßen zugleich (das genügte!) zwischen den Schultern des Mannes, tänzelte mit seinen herrlichen Hufen auf dem Leichnam und war mit dem nächsten Satz davon, wobei er so tat, als fiele er fast auf seine Nase. Können Sie mir folgen? Durch das Stolpern in diesem Augenblick erweckte er den Eindruck, als wäre sein bewundernswerter tödlicher Angriff nichts als tierische Tölpelei gewesen. Da, Herr, begann ich zu begreifen, daß wir es mit einem Künstler zu tun hatten. Er blieb nicht über dem Körper des Gefallenen stehen, um den Rest der Truppe herbeizulocken. Diesen Trick behielt er sich für später vor. Er ließ die Diener den Toten hinausschaffen und vergnügte sich nunmehr mit den Capeadors. Für Apis, der sich an den Kindern auf unserm Hof geschult hatte, bedeutete der Mantel lediglich einen Wegweiser zu dem dahinter versteckten Mann. Er hielt sich, verstehen Sie, an die Person und nicht an die Aufmachung – nicht an die Zeitung sozusagen, sondern an die Drahtzieher dahinter. Wenn in Frankreich nur ein Drittel der Wähler so gescheit wäre, lieber Freund! Alles aber geschah gewissermaßen gemütlich, mit Humor, und zugleich mit einem Schuß von Grausamkeit. Er schnappte nach dem Mantel eines Capeadors wie ein täppischer Hund, aber ich konnte beobachten, wie er dabei den Mann stets auf seiner gefährlichen linken Seite hielt. Christophe flüsterte mir zu: ›Passen Sie auf den berühmten Stoß seiner Mutter auf. Sobald er den Burschen sicher gemacht hat, kommt's.‹ Es kam mitten in einem Luftsprung. Bei Gott! Er stieß aus der Luft zu! Der Mann plumpste wie ein Sack zu Boden, hob ein wenig die Hand nach dem Kopf – und das war alles. Nun hatte er also den zweiten Leichnam zu seiner Verfügung; zum zweitenmal eilten die Capeadors mit den Mänteln herbei, um ihn fortzulocken, und zum zweitenmal sparte sich Apis seine große Szene auf. Auch jetzt wieder tat er so, als habe nur ein unglücklicher Zufall den Mord verursacht, und – er überzeugte sein Publikum! Es war, als hätte er etwa aus Versehen draußen in den Marschen ein Koppelgatter überrannt. Unglaublich? Ich habe es gesehen.«

Die Erinnerung ließ Monsieur Voiron erneut zum Champagner greifen, und ich folgte seinem Beispiel.

»Aber Apis war nicht der einzige Künstler auf dem Plan. Es hieß, Villamarti stamme aus einer Schauspielerfamilie. Ich bemerkte, daß er Apis jetzt mit ganz anderen Augen ansah. Auch er begann zu begreifen. Er nahm seinen Mantel und schwenkte ihn vor Apis, um ihn hinzuhalten, bis ein anderer Picador zur Stelle wäre. Er war ein Matador von bedeutendem Ruf. Vielleicht wußte Apis das; vielleicht auch erinnerte Villamarti ihn an einen der Burschen, mit denen er sich zu Hause geübt hatte. Jedenfalls ließ er alles mit sich machen bis zu einem bestimmten Punkt: er gestattete dem andern keine Bewegungsfreiheit auf der Arena; er hielt ihn ständig in der Klemme. Er duckte sich, stieß tölpelhaft und lässig, aber stets drohend zu und dem andern hart auf den Leib rückend. Wir konnten sehen, daß der Mann sich dem Stier anpaßte und nicht der Stier dem Mann; denn Apis spielte ihn nach der Mitte des Rings hin und Villamarti – ich beobachtete sein Gesicht – erkannte das bald. Aber ich vermochte mir nicht zusammenzureimen, worauf das Biest eigentlich hinauswollte. ›Warten Sie nur ab‹, meinte der alte Christophe, ›er hat es auf den Picador drüben auf dem Schimmel abgesehen. Wenn er nahe genug heran ist, wird er ihn fassen. Villamarti dient ihm nur zur Deckung. Mit mir hat er es einmal ebenso gemacht.‹ Und so war es, mein Freund! Mit einem kurzen Stoß seiner Brust – es klang genau wie bei einem unserer Siebenkommafünfer – entledigte er sich Villamartis – überrannte ihn – und schon hatte er sein Opfer an der Schranke erreicht. Der gleiche schräge Ansprung, mit tiefgesenktem Kopf, um die Hörner nicht zu gebrauchen – und schon hatte der gewaltige Flankenstoß das Pferd übern Haufen geworfen, mit gebrochenen Beinen und halb gelähmt – der

Mann lag bewußtlos am Boden, und siehe da: Apis zwischen beiden, den Rücken gegen die Schranke, seine Rechte gedeckt durch das Pferd, seine Linke durch den Mann zu seinen Füßen. Wie einfach dieser Gedanke! Da ihm die Pflüge und Karren seines früheren Exerzierplatzes nicht zur Hand waren, hatte er sich – ein wahres Genie – mit dem vorhandenen Material eine Behelfsdeckung geschaffen. Die Truppe rückte von neuem vor, ihr linker Flügel behindert durch das gestürzte Pferd, ihr rechter zur Untätigkeit verurteilt durch den Körper des Mannes, über den gespreizt Apis mit bedeutungsvoller Miene stand. Villamarti warf sich fast zwischen die Hörner, aber – es war mehr eine Herausforderung als ein Angriff. Apis nahm sie nicht an; er hielt seine Verteidigungsbasis fest. Ein Picador wurde vorgeschickt – notwendigerweise gegen seine Front, die allein ungedeckt war. Apis brach vor – er, der bisher, wie Sie wissen, die Hörner nicht gebraucht hatte! Das Pferd überschlug sich nach rückwärts, der Mann halb darunter. Apis stoppte, hakte ihm unter das Herz und schleuderte ihn gegen die Schranke. Wir hörten, wie der Kopf krachte, aber er war tot, bevor er auf das Holz aufschlug. Die Zuschauer blieben regungslos. Auch sie hatten allmählich erfaßt, daß es sich um einen Foch unter den Stieren handelte! In der Arena beschäftigte man sich wieder mit dem Toten. Zwei von der Truppe versuchten zaghaft, ihn zu locken – aber er machte sich davon, der Mitte des Ringes zu. ›Schauen Sie‹, rief Christophe, ›jetzt geht er sich reinigen. Das ist mir immer unheimlich gewesen.‹ Er kniete nieder und begann seine Hörner zu säubern. Der Boden war hart; er stieß in ihn hinein in einer Art ekstatischer Versunkenheit. Wenn er den Kopf gegen die Erde schob und die Ohren schüttelte, war es gleichsam, als ob er den Satan selber um seine Geheimnisse befragte und jedesmal ungeduldig riefe: ›Ja, ich weiß *das* … und *das* … und *das*! Sag mir mehr … mehr!‹ In der Stille ringsum rief eine Frau: ›Er gräbt ein Grab! Ihr Heiligen, er gräbt ein Grab!‹ Einige andere wiederholten die Worte – leise nur, wie eine Woge in einer Meeresgrotte widerhallt.

Und als seine Hörner gereinigt waren, richtete er sich auf und blickte die Truppe des Villamarti prüfend an, einen nach dem andern, Auge in Auge, mit der Würde eines an Verstand Ebenbürtigen und mit der unnahbaren und mitleidlosen Entschlossenheit eines Meisters in seiner Kunst. Das war noch unheimlicher als die Säuberung vorher.«

»Und sie ... die Leute Villamartis?« fragte ich.

»Sie standen unter seinem Bann, genau wie die Zuschauer. Sie hatten aufgehört zu stampfen, zu fuchteln und ihn zu beschimpfen. Sie richteten sich nach seinem Willen. Die beiden andern Matadore standen und starrten. Nur Chisto, der älteste, unterbrach bisweilen die Stille durch einen Ruf, und Apis drehte dann den Kopf nach ihm hin. Im übrigen hielt er sich abgesondert, regungslos finster – brütend über die, die seiner Gnade überliefert waren. Ah!

Aus irgendeinem Grund rief die Trompete nach den Banderillas – jenen buntbebänderten, mit Widerhaken versehenen Stäben, die Stieren, die nicht denken können, zwischen die Schultern gestoßen werden, wenn ihre Nackenmuskeln müde sind vom Hochheben der Pferde. Sobald die Tiere den Schmerz spüren, stutzen sie, und in diesem Augenblick springt der Mann elegant zur Seite. Villamartis Banderillero folgte dem Trompetenruf mechanisch – wie ein Verurteilter. Er ging vor, hielt den Speer wiegend in der Hand und stammelte den üblichen Herausforderungsspruch ... Und dann? Ich will nicht gerade behaupten, daß Apis mit den Achseln zuckte, aber er vereinfachte dieses Zwischenspiel auf seine elementarsten Formen, wie nur ein Stier Galliens es vermochte. Mit seiner Grausamkeit war stets – dieser Eindruck war wohl der Kürze seines Schweifes zu verdanken – eine gewisse rabelaissche Ausgelassenheit verbunden, besonders wenn man die Sache von der Rückseite besah. Christophe hatte das oft beobachtet. Diese Eigenschaft entfaltete Apis jetzt. Er umkreiste den Burschen und zwang ihn zur schleunigen Aufgabe seiner schönen Posituren. Er betrachtete ihn prüfend von den verschiedensten Seiten, wie ein ungeschickter Fotograf. Er bot ihm jeden Teil seiner Anatomie dar, ausgenommen die Schultern. Zwischendurch gab er sich den Anschein, als wollte er ihn überrennen. Mein Gott, es war grausam! Seine Absicht war indessen klar. Er wollte die Zuschauer zum Lachen kitzeln, just in dem Augenblick, wo die menschliche Moral in die Brüche gehen würde. Und das gelang ihm. Der Bursche machte kehrt und rannte der Schranke zu. Apis hatte ihn eingeholt, ehe noch das Lachen abbrach; er überholte ihn, drängte ihn – was sage ich –, pferchte ihn links gegen die Bande, die Hörner seitwärts gehalten, aber doch dicht vor seiner Brust: er wollte ihn nicht in Deckung entweichen lassen. Einige von der Truppe gingen vor, um einzugreifen, aber Villamarti rief: ›Zurück! Wenn er ihn will, wird er ihn nehmen!‹ Sie blieben stehen. Ob nun der Bursche ausglitt oder Apis ihn mit der Schnauze umstieß, konnte ich nicht genau sehen. Jedenfalls sank er stöhnend zu Boden. Apis stoppte wie ein Wagen mit Vierradbremse, machte eine stolze Gebärde, beschnüffelte den Daliegenden von oben bis unten und wandte sich weg: eine Verabschiedung, schmachvoller als Degradierung vor der Front des Bataillons. Die Vorstellung war zu Ende. Für Apis blieb nur noch die Aufgabe, seine Bühne von den untergeordneten Chargen zu säubern.

Ah! Mit welcher Geste er das vollführte! Er inszenierte einen dramatischen Start – dieser Cyrano aus der Camargue –, so als wäre er ihrer erst jetzt gewahr geworden. Er machte eine Bewegung: und alle die prächtigen Hosen blinkten im nächsten Augenblick oben auf dem Rand der Schranke. Er war alleiniger Herr der Bühne! Aber Christophe und ich, wir zitterten für ihn! Denn, sehen Sie, er hatte sich in ein großartiges Drama verstrickt, dessen dritten Akt nur er selbst vollenden konnte. Und abgesehen von dem in atemloser Erregung dasitzenden Publikum selber, hatte er seinen Stoff erschöpft. Selbst Molière – wir haben vergessen, lieber Freund, auf das Andenken dieser großen Seele zu trinken –, selbst er würde in Verlegenheit gewesen sein. Und Tragödie ist nur ein Schritt nach dem Versagen. Wir sahen, wie die vier oder fünf Gendarmen, die immer für alle Fälle bereitstehen, schon den Finger an den Abzug ihrer Flinten legten. Sie warteten nur auf das Zeichen des Bürgermeisters, um auf Apis Feuer zu geben, wie es zuweilen bei einem Stier geschieht, der über die Schranken in die Zuschauer springt. Natürlich wären einige Menschen dabei getötet oder verwundet worden, aber das hätte Apis nicht gerettet.«

Monsieur Voiron schwemmte den Gedanken in kräftigem Zug hinunter und wischte sich den Bart.

»In diesem Augenblick sandte das Schicksal – oder der Genius von Frankreich, wenn Sie wollen – als Beistand in diesem unvergleichlichen Finale keinen anderen als Chisto, den Ältesten und, wie ich gesagt haben würde (aber ich werde mich in Zukunft hüten zu urteilen), den von allen am wenigsten Begabten: die Mittelmäßigkeit selbst, aber im Herzen – und es ist stets das Herz, das siegt, lieber Freund –, im Herzen ein Künstler. Er stieg gravitätisch in die Arena hinab, allein und sicher. Apis schaute ihn prüfend an, die Augen in seinen Augen. Der Mann nahm Stellung mit seinem Mantel und sprach mit dem Stier wie mit seinesgleichen: ›Nun, Señor‹, rief er, ›wollen wir miteinander diesen ehrenwerten Caballeros etwas zeigen.‹ Damit schritt er auf den Denker zu, der – wie wir alle wußten – ihn mit einem Sprung – einem Stoß – einem Druck hätte erledigen können. Werter Freund, ich wünschte, ich könnte Ihnen etwas anschaulich machen von der ungekünstelten Gutmütigkeit, dem Humor, dem natürlichen Takt, der an Respekt grenzenden Wertschätzung, mit der Apis, der überlegene Künstler, diese Einladung annahm. Er war der Meister, der nach einer Stunde ermüdender Arbeit im Atelier nun sich aufgeknöpft und gemütlich zeigte mit einem vorgeschrittenen, aber nicht allzu begabten Schüler. Der Kontakt war augenblicklich zwischen ihnen hergestellt. Und das aus gutem Grund! Christophe sagte zu mir: ›Alles in Ordnung! Dieser Chisto ist unter Stieren aufgewachsen. Ich wußte das gleich, als ich ihn eben sprechen hörte. Er ist Hirte gewesen; er wird die Sache machen.‹ Zuerst gab es ein kurzes Heranfühlen und gegenseitiges Abtasten der Entfernungen und Gelegenheiten.

Oh, und ja: jetzt kam eine grobe Ungehörigkeit von Villamarti. Er war Chisto in einiger Entfernung gefolgt – in der Absicht, seinen Ruf wiederherzustellen. Wahrhaftig! Ich kann mir vorstellen, daß der alte Dumas einem unwillkommenen Eindringling die Tür vor der Nase zuschlug, genau so, wie jetzt Apis es machte. Unverweilt jagte er Villamarti in die nächstgelegene Deckung. Er blieb davor stehen, stampfte mit den Füßen und schnaubte: ›Pack dich! Ich hab' es jetzt mit einem Künstler zu tun.‹ Villamarti ging und ließ seinen Ruf für immer zurück.

Apis wandte sich wieder Chisto zu und sagte: ›Entschuldigen Sie die Unterbrechung. Ich bin leider nicht immer Herr meiner Zeit, aber Sie haben ja wohl selbst bemerkt, lieber Kollege ...?‹ Und dann begann das Spiel. Aus Achtung vor Chisto wählte Apis zum Operationsziel (und das ist bei jedem Stier verschieden) den inneren Saum des Mantels – den nämlich, der dem Körper des Mannes am nächsten ist. Damit bleiben für den Vorstoß nur wenige Millimeter Spielraum frei. Aber Apis vertraute sich selbst, wie Chisto ihm vertraute; und diesmal richtete er sich nach dem Mann mit unnachahmlicher Klugheit und Mäßigung. Er ließ sich in den Schatten oder in die Sonne spielen, ganz wie es das begeisterte Publikum verlangte. Er raste fürchterlich, markierte eine Niederlage, stand starr wie eine Bildsäule, um dann plötzlich in einem neuen Paroxysmus von Wut vorzubrechen – immer aber mit der sicheren Beherrschung des wahren Künstlers, der weiß, daß er nur das Gefäß einer Leidenschaft ist, an der nicht er, sondern die anderen sich berauschen. Und keinen Augenblick vergaß er, daß ihm der Mantel nur als Anhaltspunkt diente, um dem braven Chisto nicht ein Haar auf seiner Haut zu krümmen. Auch Chisto wurde von ihm mitgerissen. Weiß Gott, seine Jugend kam ihm wieder, diesem altbewährten Ochsentöter – der Schwung und Zauber und Glanz seiner frühen Träume. Fast konnte man sie sehen, jene Schöne von einst, um deretwillen er sich jetzt übersteigerte, sich aufschwang zu diesem Gipfel von Geschicklichkeit und Wagemut. Auch seine große Stunde war es, eine wunderbare Stunde der Abenddämmerung, die ein letzter Sonnenstrahl vergoldet. Sein ganzes Können setzte er für Apis ein. Und Apis dankte es ihm mit allem, was er gelernt hatte, zu Hause, in Arles oder bei seinen einsamen Mordtaten draußen auf unsern Weidegründen. Gleich einem Strom des Todes umwogte er Chisto, umkreiste seine Knie, sprang hoch bis zu seinen Schultern, stieß haarscharf rechts oder links an seinem Kopf vorbei, strich schnaubend hart an seinem Rücken vorüber, und ein- oder zweimal – es war unvergleichlich! – bäumte er sich zur vollen Höhe vor ihm auf, während Chisto vor der Lawine dieses wohlgeschulten Körpers gewandt zurückglitt. Diese beiden, lieber Freund, hielten fünftausend Menschen in Bann, und nichts war zu hören als das Geräusch des Atmens – regelmäßig wie Pumpenzüge. Es war kaum noch zu ertragen. Beide, Tier und Mann, wurden sich bewußt, daß wir nach einem Wechsel der Tonart verlangten – einer *détente*. Und sie gingen zur Heiterkeit eines reinen Possenspiels über. Chisto fiel auf den Rücken und schimpfte wütend auf Apis ein. Dieser tat, als habe er eine solche Sprache noch nie vernommen. Das Publikum heulte vor Vergnügen. Chisto gab ihm Klapse; er trieb Unfug mit seinem kurzen Schwanz, an den er sich anklammerte, während Apis Bocksprünge vollführte; er machte mit ihm akrobatische Kunststücke in allen möglichen Stellungen; er war wieder zum Hirten geworden – derb, unbekümmert, grob, aber voller Verständnis. Apis aber blieb immer der vollendetere Clown. Während der ganzen Zeit jedoch (Christophe und ich sahen es) lenkte Apis das Spiel nach dem Gatter des ›Toril‹ hin, durch das so mancher Stier hereinkommt, aber – haben Sie je gehört, daß einer lebend wieder hinausgelangte? – Wir wußten, daß Apis wußte: so wie er Chisto gerettet hatte, würde Chisto ihn retten. Das Leben ist süß für uns alle; für den Künstler, der viele Leben in einem lebt, am süßesten. Und Chisto ließ ihn nicht im Stich. Zuletzt, als niemand mehr lachen konnte, warf er seinen Mantel über den Rücken des

Stiers und legte den Arm um seinen Nacken. Dann wies er mit erhobener Hand zum Gatter, so wie Villamarti, jung und gebietend, aber *kein* Hirte, gewinkt haben würde, und rief: ›Meine Herren, öffnen Sie mir und meinem ehrenwerten Eselchen!‹ Sie öffneten – ich hatte die Spanier bisher falsch beurteilt! –, das Tor öffnete sich vor beiden, dem Mann und dem Stier, und schloß sich hinter ihnen. Und dann? Vom Bürgermeister bis zum letzten Gendarmen waren alle wie toll fünf Minuten lang; bis die Trompeten von neuem ertönten und der fünfte Stier – ein schwarzer Andalusier, der *nicht* denken konnte – in die Arena stürmte. Vermutlich wurde er von irgend jemand getötet. Mein Freund, mein sehr lieber Freund, dem ich mein Herz geöffnet habe, ich gestehe, daß ich nicht weiter achtgegeben habe. Christophe und ich, wir weinten – weinten zusammen wie Kinder der gleichen Mutter. Wollen wir nicht trinken auf diese Mutter?«

Häfen,
Inseln, Adlernester

Mark Twain
Bootsfahrt vor der Küste

Wir mieteten ein Segelboot und einen Fremdenführer und machten einen Ausflug zu einer der kleinen Inseln im Hafen, um das Château d'If zu besuchen. Die alte Festung hat eine düstere Geschichte. Sie ist zwei- oder dreihundert Jahre lang als Gefängnis für politische Gegner benutzt worden, und ihre Kerkermauern sind von den grob eingekratzten Namenszügen vieler, vieler Gefangener zernarbt, deren Leben sich hier in Gram verzehrte und die keine Kunde von sich hinterlassen haben als diese traurigen, mit eigenen Händen geschaffenen Grabschriften. Wie dicht die Namen standen! Und ihre längst verstorbenen Träger schienen sich in den düsteren Zellen und Gängen mit ihren gespenstischen Gestalten zu drängen. Wir schlenderten von Kerker zu Kerker, bis hinab in den gewachsenen Felsen unter dem Meeresspiegel, wie es uns schien. Überall Namen! – manche bürgerlich, manche adlig, manche sogar fürstlich. Bürger, Fürst und Adliger hatten eine gemeinsame Sorge – sie wollten nicht vergessen werden! Die Einsamkeit, die Untätigkeit und das Grauen einer Stille, die niemals ein Laut durchbrach, konnten sie verwinden; aber sie konnten den Gedanken nicht ertragen, von der Welt völlig vergessen zu werden. Daher die eingekratzten Namen. In einer Zelle, in die ein wenig Licht hineindrang, hatte ein Mann siebenundzwanzig Jahre lang gelebt, ohne das Gesicht eines menschlichen Wesens zu sehen – in Unrat und Elend, ohne andere Gesellschaft als die seiner eigenen Gedanken, und die waren ohne Zweifel nur zu kummervoll und hoffnungslos. Was er nach Meinung seiner Kerkermeister benötigte, wurde nachts durch eine Öffnung in der Tür in die Zelle gebracht. Dieser Mann meißelte in die Wände seines Gefängnisses vom Fußboden bis zur Decke alle Arten von Menschen- und Tiergestalten, die er in verwickelten Mustern anordnete. Er hat dort Jahr für Jahr an seiner selbstgestellten Aufgabe gearbeitet, während Säuglinge zu Knaben heranwuchsen – zu kraftvollen Jünglingen – sich durch Schule und Universität bummelten – einen Beruf ergriffen – das reife Mannesalter erreichten – heirateten und auf die Kindheit fast wie auf etwas aus einem weit zurückliegenden, unbestimmten Zeitalter zurückblickten. Aber wer kann sagen, wie viele Ewigkeiten es diesem Gefangenen bedeutete? Dem einen fliegt die Zeit manchmal dahin; dem anderen niemals – immer kriecht sie nur. Dem einen kommen durchtanzte Nächte wie Minuten statt Stunden vor; für den anderen sind genau dieselben Nächte wie alle anderen Nächte des Kerkerlebens, und sie scheinen Wochen zu dauern statt Stunden und Minuten.

Ein Häftling, der fünfzehn Jahre dort gefangen war, hatte Verse an seine Zellenwände gekratzt und kurze Prosasätze – kurz, aber voller Leidenschaft. Diese sprachen nicht von ihm und seinem harten Dasein, sondern nur von dem Schrein, zu dem sein Geist voll Anbetung aus dem Gefängnis floh – von der Heimat und den heiligen Bildern, die dort ihre Stätte haben. Er hat sie nie mehr wiedergesehen.

Die Wände dieser Kerker sind so dick, wie manche Schlafkammern zu Hause breit sind – fünfzehn Fuß. Wir sahen die schaurigen feuchten Zellen, in denen zwei der Helden von Dumas ihre Gefangenschaft verbrachten – Gestalten aus »Monte Christo«. Hier schrieb der tapfere Abbé ein Buch, und zwar mit seinem eigenen Blut; mit einer Feder, die aus einem Stück eines eisernen Ringes bestand, und beim Licht einer Lampe, die aus nichts als ein paar Tuchfetzen bestand, welche er mit Fett aus seinem Essen tränkte; und dann grub er sich mit irgendeinem lächerlichen Werkzeug, das er selbst aus einem herumliegenden Stück Eisen oder einem Eßbesteck hergestellt hatte, durch die dicke Mauer und befreite Dantès von seinen Ketten. Es war ein Jammer, daß so viele Wochen mühseliger Arbeit schließlich umsonst gewesen sein sollten.

Man zeigte uns die grauenerregende Zelle, in der die berühmte »Eiserne Maske« – jener unglückliche Bruder eines hartherzigen Königs von Frankreich – eine Zeitlang eingesperrt war, bevor er fortgebracht wurde, um das seltsame Geheimnis seines Lebens in den Kerkern von St. Marguerite vor Neugierigen zu verbergen. Der Ort übte eine wesentlich größere Anziehungskraft auf uns aus, als wenn wir ganz sicher gewußt hätten, wer die Eiserne Maske gewesen war und was es mit ihm für eine Bewandtnis gehabt hatte und warum ihm diese höchst ungewöhnliche Strafe auferlegt worden war. Geheimnis! Das war der Zauber. Diese stumme Zunge, dieses eisern verschlossene Antlitz, dieses mit unausgesprochener Not beladene Herz und diese von ihrem traurigen Geheimnis so bedrückte Brust waren hier gewesen. Diese feuchten Wände hatten den Mann gekannt, dessen schmerzliche Geschichte auf ewig ein versiegeltes Buch ist! Ein besonderer Zauber beherrscht diesen Ort.

Guy de Maupassant

Der Olivenhain

I

Wenn die Männer des Hafens, des kleinen provenzalischen Hafens Garandou, tief in der Bai von Pisca, zwischen Marseille und Toulon, die Barke des Abbé Vilbois bemerkten, der vom Fischfang zurückkehrte, stiegen sie hinab zum Strand, um zu helfen, das Boot herauszuziehen.

Der Abbé war allein darin, und er ruderte wie ein richtiger Seemann, mit einer seltenen Kraft, trotz seiner achtundfünfzig Jahre. Die Ärmel aufgekrempelt auf den muskelstarken Armen, die Soutane unten emporgeschlagen und zwischen die Knie geklemmt, auf der Brust ein wenig aufgeknöpft, seinen Dreispitz auf dem Sitz an seiner Seite, auf dem Kopf einen glockenförmigen Hut von Kork, überspannt mit weißer Leinwand, hatte er das Aussehen eines widerstandsfähigen und merkwürdigen Geistlichen der heißen Gegenden, der mehr für das Abenteuer geschaffen ist als fürs Messelesen.

Von Zeit zu Zeit blickte er hinter sich, um genau die Stelle zum Anlegen zu erkennen, dann zog er wieder frisch an, auf eine rhythmische, kunstgemäße und kraftvolle Art, um wieder einmal diesen schlechten Matrosen des Südens zu zeigen, wie die Männer aus dem Norden rudern.

Die Barke glitt auf den Sand und bohrte den Kiel hinein, als wollte sie so weiter auf dem Ufer emporsteigen; dann blieb sie stehen, und die fünf Männer, die den Pfarrer herankommen gesehen hatten, näherten sich ihm gesprächig, zufrieden und voll guten Willens.

»Gute Beute, Herr Pfarrer?« fragte der eine mit seiner provenzalischen Betonung.

Der Abbé Vilbois zog seine Ruder ein, nahm den Glockenhut ab, um sich wieder den Dreispitz aufzusetzen, streifte die Ärmel zurecht, knöpfte die Soutane wieder zu, und nachdem er seine Haltung und Würde als Seelenhirte des Dorfes wiedergewonnen hatte, antwortete er mit Stolz: »Ja, eine sehr gute Beute: drei Salmbörse, zwei Muränen und einige Meerjunker.«

Die fünf Fischer kamen nun ganz heran an die Barke, neigten sich über den Rand und prüften mit Kennerblicken die toten Tiere, die fetten Salmbörse, die Muränen mit den flachen Köpfen, diese häßlichen Schlangen des Meeres, und die violetten Meerjunker, die im Zickzack gestreift waren mit goldigen Bändern in der Farbe der Orangen.

Einer von ihnen sagte: »Ich werde Ihnen das in Ihr Haus tragen, Herr Pfarrer.«

»Danke, mein Lieber.«

Nachdem er jedem die Hand gedrückt hatte, begab er sich auf den Heimweg, gefolgt von dem einen, während sich die anderen des Bootes annahmen.

Er ging mit langen, langsamen Schritten, ein Bild von Kraft und Würde. Da ihm nach dem starken Rudern noch warm war, entblößte er, wenn er in den leichten Schatten eines Olivenbaumes kam, für Augenblicke sein Haupt, um sich an der Abendluft zu kühlen, die zwar noch lau, aber doch von der Seebrise erfrischt war. Seine Stirne war eckig, und die weißen geraden und kurzgeschorenen Haare darüber konnten glauben machen, es sei die Stirne eines Offiziers und nicht die eines Priesters. Auf einem Hügel tauchte schon das Dorf empor, mitten in dem breiten Tal, das sich in ebener Sohle gegen das Meer vorschob.

Es war an einem Juliabend. Die blendende Sonne war schon nahe daran, die ferne gezahnte Hügelreihe zu erreichen. Auf der weißen Straße, die mit einer Staubdecke überbreitet war, ging, schräg gegen die Seite hingestreckt, der endlose Schatten des Geistlichen, und der Schattendreispitz glitt über die benachbarten Felder als ein mächtiger dunkler Fleck hin, der wie zum Spiel auf jeden Olivenstamm, dem er begegnete, emporkletterte, um alsbald wieder hinunterzufallen und zwischen den Bäumen weiterzugleiten.

Unter den Tritten des Abbé Vilbois erhob sich eine Wolke von leichtem Staub, von diesem ungreifbaren feinen Mehl, mit dem im Sommer die Straßen der Provence bedeckt sind, und sie rauchte unten um die Soutane herum, die sie am Saume immer heller und heller färbte. Er ging jetzt, erfrischt, die Hände in den Taschen, mit dem langsamen und schweren Gehaben eines Gebirgsbewohners, der bergauf steigt. Seine ruhigen Augen betrachteten das Dorf, sein Dorf, in dem er seit zwanzig Jahren Pfarrer war, das Dorf, das er sich selbst erwählt und auch durch seine Gunst zugewiesen bekommen hatte und in dem er auch zu sterben gedachte. Die Kirche, seine Kirche, krönte den breitangelegten Kegel von Häusern, und ihre zwei ungleichen eckigen Türme von braunem Stein reckten ihre altertümlichen Silhouetten in das schöne Tal und sahen eher starken Verteidigungstürmen einer Burg gleich als Glockentürmen eines gottgeweihten Hauses.

Der Abbé war zufrieden, denn er hatte drei Salmbörse, zwei Muränen und einige Meerjunker gefangen.

Dieser neue kleine Triumph vor seinen Pfarrkindern tat ihm wohl, ihm, den man hauptsächlich deshalb achtete, weil er, trotz seines Alters, vielleicht der stärkste Mann des Landes war. Diese unschuldigen kleinen Eitelkeiten waren sein größtes Vergnügen. Er schoß so gut mit der Pistole, daß er die Stengel von Blumen durchschießen konnte, er focht manchmal mit dem Trafikbesitzer, seinem Nachbarn, einem ehemaligen Regimentsprofoß, und im Schwimmen kam ihm die ganze Küste entlang niemand nach.

Übrigens hatte er einstens der Gesellschaft angehört, war damals sehr bekannt, sehr elegant, der Baron Vilbois, der dann mit zweiunddreißig Jahren infolge eines Liebeskummers Priester geworden war.

Er war der Sproß einer alten königstreuen und gottesfürchtigen Familie aus der Picardie, die seit mehreren Jahrhunderten ihre Söhne in die Armee, in die Verwaltung und in die Geistlichkeit entboten hatte. So dachte auch er anfangs daran, auf den Rat seiner Mutter hin, in einen Orden einzutreten, dann entschloß er sich, dem Drängen seines Vaters folgend, einfach nach Paris zu gehen, dort sich dem Rechtsstudium zu widmen und schließlich irgendeine einflußreiche Stellung beim Gerichtshofe anzustreben.

Aber während er seine Studien beendete, erlag sein Vater einer Lungenentzündung, die er sich bei einer Wasserjagd zugezogen hatte, und seine Mutter starb kurze Zeit nachher an gebrochenem Herzen. So hatte er plötzlich ein großes Vermögen geerbt und verzichtete auf alle ehrgeizigen Pläne, indem er sich mit dem Leben als reicher Mann begnügte.

Da er ein hübscher Bursch war, dazu auch recht klug, obwohl seine Geistesgaben eingeengt waren vom Glauben, von Überlieferungen und von Grundsätzen, die er ebenso wie seine picardischen Riesenmuskeln geerbt hatte, gefiel er, hatte Erfolge in der maßgebenden Gesellschaft und genoß das Leben als wohlhabender, angesehener und rechtlicher junger Mann.

Da verliebte er sich aber nach einigen Begegnungen bei einem Freunde in eine junge Schauspielerin, eine ganz junge Schülerin des Konservatoriums, die mit großem Aufsehen zum erstenmal im Odeon aufgetreten war.

Er verliebte sich in sie mit der ganzen Leidenschaft, mit dem ganzen Ungestüm eines Mannes, dem der Glaube an absolute Ideen angeboren ist. Er verliebte sich, weil er sie im Spiegelbild der romantischen Rolle sah, in der sie gleich am ersten Tag, an dem sie sich dem Publikum gezeigt hatte, einen großen Erfolg errang.

Sie war hübsch, lasterhaft aus Vererbung und hatte das Gesicht eines unschuldigen Kindes; er nannte es ihr Engelsgesicht. Sie verstand es, ihn vollkommen zu erobern, aus ihm einen jener verrückten Rasenden zu machen, einen jener Narren in Verzückung, die ein Blick oder die ein Rock der erwählten Frau brennen macht auf dem Scheiterhaufen sterblicher Leidenschaften. Er machte sie zu seiner Geliebten, nahm sie vom Theater weg und liebte sie vier Jahre lang mit einer Inbrunst, die immer zunahm. Gewiß hätte er sie trotz seines Namens und trotz der ehrenvollen Überlieferungen seiner Familie schließlich doch geheiratet, wenn er nicht eines Tages die Entdeckung gemacht hätte, daß sie ihn seit langem mit dem Freund, durch den er sie kennengelernt hatte, betrog.

Die Tragödie war um so schrecklicher, da sie guter Hoffnung war und da er die Geburt des Kindes erwartete, um sich für die Heirat zu entscheiden.

Als er die Beweise, die er in einer Schublade erwischt hatte, in den Händen hielt, warf er ihr ihre Untreue, ihre Hinterhältigkeit, ihren Schmutz mit all der Grausamkeit vor, deren ein solcher halb Wilder fähig ist.

Sie indessen, dieses Kind des Pariser Pflasters, ebenso frech wie schamlos, sicher des zweiten Mannes, wie sie es des ersten gewesen war, und im übrigen waghalsig wie jene Mädchen aus dem Volk, die aus bloßem Leichtsinn auf die Barrikaden steigen, setzte ihm Widerstand entgegen und beschimpfte ihn sogar, und als er die Hand gegen sie erhob, zeigte sie nur auf ihren Bauch.

Er hielt inne, wurde bleich und dachte daran, daß ein Stämmling von ihm darinnen war, in diesem beschmutzten Fleisch, in diesem verächtlichen Leib, in dieser niederträchtigen Kreatur, sein Kind! Er stürzte auf sie, um beide zu zerschmettern, um diese doppelte Schande auszulöschen. Sie hatte nun Angst, sah alles verloren, und wie sie so unter seinen Fäusten dalag und gewahr wurde, daß sein Fuß drohte, in ihre Weichen zu stoßen, wo schon ein menschliches Embryo lebte, streckte sie die Hände aus, um den Stoß aufzufangen, und schrie ihm entgegen: »Töte mich nicht. Es ist nicht von dir, es ist von ihm!«

Er prallte zurück, derart überrascht, derart bestürzt, daß sein Zorn erstarrte; er stammelte: »Wie ... sagst du?«

Sie wiederholte, ganz toll vor Angst angesichts des Todes, der ihr aus den Blicken und aus den fürchterlichen Bewegungen dieses Mannes gedroht hatte: »Es ist nicht von dir, es ist von ihm!«

Er murmelte mit zusammengepreßten Zähnen: »Das Kind?«

»Ja.«

»Du lügst.«

Und wieder drohte sein Fuß mit dem tödlichen Stoß, während die Geliebte, auf den Knien zurückweichend, immer stammelte: »Wenn ich dir sage, es ist von ihm. Wäre es von dir, hätte es schon längst kommen müssen!«

Dieser Beweis war ihm einleuchtend wie die Wahrheit selbst. Es war einer jener Geistesblitze, bei denen alle Verstandesgründe auf einmal mit erleuchtender Klarheit, genau, unwiderleglich, treffend, unwiderstehlich erscheinen, und er war nun vollkommen überzeugt, er war sicher, daß er nicht der Vater dieses elenden Dirnenbankerts war, den sie im Leibe trug; erleichtert, befreit, ja plötzlich beinahe beruhigt, verzichtete er darauf, diese niederträchtige Kreatur zu vernichten.

Er sagte ihr mit einer ruhigen Stimme: »Steh auf, geh fort und laß dich niemals wieder blicken.«

Sie gehorchte, bezwungen, und ging davon.

Er sah sie nie wieder.

Auch er reiste ab. Er ging in den Süden, der Sonne zu, und machte in einem Dorfe halt, das mitten in einem Tal an den Gestaden des Mittelmeeres lag. Eine Herberge, von der aus man das Meer sah, gefiel ihm; er nahm da ein Zimmer und blieb. Er wohnte hier achtzehn Monate, in Kummer, in Verzweiflung, in völliger Einsamkeit. Er lebte mit der nagenden Erinnerung an die treubrüchige Frau, an ihren Reiz, an ihre Anschmiegsamkeit, an ihre Zauberkraft, und sie und ihre Liebkosungen fehlten ihm schmerzlich.

Er irrte durch die provenzalischen Täler und führte seinen armen kranken Kopf, der besessen war von Erinnerungen, im heißen Sonnenlicht spazieren, das durch das graue Laub der Olivenbäume wie durch ein Sieb drang.

Aber seine frommen Gedanken von früher, die Glut des ersten Glaubens, die schon ein wenig besänftigt war, kehrten in dieser schmerzlichen Einsamkeit in sein Herz zurück. Die Religion, die ihm einstens wie eine Zuflucht vor dem unbekannten Leben erschienen war, schien ihm jetzt eine Zuflucht vor dem trügerischen und quälenden Leben zu sein. Er hatte sich die Gewohnheit zu beten bewahrt. An das Gebet klammerte er sich in seinem Kummer, und er ging häufig, wenn die Dämmerung hereinbrach, in die dunkelnde Kirche und kniete nieder; im Hintergrunde erglänzte ganz allein die Flamme des ewigen Lichtes, dieses geheiligten Wächters, dieses Symbols der Gegenwart Gottes.

Er vertraute Gott seine Pein an, seinem Gott, und er sagte ihm all sein Elend. Er bat ihn um Rat, um Mitleid, um Hilfe, um Unterstützung, um Trost, und sein Gebet wurde von Tag zu Tag inbrünstiger.

Sein zermartertes Herz, das von der Liebe zu einer Frau wund war, blieb offen und bebend, immer durstig nach Zärtlichkeit; und nach und nach, kraft der Gebete, kraft der zunehmenden Übung des Mitleids in dem Leben als Einsiedler, kraft der Hingabe an diese geheimnisvolle Vereinigung, wie sie zwischen frommen Seelen und dem Erlöser entsteht, der tröstet und die Elenden aufnimmt, erfüllte die mystische Liebe zu Gott sein Herz und besiegte die andere Liebe.

Da nahm er wieder seine alten Pläne auf und entschloß sich, der Kirche sein zerbrochenes Leben anzubieten, das er ihr einst noch unberührt hätte weihen sollen.

Er wurde also Priester. Durch seine Familie, durch seine Beziehungen erreichte er es, daß er zum Geistlichen jenes provenzalischen Dorfes bestimmt wurde, in das ihn der Zufall geworfen hatte, und nachdem er einen großen Teil seines Vermögens wohltätigen Werken gewidmet hatte und für sich nur so viel zurückbehielt, daß er den Armen bis an sein Lebensende nützlich und hilfreich bleiben konnte, zog er sich in ein ruhiges Dasein zurück, das von frommen Handlungen und Aufopferungen für seine Nächsten erfüllt war.

Er war ein guter Priester, aber ohne weiten Blick, eine Art Seelenhirt mit den Eigenheiten eines Soldaten, ein religiöser Führer, der den Menschen kraftvoll den rechten Weg zu weisen verstand, den irrenden und blinden Menschen, die sich im Dickicht des Lebens verloren haben, in dem alle unsere Wünsche, unsere Begierden irreleitende Pfade sind. Aber viel von seiner Männlichkeit von früher blieb in ihm für immer lebendig. Er hörte nicht auf, kräftige Körperübungen zu lieben sowie den edlen Sport, besonders das Fechten, und er verabscheute die Frauen, alle, mit der Angst eines Kindes vor einer geheimnisvollen Gefahr.

2

Der Matrose, der dem Priester folgte, verspürte auf seiner Zunge eine geradezu südländische Lust zu plaudern. Er wagte es aber nicht, denn der Abbé machte auf seine Kirchenkinder einen großen Eindruck. Schließlich nahm er sich heraus zu sagen: »Also, Ihr fühlt Euch wohl in Eurem Haus, Herr Pfarrer?«

Dieses Landhaus war eines jener mikroskopischen Häuschen, in denen sich die Provenzalen aus den Städten und Dörfern im Sommer einnisten, wenn sie Luft schöpfen wollen. Der Abbé hatte diese Hütte gemietet, die in einem Olivenhain, fünf Minuten von seiner Amtswohnung, lag, weil das Pfarrhaus zu klein und eingekerkert war mitten in der Pfarrgemeinde, ganz an der Kirche.

Er bewohnte dieses Landhaus nicht regelmäßig, nicht einmal im Sommer; er kam nur gelegentlich für einige Tage hinaus, um da ganz im Grünen zu sein und auf Scheiben schießen zu können.

»Ja, mein Freund«, sagte der Priester, »ich fühle mich da sehr wohl.«

Das niedere Wohnhaus tauchte in den Bäumen auf, rosarot gestrichen, durch die Zweige und Blätter der Olivenbäume, mit denen das zaunlose Feld bebaut war, wie in kleine Stücke geschnitten, zerhackt, gestreift und schien dort wie ein provenzalischer Champignon gewachsen zu sein.

Man bemerkte auch eine große Frau, die vor der Türe ab und zu ging, während sie einen kleinen Tisch aufdeckte, auf den sie bei jedem Kommen mit gewissenhafter Langsamkeit ein Besteck, einen Teller, eine Serviette, ein Stück Brot, ein Trinkglas gab. Auf dem Kopf hatte sie eine kleine Haube, wie sie die Arlesierinnen tragen, nach hinten schmäler werdend, mit einem Abschluß von Seide oder schwarzem Samt, auf dem ein weißer gestickter Champignon blüht.

Als der Abbé auf Hörweite herangekommen war, rief er ihr zu: »Hallo, Margarete!«

Sie hielt inne, um zu schauen, und als sie ihren Herrn erkannte, sagte sie: »Ah, der Herr Pfarrer?«

»Ja. Ich bringe Ihnen eine gute Beute; Sie werden mir gleich einen Salmbörs auf dem Spieß braten, einen Salmbörs mit Butter, nichts als Butter, verstanden?«

Die Wirtschafterin, die an die Männer herangetreten war, prüfte mit Kennerblicken die Fische, die der Matrose trug.

»Wir haben aber schon ein Huhn mit Reis«, sagte sie.

»Um so schlimmer; aber ein Fisch von gestern ist nicht soviel wert wie ein Fisch, den man gerade aus dem Wasser gezogen hat. Ich werde eben ein kleines Fest für Feinschmecker haben, das habe ich ja nicht so oft; übrigens sind die Fische nicht so groß.«

Die Frau suchte einen Salmbörs aus, und als sie ihn wegtrug, drehte sie sich noch einmal um und sagte: »Schon dreimal war ein Mann da, der Sie gesucht hat, Herr Pfarrer.«

Er fragte gleichgültig: »Ein Mann? Was für ein Mann?«

»Na, besonders hat er nicht ausgesehen.«

»Ein Bettler?«

»Möglich, ja, ich weiß es nicht. Ich glaube eher, ein Strolch.«

Der Abbé Vilbois lachte, denn er kannte Margaretens Ängstlichkeit; sie konnte sich in dem Landhaus nicht aufhalten, ohne die ganzen Tage und besonders die Nächte lang sich einzubilden, daß man sie umbringen werde.

Er gab dem Matrosen ein Trinkgeld, und dieser ging davon. Der Pfarrer hatte alle Gewohnheiten als gewesener Weltmann, was die Pflege und Haltung des Körpers betrifft, bewahrt. Während er nun sagte: »Ich gehe mir nur noch die Hände waschen«, rief ihm Margarete aus der Küche zu, wo sie den Rücken des Salmbörses mit dem umgedrehten Messer schabte, wodurch die Schuppen sich wie feine Silberplättchen loslösten: »Da ist er schon wieder!«

Der Abbé blickte den Weg entlang und bemerkte tatsächlich einen Mann, der von weitem sehr schlecht gekleidet zu sein schien und der sich mit langsamen Schritten dem Hause näherte. Er erwartete ihn, indem er noch über die Angst der Wirtschafterin lächelte, und dachte: Meiner Seele, ich glaube, sie hat recht, er schaut wirklich wie ein Strolch aus.

Der Unbekannte näherte sich, die Hände in den Taschen, den Blick auf den Priester gerichtet und ohne sich zu beeilen. Er war jung und hatte einen blonden krausen Vollbart; die Haare hingen ihm in zerzausten Locken unter dem weichen Filzhut hervor, der so schmutzig und verschossen war, daß niemand hätte die ursprüngliche Form und Farbe erraten können. Er trug einen langen braunen Mantel, eine Hose, die um die Knöchel ausgefranst war, und absatzlose weiche Schuhe, was seinem Gang den stillen, beängstigenden, unhörbaren Schritt gab, wie ihn Landstreicher haben.

Als er dem Geistlichen nahegekommen war, nahm er den Filz mit einer theatralischen Bewegung herunter, und man sah ein liederliches, hübsches, aber verwelktes Gesicht und auf dem Kopf eine kleine Glatze, ein Zeichen von frühzeitiger Ausschweifung und Müdigkeit, denn dieser Mann war sicherlich nicht mehr als fünfundzwanzig Jahre alt.

Der Priester nahm ebenfalls den Hut ab; er erkannte und fühlte, daß dies nicht ein gewöhnlicher Vagabund war, nicht ein Taglöhner ohne Arbeit oder ein rückfälliger Sträfling, der auf dem Weg von einem Gefängnis zum andern ist und kaum mehr anders sprechen kann als in der Sprache der Verbrecher.

»Guten Tag, Herr Pfarrer«, sagte der Mann.

Der Priester antwortete einfach: »Ich grüße Sie«, er wollte diesen verdächtigen zerlumpten Wanderer nicht »Herr« nennen.

Sie betrachteten einander, und der Abbé Vilbois fühlte sich vor dem Blick dieses Landstreichers verwirrt und bewegt wie angesichts eines unbekannten Feindes, von einer jener seltsamen Beunruhigungen befallen, die wie ein Schauer durch den ganzen Körper gehen. Schließlich sagte der Landstreicher: »Also? Erkennen Sie mich?«

Der Priester antwortete sehr erstaunt: »Ich? Ganz und gar nicht, ich kenne Sie wirklich nicht.«

»So! Sie kennen mich wirklich nicht. Schauen Sie mich nur genauer an.«

»Da könnte ich Sie lange anschauen, ich habe Sie ja noch nie gesehen.«

»Das ist allerdings wahr«, antwortete der andere mit Ironie, »aber ich werde Ihnen jemanden zeigen, den Sie besser kennen.«

Er setzte seinen Hut wieder auf und öffnete den Mantel. Seine Brust war darunter nackt. Eine rote Gürtelbinde, um seinen mageren Bauch gewickelt, hielt die Hose über den Hüften fest.

Er nahm aus der Tasche einen Briefumschlag, einen jener unwahrscheinlichen Briefumschläge, die mit allen möglichen Flecken marmoriert sind, einen jener Briefumschläge, in denen die wandernden Strolche zwischen Rock und Futter irgendwelche Papiere aufbewahren, wahre oder falsche, gestohlene oder rechtmäßige, diese wertvollen Verteidiger der Freiheit vor dem Gendarm unterwegs. Er zog daraus ein Lichtbild, eines jener großen Kartenblätter, die man früher oft anfertigte, vergilbt, verblaßt, lange Zeit überall herumgeschleppt, gewärmt vom Fleisch dieses Mannes und von dieser Wärme trüb angelaufen.

Dann hob er dieses Bild an die Seite seines Gesichtes und fragte: »Und diesen da – den kennen Sie?«

Der Abbé trat zwei Schritte näher, um besser zu sehen, und

hielt inne, erbleichend und bestürzt, denn das war sein eigenes Bildnis, für »sie« angefertigt, in der längst vergangenen Zeit seiner Liebe.

Er antwortete nichts, weil er nicht begriff.

Der Strolch wiederholte: »Erkennen Sie ihn, den da?«

Und der Priester stammelte: »Ja, doch.«

»Wer ist es?«

»Das bin ich.«

»Sind das sicher Sie?«

»Ja.«

»Also gut! Jetzt schauen Sie uns beide gut an, Ihr Bild und mich.«

Er hatte es schon erkannt, der arme Mann, er hatte erkannt, daß diese zwei Wesen, das auf dem Bilde und das, das daneben lachte, einander ähnlich sahen wie zwei Brüder, aber er begriff es noch nicht und stotterte: »Was wollen Sie eigentlich von mir?«

Da sagte der Gauner mit einer bösen Stimme: »Was ich will? Ich will zuerst, daß Sie mich erkennen.«

»Wer sind Sie also?«

»Wer ich bin? Fragen Sie, wen Sie wollen, wen immer auf der Landstraße, fragen Sie Ihre Wirtschafterin, gehen wir den Vorsteher des Landes fragen, wenn Sie wollen, und zeigen wir ihm das da; der wird gut lachen, das sag' ich Ihnen. Ah, Sie wollen nicht erkennen, daß ich Ihr Sohn bin, Papa Pfarrer?«

Da erhob der Alte seine Arme in einer biblischen Geste und stöhnte verzweifelt: »Das ist nicht wahr.«

Der junge Mann trat ganz nahe zu ihm und sagte ihm, Gesicht zu Gesicht: »Ah, das ist nicht wahr? Herr Abbé, Sie müssen aufhören zu lügen, verstanden?«

Er hatte ein drohendes Gesicht, die Fäuste hatte er geballt, und er sprach mit einer so heftigen Überzeugung, daß der Priester, der immer zurückwich, sich fragte, wer von beiden sich in diesem Augenblicke täuschte.

Trotzdem versicherte er noch einmal: »Ich habe noch nie ein Kind gehabt.«

Der andere erwiderte: »Und vielleicht auch nie eine Geliebte?«

Der Alte sprach mit Entschiedenheit ein einziges Wort, ein stolzes Eingeständnis: »Doch.«

»Und diese Geliebte war nicht schwanger, als Sie sie davongejagt haben?«

Der altverhaltene Zorn, der fünfundzwanzig Jahre hindurch erstickt war oder vielmehr gereift war im tiefsten Grund des liebenden Herzens, sprengte plötzlich das künstlich errichtete Gewölbe von Glauben, von entsagender Ergebenheit, von allgemeinem Verzicht, und ganz außer sich schrie er auf: »Ich habe sie davongejagt, weil sie mich betrogen hatte und weil sie das Kind eines anderen trug; sonst hätte ich sie getötet, mein Herr, und Sie mit ihr!«

Der junge Mensch zögerte, seinerseits überrascht von dem aufrichtigen Ausbruch des Pfarrers, und entgegnete dann sanfter: »Wer hat Ihnen gesagt, daß es das Kind eines anderen war?«

»Sie doch, sie selbst, während sie sich gegen mich auflehnte.«

Daraufhin schloß der Strolch, ohne diese Versicherung zu bestreiten, mit dem gleichgültigen Ton eines Spitzbuben, der einen Fall beurteilt: »Also gut! Dann hat sich eben die Mama geirrt, wie sie Ihnen getrotzt hat!«

Der Abbé beherrschte sich wieder allmählich nach diesem Wutausbruch und fragte ihn nun: »Und wer hat denn Ihnen gesagt, daß Sie mein Sohn wären?«

»Sie, Herr Pfarrer, wie sie starb … und dann dieses!« Und er hielt dem Priester wieder die kleine Fotografie vor die Augen.

Der Alte nahm sie und verglich nun, langsam und lange, mit angstvollem Herzen, diesen Unbekannten und sein eigenes Bild von einst, und er zweifelte nicht mehr: das war gewiß sein Sohn.

Eine Beklemmung erfaßte seine Seele, eine unsagbare Erregung, furchtbar schmerzend, wie die Mahnung des Gewissens an ein einstiges Verbrechen. Er begriff einiges und erriet den Rest, indem er sich jenen rohen Auftritt bei der Trennung vergegenwärtigte. Nur um das eigene Leben zu retten, das von dem beleidigten Manne bedroht war, hatte ihm diese Frau, dieses betrügerische und treulose Weibchen, jene Lüge hingeworfen. Und die Lüge war geglückt. Dann wurde ein Sohn von ihm geboren, wuchs und wurde dieser schmierige Landstreicher, der nach Laster roch, wie der Bock nach Tier stinkt.

Er murmelte: »Wollen Sie einige Schritte mit mir machen, damit wir einander alles besser erklären?«

Der andere grinste: »Zum Teufel! Deshalb bin ich doch da.«

Sie gingen zusammen, Seite an Seite, durch den Olivenhain. Die Sonne war verschwunden. Die große Frische der südlichen Dämmerungen breitete über die Landschaft einen unsichtbaren kalten Mantel. Der Abbé schauerte zusammen und hob plötzlich den Blick, wie er es beim Messelesen häufig gewohnt war, und bemerkte ringsum das zarte graue Laub des geheiligten Baumes, unter dessen dürftigem Schatten einst Christo der größte Schmerz, die einzige Schwäche beschieden war.

Ein Gebet drang aus ihm, kurz und verzweifelt, mit jener inneren Stimme gesprochen, die nicht durch den Mund kommt und mit der die Gläubigen ihren Erlöser beschwören: »Mein Gott, steh mir bei!«

Dann wandte er sich zu seinem Sohn: »Also Ihre Mutter ist tot?«

Eine neue Pein erwuchs in ihm, als er diese Worte ausgesprochen hatte: »Ihre Mutter ist tot«, und preßte sein Herz, eine sonderbare Not seines männlichen Blutes, das nie aufgehört hatte, sich zu erinnern, und ein grausamer Nachklang der Qual, die er erlitten hatte; und vielleicht um so mehr deshalb, weil sie nun tot war, ein Schauer jenes wilden und kurzen Jugendglücks, von dem jetzt nichts mehr übrig war als die Wunde der Erinnerung.

Der junge Mann antwortete: »Ja, Herr Pfarrer, meine Mutter ist tot.«

»Schon lange?«

»Ja, schon drei Jahre.«

Ein neuer Zweifel erfaßte den Vater: »Warum sind Sie dann nicht viel früher zu mir gekommen?«

Der andere zögerte: »Ich konnte nicht. Es gab allerlei Hindernisse ... aber verzeihen Sie, wenn ich diese vertraulichen Mitteilungen unterbreche, die ich dann später, so eingehend, wie Sie es nur wünschen, fortsetzen will, um Ihnen jetzt zu sagen, daß ich seit gestern früh noch nichts gegessen habe.«

Ein Schauer von Mitleid durchschütterte den ganzen alten Mann, und er streckte ihm plötzlich beide Hände entgegen: »Mein armes Kind!«

Der junge Mensch empfing diese entgegengehaltenen großen Hände, die nun seine viel schmaleren, warmen und fiebrigen Finger umklammerten.

Dann antwortete er mit dem spitzbübischen Zug, der nie seine Lippen verließ: »Na also, nicht wahr! Ich fange an, zu glauben, daß wir einander trotz allem verstehen werden.«

Der Pfarrer begann auszuschreiten: »Gehen wir zum Essen.«

Er dachte plötzlich mit einer kleinen triebhaften, verworrenen und merkwürdigen Freude an den schönen Fisch, den er geangelt hatte und der zusammen mit dem Huhn und Reis heute eine gute Mahlzeit für das elende Kind abgeben würde.

Die Arlesierin, beunruhigt und schon brummig, wartete vor der Türe.

Der Abbé rief: »Margarete, nehmen Sie den Tisch und tragen Sie ihn ins Zimmer, recht flink, und geben Sie zwei Gedecke, recht flink!«

Die Wirtschafterin blieb entsetzt stehen, bei dem Gedanken, daß ihr Herr mit diesem Strauchdieb zusammen essen wollte.

Da begann der Abbé Vilbois selbst den Tisch abzudecken und hinüberzutragen in das einzige Zimmer ebener Erde, den Tisch, der für ihn gedeckt war.

Fünf Minuten später saß er dem Strolch gegenüber, vor einer Schüssel, die mit Kohlsuppe gefüllt war und aus der zwischen ihren Gesichtern eine leichte Wolke von heißem Dampf emporstieg.

3

Als die Teller gefüllt waren, begann der Vagabund seinen Löffel hastig zum Munde zu führen und die Suppe gierig hinunterzuschlingen. Der Abbé hatte keinen Hunger mehr und schlürfte nur langsam die schmackhafte Kohlsuppe, während er das Brot auf dem Grund des Tellers zurückließ.

Plötzlich fragte er: »Wie heißen Sie?«

Der junge Mensch, gut gelaunt, weil er seinen Hunger stillen konnte, begann zu lachen:

»Unbekannter Vater«, sagte er, »ich habe keinen anderen Familiennamen als den meiner Mutter, den Sie wahrscheinlich noch nicht vergessen haben werden. Dagegen habe ich zwei Vornamen, die, nebenbei gesagt, gar nicht zu mir passen: ›Philipp-August‹.«

Der Abbé erblaßte und fragte aus zusammengepreßter Kehle: »Warum hat man Ihnen diesen Vornamen gegeben?«

Der Vagabund zuckte mit den Achseln: »Sie müssen leicht den Grund erraten können. Meine Mutter wollte, nachdem sie sich von Ihnen getrennt hatte, Ihren Nebenbuhler glauben machen, daß ich sein Sohn sei, und er hat es bis zu meinem fünfzehnten Jahre geglaubt. Damals begann ich aber Ihnen ähnlich zu sehen. Da hat er mich verleugnet, dieser Hund. Man hatte mir also seine zwei Vornamen Philipp-August gegeben, und wenn ich das Glück gehabt hätte, niemandem ähnlich zu sehen oder einfach der Sohn eines dritten Spitzbuben zu sein, der sich nicht gezeigt hätte, so würde ich heute Vicomte Philipp-August von Pravallon heißen, der etwas spät legitimierte Sohn des Grafen und Senators. Ich habe mich selbst ›Pechvogel‹ getauft.«

»Woher wissen Sie alles, was Sie da erzählen?«

»Weil ich Auseinandersetzungen zugehört habe, die vor mir stattfanden, Auseinandersetzungen, die nicht gerade zart waren, das können Sie mir glauben. Dabei lernt man, was das Leben ist, das muß man sagen!«

Etwas Schmerzlicheres und Quälenderes als alles, was er seit einer halben Stunde gefühlt und gelitten hatte, drückte jetzt den Priester nieder. Es war wie eine Art von Erstickungsanfall, der begann und der zunehmen und ihn endlich töten würde, das fühlte er. Er kam weniger von dem, was er hören mußte, als von der Art, wie es gesagt war, und von dem Ausdruck des gemeinen Strizzigesichtes, welcher das Gesprochene unterstrich. Er begann jetzt zwischen seinem Sohn und sich die Kloake von moralischem Schmutz zu fühlen, die für gewisse Seelen tödliches Gift ist. Das war sein Sohn? Er konnte es noch nicht glauben, er wollte alle Beweisgründe wissen, alles, alles erfahren, alles anhören, alles erdulden. Er dachte wiederum an die Ölbäume, die seinen kleinen Besitz umgrenzten, und murmelte zum zweitenmal: »Lieber Gott, steh mir bei.«

Philipp-August hatte seine Suppe gegessen. Er fragte: »Es wird also nicht mehr weiter gegessen, mein lieber Abbé?«

Da die Küche sich außerhalb des Hauses in einem anstoßenden Gebäude befand, wo Margarete nicht mehr die Stimme des Pfarrers hören konnte, verständigte dieser sie, sobald er etwas brauchte, durch einige Schläge auf einen chinesischen Gong, der hinter ihm an der Wand hing.

Er nahm also den kupfernen Hammer und schlug einigemal hintereinander auf die runde Metallscheibe. Diese gab zuerst einen schwachen Ton, der stärker wurde, immer stärker, bis er endlich scharf, überscharf, ohrenzerreißend, schrecklich wie eine Klage des geschlagenen Kupfers ertönte.

Die Wirtschafterin erschien. Ihre Züge waren gespannt, und sie warf wütende Blicke auf den Halunken. Als ob sie mit dem Instinkt eines treuen Hundes das Drama, in das ihr Herr verstrickt war, geahnt hätte. In ihren Händen hielt sie den gebratenen Fisch, dem ein appetitlicher Duft von zerlassener Butter entströmte.

Der Abbé teilte den Fisch mit einem Löffel von einem Ende zum anderen und bot das Mittelstück des Rückens dem Kind seiner Jugendjahre an.

»Ich selbst habe ihn vorhin gefischt«, sagte er mit einem Rest von Stolz, der in seiner Verzweiflung übriggeblieben war.

Margarete ging nicht hinaus.

Der Priester fuhr fort: »Bringen Sie Wein, guten Wein, den gewissen weißen Wein vom Korsischen Kap.«

Sie nahm den Befehl mit einer Gebärde auf, die fast eine Auflehnung bedeutete, und er mußte mit strenger Miene wiederholen: »Also gehen Sie, zwei Flaschen!«

Wenn er nämlich jemandem Wein anbot – ein seltenes Vergnügen für ihn –, gönnte er sich selbst auch eine Flasche.

Philipp-August strahlte. Er murmelte: »Herr Gott, ist das ein guter Einfall! Ich habe schon lange nicht so wie heute gegessen.«

Die Magd kam nach zwei Minuten wieder, die dem Abbé lang wie zwei Ewigkeiten schienen, denn ein Bedürfnis, zu wissen, brannte jetzt in seinem Innern so verheerend wie Höllenfeuer.

Die Flaschen waren entkorkt, aber die Haushälterin blieb da, die Augen auf den fremden Menschen gerichtet.

»Lassen Sie uns allein«, sagte der Pfarrer.

Sie tat, als höre sie nicht.

Er fuhr in einem Ton fort, der fast hart war: »Ich habe Ihnen befohlen, uns allein zu lassen.«

Da ging sie hinaus.

Philipp-August aß den Fisch mit gieriger Hast. Sein Vater schaute ihm zu, mehr und mehr überrascht und entsetzt über alles, was er an Niedrigem in diesem Gesicht, das ihm so sehr glich, entdeckte. Die kleinen Bissen, die der Abbé Vilbois zwischen seine Lippen brachte, blieben ihm im Munde stecken, denn sein zusammengepreßter Schlund ließ sie nicht durch. Er kaute lange an ihnen herum und suchte unter allen Fragen, die ihm einfielen, diejenigen, die er am raschesten beantwortet zu haben wünschte.

Endlich murmelte er: »An was ist sie gestorben?«

»An einer Lungenkrankheit.«

»War sie lange krank?«

»Ungefähr achtzehn Monate.«

»Wo hat sie sich diese Krankheit geholt?«

»Das weiß man nicht.«

Sie schwiegen. Der Abbé dachte nach. So vieles bedrückte ihn, das er auf einmal geklärt haben wollte, denn seit dem Tage ihres Bruches, dem Tag, an dem er beinahe getötet hätte, hatte er nichts mehr von ihr erfahren. Allerdings hatte er auch nichts wissen wollen, denn er hatte mit Entschlossenheit die Erinnerung an seine Tage des Glückes mit ihr in den tiefen Graben des Vergessens geworfen. Jetzt aber, da sie tot war, fühlte er plötzlich in sich das brennende Verlangen, alles zu erfahren, als wäre sie noch seine Geliebte.

Er fuhr fort: »Sie war nicht allein, nicht wahr?«

»Nein, sie lebte die ganze Zeit mit ihm.«

Der alte Mann fuhr zusammen: »Mit ihm! Mit Pravallon?«

»Natürlich.«

Und der vor so langer Zeit betrogene Mann rechnete sich aus, daß die Frau, die ihn verraten hatte, mehr als dreißig Jahre mit seinem Nebenbuhler zusammengelebt hatte. Fast unwillkürlich stammelte er: »Waren sie miteinander glücklich?«

Der junge Mann antwortete grinsend: »Manchmal ja und manchmal nein. Ohne mich wäre alles wunderschön gewesen. Ich habe immer alles verdorben.«

»Wieso, warum?« fragte der Priester.

»Ich habe es Ihnen ja schon erzählt. Weil er mich, bis ich ungefähr fünfzehn Jahre alt war, für seinen Sohn hielt. Aber er war gar nicht dumm, der Alte, er hat ganz von selbst die Ähnlichkeit entdeckt, und da hat es Auftritte gegeben. Ich horchte an den Türen. Er beschuldigte Mama, ihn zum Narren gehalten zu haben. Mama antwortete: ›Ist das Ganze meine Schuld? Du wußtest sehr gut, als du mit mir angefangen hast, daß ich die Geliebte des anderen war.‹ Der andere, das waren Sie.«

»So? Also sprachen sie manches Mal von mir?«

»Ja. Aber Ihr Name wurde nie vor mir genannt, außer am Ende, ganz am Ende, als Mama sich verloren wußte. Sie hatten doch ein gewisses Mißtrauen gegen mich.«

»Und Sie? Sie haben schon früh gewußt, daß Ihre Mutter sich in einer schiefen Stellung befand?«

»Das glaub' ich! Naiv bin ich nicht und bin es nie gewesen. So was errät man gleich, sobald man anfängt zu wissen, wie es in der Welt zugeht.«

Philipp-August schenkte sich jeden Augenblick frisch ein. Seine Augen begannen sich zu entzünden; sein langes Fasten machte, daß er rasch berauscht wurde. Der Priester bemerkte es. Fast hätte er ihn am Weitertrinken verhindert, dann aber streifte ihn der Gedanke, daß die Trunkenheit unvorsichtig und geschwätzig macht, und so nahm er die Flasche und füllte von neuem das Glas des jungen Mannes.

Margarete brachte ein Huhn mit Reis herein. Wie sie es auf den Tisch gestellt hatte, richtete sie wieder ihre Augen auf den Vagabunden; dann sagte sie mit entrüstetem Gesicht zu ihrem Herrn: »Aber schauen ihn Herr Pfarrer doch an, wie besoffen er ist.«

»Geh, laß uns in Ruh«, sagte der Pfarrer, »und geh hinaus.«

Beim Verlassen des Zimmers warf sie die Türe zu.

Er fragte: »Was sagte sie über mich, Ihre Mutter?«

»Nun das, was man gewöhnlich über einen Mann sagt, den man hat sitzen lassen, daß Sie für eine Frau unbequem und langweilig seien und daß Sie ihr das Leben mit all Ihren Ideen sehr schwer gemacht hätten.«

»Hat sie das oft gesagt?«

»Ja. Manchmal mit allerlei Verhüllungen, damit ich es nicht verstehen sollte; aber ich erriet doch alles.«

»Und wie wurden Sie in diesem Hause behandelt?«

»Ich? Zuerst sehr gut und nachher sehr schlecht. Als Mama sah, daß ich ihre Pläne verderbe, hat sie mich ins Wasser geschmissen.«

»Wieso das?«

»Wieso? Das ist sehr einfach. Um mein sechzehntes Jahr herum hab' ich einige Streiche gemacht. Da steckte mich diese Lumpengesellschaft in eine Besserungsanstalt, um mich loszuwerden.«

Er stemmte seine Ellenbogen auf den Tisch, stützte seine beiden Wangen in die Hände, und sein Geist litt in völliger Trunkenheit Schiffbruch; auf einmal packte ihn jene unwiderstehliche Lust, von sich selbst zu reden, welche die Betrunkenen zu den fantastischsten Prahlereien treibt.

Und dabei hatte er ein gewinnendes Lächeln, etwas von weiblicher Grazie schwebte um seine Lippen, eine perverse Grazie, die dem Priester nicht unbekannt war. Nicht nur war sie ihm nicht unbekannt, sondern er spürte sie durch und durch, diese kosende, verhaßte Grazie, die ihn einst erobert und ins Verderben gebracht hatte. Jetzt war es die Mutter, welcher der Sohn am ähnlichsten sah, nicht in den Zügen des Gesichtes, aber im stechenden falschen Blick, im lügnerischen Lächeln, das die Pforte des Mundes für alle Schändlichkeiten des Innern zu öffnen schien.

Philipp-August erzählte: »Ha, ha, ha! Ich habe seit dem Zuchthaus ein sonderbares Leben geführt, für dessen Erzählung ein großer Romanschriftsteller viel Geld geben würde. Scherz beiseite, der alte Dumas hat in seinem ›Monte Christo‹ keine spaßigeren Sachen erfunden, als die mir passiert sind.«

Er schwieg mit dem philosophischen Ernst des Betrunkenen, der nachdenkt; dann sagte er langsam: »Wenn man wünscht, daß aus einem Burschen etwas Ordentliches wird, sollte man ihn nie in eine Besserungsanstalt stecken, was immer er angestellt hat, wegen der Bekanntschaften, welche man da drinnen macht. Ich habe ein schönes Stückel aufgeführt, es ist aber schlecht gegangen. Eines Abends gegen sieben Uhr bummelte ich mit drei Kameraden herum; wir waren alle ein wenig beschwipst, es war auf der Landstraße bei der Furt von Folac. Auf einmal begegnen wir einem Wagen, in dem alle schliefen, der, welcher kutschierte, und seine Familie; es waren Leute von Martinon, die von einem Essen nach Hause kamen. Ich nehme das Pferd beim Zaum, führe es auf die Plätte des Schiffers, der die Überfahrt besorgt, und stoße die Plätte in den Fluß hinein. Es entsteht ein Lärm, der Spießer, der kutschiert, wacht auf, sieht nichts und treibt das

Pferd an. Das Pferd legt los und springt mit dem Wagen in die Suppe hinein. Alle ertranken! Die Kameraden haben mich angezeigt. Zuerst hatten sie aber sehr gelacht, als sie den Streich sahen, den ich ausführte. Allerdings hatten wir nicht gedacht, daß die Geschichte so schlecht enden würde. Wir hatten nur auf ein Bad gehofft, um etwas zum Lachen zu haben.

Seitdem habe ich viel stärkere, ärgere Streiche gespielt, um mich wegen des Ausgangs zu rächen, der, ich gebe Ihnen mein Wort darauf, nicht die Besserungsanstalt verdient hatte. Aber es ist nicht der Mühe wert, daß ich Ihnen diese Geschichten erzähle. Ich werde Ihnen nur von der letzten sprechen, weil diese Ihnen gefallen wird; davon bin ich überzeugt. Ich habe Sie gerächt, Papa.«

Der Abbé schaute seinen Sohn mit entsetzten Augen an und aß nichts mehr.

Philipp-August wollte fortfahren zu reden.

»Nein«, sagte der Priester, »nicht jetzt, sondern etwas später.«

Er drehte sich um und schlug auf das kreischende chinesische Instrument, das laut dröhnte. Margarete erschien sofort.

Ihr Herr befahl mit einer so rauhen Stimme, daß sie erschrocken und gefügig den Kopf senkte: »Bringe uns die Lampe und alles, was du noch auf den Tisch zu stellen hast, und lasse dich nachher nicht sehen, bevor ich nicht auf den Gong geschlagen habe.«

Sie ging hinaus, kam wieder herein und stellte auf das Tischtuch eine Lampe von weißem Porzellan, gekrönt von einem grünen Schirm, ein Stück Käse, Obst, und dann ging sie wieder hinaus.

Der Abbé sagte mit Entschlossenheit: »Fahren Sie jetzt fort, ich höre Ihnen zu.«

Philipp-August füllte ruhig seinen Teller mit dem Nachtisch und sein Glas mit Wein. Die zweite Flasche war fast leer, obwohl der Pfarrer sie nicht angerührt hatte.

Der junge Mann fuhr stotternd, den Mund schwer von Nahrung und von Wein, fort: »Das ist der letzte Streich; der ist stark:

Ich war nach Hause zurückgekommen und gegen ihren Willen dortgeblieben, weil sie Angst hatten … Angst vor mir. Mich muß man nicht langweilen, mich nicht. Ich bin zu allem fähig, wenn man mich sekkiert … wissen Sie … sie lebten zusammen und nicht zusammen. Er hatte zwei Wohnungen, eine Wohnung für den Senator und eine für den Liebhaber. Aber er lebte häufiger bei Mama als in seiner Wohnung, denn er konnte es ohne sie nicht aushalten. Ja, das war eine, die gleichzeitig schlau und stark war. Die verstand es Ihnen, einen Mann zu halten! Sie hatte von seinem Körper und von seiner Seele Besitz ergriffen, und sie hielt ihn bis ans Ende. Nein, sind die Männer dumm! Ich war also zurückgekommen und ihr Herr geworden, durch die Angst, die sie vor mir hatten. Ich bin einer, der sein Spiel zu spielen weiß, wenn's drauf ankommt. Und was die Schlauheit anbelangt und die Kunst, jemanden nicht loszulassen, und die feste Faust, fürchte ich keinen Konkurrenten. Da wird also Mama krank, und er quartiert sie in einer schönen Besitzung bei Meulan ein, mitten in einem Park, der groß war wie ein Wald. Es dauerte ungefähr achtzehn Monate, wie ich Ihnen gesagt habe; da merkten wir, daß das Ende herankommt. Er kam alle Tage von Paris heraus und war betrübt, aber ich sage Ihnen, wirklich betrübt.

Sie hatten also eines Morgens ungefähr eine Stunde zusammen geplauscht, und ich fragte mich, wovon sie wohl so lange schwätzen konnten, als man mich auf einmal rief. Und die Mama sagte zu mir: ›Ich bin bereit zu sterben, und ich will dir, trotzdem der Graf dagegen ist, etwas enthüllen – sie nannte ihn immer ›den Grafen‹, wenn sie von ihm sprach – es ist der Name deines Vaters, der noch am Leben ist.‹

Ich hatte mehr als hundertmal danach gefragt … mehr als hundertmal, nach dem Namen meines Vaters … mehr als hundertmal …, und sie hatte sich immer geweigert, ihn zu sagen. Ich glaube sogar, daß ich ihr eines Tages einige Ohrfeigen hineingehauen habe, aber es hat nichts genützt. Dann hatte sie, um mich loszuwerden, mir mitgeteilt, daß Sie gestorben wären, ohne mir einen Sou zu hinterlassen, daß Sie nichts Besonderes gewesen seien, ein Jugendirrtum, etwas, das auf die Rechnung der Dummheit einer Jungfrau zu schreiben ist. Sie hatte mir das alles so wunderschön erzählt, daß ich ihr vollständig aufgesessen bin und wirklich an Ihren Tod geglaubt habe.

Sie sagte mir also: ›Es handelt sich um den Namen deines Vaters.‹

Der Graf, der in einem Lehnstuhl saß, sagte dreimal hintereinander: ›Sie haben Unrecht, Sie haben Unrecht, Sie haben Unrecht, Rosette.‹

Mama setzte sich in ihrem Bett auf. Ich sehe sie noch, mit der Röte auf ihren Backenknochen und ihren glänzenden Augen. Denn sie hatte mich trotz allem sehr gern, und sie sagte zu ihm: ›Dann tun Sie etwas für ihn, Philipp.‹

Wenn sie zu ihm sprach, nannte sie ihn Philipp und mich August.

Er begann zu schreien wie ein Verrückter: ›Für diesen Lumpen, für diesen Taugenichts, für diesen abgestraften Verbrecher, für diesen, diesen, diesen … tue ich nichts.‹ Und er fand Namen für mich, als ob er sein ganzes Leben nichts anderes getan hätte, als danach zu suchen.

Ich war im Begriff, zornig zu werden, Mama aber hieß mich still sein und sagte zu ihm: ›Sie wollen also, daß er verhungert? Denn ich besitze ja nichts.‹ Er antwortete, ohne die Fassung zu verlieren: ›Rosette, ich habe Ihnen fünfunddreißigtausend Francs im Jahre seit dreißig Jahren gegeben, das macht mehr als eine Million. Ich habe gemacht, daß Sie das Leben einer reichen, einer geliebten, ich kann wohl sagen, einer glücklichen Frau führen konnten. Ich bin diesem Lumpen, der unsere letzten Jahre verdorben hat, nichts schuldig; von mir wird er nichts bekommen. Es ist unnütz, weiter darüber zu reden. Ich bedauere es, aber ich wasche meine Hände in Unschuld.‹

Da wendet sich Mama zu mir. Ich sagte mir: ›Gut, jetzt werde ich meinen wirklichen Vater wiederfinden. Wenn er Schotter hat, bin ich ein geretteter Mann …‹

Sie fuhr fort: ›Dein Vater, der Baron Vilbois, ist heute der Pfarrer Vilbois, Pfarrer von Vallandon bei Toulon. Er war mein Liebhaber, als ich ihn wegen diesem da verließ.‹

Und sie erzählte mir alles, außer, daß sie auch Sie mit ihrer Schwangerschaft angeschmiert hat. Die Frauenzimmer, sehen Sie, können eben nie die Wahrheit sagen.«

Er grinste unbewußt und ließ all den Schlamm, den er in seinem Innern trug, frei ausströmen. Er trank weiter und fuhr mit heiterem Gesicht fort: »Mama starb zwei Tage ... zwei Tage später. Wir folgten ihrem Sarg bis zum Friedhof, er und ich ... sagen Sie mir, ist das nicht spaßig ... er und ich ... und drei Diener ... das war alles ... er weinte wie ein Ochs. Wir gingen einer neben dem andern ... man hätte meinen können, der Papa und der Sohn vom Papa.

So kamen wir denn wieder nach Hause zurück. Wir waren ganz allein, wir zwei. Ich sagte mir: Jetzt heißt's, ohne einen Sou abzufahren. Ich hatte genau fünfzig Franken. Was ich wohl finden konnte, um mich zu rächen?

Er nimmt mich beim Arm und sagt zu mir: ›Ich habe mit Ihnen zu sprechen.‹

Ich folgte ihm in sein Arbeitszimmer. Er setzt sich vor seinen Schreibtisch und erzählt mir, in Tränen schwimmend, daß er mir gegenüber nicht so böse sein will, wie er es der Mama gesagt hatte. Er bittet mich, ihm keine Unannehmlichkeiten zu machen. Das ... das geht uns an, Sie und mich ... er gibt mir einen Tausender ... einen Tausender. Was konnten mir tausend Franken nützen ... mir ... mir, einem Menschen wie mir. Ich sah, daß andere Banknoten in der Schublade waren, ein ganzer Haufen. Der Anblick von all diesem Papier gibt mir eine Lust, mein Messer spielen zu lassen. Ich halte meine Hand hin, um den Schein zu nehmen, den er mir reicht, aber statt das Almosen anzunehmen, springe ich auf ihn, werfe ihn zu Boden und presse ihm die Gurgel zusammen, bis das Weiße von den Augen herauskommt ... Wie ich dann sehe, daß er nahe am Krepieren ist, kneble ich ihn, binde ihn, ziehe ihn aus, drehe ihn um und dann ... ha, ha, ha, ich habe Sie auf die spaßigste Art von der Welt gerächt!«

Philipp-August erstickte vor Jubel, so daß er husten mußte. Der Abbé Vilbois sah auf seiner, von einer grausamen lustigen Falte durchzogenen Lippe jenes Lächeln von ehemals wieder, das die Frau gehabt hatte, wegen der er den Kopf verlor.

»Und dann?« fragte er.

»Dann ... ha, ha, ha! ... Im Kamin brannte ein Riesenfeuer ... es war im Dezember ... die größte Kälte ... bei der größten Kälte ist sie gestorben ... die Mama ... ein großes Kohlenfeuer ... ich nehme die Feuerzange ... stecke sie in die Glut, bis sie rot wird ... und dann ... mache ich ihm Kreuze auf den Rücken, acht, zehn ... ich weiß nicht, wie viele ... dann drehe ich ihn um und mache ihm ebenso viele auf den Bauch. Das ist spaßig, nicht wahr, Papa. So zeichnete man früher die Sträflinge ... er wand sich wie ein Aal ..., aber ich hatte ihn gut geknebelt, er konnte nicht schreien ... dann nahm ich die Banknoten – zwölf – mit der meinigen machte es dreizehn ... das hat mir kein Glück gebracht. Dann brannte ich durch, nachdem ich den Dienern gesagt hatte, den Grafen bis zur Stunde des Essens nicht zu stören, weil er schlafe.

Ich glaubte sicher, daß er nichts sagen werde, aus Angst vor dem Skandal, weil er doch Senator ist. Ich habe mich geirrt. Vier Tage später nahmen sie mich in einem Pariser Restaurant hopp. Ich habe drei Jahre Gefängnis gekriegt. Das ist der Grund, warum ich Sie habe nicht früher besuchen können.«

Wiederum trank er, dann sagte er, so stotternd, daß die Worte kaum herauskamen: »Jetzt ... Papa, Papa Pfarrer! ... Nein, was das spaßig ist, einen Pfarrer zum Papa zu haben! Ha, ha, ha ..., du mußt nett sein, weil ich kein gewöhnlicher Kerl bin ... und weil ich einen guten ... einen sehr guten Streich ... dem Alten ... gespielt ...«

Derselbe Zorn, der damals den Abbé Vilbois vor seiner Geliebten, die ihn betrog, überkommen hatte, durchschüttelte ihn jetzt vor diesem verabscheuungswürdigen Menschen.

Er, der im Namen Gottes so oft die schändlichen Geheimnisse, die ihm unter dem Siegel der Beichte zugeflüstert wurden, verziehen hatte, er fühlte jetzt keine Regung von Mitleid oder von Würde in sich selbst und rief auch nicht den hilfreichen und barmherzigen Gott zum Beistand, denn er begriff, daß kein himmlischer oder irdischer Schutz hienieden diejenigen retten kann, auf die ein solches Unglück herniederfällt.

Die ganze Glut seines leidenschaftlichen Herzens und seines gewalttätigen Blutes, welche die Weihen gelöscht hatten, erwachte in einem unwiderruflichen Aufruhr gegen diesen Elenden, der sein Sohn war, gegen diese Ähnlichkeit mit ihm und der unwürdigen Mutter, die ein ihr selbst gleichendes Kind gezeugt hatte, und gegen das Schicksal, das diesen Schurken an seinen väterlichen Fuß heftete, so wie die Kugel, die der Galeerensträfling nachschleppt. Durch diesen furchtbaren Schlag aus seinem fünfundzwanzigjährigen frommen Schlaf aufgeweckt, übersah er alles und sah mit plötzlicher Hellsichtigkeit das Kommende voraus.

Auf einmal überzeugt davon, daß er eine starke Sprache reden müsse, damit der Verbrecher vor ihm sofort durch Angst gebändigt werde, sagte er, die Zähne vor Wut zusammengepreßt und ohne an die Trunkenheit des jungen Menschen zu denken: »Jetzt, wo Sie mir alles erzählt haben, hören Sie mich an: Sie werden morgen früh abreisen. Sie werden an einem Orte wohnen, den ich Ihnen bezeichnen werde und den Sie nie ohne meinen ausdrücklichen Befehl verlassen werden. Sie werden dort von mir eine Rente beziehen, die ausreichend zum Leben, aber klein sein wird; denn ich habe kein Geld. Wenn Sie ein einziges Mal ungehorsam sind, wird alles aus sein, und Sie werden es mit mir zu tun haben ...«

Obwohl er durch den Wein verblödet war, verstand Philipp-August die Drohung, und der Verbrecher, der in ihm steckte, kam zum Vorschein. Unter Rülpsen stieß er hervor: »Papa, du Papa ... das gibt's nicht ... du bist ein Pfarrer ... ich halte dich ... und du wirst klein beigeben wie die andern!«

Der Abbé bäumte sich auf. Wie ein alter Ringkämpfer fühlte er in seinen Muskeln den unwiderstehlichen Drang, das Ungeheuer zu packen, es wie ein Rohr zu biegen und ihm zu zeigen, daß er es meistern könne.

Er schüttelte den Tisch, warf ihn gegen die Brust des Betrunkenen und schrie: »Nehmen Sie sich in acht, nehmen Sie sich in acht ... ich fürchte mich vor niemandem ...«

Philipp-August verlor das Gleichgewicht und schwankte auf seinem Stuhl hin und her. Er fühlte sich fallen und in der Gewalt des Priesters. Da streckte er seine Hand mit einem mörderischen Blick gegen eines der Messer, die auf dem Tischtuch herumlagen. Der Abbé Vilbois sah die Gebärde und gab dem Tisch einen solchen Stoß, daß sein Sohn auf den Rücken fiel und auf der Erde liegen blieb. Die Lampe wurde dabei umgeworfen und losch aus.

Während einiger Sekunden tönte im Dunkeln das feine Geläute aufeinanderstoßender Gläser; dann war etwas wie das Kriechen eines weichen Körpers auf dem Fußboden zu vernehmen, dann nichts mehr.

Wie die Lampe zerbrochen war, hatte sich plötzliche Nacht über die beiden ergossen, so schnell, so unerwartet und so vollständig, daß sie davon wie von einem erschreckenden Ereignis betäubt waren. Der Trunkene preßte sich gegen die Wand und rührte sich nicht mehr, und der Priester blieb auf seinem Stuhl sitzen, eingetaucht in diese Finsternis, in der sein Zorn ertrank. Dieser dunkle Schleier, der über ihn geworfen war, hatte seinem Zorn Halt geboten und auch die wütende Erregung seiner Seele gestillt. Andere Ideen kamen ihm, schwarz und traurig wie die Finsternis.

Es wurde still, die schwere Stille eines geschlossenen Grabes, wo nichts mehr zu leben und zu atmen schien. Auch von außen kam nichts mehr, kein Wagenrollen in der Ferne, kein Hundegebell, nicht einmal das Gleiten eines leichten Luftzuges in den Zweigen oder auf den Mauern.

Das dauerte lange, sehr lange so fort, vielleicht eine Stunde.

Da dröhnte plötzlich der Gong! Ein einziger harter, trockener, starker Schlag hatte ihn getroffen, auf den ein großer seltsamer Lärm, der von einem Fall und einem umgeworfenen Stuhl kam, folgte.

Margarete, die ängstlich gewartet hatte, lief herbei; aber kaum hatte sie die Türe geöffnet, so prallte sie entsetzt von dieser undurchdringlichen Finsternis zurück. Dann rief sie zitternd, mit schnellklopfendem Herzen und leiser, atemloser Stimme: »Herr Pfarrer, Herr Pfarrer!«

Niemand antwortete, nichts rührte sich.

Mein Gott, mein Gott, dachte sie sich, was haben sie getan, was ist geschehn?

Sie wagte es nicht, näherzutreten, sie wagte es nicht, umzukehren und ein Licht zu holen. Und ein unwiderstehlicher Drang, sich aus dem Staube zu machen, zu entfliehen und laut zu schreien, packte sie, wenn auch ihre Beine so erschöpft waren, daß sie auf der Stelle umfallen zu müssen glaubte.

Sie wiederholte: »Herr Pfarrer, Herr Pfarrer; ich bin's, Margarete.«

Plötzlich aber ergriff sie trotz ihrer Angst der instinktive Drang, ihrem Herrn zu Hilfe zu kommen, und einer jener Anfälle von Tapferkeit, welche die Frauen für Augenblicke zu Heldinnen machen, ergoß in ihre Seele eine mit Angst vermengte Kühnheit. Sie lief in die Küche und holte von dort ihr Nachtlämpchen.

Vor der Türe des Speisezimmers blieb sie stehen. Zuerst sah sie den Vagabunden, der längs der Wand hingestreckt war und schlief oder zu schlafen schien, dann die zerbrochene Lampe und dann unter dem Tisch die zwei schwarzen Füße und die schwarzen Strümpfe an den Beinen des Abbé Vilbois, der offenbar auf den Rücken gefallen war und seinen Kopf an den Gong gestoßen hatte.

Vor Entsetzen zuckend, mit zitternden Händen, rief sie ein um das andere Mal: »Mein Gott, mein Gott, was ist denn geschehen?«

Und wie sie mit furchtsamen Schritten langsam näher trat, glitt sie über etwas Fettem aus und fiel fast nieder.

Dann bückte sie sich und sah, daß auf dem roten Steinboden sich eine Flüssigkeit ergoß, die auch rot war, sich um ihre Füße herum ausbreitete und sich rasch der Türe näherte. Sie erriet, daß es Blut sein müsse.

Wie wahnsinnig lief sie davon, warf ihr Licht weg, um nichts mehr zu sehen, und stürzte ins Freie, dem Dorfe zu. Die Augen starr auf die fernen Lichter des Dorfes gerichtet, lief sie dahin, gegen die Bäume stoßend und laut schreiend.

Ihre scharfe Stimme durchdrang die Nacht wie der unheimliche Schrei einer Nachteule. Ununterbrochen rief sie: »Der Bösewicht, der Bösewicht, der Bösewicht!«

Als sie zu den ersten Häusern gelangt war, kamen Männer heraus und umringten sie entsetzt; sie aber riß sich los, ohne zu antworten, denn sie hatte ganz den Kopf verloren.

Endlich begriff man, daß sich auf der Besitzung des Pfarrers ein Unglück ereignet habe, und ein Trupp von bewaffneten Bauern brach mit ihr auf, um Hilfe zu bringen.

Das kleine rosabemalte Landhaus inmitten der Olivenpflanzung war in der tiefen stummen Nacht unsichtbar geworden. Seitdem der Schein des einzigen beleuchteten Fensters wie ein Auge, das sich schließt, erloschen war, blieb es in Schatten versenkt, in Finsternis verloren und unauffindbar für jeden, der nicht ein Kind der Gegend war.

Bald lief den Erdboden entlang Feuerschein, durch die Bäume auf das Haus zu. Lange Streifen gelben Lichtes flossen über das verbrannte Gras, und unter ihrem hin und her irrenden Schein glichen die gewundenen Stämme der Ölbäume manchmal ungeheueren, verschlungenen und verkrümmten Höllenschlangen. Der weithinreichende Widerschein ließ in der Finsternis eine weißliche verschwommene Erscheinung sehen, dann wurde bald darauf die niedrige viereckige Mauer des Hauses, wie die Laternen ihr nahe kamen, wieder rosig. Einige Bauern trugen Lichter und begleiteten zwei Gendarmen, mit Revolvern in den Händen, den Amtsdiener der Gemeinde, den Bürgermeister und Margarete, die von einigen Männern gestützt wurde, denn sie konnte sich nicht auf den Füßen halten.

Vor der Türe, die offengeblieben war und schreckenerregend aussah, zögerten sie einen Augenblick. Aber der Gendarmeriewachtmeister ergriff eine Laterne und trat ein, gefolgt von den andern.

Die Haushälterin hatte nicht gelogen. Das Blut, das jetzt geronnen war, bedeckte den Fußboden wie ein Teppich. Es war bis zum Vagabunden hingeflossen, und eines seiner Beine und eine seiner Hände waren davon befleckt.

Der Vater und der Sohn schliefen, der eine mit durchschnittenem Hals den ewigen Schlaf, der andere den Schlaf der Trunkenen. Auf diesen warfen sich die Gendarmen, und bevor er noch erwacht war, hatte er Ketten an den Handgelenken. Er rieb sich die Augen, starr vor Erstaunen, schwer von Wein. Und als er den Leichnam des Priesters sah, schien er entsetzt zu sein und nichts zu verstehen.

»Warum ist er nicht davongelaufen?« fragte der Bürgermeister.

»Er war zu sehr besoffen«, antwortete der Wachtmeister.

Und alle waren seiner Meinung, denn niemandem wäre der Gedanke gekommen, daß der Abbé Vilbois vielleicht hätte sich selbst umbringen können.

Thyde Monnier

Fischmarkt in Toulon

Die Place à l'Huile schmort in ihrem Fischgestank. Die Eingeweide der Polypen, die Häute der abgezogenen Seeteufel und Haufen von Sardinenköpfen lassen den dicken Schaum des Rinnsals am Gitter des Kanallochs faulig riechen. Die frischen Fische auf den Ständen haben Blut an den Kiemen, das wie rote Farbe leuchtet. Die Augen der Drachenköpfe quellen zwischen den Stacheln der Mäuler hervor; die Meeräschen reißen in der Qual der Angelhaken, die sie zerfetzt haben, rund die Schnauze auf; die Aale winden in klebriger Agonie geschmeidige Ringe; die noch lebenden Taschenkrebse wimmeln in den Körben mit einem brutzelnden Geräusch. Manchmal gelingt es einem, zu entwischen, und dann sieht man ihn mit seinem ungeschickten, flachen Krabbeln auf ein Loch im Pflaster zuhasten, wo er sich in Sicherheit glaubt. Das Kobaltblau und Sienarot der Meerjunker, der gestreifte Perlmutterglanz der Sardinen, das Dunkelviolett der Miesmuscheln, der leuchtende Schmelz der Seeigel schimmern auf den wieder und wieder mit Seewasser abgewaschenen Holztischen, hinter deren geneigten Flächen die Händlerinnen thronen und ihre großen, zum Zerlegen der Thunfische dienenden Messer hochheben wie Zepter.

Ihre Ausrufe steigern die Farbigkeit noch: »Schöne Fische, schöne Fische!« singt eine pathetische Stimme, während eine fette, mit allzuviel Brillantringen besteckte Hand die Ware knetet.

»Kommen Sie zu mir, meine Liebe«, flüstert es heimlich und verführerisch am Nebenstand. »Ich habe heute morgen was Extrafeines.«

»Fische zum Frittieren! Fische zum Frittieren!« brüllt eine dritte Stimme, und ihr antwortet in überschrillen Lauten eine andere: *»Au peï, au peï!«*

Ein Fischer kommt und wirft eine schwarze, schlammbeklebte Masse zu Boden. Die Kunden bilden einen Kreis; eine, die nicht von hier ist, fragt: »Was ist denn das?«

»Ein Seeteufel«, sagt der Fischer.

»Ist der aber mal groß!«

»Kann man das essen?« fragt die Fremde.

»Und wie! Mit Mehl paniert, mit Zwiebeln in Öl gebacken«, sagt ein Fischhändler, »schmeckt großartig!«

»Oder mit wenig Wasser gekocht und dann kalt mit Mayonnaise; man könnte darauf schwören, daß es Languste ist«, sagt der Fischer.

Mit wohlwollenden Blicken betrachtet die Fremde den schlanken, kräftigen jungen Mann, dem das ärmellose Trikot so gut steht; es läßt den bräunlichen Hals frei; die in Gummistiefeln steckende Hose liegt eng an.

»Oh, er lebt ja noch, Ihr Seeteufel!« sagt sie

Mit der Fußspitze dreht der Fischer das aus dem Mittelmeer geangelte Tier um, so daß erst der hellere, glatte Bauch zu sehen ist und dann der mit dunklen, schuppigen Buckeln besetzte Rücken. Und alle starren den Fisch an, und der atmet krampfig und öffnet und schließt in qualvollem Luftschnappen sein riesiges, weißes, mit furchtbaren Zähnen besetztes Maul, und seine kugelig hervorquellenden Augen werden glasige Blicke.

»Was für 'ne Bestie!« sagt eine Fischhändlerin. »Der könnte das ganze Meer mit sämtlichen Fischen auffressen! Wenn man ihn ausnimmt, findet man alles mögliche in ihm drin: Taschenkrebse, Sardinen, Grünlinge, genug, um eine Suppe draus zu kochen!«

»Ja, das sind Raubfische«, sagt der Fischer. »Die sind so gierig, daß sie sich untereinander auffressen.«

»Ganz wie wir Menschen auch«, stimmt ihm die Fischhändlerin bei.

Marguerite ist weitergegangen. Diese Meerestiere, diese dicken Seeteufel, diese blutenden Thunfische, diese krabbelnden Langusten flößen ihr immer ein bißchen Angst ein. Und ihr mitfühlendes Herz leidet, wenn sie sie auf den Tischen langsam sterben sieht. Sie überquert den Platz und gelangt durch eine kurze Straße zum Cours Lafayette, wo ein andersgearteter Markt abgehalten wird: Früchte, Gemüse, Blumen; und all das strömt einen frischen Landduft zwischen die kräftigen Meergerüche.

Die umliegenden Dörfer liefern dorthin ganze Wagenladungen Anemonen, Veilchen, dicke, gefüllte Edelnelken, züchtige Calla, Rosen in Knospen, leuchtende Mimosen, gesprenkelte Steinnelken, krausen Asparagus. Alle Blumen, alle Farben, alle Formen: die malvenfarbenen Thlaspis in kleinen dichten Buketts, die roten Tulpen in runden Sträußen, die Anthemis in weißen Kugeln: alles strahlt und schimmert enggedrängt auf den Holztischen, bis hinunter auf den Erdboden, wo die Vorübergehenden es manchmal zertreten. Marguerite hat Blumen sehr gern. Auf La Guirande war sie es immer, die gegen den Geiz des Vaters angekämpft und das Fleckchen Erde verteidigt hat, auf das sie Stiefmütterchen säen durfte. Sie kauft sich scharlachne Anemonen mit weißen Herzen; liebevoll drückt sie sie an sich und trägt sie davon, wobei sie ein freudiges Liedchen vor sich hin trällert.

Da fällt ihr ein, daß sie ja Lebensmittel einkaufen muß. Sogleich wird sie ernst. Sie muß ja einen Mann ernähren. »Und die Männer«, so sagt ein Sprichwort, »die lockst du mit den Augen an, aber festhalten tust du sie durch den Magen.«

»Ich habe eine feine Zunge«, sagt Richard immer, was bedeutet, daß das Essen ihm nicht gleichgültig ist. Marguerite überfliegt die Stände mit dem Blick; manchmal streckt sie sogar die Hand aus, befühlt einen Kohlkopf, überzeugt sich, ob eine Sellerieknolle schön weiß ist, ein Salatkopf frisch …

»Was möchtest du denn, du Hübsche?« fragt eine Händlerin. »Was soll ich dir verkaufen? Junge Erbsen, Artischocken?«

O nein, das alles ist noch zu sehr Frühgemüse und also zu teuer für einen kleinen Haushalt wie den ihrigen! Aber diesen schönen Blumenkohl könnte sie vielleicht nehmen; mit dem Saft eines Stücks Kalbfleisch und im Backofen gut mit Käse überbacken: so würde Richard ihn sich wohl schmecken lassen. Und der Rest dann abends zusammen mit Fadennudeln gekocht: das ergäbe eine Suppe. Dabei spart man.

Marguerite fühlt sich wohlgelaunt. Einkaufen, das macht ihr Spaß. Die Rue de l'Estrapade ist schmal und düster, erst beim Untergehen, nachmittags gegen fünf, fällt Sonnenlicht hinein; hier jedoch ist im Augenblick die reinste Festtagsmorgenbeleuchtung. Über den Häusern wölbt sich schimmernd ein riesiger, hartblauer Himmel; Schwalben flitzen mit Freudenschreien hindurch. Stets steigt von irgendeiner Ecke her ein Lied empor; der Fensterputzer von der *Bar des Amis* schmettert aus *Tosca*: »Wie sich die Bilder gleichen ...«, und schiebt sich mit Siegermiene den rotwollenen Leibgürtel hoch. Er schläft abwechselnd mit der Semmelfrau und der kleinen Kellnerin der Bar; deswegen hält er sich für einen Don Juan, und das reizt ihn zum Singen an. Danach reibt er sich die Hände, spuckt einen Speichelstrahl und macht sich wieder daran, mit dem Schwamm über die Fensterscheiben zu fahren. Die Semmelfrau sieht von ihrer Bude aus zu dem gelockten Fensterputzer hin und trällert ihrerseits mit zusammengebissenen Zähnen: »Liebst du mich nicht, nimm dich in acht ...!« An einem Fenster des ersten Stocks schüttet das kleine Kellnermädchen die Bettvorleger aus; sie neigt den Kopf über die Schulter, damit sie den gelockten Fensterputzer besser sehen kann; er treibt es jeden Abend mit ihr, und sie ist nicht eifersüchtig auf die dicke Semmelhökerin, die sie vorgestern hat ohrfeigen wollen. Das ist ihr Wurst – sie ist achtzehn. Wenn nicht der Fensterputzer, dann eben ein anderer. Und fröhlich singt sie einen Tanzschlager vor sich hin; der Text ist nichtssagend, aber die Melodie tanzt ganz von selber durch die Luft.

Auch Marguerite singt ganz leise vor sich hin. Es geht ihr durch den Kopf, wie gut sie dran ist, daß sie ihren Mann hat und daß dieser Mann Richard ist. Es gibt Mädchen, denen die Heirat aufgezwungen worden ist oder die um des Geldes willen alte oder häßliche Männer haben heiraten müssen, die ihnen widerlich sind, während sie, Gott sei Dank, glücklich ist, daß sie ihren Richard liebt und daß sie ihn so sehr liebt! Und sie ist stolz darauf, daß sie ihre schönen festfleischigen Brüste wiegen kann, die sich unter der roten Bluse wölben, oberhalb der zierlichen Taille und der vorgewölbten Hüften im Rock, der im Winde steht. Sie sieht, daß die Männer sie anschauen, und es ist eine köstliche Lust zu bedenken, daß sie auf sie scharf sind, was beweist, daß auch Richard scharf auf sie ist und daß er sie liebt und lange lieben wird und – wer weiß? – vielleicht immer.

Sie schiebt sich mit ihrer Einkaufstasche, die sich zu füllen beginnt, und ihrem winzigen Anemonenstrauß, den sie mit der Hand schützt, durch die Menge. Es herrscht ein toller Betrieb auf dem Cours Lafayette; alles Erdenkliche gibt es dort zu sehen! Gruppen von ulkenden Matrosen, die Mützen mit den roten Pompons schief über den seegegerbten Gesichtern; Offiziere mit goldenen Rangabzeichen und ihren hochmütigen, gutgekleideten Damen, Negerdockarbeiter, die träge herumbummeln, Dirnen aus öffentlichen Häusern, die den Morgen wahrnehmen und sich an die Männer herandrängen, brave Hausfrauen, die auf die Salathaufen aus sind, die zu herabgesetzten Preisen verkauft werden, alte Leute, die den Sonnenschein wahrnehmen und sich schubsen lassen, Kinder, die von einer Gruppe zur andern Verstecken spielen. Und die Verkaufsstände, die Karren, die Körbe, die Haufen von Abfällen: all das nimmt viel Platz ein. Man muß überall hindurchschlüpfen, wo sich ein kleiner Durchgang auftut, und dabei wird man ständig von Zitronenhändlern aufgehalten: »Drei Stück für zwei Sous, du Schöne!«, von Vanilleverkäufern, Schnürbandhökern, andern, die Schmirgelpapier feilbieten, Schlüsselringe, Sicherheitsnadeln, Spitze, geröstete Haselnüsse, kurzum: alles und jedes. Marguerite ist gewandt und schmal; sie schlüpft hindurch. Ah, da verkauft einer Schmalzgebackenes! Das ist was Gutes! Sie leistet sich für zwei Sous welches und knabbert es genüßlich; die Kuchen sind ganz warm und knusprig, und das gelbe Papier der Tüte macht ihr die Finger fettig.

Kasimir Edschmid
Côte d'Azur

Die Côte d'Azur ist eine einzige Liebeserklärung an das Mittelmeer. Sie ist ein anmutiges Werben in den stillen Buchten, sie ist eine leidenschaftliche Laudatio in den tropischen Gärten, sie steigert sich zu dramatischer Inbrunst in dem Gebirge, das sie begleitet und dessen Schneespitzen weiß vor dem lila Himmel stehen, sie ist von üppiger Beredsamkeit in den Städten, deren Strandpromenaden sich dem Wellenschlag entgegenwölben, aber sie ist auch von harter Eindeutigkeit da, wo die Berge ihre Urformen zeigen und die Felsen knochenweiß in die See vorspringen ... als wollten sie den Ausgleich schaffen zwischen dem Überschwang der Blumenkaskaden und der Einsamkeit der Bayen, die sich vom Estérel-Gebirge und Toulon nach Marseille und weiter nach Aigues Mortes und in die Landschaft von Barcelona hinziehen.

Welch phantastische Küste: Die Schlösser von Pomponiana und Bréganson ... die Kape von St. Tropez ... die Palmen von Hyères ... das Sarazenengebirge von La Garde Freinet ... die roten Berge von Théoule ... der Garten des Hotel du Parc in Cannes ... die Seealpen von Antibes ... die Blumenlawinen von Grasse ... die Feste im »Negresco« in Nizza ... aber auch die Esel in den Gärten von St. Paul und Cagnes, die mit abgeblendeten Pupillen, mit verbundenen Augen den wochenlangen Rundgang um den vier Meter breiten Durchgang ihres Ziehbrunnens machen und im Wasserschöpfen ihre Pflicht tun, die brave Arbeit, welche die Weinberge nährt, die tapfere Arbeit Europas, welche ohne Wollust ist, aber ihnen die Vorstellung läßt, zu glauben, sie wanderten durch die Welt.

Die italienische Riviera entläßt über das blumenreiche Bordighera und Ventimiglia die Küste in die Atmosphäre der französischen Souveränität, ohne daß damit der Eigenart der Natur etwas hinzugefügt oder weggenommen würde, zumal schon nach wenigen Kilometern die Grenze des Fürstentums von Monaco beginnt. Tatsächlich war diese ganze Küste bis weit in den französischen Raum hinein einmal dem großen Seestaat Genua tributär, Festungen der Doria begleiten die Bergzüge, und selbst die Dynastie, welche den drei Kilometer langen und achthundert Meter breiten Staat Monaco regiert, geht blutmäßig auf eine der großen genuesischen Patrizierfamilien der Frühzeit, die Grimaldi, zurück.

Das Meer und die Luft sind hier so unwirklich bunt, daß die grandiosen Felsrücken, auf denen einander gegenüber Monaco und Monte Carlo gebaut sind, mit der Leichtigkeit einer zauberischen Vision wirken. Jedes Wort nimmt hier den Laut der Grazie an, jede Bewegung wird in seltsamer Angleichung voll Anmut.

Man muß dieses Fürstentum, das eigentlich aus zwei Klippen besteht und von französischem Gebiet umschlossen ist, von La Turbie und seinen Römerruinen aus sehen oder vom tausend Meter hohen Mont de la Justice, der noch einen antiken Steingalgen besitzt. Die beiden achtzig Meter hohen Felsrücken, rechts Monaco und links Monte Carlo, formen die Bay, an deren Ende die Molen sich wie die Fühler von verliebten Schmetterlingen kreuzen.

Tatsächlich, von der Grande Corniche aus, einer der zwei Höhenstraßen, die zum Teil in fabulösen Schlingen am Rand der Bergzüge über der französischen Riviera entlangziehen ... von der Grande Corniche aus ist Monte Carlo von einer Harmonie der Farben und von einer Eleganz der Linien, die seine Wirklichkeit immer wieder bezweifeln läßt.

Im Jahr 1861 verkaufte Karl der Fünfte, Herrscher von Monaco, das ganze Gebiet von Mentone mit Roquebrune für vier Millionen Goldfrancs an Frankreich. Dreiunddreißig Jahre später folgte ihm sein Sohn Albert, der im Januar 1911 die von seinem Volk, mehreren zehntausend Monegassen, erbetene Verfassung proklamieren ließ, dem später sein Sohn, ein französischer Brigade-General, folgte und in dessen souveräne Position sodann jener Fürst Rainier eintrat, der im Jahre 1956 die amerikanische Filmschauspielerin Grace Kelly heiratete.

Die Regierung des Fürsten Albert hatte einen gewissen Reiz, weil seine »Altesse Serenissime« einen Teil der spektakulären Gewinne, welche der aus Bad Homburg vertriebene Pächter Blanc aus der Spielbank Monte Carlos zog, dadurch in humanitärem Sinne der Menschheit wieder zuzuführen wußte, daß er für seine ozeanischen Studien einen Palast erbaute. Dieses Aquarium, das mehr als vierhundert Fischarten besitzt, ist ein Märchengarten an Farben, eine so vielfältige und unerwartete Sammlung von lebenden Seetieren, daß dieses Wunder, das doppelt soviel gekostet hat, als Mentone einst einbrachte, allein schon die Existenz Monacos rechtfertigt.

In dem Museum sind auch Modelle der Jacht »Hirondelle« aufgestellt, und da hängen Bilder, die zeigen, wie der Fürst mit Harpunen auf Walfische schießt … seltsame Pendants zu den Kanonen, die auf dem Schloßplatz stehen und die einst der vierzehnte französische Ludwig einem monegassischen Fürsten aus der Familie Grimaldi geschenkt hat, von denen eine »Nero« und die andere »Löwin« heißt, schön ziselierte Monumente einer Haltung, die wenig mit der Wissenschaft und gar nichts mit der Jagd auf ozeanische Seltenheiten zu tun hat.

Wenn Monaco und Monte Carlo auch den Ruhm besitzen, durch ihr Taubenschießen, ihre russischen Ballette, ihre französischen Komödien und ihre italienischen Opern, ihre Tennis-Turniere, ihre Luxusbälle, ihre Galafeste auf den Terrassen des Spielkasinos, ihre Autorennen, ihre Rassehunde-Ausstellungen und ihre Gondelparaden im Hafen und schließlich auch immer noch durch die Roulettetische in dem mit barocker Scheußlichkeit errichteten Casino zu den wenn auch nicht exklusivsten, so doch Reichtum am penetrantesten zeigenden Orten der Welt zu gehören, so ist doch etwas in Monte Carlo wirklich königlich: der Park, der vom Portal des Casinos in die Höhe zieht, den nackten Bergen zu, die das Hinterland der Côte d'Azur sind.

Es gibt viele wohlgelungene Parke in Europa, in Sevilla, in Florenz, in Schwetzingen, in Miramar, in Ajaccio, in Verona, die alle nicht nur in der Beachtung des Malerischen, sondern auch im Geiste der Harmonie etwas Beglückendes haben. Hier jedoch in Monte Carlo ist jeder Baum ein König, hier stehen wundervolle Exemplare jener Palmen, deren es zahllose Sorten gibt und deren Eigenwilligkeit sich in ihren Formgestaltungen demonstriert. Auch ohne Beete, Wege, Schatten und gärtnerische Spielereien wirken sie in Monte Carlo unvergleichlich. Diese Allee ist einer der zaubervollsten Parke der Welt.

Schräg über Monte Carlo, nicht weit von der »Grande Corniche«, die Napoleon zwischen Mentone und Nizza anlegte, keine zwei Kilometer entfernt von dieser Straße, die zu den panoramareichsten Europas gerechnet wird, liegt etwa vierhundert Meter hoch, wie auf einem Riff, ein altes Nest: Èze. Der Ort ist reizend in seiner Ursprünglichkeit, wahrscheinlich haben die Sarazenen hier schon gehaust, und ebenso wahrscheinlich haben bereits die Phönizier auf dem Felsen ein Heiligtum besessen und eine ihrer exzentrischen Göttinnen verehrt. Dieses Dorf auf dem pyramidenförmigen Stein war eine Weile verlassen, weil es hier oben plötzlich kein Wasser mehr gab. Die Häuser standen gähnend leer ... eine Stunde über dem Saum der Riviera, die an Fülle und Reichtum, an Kostbarkeit und Luxus um diese Zeit von keiner Landschaft der Erde übertroffen wurde.

Man kann ein gleichgültiges Herz dafür haben, daß die Menschen für die Dämonie des Baccarat-Spiels einen Palast bauen, den sie zu gewissen Stunden und in manchen Perioden nur de rigueur im Abendanzug betreten durften und in dem riesige Summen umgesetzt wurden – aber wird ein Mensch, der Vernunft besitzt, beim Anblick eines Dorfes, das dicht neben diesem Schauplatz der rollenden Glückskugel gezwungen ist, wegen Wassermangels seine armseligen Bewohner auszustoßen, je verstehen können, daß man nicht ein Pumpwerk baute, um diesem Mangel abzuhelfen, eine Handlung, die jeder römische Präfekt zur Zeit, als diese Region noch den Cäsaren unterstand, hätte vornehmen müssen, weil man ihn sonst entlassen hätte?

Die Geschichte ist eine entzückende Spielerin, die Bälle der Gegensätzlichkeit sich selbst von einer Hand in die andere zuzuwerfen. Auf der Burgruine von Èze lebte eine Zeitlang im Mittelalter eine Dichtersippe, die Troubadours Blancart und Blancasset. Die Feste dieser Ritter in ihrem Adlernest waren während des dreizehnten Jahrhunderts berühmt durch den Geist, der dabei entfaltet wurde, und durch die Blumenschlachten, die an diesem Liebeshof ausgefochten wurden und die vielleicht die Goldbälle übertrafen, die im Freien auf der Terrasse Monte Carlos stattfinden ... zumal dadurch, daß sie sicher im Besitz von Quellwasser und damit auch ohne das Malaise der Bevölkerung durchgeführt werden konnten.

Das Fürstentum Monaco ist nur eine sekundenlange Episode in dem breiten Roman der französischen Landschaft, die sich mit unzähligen graziösen Vorgebirgen, romantischen Kapen und idyllischen Golfen das Mittelmeer entlangzieht, um schließlich Nizza, das Herz der Côte d'Azur, zu erreichen.

Eine Route, die abenteuerlicher ist als diejenige, welche dem italienischen Küstenstreifen folgt, führt vom Genfer See über Annecy, Aix-Les-Bains, Chambéry durch Savoyen am Mutterkonvent der Kartäusermönche, der »Grande Chartreuse«, vorbei nach Grenoble, wo das Geburtshaus Stendhals noch steht (und ein Museum mit Erinnerungen an ihn), und dann noch 350 Kilometer durch die Alpen über die Route d'hiver (wo Napoleon auf der Rückkehr von Elba auf die königlichen Truppen stieß und ihnen mit nackter Brust entgegenging), bis schließlich nach stundenlangen Windungen durch Haine von Steineichen, Oliven, Seefichten und Tamarinden sich als Vorbote der Küste der Ort Grasse mit seinen riesigen Blumenfeldern öffnet. Ihr Duft ist ebenso unwahrscheinlich wie die Ernte, die aus ihnen gewonnen wird und aus ein paar Millionen Pfund Rosen-, Nelken- und Orangenblüten besteht. Dreißig Kilometer weiter, im rosa Duft der Ferne leicht erkennbar, schwingen sich die Buchten des Mittelmeers die Küste entlang.

Aber auch wenn man vom »Jardin des Oliviers« Monacos aus sich Nizza nähert, hat die Küste deliziöse Aspekte. Hinter Villefranche bei Schloß Montboron erblickt man schon die »Promenade des Anglais«. Über der Engelbay Nizzas treten im Hintergrund, wie mit Tusche gemalt, hauchdünn die Golfe von Cannes hervor, und noch weiter am Horizont, rührend in ihrer Feinheit, die von St. Raphael. Die Berge von Cannes, die einer Gewitterwolke gleichen, erscheinen am Abend in vollendeter Purpurröte. Die Seealpen tragen, sich über sie hinaus entwickelnd, ein kaltes Weiß, und die Berge von Nizza ziehen durch die rosa Dämmerung ein unwahrscheinlich tiefes Violett.

Außer Kairo hatte vor dem ersten Weltkrieg keine Stadt der Welt so sehr wie Nizza den Ruhm gepachtet, die Stadt des Luxus zu sein. Die Blumen-Corsos und die Carnevalsbälle wurden von ein paar tausend Menschen gestartet, die weder Hemmungen kannten noch die Scheu, sich zu dem Reichtum als dem obersten Regulator der Dinge dieser Welt zu bekennen. Ungarische Magnaten, russische Großfürsten und indische Potentaten brachten ihre Pferdeställe und ihre Harems mit, die hochgezüchtetsten Frauen der Welt wurden die Liebhaberinnen dieser Stadt, in der sie große Vermögen verbrauchten und in der sie alles wiederfanden, von dem sie wünschten, daß ihr eigener Spiegel es ihnen zeige, verschwenderische Reize und die Üppigkeit einer nie versagenden Natur.

Das Klima läßt es hier in der Regel nur fünfzigmal im Jahr zwei Stunden regnen. Wenn man das nasse Belgien den »Pot de Chambre« Europas nannte, so hieß Nizza »Europas Himmelbett«.

Aber wie alle Stätten des Luxus keine reine Kontinuität besitzen, da sie im Netz der Wirtschaftsgesetze hängen, erlebte auch Nizza Zeiten (vor dem zweiten Weltkrieg, als die Börsen der neuen und alten Welt samt ihren Kursen in den Abgrund sanken), in denen statt der Konzerte der Place Masséna die Schauer der Weltangst über die Dächer strichen und statt schön gemalter Kokotten schwarze Katzen den »Quai des Etats Unis« bevölkerten. Doch welches Erwachen brachten nach dem Krieg, in dem Nizza teilweise stark bombardiert worden war, die Divisionen der internationalen Fahrtenomnibusse und die chromblitzende Phalanx der Wagen jener Schichten, die nach den Greueln des Weltzusammenbruchs wieder in die Elite des Besitzes und der Macht eingetreten waren. Illuminierte Nächte in den kunstvoll beschnittenen Gärten von Cimiez, improvisierte Frühstücke in den Blumenfeldern von Grasse ..., ach und wie phantastisch wirkten die Schwimmpartien zwischen den Felsen von Eden Rock, während im benachbarten Cannes von den Sensationen des Film-Festivals geträumt wurde. Die Welt war wieder neu, aber war sie richtig neu?

In Nizza lebt am alten Hafen der belgische Zeichner Frans Masereel, der wie kein anderer schon im ersten Weltkrieg in der Genfer »Feuille« durch Kontrastwirkungen gegen den Irrsinn des Krieges kämpfte, indem er – etwa – den Worten des Staatsmanns Clémenceau »heute nacht habe ich gut geschlafen« das Bild gegenüberstellte, auf dem Soldaten, in den Stacheldrahtverhauen hängend, starben. In Nizza landete auch einst nach dem zweiten Weltkrieg der Nobelpreisträger Maurice Maeterlinck aus der amerikanischen Emigration, und man gab ihm nur für zehn Tage die Aufenthaltserlaubnis und so gut wie keine Unterstützung. So liegen die Epochen des Vergeudens und die der Not oft dicht beieinander, aber alles dies kümmert nicht die Natur, deren Pflanzen seltsamerweise fast alle aus exotischen Ländern eingeführt wurden und hier einen Boden ungeahnten Wucherns gefunden haben. Das Leid der Menschen hindert auch nicht die Melodie des Meeres, zärtlich an den Strandpromenaden entlangzustreichen, und es hindert nicht die Sonne, mit ihrer fast immer guten Laune auf Gerechte und Ungerechte herabzuscheinen.

In Nizza wohnte auch eine Zeitlang einer der großen französischen Meister, der Maler Matisse, der, als es ans Sterben ging und er sich nur noch schwer bewegen konnte, mit einem an einen Stock gebundenen Pinsel an die Decke seines Zimmers malte. Fährt man von Nizza oder Cannes dreißig Kilometer in das Hinterland der Riviera hinein, zu den Hügeln, die mit Olivenwäldern, Baum auf Baum in zierlichem Abstand voneinander getrennt, bedeckt sind, so fährt man sofort in die Provence. Hier liegt, mauerumringt, die uralte Stadt Vence auf einem Hügel, mit Resten einer Templerburg und einer Kathedrale aus dem zehnten Jahrhundert. Hier lebten eine Weile der englische Romancier D. H. Lawrence und der deutsche Dichter René Schickele. Hier starben sie, hier wurden sie auf dem kleinen Gottesacker, gegenüber dem vollen Panorama der Provence, beigesetzt, um später wieder in ihre Heimat zurückgeholt zu werden. Nicht weit von diesem idyllischen Friedhof hat Matisse den Dominikanerinnen, um eine Dankesschuld abzutragen, eine Kapelle eingerichtet und ausgemalt: Chapelle Notre Dame du Rosaire. In dieser Kapelle war alles neu erdacht, der Raum, der Altar, die Ausschmückung der Wände, und es war kein Wunder, daß dieser Bau bald eine Sensation für den internationalen Snobismus wurde, wie bald darauf die Kirche von Ronchamp bei Belfort, die Le Corbusier baute. Dicht daneben, auf einem anderen zierlich geschwungenen Hügel, zwischen Reben und Feigenplantagen, liegt, ebenfalls mauerumgürtet, der Ort St. Paul de Vence. Hier speist man gerne im Freien auf ländliche Art, mit guten Kräutern hergerichtet, die Fische des Mittelmeers, die Hühner und die Pasteten der Provence zu Weinen der Gegend, von denen einer rosafarben ist.

[...]

Auch die Küche der Côte d'Azur hat ihre Romantik. Ihre berühmteste Création ist die Bouillabaisse, eine Fischsuppe, die mit größeren oder kleineren Abwandlungen an den meisten Häfen des Mittelmeeres gekocht wird. An der Küste zwischen dem Kriegshafen Toulon und Marseille, einer Küste, welche die ganz willkürlich so benannte Côte d'Azur fortsetzt, einem

Strand, der von gewaltigen weißen und nackten Felsen im Meer begleitet wird, ist die marseillerische Zusammensetzung üblich. Dann zwischen den Hyerischen Inseln und St. Raphael, einer Küste, die mit Tamarisken, blühendem Oleander und flachen Pinien bedeckt ist, setzen die Eingeborenen, wie es gerade paßt, Reis, Muscheln, Speck und Senf hinzu. Die Mode hat es mit sich gebracht, daß aus dieser im Ursprung langweiligen, aber scharfen Fischsuppe, die zuerst aus Makrelen, Safran und Zwiebeln hergestellt wurde, ein exzellentes Gericht wurde, das Prunier in Paris ebenfalls seinen Gästen mit allerlei Beigaben serviert, zu denen auch eine Partie Languste gehört, obwohl dies Unsinn ist, denn das Fleisch der großen scherenlosen Mittelmeerhummern verliert dadurch sein ursprüngliches Aroma.

Es gibt an der Küste der Riviera eine Anzahl Restaurants, die, wie das von Pascal in Marseille (hinter den Segelschaluppen – Quai des Belges) oder das von »Adolphe« in Nizza am Fischmarkt hinter dem »Quai des Etats Unis«, durch ihre bescheidene Anlage nur verbergen, welche Künstler hier dirigieren.

Wenn die Bouillabaisse das Revolutionspamphlet der französischen Küche ist, so ist Monsieur Adolphe ihr Garibaldi, ohne daß dieser Vergleich den großen Patrioten Italiens kränken soll, der auch in Nizza geboren wurde und eine Zeitlang hier seine brasilianische Frau beigesetzt hatte, ehe ihre Reste zu Füßen ihres Reiterdenkmals auf dem Gianicolo Roms in italienische Erde gelegt wurden.

Die Pole der großen und der kleinen Welt sind hier dicht aneinandergerückt, denn nur eine Pavillonreihe trennt das kleine Restaurant Adolphes von der siebentausend Meter langen Palmen-Promenade des Anglais, dem Hauptquartier der Hotelpalazzi, in denen zu leben oder zu logieren der Traum nicht nur der Besucherinnen von Hollywood-Filmen ist. Ein Mann wie Adolphe mit dem Schnurrbart des vierzehnten französischen Ludwig wird seinen Gästen nicht nur empfehlen, was sie wünschen sollen, er wird sie auch mit einem Blick, der ihre gastronomische Repräsentanz sofort erfaßt, beraten. Er wird ihnen vielleicht eine Langouste à l'Américaine vorschlagen, ihnen aber ein paar Minuten später, wenn ein neuer Fang eingelaufen ist, raten, einen »loup de Nice« zu nehmen, den er, als wilde Fischdelikatesse zubereitet, dann vorsetzt.

Und dann die Muscheln, die, zu Hunderttausenden sortiert und gestapelt, an der Küste gesammelt werden und im Geschmack milder als die Austern sind! Die Clovisses und Paires kommen, mit Zitrone genommen, den Austern sogar am nächsten. Ein beispiellos scharfes Essen sind auch »pieds et paquets«, das in Safran und Zwiebeln wie Miesmuscheln gekocht und noch mit drei Sorten scharfer Saucen und verschiedener Senfe vervollkommnet wird. Dazu lieben die Mittelmeerbewohner, die ja über das herrliche Öl des Südens verfügen, seltsamerweise süße Weine, Hautes Sauternes, Anjou und Barsac und natürlich ihren opalenen Landwein.

Zwischen Cagnes und Antibes liegt eine provenzalische Besitzung, die ein Herr namens Baudoin unter dem Namen »La bonne Auberge« zu einem der zwölf berühmtesten Restaurants Frankreichs gestaltet hat: nicht nur was die Qualität betrifft, sondern auch was die Blumen, die Möbel, die Garnitur der Tische angeht und die aparte Möglichkeit, durch eine Glaswand die einzelnen Kapitel, unter denen sich das Epos der Speisenzubereitung vollzieht, beobachten zu können ... von der lebenden Languste bis zu dem Stadium, in dem das Schalentier, als »Croustade« verwandelt, an die Tische geschickt wird.

Aber an dieser Küste haben nicht nur Genießer gelebt, im Amphitheater von Fréjus haben Gladiatoren vor zehntausend Zuschauern gekämpft, auf der schönsten der lerinischen Inseln wohnte der Mann mit der »Eisernen Maske« als Verbannter, und später der Marschall Bazaine, dem Frankreich vorwarf, den Krieg 1870 verloren zu haben, in Nizza wurde der General Masséna geboren, der Sohn des Glücks – und da, wo die Nelkenfelder endlos gegen die Pinienhaine und die Wälder von kalifornischen Zypressen am Golf von Juan-Les-Pins heranfluten, ist Bonaparte zweimal gelandet. Einmal, als er, ein Triumphator, von Ägypten zurückkehrte, das zweite Mal, als er von Elba kam, die Schicksalswürfel zum letztenmal in seiner Hand.

Diese ganze Küste ist antikisches Gelände gewesen, die römischen Legionen zogen an ihr entlang, wenn sie nach Gallien und an den Rhein marschierten, und schon viele Jahrhunderte vorher hatten Griechen hier ihre Häfen angelegt und Plantagen bebaut, der Name Nizza leitet sich ab von dem der Siegesgöttin Nike, und auch die alten Geographen haben bereits von dieser Landschaft berichtet, die damals schon die roten Klippen von Théoule besaß, aber nicht den Überschwang mexikanischer, chinesischer und südamerikanischer Flora, die in der Folge hier angesiedelt wurde.

Indes, inmitten dieses dauernden Rausches, welchen die Côte d'Azur selbst zur Zeit, in der die neuen Camping-Schwärme sie bis zum Überdruß entstellen, erzeugt, gibt es Stätten, die mit urbaner Gewissenhaftigkeit der Wissenschaft dienen. An der Engelsbucht von Nizza liegt das »Centre Universitaire Méditerranéen«, ein kleines, zierliches Palais, ein Institut, das zwar keine Universität ist, aber dem Genie des Mittelmeers auf ernsthafte Weise zu dienen gewillt ist. Der Saal des Centre ist als Amphitheater angelegt, und auf seiner Schauwand befindet sich ein großes Gemälde, das wie in einem riesigen Spektrum die Geschichte des Mittelmeers darstellt, vom Bau der Pyramiden bis zu den Trümmern von Karthago und der Markuskirche. Manchmal wehen auch, wenn hier Kongresse stattfinden, im Geiste der antiken Universalität die Fahnen aller Nationen vor der Front des kleinen Palazzo. Daß dies Haus dem guten Geist aller Völker gewidmet ist, besagt der Spruch: Hic est domus omnium gentium.

An dem Strand, der sich nach Toulon und den stillen Buchten von Sanary, Bandole, La Ciotat und dem purpurroten Cap der Bay von Cassis ausstreckt, wohnten einst auch Stämme der sagenhaften Ligurer, welche in der Dämmerzeit der Geschichte von kolonisierenden Hellenen unterworfen wurden.

In der Tat, auf der elastisch ins Meer vorspringenden Halbinsel von Antibes haben schon griechische Akropolen und römische befestigte Lager gestanden, und hier haben die mittelalterlichen Grimaldifürsten eine Festung errichtet. Dies ist einer der erregendsten Riviera-Orte, denn das auf Felsen errichtete, vom Meer toll und blau umbrandete Schloß birgt eines der merkwürdigsten Museen Südeuropas. Ein Spruch, der auf einem Grabstein der klassischen Zeit steht, besagt in lateinischer Sprache, daß Steine und Holz helfen mögen, die Rätsel der Welt zu entziffern, welche die Gelehrten zu deuten nicht imstande sind. Zwischen Sarkophagen und antiken Reliefs, zwischen Vasen und Grabplatten etruskischer Art mit Totenfiguren, die auf den Sargdeckeln freundlich zu schlummern scheinen, stehen hier plastische Arbeiten Picassos, die dem nahen Töpferort Vallauris und seiner Keramik unerwarteten Zulauf brachten. Und hier hängt eine Anzahl der berühmtesten Fresken Picassos, gemalt auf eine Mischung von Karton und Zement, mit allen Visionen und Farben des Mittelmeers dargestellt, Mythos und Gegenwart über die Jahrtausende hinweg in einer vielleicht verwirrenden, aber bezaubernden Art vermischend … und jene Einheit des frühen Menschengenies wieder bezeugend, welche die Völker in tragischer Clownerie immer wieder zu zerreißen sich bemüht haben und allzu sichtlich immer wieder zu zerstören am Werke sind.

Klassische Wege II

Ferdinand Gregorovius
Avignon

Ein unverlöschlicher Zauber liegt in dem Namen der »Provence«; dieses sangberühmte und sonnige Land, reich an Öl und Wein, von einem großen Strom getränkt, von tausend Erinnerungen der Vorzeit beseelt, zieht jeden Nordländer noch heute magisch an. Der romantische Abglanz der Liedber der Troubadours ruht auf ihm wie die Glorie einer blutig versunkenen Sonne; denn jene Epoche mittelalterlicher Poesie ist tief tragisch mit der Ausrottung der Albigenser verwebt, der kühnen Ketzer und Helden des Gedankens, mit denen die Dichtkunst der Provence, die Freiheit südgallischer Städterepubliken, die gesellige Blüte des Landes im Blut verdorben sind.

Das Mittelalter hat hier einen seiner Gipfelpunkte; seine Contraste, überall grell und schreiend, scheinen es hier um so mehr: Freiheit und Despotie; Liebes- und Lebenslust und die Inquisition; Blumen und Sängerfeste und qualmende Scheiterhaufen; Girault von Borneil und Pierre de Castelnau; Bertrand de Born und der heilige Dominicus. Dazu kommt der Reiz einer melodischen, berühmten, und allmälig untergehenden Sprache, der ältesten unter den romanischen, in welcher lange Zeit gedichtet und geschrieben wurde ehe das Italienische sich zur Schriftsprache erhob: der Sprache von Oc oder Occitanien, die in sich selbst alle drei Hauptmundarten des Romanischen, das Italienische, das Spanische, das Französische, aus Gründen geographischer Berührung zu versammeln scheint.

Und so gibt es in ganz Frankreich kaum eine Provinz, die man mit gleich großer Spannung betreten wird. Aber der Bahnzug fliegt gar zu schnell, und die seltsam gestalteten Gegenden, die roten Felsen und ihre zersplitterten Burgen, die finstern Städte, die lachenden Ufer der Ströme, die Fruchthaine und Weinberge eilen dem Blick vorüber mit derselben Hast wie es die Schatten der Geschichte thun, welche der Reisende hier heraufbeschwört: die Boso von Arles, die Raymund von Toulouse, Simon und Amaury von Montfort, die Grafen von Beaux und Orange, Innocenz III., Karl von Anjou, Louis VIII., Dominicus, die Troubadours, die Heiligen, die Helden, die sieben Päpste Avignons.

Die Provence stellt sich indeß keineswegs als ein Paradies dar; man möchte sie oft einer arabischen Wüßte vergleichen. Die Gegenden sind felsig und sonnverbrannt, oft von einer wilden und bizarren Melancholie und einem schneidenden Ernst. Als ich dies dürre Land sah, begriff ich recht gut, daß es der Schauplatz vieler fanatischer Religionskriege sein konnte, daß auf diesem glühenden Boden ein leidenschaftliches Geschlecht wachsen muß, daß hier wie in Calabrien die verschiedenartigste Neigung der Geister, asketische Schwermut, finstre Schwärmerei, Renaissance des alttestamentlichen Prophetentums, kühne philosophische Skepsis und Freiheitsglut ausgebildet werden konnten.

Liegt noch heute der Fluch der furchtbaren Kreuzzüge gegen die Albigenser, der Huguenotten-, der Cevennenkriege, der Dragonaden Ludwig's auf Südfrankreich? Es möchte so scheinen: die öden Städte, die überall auf den Felsen starrenden Burgtrümmer erzählen noch von jenen Zeiten, wie von den Jacquerien der französischen Revolution; aber sie lassen uns den Untergang der feudalen Tyrannei schwerlich beklagen. Doch nicht die zerfallenen Burgen allein bringen diesen düstern Charakterzug hervor; da sind die Dörfer und Städte, aus dem rötlich-gelben Felsgestein gebaut, auf welchem sie unter Maulbeerbäumen und silbergrauen Oliven in der flammenden Sonnenglut trauern. Ich sah kaum in den wildesten Gebirgen des Kirchenstaats, auf den Volskerbergen, in der Sabina, oder kaum in

Corsica, gleich trostlose Orte. Diese provençalischen Dörfer sind klumpenweise aufgebaut, die Häuser aus rohen und kurzen Steinen zusammengeklebt, mit abgeschrägtem Dach, klein und hüttenähnlich, hie und da mit Fenstern ohne Scheiben, die nur durch hölzerne Läden geschlossen werden. Bisweilen hat die ganze Wand nur ein Fenster und eine kleine Thür. Die Straßen sind unreinlich, enge und finster, schief und krumm, ja oft kaum Straßen zu nennen, da die Wohnungen entweder ganz zerstreut oder so dicht aneinandergedrängt liegen, daß sie Gassen bilden, welche viel eher dem Rinnsal eines mäandrischen Bergbaches als einer Straße des Menschenverkehrs gleichen.

Ein zerstörtes Schloß liegt in der Regel über jedem Ort, als ein Kainsmal des blutigen Mittelalters an seiner Stirn. Die verschönernde Hand der Kunst wird kaum sichtbar, selbst die Kirchen ragen als nur notdürftige Bauten aus diesen Dörfern hervor. Das Leben, welches sich in ihnen versammelt, scheint der Civilisation bar zu sein; es trägt den Stempel der Verwilderung und auch der Armut. Denn würden wolhabende Landbauern noch heutigen Tags, wo sie weder die räuberische Gewalt der Barone, noch den plötzlichen Überfall von Söldnercompagnien oder von Priestern der Inquisition zu fürchten haben, ohne Not fortfahren ihre Tage in solchen Häuserklumpen hinzubringen, welche als Scherben des Mittelalters liegen geblieben sind? Die Gewohnheit ist freilich, wenn auch nicht immer süß, so doch hartnäckig genug; der Süden hält mit wunderbarer Zähigkeit an den Traditionen fest, zumal auf einem dürren Felsenboden, welcher agrarischen Verwandlungen nicht leicht zugänglich ist. Und der Süden ist träge und unreinlich.

Ich spreche von kleineren Orten der Provence, ich rede nicht von den größeren Städten eines langen und geschichtlichen Lebens, obwol auch sie denselben Charakter düsterer Melancholie oder des absolut Vergangenen und der Unsauberkeit an sich tragen. So sieht Donzère aus, so Mondragon mit seinem schwarzen Schloß, so la Palud, so das blutige Mornas und Piolenc (bizarre, energische und fremdklingende Namen), und fast so Orange, welches die Geschichte Burgunds, der Niederlande, Englands, selbst Preußens plötzlich in diese provençalischen Gegenden hineinzieht, einst ein Sitz von Fürsten, das Stammhaus der Oranier, doch ein finsterer und kleiner Ort, von Monumenten der alten Römer und des Mittelalters überragt.

Auf den Fluren herrscht tiefe Stille: kaum sieht man arbeitende Menschen, und trotz der Nähe der großen Handelsstädte Lyon und Marseille scheint der Verkehr nur sparsam zu sein. Selbst die Stationshäuser an der Eisenbahn sind in der Regel leer; doch Priester mit ihren Brevieren, Nonnen mit Rosenkränzen und großen Kreuzen stehen wartend auf jeder Station. Ja, dieses Land ist nicht Frankreich, und diese sonnverbrannten, schwarzhaarigen Menschen, die es bewohnen, sind keine Franzosen, sind ächte Romanen, ein Mischlingsvolk von ligurischen Celten, von Burgundern und Westgothen, von Römern, selbst von massiliotischen Griechen, die einst diese Gegenden mit Colonien bevölkert haben.

Der oft hinreißend schöne Blick auf die Rhone und ihre hie und da gigantischen Uferbildungen aus nackten, warmtönigen Felsenmassen, wie das märchenhafte la Roche de Glun und andere wilde Partien, reizen die Phantasie; und je weiter südlich, desto orgineller und schöner wird das Land.

Bei Mornas begrüßte ich die ersten Ölbäume wieder; doch sie scheinen dort nur als Anfänger aufzutreten, und von Limonen oder Orangen ist, trotz der Stadt Orange, nichts zu sehen. Bei Sorgues überschreitet man den berühmten Bergfluß dieses Namens, der aus den romantischen Felsen von Vaucluse herabströmt, wo Petrarca die schöne Laura besungen hat. Avignon ist nahe, und dort zeigt es sich schon mit dem grauen Felsen über der mächtigen Rhone, auf welchem als die Charaktergestalt der ganzen Landschaft der Palast der Päpste steht, eins der größten Monumente, die vom Mittelalter auf uns gekommen sind, finster, riesig und pharaonenhaft.

Avignon ist nicht groß und nicht schön, doch fremdartig und seltsam. In der päpstlichen Zeit hatte die Stadt 30 000 Einwohner, heute ist sie mit nur 37 000 die Hauptstadt des Departements Vaucluse. Sie ist, gleich vielen Städten Italiens, aus denen das historische Leben entwich, nur ein entseeltes Monument. Die Luft ist hier von der Legende und von der Geschichte durchhaucht, aber nicht, wie fast überall im italienischen Lande, von einer sinnvoll und ruhig oder heiter stimmenden, sondern von einer düstern Tradition. Es ist zu viel Fanatismus, zu viel Baronalwesen, zu viel absolut Priesterliches, zu wenig Bürgerliches und Demokratisches darin; die wollautenden Gegensätze des Lebens und der Cultur, oder des Genies fehlen. Der Schatten jener einen Cyklopenburg des Mittelalters liegt schwer auf ganz Avignon, und läßt nichts unter sich aufkommen; und sieht man von ihm ab auf die Individualität der Stadt, so erscheint Avignon heute nur wie ein verarmter Legitimist, im abgeschabten Rock von Sammet, an dem noch Spuren von Goldbesatz zu erkennen sind.

Als ich auf dem wahrhaft entsetzlichen Pflaster dieser krummen und finstern Straßen umherging, war es mir manchmal zu Mute als sei ich in dem italienischen Anagni, wo die Päpste einst auch ab und zu Hof gehalten haben, wo noch der Palast Bonifacius' VIII. in Ruinen steht, und wo es gerade so ausgestorben, so staubig, so öde und langweilig aussieht wie in Avignon. Es war in Anagni, wo Bonifacius VIII. von Wilhelm Nogaret, dem Gesandten des französischen Königs Philipp des Schönen, überfallen und mißhandelt wurde, und kaum vergingen wenige Jahre, so führte derselbe König Philipp das entwürdigte, ihm zu Willen stehende Papsttum in die französische Gefangenschaft, wo es denn hier in Avignon seinen Sitz nahm. Es mochte daher mit in diesem historischen Zusammenhange beider Städte liegen, daß ich immer wieder an das mir wolbekannte Anagni zurückdachte.

Die prächtigen Stadtmauern, Werke der Päpste, mit ihren viereckigen Türmen, ihren Zinnen und Toren, hoch über ihnen der große und breite Felsen *(Rocher des Doms)* mit der Kathedrale und dem ungeheuren Palast; die graue Häusermasse der Stadt, aus welcher einige altertümliche Türme ragen; der volle

Rhonestrom unter den Stadtmauern, die schönen Trümmer der Brücke S. Bénézet; die Kettenbrücke, welche auf die Rhone-Insel führt, unmittelbar am andern Ufer das bizarre Villeneuve-lez-Avignon mit Türmen und Castell – dies sind die Hauptcharaktere für den ersten Blick auf Avignon.

Die Lage der Stadt ist, wenn auch nicht vorzugsweise schön, so doch bedeutend: denn der edle Strom gibt ihr und ihrem Gebiet einen Zug von Größe und Majestät. Der Horizont ist weit und schön; er überraschte mich sogar trotz meiner genauen Kenntnis Italiens, als ich vom Rhone-Kai die hohe Steintreppe zum Rocher des Doms emporstieg. Eine ganz südliche Landschaft liegt vor dem Blick verbreitet, voll von Olivengärten, Krapp-Pflanzungen, Maulbeerbäumen und Weinstöcken, durchströmt von der Rhone, von der Sorgue und Durance, von vielen Canälen bewässert, von vielen Ortschaften angefüllt. Ein bläulicher Äther umflimmert dieses große hügelige Land. Auf dem rechten Ufer des Stroms zeigen sich gelb und dürr wie Felsen Siciliens die Ufer von Villeneuve, das Fort S. André, Château Neuf des Papes, die olivenreichen Berge von Vaucluse, weiter der hohe Ventoux, der blaue Luberon, die Alpenspitzen der Dauphiné und der Provence, endlich die Bergreihen Languedocs.

Diese Berge haben nicht die edlen Formen Italiens, aber sie atmen doch in südlichem Duft, und lassen als Vorstufen das schönere Land ahnen. Wenn die italienischen Cardinäle (und es gab am Hofe der französischen Päpste deren immer einige) auf diese provençalische Campagna blickten, mochte sie ihnen wie eine schwächere Copie heiße Sehnsucht nach den Paradiesen Italiens und dem großen Horizonte Roms erwecken. Die Franzosen freilich, und die Päpste welche Liebe zum Vaterland an diese Gegenden fesselte, durften mit Freude auf die Gefilde der Provence blicken, und den Italienern raten sich mit den Weinen Burgunds und mit den schwarzäugigen Frauen Avignons zu trösten – ein Trost den sie nicht verschmäht haben.

Die Vegetation auf dem Rocher des Doms ist ganz südlich.

Die Terrassen schmücken sich mit blühendem Oleander, selbst mit Lorbeeren, Lebensbäumen, Ginster und Pinien, selbst mit Aloepflanzen; aber diese Kinder Italiens sind klein und verkümmert, fast wie fremde Pflanzen anzusehen, die sich auf fremdem Boden zu ihrer natürlichen Fülle nicht entwickeln können. Indem ich an den Reichtum italienischer Natur dachte, schien es mir fast als habe hier das Papsttum auch die Flora Roms in das babylonische Exil mit sich geführt. Die Orange und die Limone gedeihen in Avignon noch nicht im freien Feld, so heiß auch die Sonne glüht, und von Lorbeerbäumen, Pinien und Cypressen, die in Rom so majestätisch emporstreben, sah ich nur kleine Exemplare. Indeß der Boden Avignons ist fruchtbar, er erzeugt Wein und Öl, Feigen und Mandeln und viel Krapp.

Auf die Krapp-Pflanzungen bezieht sich sonderbarer Weise eine große Bildsäule von Erz, die auf der Esplanade des Rocher des Doms aufgestellt ist. Gewohnt, wie ich war, auf den Kathedralplätzen Italiens Statuen heiliger Patrone zu finden, trat ich an jene Figur, um zu erfahren, was sie für ein Patron sei. *A Jean Althen, introducteur de la garance, les Vauclusiens reconnaissans. 1846.* Dem Johann Althen, der die Färberröte eingeführt hat, die Bewohner von Vaucluse aus Dankbarkeit. So steht auf dem Postament. Also vor dem Dome Avignons, in der Nähe des französischen Vaticans, nicht die Bildsäule eines Papsts, nicht die Statue eines Martirers oder Bischofs, sondern das Standbild eines Bürgers, der in die Provence nicht die Inquisition, sondern den Krapp eingeführt hat, von dem sie reich wird, und von dem die Pantalons von 600 000 kriegslustigen Franzosen so schön rot gefärbt werden? Da überzeugte ich mich, daß ich mich nicht in Anagni, sondern in einer Stadt des thätigen, industriellen Frankreichs, zwischen Lyon und Marseille befand. Johann Althen war übrigens nicht aus Avignon, sondern aus – Persien. Er kam als Flüchtling im Jahre 1756 in diese Stadt, und starb in ihrer Nähe zu Caumont, 1774.

Es war windstill als ich dort oben stand, und trotz des Octobermonats brannte die Sonne glühend heiß auf dem nackten Gestein. Aber der Nordwestwind, der Maestrale oder Mistral, soll dort heftig strömen, und Avignon selbst ihm zu sehr ausgesetzt sein, daher das alte Wort:

Avenio ventosa,
Sine vento venenosa,
Cum vento fastidiosa.

Ich möchte indeß fast sagen: *cum et sine vento fastidiosa.* Das Sprüchwort erinnerte mich an jenes von Tivoli: *Tivoli di mal conforto, o tira vento, o piove, o suona a morto.*

Der Name Rocher des Doms ist aus Domnis oder Dominis entstanden, wie auch die Kathedrale Notre Dame des Doms heißt. Diese Felsenhöhe ragt 138 Fuß über dem Meer, und 81 Fuß über Avignon empor. Sie ist die uralte Akropolis der Stadt, und hat zu allen ihren Epochen die Hauptmomente ihrer Geschichte getragen. Ganz so verhält es sich mit vielen Städten Latiums und Etruriens; sie alle haben ihre uralte Akropole, auf der die Heiligtümer der Stadt standen, sowol in heidnischer als in christlicher Zeit; denn aus den zerstörten Tempeln wurden Kathedralen, neben denen die Bischöfe ihre mit Türmen verschanzten Paläste anlegten. [...]

Dieses finstere Schloß mit plumpen und ungeheuern Türmen, mit zum Himmel ragenden nackten und schwarzen Riesenmauern, welche wenige gothische Fenster unregelmäßig durchbrechen, mit Gräben, Saracinesken und tiefen Kerkern, betritt man nur mit unheimlichem Gefühl. Es ist durchaus häßlich, ein Gemisch von Kloster und Burg, Gefängnis und Palast, völlig planlos und labyrinthisch durcheinander gebaut. Diese päpstliche Festung in Frankreich, so isolirt in der Geschichte des Papsttums, so ohne allen Zusammenhang mit ihren Monumenten, wie sie ist, trägt zugleich den Stempel des Zufälligen und des Kleinen an sich, sobald man an den Vatikan in Rom denkt. Auch dieser hat eine Festung neben sich, aber es ist das Grabmal eines römischen Kaisers. Das Genie der Künste mildert und verschönert seine Riesengröße, und seine Räume werden durch die Wunder der classischen Welt verklärt. Was der St. Peter beim Vatican, das ist hier neben dem Schloß zu Avignon die kleine Kirche Notre Dame des Doms, die mit ihm zusammenhängt. So spiegelt diese vorübergehende Residenz sowol die Verkleinerung als das Schicksal des Papsttums in Frankreich ab; sie ist ein Gefängniß der Päpste, und zugleich ihr Baronalschloß aus jener Zeit, wo die Oberpriester der Christenheit nur Vasallen Frankreichs waren, und nicht erröteten sich mit dem feudalen Titel der Grafen von Venaissin und Avignon zu schmücken.

Die Geschichte von sieben Päpsten belebt das Schloß, aber sie genügt nicht diese Räume zu füllen, diese Wände zu beschreiben; sobald endlich die Päpste diesen ihren Palast verlassen haben, behält er kein größeres Interesse mehr als es jedes andere Baronalschloß darbietet.

Über dem großen Portal hängt das Wappen Avignons, eine von zwei Adlern getragene Stadt, darunter drei päpstliche Schlüssel von Gold; man tritt ein: wüste Höfe, steile Mauern, endlose Treppen, lange klosterartige Gallerien, nun verbaute gothische Capellen, zerteilte Säle, Turmgemächer und Gewölbe; ein dädalisches Labyrinth welches verwirrt. Die Trommel rasselt, Soldaten lärmen durcheinander; in den ehemaligen Prunksälen Clemens' VI. sieht man lange Reihen von Matrazen, lange Reihen französischer Soldaten. Seitdem die Revolution im Jahre 1790 den apostolischen Vicelegaten aus Avignon vertrieb, verwandelte sich der Palast der Päpste ohne Mühe in eine Caserne, wozu er noch heute dient. Er hat völlig den Charakter einer solchen, zumal er in der Revolutionszeit und während der Restauration nach 1815 von den dort einquartierten Soldaten barbarisch verwüstet worden ist. Die kostbaren Fresken der Capellen und mancher Gemächer wurden zerstört, und der Besucher erkennt heute nur noch mit Mühe die kläglichen Reste schöner Werke aus der Schule des Giotto.

Diese jetzt stummen Mauern umschließen indeß immer die

Geschichte von 70 Jahren des Papsttums in einer merkwürdigen Epoche Europas, wo das Licht der Wissenschaften wieder zu erwachen begann. [...]

Als ich die finstern Räume der Papstburg Avignon's durchwanderte stiegen die Gestalten Petrarca's, Laura's und jene romantische Figur des Tribuns der Römer vor meinem Blick empor, und sie warfen einen mildernden Reflex auf diese traurigen Wände. Aber die rothosigen Soldaten Napoleon's III., kaum heimgekehrt von den blutigen Schlachtfeldern bei Magenta und Solferino, oder sich rüstend aus diesem selben avignonischen Palast der Päpste als Besatzungstruppen nach jenem päpstlichen Rom abzugehen, welches heute in weit kritischerer Lage sich befindet als zu des Cola di Rienzo Zeit – diese Soldaten also stellten sich immer wieder zwischen mich und die Schatten der Vergangenheit. Sie wissen von Petrarca und Madonna Laura, von Cola di Rienzo und von Johanna von Neapel auch nicht ein sterbendes Wort, aber sie wissen daß hier einst Päpste wohnten, und sie mögen sich sagen, daß auch jetzt wieder ein Papst fast ein Gefangener Frankreichs ist, und daß man davon redet, er werde in dies alte Avignon geführt werden. Ja, viele Betrachtungen verknüpften mir in jener Papstburg die Zeit des avignonischen Exils mit der Gegenwart. [...]

Aber wir wollen gegen eine merkwürdige Stadt nicht undankbar sein, sondern uns noch eine Weile darin umsehen. Wir haben noch nicht die alte Kathedrale betreten, den St. Peter in Avignon. Ja, der große St. Peter Roms konnte siebzig Jahre lang auf dieses kleine schwarz und finster aussehende Gebäude neidisch sein, wie auf den Usurpator seiner durch Jahrhunderte geheiligten Rechte. Indeß die Päpste fanden sich hier in einem Winkel der Welt auf eine Capelle beschränkt, welche den Pomp ihres Cultus und die Acte der Kirchengeschichte den Blicken der Christenheit entzog.

Notre Dame des Doms ist der Legende nach von der heiligen Martha, der Schwester des Lazarus, gestiftet worden; denn diese Fromme landete in der Camargue, lehrte in der Provence das Christentum, und baute auf den Trümmern des Herculestempels zu Avignon die erste Kirche. Ihr Ursprung ist unbekannt, und ihr Ruhm, eine Stiftung Karl's des Großen zu sein, unsicher; aber sie ist sehr alt, wie das römische Portal mit seinen beiden antiken, korinthischen Säulen lehrt. Leider hat der Vandalismus der Revolution sie so wenig verschont wie die übrigen Kirchen der Stadt, deren manche in Trümmerhaufen verwandelt wurden. Der Freund des Altertums mag sich noch mit der sogenannten Capelle Karl's des Großen trösten, aber er wird den Ruin der Monumente einiger Päpste beklagen, denn sie waren merkwürdige Denkmäler der Gothik des 14. Jahrhunderts.

Das Grabmal Benedict's XII. hat man wiederhergestellt, so auch jenes Johann's XXII., ein noch schöneres Mausoleum, in der Gestalt eines gothischen Tabernakels mit vielen Türmchen und Spitzen, worin die Figur des Papsts auf einem Sarkophag liegend abgebildet ist. In einer Nische sieht man die Trümmer des Monuments des Cardinals d'Armagnac, und im Sanctuarium die Grabplatte des Louis Balbe Berton de Crillon nommé le Brave, des Freundes Heinrich's IV. Er starb in Avignon im Jahre 1615; seine eherne Statue steht auf dem Platz de l'Orloge.

Zu diesem Platz, der Hauptzierde der Stadt, steigt man von der Papstburg mit wenig Schritten hinab. Einige gute Gebäude umgeben ihn, das Theater, das Hotel de Ville im französischen Renaissancestil, mit einem von Säulen überladenen Vorhof. Der Concierge, der mich darin umherführte, versicherte mit bedeutender Miene, daß Napoleon III. auf seiner Reise nach Algier dieses Hotel mit seiner Gegenwart beehrt habe, daß die Treppe mit Purpur belegt gewesen sei, und kurz, das ganze Gebäude feenhaft ausgesehen habe. Man hat Napoleon mit vielem Lärm empfangen; aber die legitimistische Partei ist noch heute in der Provence zahlreich genug, obwol der Reichtum jener Herren längst dahingeschwunden ist. Napoleon mag indeß noch einige Zeit ruhig schlafen; er hat die besitzenden und arbeitenden Classen für sich; überall ertönt sein Lob; er hat die Revolution gebändigt, dem Bürger Ruhe gegeben, und was hat er nicht durch seine Handelstractate für dieses weinreiche Südfrankreich gethan? Außerdem »*notre prépondérance légitime*«. Dies kann man allerwegen hören.

Ich will es doch gestehen: dieses Herumwandern in Avignon ermüdet. Diese Straßen, hie und da durch einen Palast aus der Zeit der Renaissance, oder durch ein älteres Gebäude mit Arcaden und Höfen die Aufmerksamkeit fesselnd, sind leer, und die geistige Atmosphäre darin melancholisch, oder durch grelle Erinnerungen aufregend.

Wie viel angenehmer wandert es sich in Städten Toscana's, in Pistoja, Prato, Siena und Arezzo, wo die Erinnerungen an die Zeit der städtischen Freiheit und eines mächtigen Bürgerlebens so wolthuend sind.

Ich habe die meisten Kirchen Avignons besucht; keine ist wahrhaft schön; fast jede trägt die Spuren der Verwüstung durch die Revolution. Da ist S. Didier, ein gothischer Bau; ich fand sie mit weißverschleierten Frauen gefüllt, welche knieend eine wolklingende Litanei sangen. Dies war ein gutes Bild voll Leben und Mannichfaltigkeit; ich glaubte in der Zahl der Betenden und in der Inbrunst ihres Gesanges den Einfluß wahrzunehmen, welchen Rom durch Jahrhunderte auf Avignon ausgeübt hat. Es war ein Gemälde von wirklich römischem Charakter; aber der ländliche Platz um die Kirche mit seinen schönen schattigen Bäumen hatte weder etwas römisches noch südliches überhaupt, sondern versetzte mich in die Heimat zurück.

Die große Menge der Beter hinderte mich, mehr als einen flüchtigen Blick auf ein Relief zu werfen, welches man *Images du roi René* nennt; denn dieses wird dem »guten König« zugeschrieben, und wie viele Bildsäulen oder Gemälde hat ihm nicht die Sage in der Provence beigelegt!

Da ist die Kirche des S. Agricol, welcher in allen öffentlichen Calamitäten, namentlich bei der Dürre angerufen wird. Das alte Gebäude stammt aus dem 10. Jahrhundert, und wurde später erweitert; seine gothische Façade mit breiten, von gezackten

Aufsätzen gekrönten Türmen ist orginell, und die Einfachheit des Ogivstils auch im Innern spricht für das Alter des Baues.

Da ist die Capelle der *Pénitents noirs de la Miséricorde.* Sie bewahrt den berühmten elfenbeinernen Crucifix von Guillarmin (1659); die Schwester die ihn vorzeigt erzählt die Legende von dem zum Tode verurteilten Neffen des Künstlers, welchen dessen Fürbitte in Gestalt eines Crucifixes gerettet habe. [...]

Doch nun adieu Kirchen, Paläste, Museen, armselige Altertumsscherben Avignons. Wie ermüden die Bilder, die Monumente, diese zerstümmelte Antiquität; und was sind sie gegen einen Blick in das volle Leben dieser Rhonelandschaft zu Füßen Avignon's! Draußen lacht die Sonne der Provence auf die grünen Strominseln nieder, und vergoldet schon die Berge von Villeneuve; dort lockt es den Reisenden an den flüsternden Pappeln und Platanen des Stroms zu wandern, die wilden Laute seiner Woge zu hören, und in die Flut zu blicken, welche die großen geschnäbelten Lastkähne pfeilschnell durch die Brückenbogen reißt. Das Bild der mächtigen und breiten Rhone, vor dem Tore de l'Ouille, mit ihren beiden Inseln und den seltsamen Ufern Languedocs ist sehr schön, und dennoch verwischte mir dieser Anblick nicht das noch frische Gemälde des mächtigern Weichselstroms, wie er seine tiefe Woge durch die riesigen Bogen der Eisenbahnbrücke bei Dirschau wälzt, noch das Bild der Nogat, wie sie sanfter der alten schönen Marienburg vorüberfließt. Das mittelalterliche Ordensschloß der deutschen Ritter prangt dort herrlicher als hier die Papstburg Avignon's.

Der Strom trennt Villeneuve von der Stadt, und die Provence von Languedoc. Brücken verbinden beide Ufer; deren eine steht in Ruinen, denn nur vier römische Bogen sind ihre großen, sehr malerischen Reste. Sie führen vom Ufer noch eine Strecke weit über den Strom, dann brechen sie ab. Eine kleine Capelle steht auf ihnen, und blickt verlassen und sagenhaft in die Flut. Sie diente, so sagt man, einst dem heiligen Manne zum Ruheort, der die Brücke selbst erbaut hatte. Die Legende dieses Baues ist der einzige milde und tiefpoetische Zug, den ich im Bilde Avignon's erblickt habe.

Der kleine Bénézet weidete, die Schafe seiner armen Mutter auf den Bergen von Vivarais: plötzlich verhüllte eine Sonnenfinsterniß Berg und Tal; es war am 13. September 1177. Eine Stimme rief: Bénézet, höre, mich, denn ich bin Jesus Christus. Der Hirtenknabe, antwortete erschrocken: Wo bist du, o Herr, und was begehrst du von mir? – Fürchte dich nicht, laß deine Schafe weiden, steig' herab zum Fluß der Rhone, und baue eine Brücke über ihn! – Herr, ich weiß nicht wo der Fluß der Rhone ist, ich bin ein armes Kind, ich habe nur drei Pfennige in der Tasche; wie soll ich eine Brücke über die Rhone bauen? – Die Stimme erwiederte: Thue wie ich dir gebot, denn ich weiß wie und wo du die Brücke bauen wirst. – Der Hirtenknabe ließ die Heerde, und stieg weinend den Berg hinab: da kam ein Pilger mit dem Stabe auf ihn zu, und sagte ihm: Mein Sohn Bénézet, folge mir an den Ort, wo du die Brücke bauen wirst. – Als sie an den Strom kamen, und das Hirtenkind dessen breites und wildes Wasser sah, weinte es noch heftiger; aber der Pilger tröstete es, und befahl ihm in eine Barke zu steigen, nach Avignon zu fahren, und dem Bischof seine Mission kundzutun. Bénézet trat vor diesen, welcher eben in der Kathedrale predigte, und rief ihm furchtlos zu: Herr Bischof, der Herr hat mich abgesendet eine Brücke über den Fluß der Rhone zu bauen. – Man griff den tollen Knaben, und führte ihn ins Gefängniß zum Vicar. Er wiederholte dem Richter seinen Auftrag, und lächelnd wies der Vicar auf einen Stein im Hof und sagte zu Bénézet, daß er an seine Sendung glauben werde, wenn er im Stande sei diesen Block zu erheben. Der Knabe faßte den Stein, warf ihn auf seine Schulter, und trug ihn unter dem Wundergeschrei des Volkes bis ans Ufer der Rhone. Fünftausend Goldstücke sammelte er augenblicks ein, und der Bau der Brücke begann.

Das ist die wunderbare Legende von dieser alten Brücke zu Avignon; ich werde ihren poetischen Reiz nicht durch die Erklärung mindern, die man ihr gibt. Im Jahre 1188 wurde das große Werk vollendet, aber seine Zerstörung durch die catalanischen Banden begann schon im Jahre 1395, und die Zeit oder die

Wut der Rhone setzte die Vernichtung bis auf die Reste fort, welche noch heute dauern.

Um nach Villeneuve zu gelangen, geht man über eine Ketten- und eine Holzbrücke, die über zwei verbundene Rhoneinseln führen, Vile de Piot und la Barthelasse. Villeneuve-lez-Avignon ist ein malerischer Ort. Man sagt, daß hier im Altertum Stathmos oder Statumä lag, eine Handelsstation der Massilioten. Das heutige Städtchen datirt erst von 1226; es verdankte den Mönchen in St. Andreas seinen Ursprung, bis Philipp der Schöne den Ort vergrößerte und befestigte. Er diente ihm als vorgeschobener Posten Frankreichs an der Rhone, was er blieb während die Könige Neapels Herren der Provence, und die Päpste Eigentümer Avignon's waren. Noch steht unweit der Rhone der prächtige Turm aufrecht, welcher vorzugsweise Turm Philipp's des Schönen heißt. Seine Lage gegenüber der Brücke St. Bénézet, der er zum Castell gedient haben muß, ist bedeutend genug, und der Gang dorthin unter den schattigen Bäumen des Ufers mit dem Blick auf den Strom und die jenseits drohende Papstburg sehr reizend. Das graue Städtchen selbst ist öde und unfreundlich, auch sieht es ärmlich aus, obwol es einige Krappfabriken und Spinnereien besitzt. Nur hie und da erinnern verwitterte Paläste und Kirchen an die glücklich überwundene Zeit der Feudalität.

Es ist wunderlich zu sagen: während Avignon sich mit dem Manne ziert, welcher die Färberröte in den Provinzen eingeführt hat, kann Villeneuve diesem Jean Althen den Mann gegenüberstellen, der im Jahre 1560 den Tabak nach Frankreich gebracht hat. Die ersten Blätter zeigte er der Königin Katharina von Medici. Ich habe keine bronzene Statue des Jean Nicot, Gesandten Frankreichs am Hofe Portugals, im Ort bemerkt; man sollte ihm eine errichten, eine große Tabaksdose in der Hand, und eine riesige Havannacigarre im Munde. Im Übrigen machen die französischen Cigarren dem Jean Nicot keine Ehre, denn sie sind sehr schlechter Qualität.

Es gibt in Villeneuve nur wenig zu sehen; in der Kirche des Hospitals steht jetzt das Grabmal Innocenz' VI., ein gothisches

Werk im Tabernakelstil. Es befand sich ehedem in der einst schönen, jetzt verfallenen Chartreuse zu Villeneuve. Es ist restaurirt, und die liegende Papstfigur ist neu.

Auf dem steilen Berg Andaon liegt das noch wolerhaltene Castell St. André. Man geht durch ein mächtiges Tor hinein, und befindet sich dann auf dem ummauerten Plateau des Hügels, in dessen Mitte eine Capelle steht. Von dort überblickt man das schöne Panorama der Provence. Es gleicht dem welches man vom Rocher des Doms sieht, aber es hat den Vorzug daß sich hier Avignon und seine Burg den Blicken darstellen. Wenn die Abendsonne jene schwarzen Riesenmauern der Papstburg rosig und violett überhaucht, ist die Wirkung zaubervoll – und hier ist auch der rechte Ort, von diesem durch die sinkende Sonne verklärten alten Avignon einen guten Abschied zu nehmen.

Ich warf einen sehnsüchtigen Blick in das provençalische Land umher, das ich so gerne durchwandert hätte. Provençalen umgaben mich; ihre uralte Sprache erweckte mir tausend Erinnerungen und Bezüge zur Geschichte der Cultur. Diese Sprache geht unter; alle Anstrengungen der Dichter jenes Landes, unter denen Mistral der berühmteste ist, fristen ihr nur noch ein künstliches Fortleben.

Hugo von Hofmannsthal
Südfranzösische Eindrücke

Ich habe einmal ein chinesisches Bilderbuch gesehen. Auf jeder Seite waren alle möglichen Dinge gemalt, durcheinander und mit der unabsichtlichen Anmut, die das Leben hat. Denn die Bilder des Lebens folgen ohne inneren Zusammenhang aufeinander und ermangeln gänzlich der effektvollen Komposition. Besonders eine Seite aus dem Bilderbuche ist mir im Gedächtnisse geblieben; da hingen hübsche fliegende Hunde zwischen roten Weinblättern, darunter standen graziöse emailblaue Vasen; daneben war ein friedlicher grasgrüner Garten mit weißen Gänsen und Orchideen, Spinnen, Kolibris und Affen mit traurigen Augen, und neben dem Garten war ein Fluß; am Ufer stand eine weiße junge Frau, und über dem Flusse schwebten Dämonen, haarige, lichtblaue Riesen mit Vogelköpfen, grinsende Köpfe und rotgrüne Schlangen.

Das Ganze hatte den seltsamen, sinnlosen Reiz der Träume.

Ich glaube, so ungefähr sollten Reisebeschreibungen gemacht werden, so erlebt man sie; und es ist zwischen diesen aufgefangenen Sensationen nicht mehr Zusammenhang wie zwischen den Vasen, den Affen und den Dämonen in dem Bilderbuch.

Darum haben auch Reiseerinnerungen nachher für uns selbst diesen sonderbar traumhaften Charakter, so fremd, wie nicht wirklich gewesen. Die hübsche Art zu reisen, die empfindsame, die des Sterne und des Rousseau, ist uns verlorengegangen. Das war noch eine Reise nach Stimmungen. Man reiste sehr langsam, im humoristischen Postwagen oder in der galanten Sänfte; man hatte Zeit, um in Herbergen Abenteuer zu erleben und wehmütig zu werden, wenn ein toter Esel am Wege lag; man konnte im Vorbeifahren Früchte von den Bäumen pflücken und bei offenen Fenstern in die Kammern schauen; man hörte die Lieder, die das Volk im Sommer singt, man hörte die Brunnen rauschen und die Glocken läuten.

Unser hastiges ruheloses Reisen hat das alles verwischt, unserem Reisen fehlt das Malerische und das Theatralische, das Lächerliche und das Sentimentale, kurz alles Lebendige. ---

Chambéry ist die Hauptstadt des alten Savoyen; gerade seit hundert Jahren gehört es zu Frankreich, und zum Angedenken dessen steht seit ein paar Wochen auf dem Marktplatz eine junge Savoysienne und umarmt die Trikolore. Die Stadt ist, wahrscheinlich wie die meisten Städte, in sehr verschiedenen Stilarten gebaut; bei Nacht aber, im Mond, ist sie ganz Rokoko mit schnörkligen Giebeln, geschweiften Balkonen und stilvoll bevölkert mit vielen Katzen. Es gibt winzig kleine, übermütige, die betrunken im Mondlicht kugeln und schmeichelnd kokettieren; und große sitzen in stilisierter Würde heraldisch steif auf Balkonen; und andere gleiten lautlos, mit mattleuchtenden Augen, im tiefsten Dunkel längs der Mauern hin.

Nahe der Katzenstadt liegen im Hügelland mit reicher lauer Luft und großen Lauben dunkelglühenden Weins viele kleine Landhäuser. Eins davon sind die Charmettes der Frau von Warens, wo Rousseau seine große Liebe erlebte. Sie war eine wohlerzogene, schöne Dame mit blonder Güte und Anmut und einem eleganten und herzlichen Briefstil; er war ein halberwachsener Parvenu, mit bitterem Hochmut und starker Sehnsucht nach Liebe, bös und rücksichtslos und mit glühenden rhetorischen Antithesen im Herzen. Er nannte sie »maman«, und sie nannte ihn »petit«. Es ist noch alles da: ihre Bilder, ihre Betten, das Fenster, an dem sie Arm in Arm in den Sonnenuntergang hinaussahen, das Immergrün, das sie zusammen pflückten...

Hier wäre Gelegenheit, eine Banalität zu sagen, die noch dazu sehr traurig ist. –

In Grenoble aber ist Henri Stendhal geboren. Henri Beyle, genannt Stendhal, der große Psycholog unter den Romanschreibern dieses Jahrhunderts, groß neben Balzac und vor allen übrigen, den seit 1880 wieder viele Leute in Frankreich lesen und auch einige in Deutschland.

In Grenoble haben sie eine Straße nach ihm genannt, eine häßliche, halbfertige, nach Kalk und Ziegel riechende, charakterlose Bourgeoisstraße, nach ihm, der immer wunderbare und außerordentliche Menschen schuf, hochmütige, sehr »anders als die andern«; übrigens konnte er seine Vaterstadt nicht leiden und starb nach unruhigem Wandern in seiner Adoptiv-Heimat, dem Mailand der Restaurationszeit, mit den Melodien des Cimarosa und der lieblichen Plastik des Canova, mit weißmarmornem Domdach und lächelnder Anmut wohlerzogener kosmopolitischer Menschen. Auf seinen Grabstein aber ließ er, in dichterischer Ostentation, die Worte setzen: Arrigo Beyle, Milanese.

Grenoble liegt mitten im lichtgrünen, hügeligen Delphinat. Auf breiten Landstraßen, die durch helle Waldtäler laufen, begegnet man viel großen Viehherden, und es ist ungefähr die friedliche Natur der Gauermann und Waldmüller. Das geht so fort, in runden Hügeln und freundlichem Laub, bis Valence. Da, in der Stadt des Cäsar Borgia und der Diane de Poitiers, im Valentinois, hört französische Natur und französische Sprache auf; und es beginnt die Provence, mit gelben sonnverbrannten Hügeln, mit Oliven und Feigen und mit der eigenen Sprache, die wenig vom Französischen hat und viel vom Spanischen, manches auch vom verschollenen Italienisch der »Divina Commedia« und vom Griechisch der Phokäer und vom Arabisch der Mauren. In Rhythmus und Klangfarbe ist sie, wilder und dunkler als die übrigen romanischen Sprachen, dem Spanischen am nächsten. Sie hat viele Dichter und Dichterkongresse und Dichterkrönungen; es ist aber etwas meistersängerlich Pedantenhaftes in dieser Dichterei, etwas Galvanisiertes und Gekünsteltes, und die Epigonen der Bertran de Born, der Peire Cardenal und der Raimon von Toulouse sind Schuster, Barbiere und Buchhändler.

Ihr berühmtestes Werk ist bekanntlich die »Mirèio« des Mistral, ein Idyll in preziösen künstlichen Strophen, halb Homer, halb Berthold Auerbach, ein viel zu langes Gedicht, in dem die wunderschönen Dinge der Vergangenheit steif und tot herumstehen, wie in einem ungemütlichen Provinzmuseum.

Und doch ist die Vergangenheit in diesem Land minder tot als überall anders; es ist eine so klare, stille, trockene, erhaltende Luft. Frauen von Arles haben noch immer die feierliche römische Schönheit, die Kameenprofile und den königlichen Gang und die königlichen Gebärden; und andere haben die griechische Grazie im Stehen und Lehnen, wie die Tanagrafiguren, und griechische Koketterie in der leichtbeflügelten Rede; und andere haben den mattgoldenen maurischen Glanz und das weiche, biegsame Gleiten, »wie Palmen im Wind«. Und sie sitzen mit ruhig-heißen Augen auf den Stufen der Arena: da ist Stiergefecht; schwarze, rotäugige Stiere und Banderilleros und Toreadores mit schönen langen Namen, aus Saragossa und Valencia, mit elegantem Gladiatorenanstand und grünseidenen Mänteln; und Musik aus »Carmen«, statt der Tuben und Flöten. Das ist ihr Theater. Und wenn die Straßen in grellem Licht glühen, so gehen sie in dämmernden Klostergängen spazieren, zwischen maurischen Ornamenten und byzantinischen Säulen, oder auf den »Alyscampo«, wo im Zypressenschatten uralte Sarkophage liegen, der vornehmste Begräbnisplatz der Erde.

Oder sie gehen beten in die große Kathedrale von Saint-Trophime, und im Halbdunkel zwischen steingrauen Aposteln und Greifen, Engeln und geflügelten Stieren atmet junge griechische und sarazenische Schönheit.

Viele aber treiben den anmutigsten Beruf, den Handel mit schönen und altertümlichen Dingen. Müßig und graziös sitzen sie auf verblichenen Thronsesseln, zwischen zerbrochenen Statuetten, fanierten Goldstoffen und altmodischen Kupferstichen und warten. Sie haben ein so seltsames, verträumtes Lächeln; es ist, als warteten sie immer darauf, daß von irgendwo Blumen auf sie herunterfielen. Denn sie sind sehr eitel; sie haben eine ernsthafte, fast religiöse Eitelkeit und sind gewohnt, sich von allen Dichtern den Hof machen zu lassen.

> ------------------------- ô jours
> De ma jeunesse, quand serrant d'un long velours
> Le tour de mes cheveux, la taille souple et fine,
> Les seins mi-cachés sous la claire mousseline,
> Nous descendions, riant au rire des galants,
> Sous le porche du grand Saint-Trophime à pas lents!

Diese Verse sind nicht aus der »Arlésienne« des Daudet, aber es gibt eine Menge Stücke, die alle »L'Arlésienne‹ heißen könnten. Die Heldin darin hat immer diese rätselhafte, antike Schönheit, ist immer unwiderstehlich und wird meistens auf einem weißen, windschnellen Pferd entführt.

Diese weißen Pferde kommen aus der Camargue. Das ist eine große Rhône-Insel, unfern von Arles beginnend und bis dorthin gedehnt, wo die Rhône mündet. Eine weite, baumlose Fläche, graugrün, von vielem Heidekraut violett schimmernd, nicht gefärbt, nur schimmernd (violacé); darüber der blaßlilafarbene Himmel. Da weiden in Herden die weißen Pferde und die schwarzen Stiere und rosenrote Flamingos.

Es ist eine ägyptische Landschaft, totenstill, und auf kleinen zweirädrigen Wagen rollt man lautlos hindurch.

Wo die Camargue aufhört, beginnt das Meer, »das lichtblaue Meer, mit Delphinen und Möwen«. Es hat wirklich nicht das goldatmende glänzende Blau des Claude Lorrain und auch nicht das düstere Schwarzblau des Poussin, sondern ein ganz helles Blau des Puvis de Chavanne.

Es ist keine zufällige Besonderheit, daß ich soviel von Farben spreche. Man kümmert sich in diesen hellen Ländern viel mehr um Farbe als in unserer grauen und braunen Welt. Sogar das Menü wird pittoresk. Schon in Savoyen hatte das Frühstück die heitere Farbengebung der Huysum und Hondecoeter: unter der Weinlaube stand auf reinlich weißem Tuch der Fayencekrug mit hellem Wein, und gelbe Butter, rote Krebse; grüner Spinat und blaue Trauben waren so erfreulich als erfrischend. Hier aber, am rollenden, phosphorschimmernden Meer, ist das Dejeuner in den Fischerherbergen eine große Orgie von Farben. Der rotflossige Fisch schwimmt in einer Safransauce, andere flimmern silberschuppig, und die grellroten Langusten sind von mattgrünen Oliven umrahmt. Es fehlt nur der Pfau mit vergoldetem Schnabel zu einem farbigen Essen der Renaissance. Dazu das blaue Meer und am weißen Strand Pinien und Zypressen. Das ist längs der Küste, von den Pyrenäen bis zur Riviera. Im Innern aber ist die provenzalische Landschaft eintönig, wie die griechische. Graugelb, mit graugrünen Olivenhainen. Dann und wann auf der staubigen alten königlichen Straße eine Schafherde, die lautlos weitertrippelt. Dann ein ausgetrocknetes Flußbett. Dann, in schweigender Einsamkeit, Ruinen; ein verfallener Aquädukt, ein Triumphbogen. Dann weite, schattenlose Haine der mageren Oliven. So hat es rings um den Engpaß ausgesehen, wo Ödipus dem Vater begegnete. So um den Hügel, wo Antigone den Leichnam des Bruders besuchte. Hier hat der heutige Tag kein Eigenleben. Die Vergangenheit ist noch immer. Und es war ganz im Stile der Natur, als vor ein paar Jahren die Comédie Française nach Orange kam, um in provenzalischer Natur und auf dem steinernen Gerüst einer antiken Bühne den »König Ödipus« zu spielen …

Kurt Tucholsky
Wandertage in Südfrankreich

Daß man den lieben Herrgott um seine Jahreszeiten betrügen kann –!

Bestimmt schickt jetzt in Berlin Herr Prokurist Protzekuchen zum Wirt hinunter und läßt fragen: wann er denn nun endlich und ob er denn nun nicht endlich zu heizen gedächte – es sei immerhin November! Hier, vor Toulon, ist es Sommer.

Allerdings eine eigene Art von Sommer. Die Sonne scheint den ganzen Tag schräg, und am Nachmittag gegen fünf Uhr gibt sie es auf, dann wird es lila, dann hellblau, dann dunkelblau – und dann ist es aus. Aber am Vormittag brät man auf dem kleinen Strändchen, das die zwei Inseln miteinander verbindet, und spielt: Badeleben. Ich und noch fünf andere.

Das hier heißt Les Sablettes und liegt vor Toulon, wo die großen, grauen Kriegsschiffe liegen. Toulon, wo Farrères ›*Petites Alliées*‹ spielen, dieses amüsante Buch von den Schiffsoffizieren und ihren kleinen Freundinnen, Toulon ist eine freundliche Stadt mit ein paar wunderschönen alten und krummen Gassen, einem winzigen, überdachten Fischmarkt, Kirchen, in Häuser eingemummelt … Auch die alte Stadtmauer ist noch da, nur ist die Stadt – wie alle alten Städte – aus den Fortifikationen herausgequollen, weil sie ihr zu eng geworden sind. Aber wir drehen Toulon den ganzen Tag über den Rücken – denn was ist Toulon gegen diese Sonne!

Sie wärmt. Sie strahlt. Sie vergoldet die Bucht und macht das Wasser blau, weil sich der Himmel darin spiegelt, der rein ist von Wolken. Lange habe ich nach einem solchen stillen Ort gesucht. Die tripots an der Mittelländischen Küste, wo sie am feinsten ist, sind noch leer; und ich habe noch nicht heraus, was mir unangenehmer ist: Nizza, wenn es voll ist, oder Cannes, wenn es leer ist. Westlich davon war Sanary-sur-Mer und Bendol – kleine Nester, aber sie waren nicht das richtige. Diese ganze Küste hat nur einen Fehler: längs des Meeres führt die große Automobilstraße von Marseille bis nach Nizza, und aus ists mit Ruhe, Abgeschiedenheit und Stille, die nichts hören und nichts sehen und nichts riechen will. Hier in Les Sablettes liegt der Strand, durch die Badeanstalt und die Mauern des Parks abgetrennt von der Straße; sie wird noch nicht allzu oft befahren.

Überall lungern Hunde herum und Katzen. Es sind sehr feine Herrschaften dabei. In Sanary lag ein Hund quer über die Straße gestreckt, offenbar der pensionierte Angestellte einer Schlächterei. Er stand nicht einmal auf, als das Postauto herangebummert kam – er sah kaum auf. Der Chauffeur fuhr auch brav um ihn herum. (Was folgt daraus über das Verhältnis romanischer Völker zu den Haustieren sowie ... Gar nichts.)

In Les Sablettes muß einmal etwas anderes gewesen sein als ein Hotel. Eine Tür steht halb auf, unter der Lackschicht lese ich im Sonnenlicht: Chef Médecin. Ein Hospital? Ein Hospital im Kriege. Draußen, auf der Terrasse, da, wo der warme Wind über die Palmen streicht, die man gepflanzt hat, und über die Bäume, die dort wachsen, da haben sie gelegen, die Rekonvaleszenten: Lagerstatt an Lagerstatt. Engländer. Als Soldaten verkleidete Engländer. Nach einem Fußballspiel um Menschenköpfe.

Und eines Morgens, als ich an den kleinen Strand hinuntergehe, ist die Bucht und das Meer und der Strand und der ganze Tag verzaubert. Der Mistral weht. Er hat den Himmel reingefegt, silberne Konturen gesetzt, vielleicht wirbelt er weiter drinnen im Lande die Staubwolken zusammen – hier ist die Luft glasklar, das Ferne ist nah, alle Häuser am Meer leuchten, der Wind ist Champagner, eine Art frischer Wärme, die Natur aus flammend blauem Stahl. Die Lungen atmen tief.

Manchmal zieht am Horizont ein großes Schiff vorbei auf seiner Seeroute von Marseille nach dem Suezkanal, nach China – das gibt dann für die alte Engländerin am Nebentisch unerschöpfliche Gesprächsthemen. Sie ist ganz aufgeregt über das Schiff, überhaupt über Schiffe, sie kürzt sogar ihr ewiges Wettergespräch aus dem großen Plötz um einige Feuchtigkeitsgrade ab. Sie spricht eine Art Französisch ... aber es hilft alles nichts – es ist ja doch Englisch. Ja, gnädige Frau, es ist ein großes Schiff! Nein, gnädige Frau, heute werden die Passagiere keine stürmische Fahrt haben. Augenscheinlich ... gewiß, gnädige Frau ... !

Untrügliches Merkmal für gute Erholung: die Tage fangen an zu laufen. Ein ängstlicher Blick auf den Kalender sagt jeden Tag: Es ist Zeit! Es ist hohe Zeit! Die Provence wartet und die ›*Weltbühne*‹ auch. Aber noch einen Tag – noch einen einzigen – und noch einen – es ist zu heiter und sonnig und warm.

Zwischen Les Sablettes und Toulon liegt La Seyne, ein kleiner Hafenort. Sein Häfchen sieht aus wie ein Enkel von Marseille – auch hier die kleinen Häuschen, die unmittelbar um das Hafenbassin herumstehen, ganz nahe. Am Sonntag spielen alle Männer Boules; wie die Spielregeln sind, weiß ich nicht – aber es scheint Haupterfordernis zu sein, daß man sich dazu wie beim Kegeln die Jacke auszieht. Und alle haben so weiße Hemdsärmel. (Das kommt daher, weil das Spiel hauptsächlich sonntags gespielt wird.) Wie beim deutschen Kegeln? Aber ich sehe an keiner Stelle, daß dabei getrunken wird. Neulich haben sie versucht, die Boules in einen richtigen Sport zu verwandeln. Turnier, Preise, Schiedsgericht, Zeitschriften, ›Wie man ein Champion der Boules wird‹ ... Für diesen Stumpfsinn ist das Spiel sicherlich zu schade; fällt es erst einmal dem Sport in die Finger, so hört es auf, ein Sonntagsspiel zu sein. Es wird sich dann mehr um ›Spitzenleistungen‹ handeln. Weil aber diese Südfranzosen gar nicht so große Sehnsucht haben, sich in tausend Organisationen und Gruppen zusammenzuschließen, bei denen der gesellschaftliche Vorgang des Zusammenschlusses mit seinen Komplikationen die Hauptsache und der Stoff Nebensache ist, und weil sie ihre kleine Sehnsucht danach anderswo befriedigen, wird es wohl so bald keinen ›Boules-Sport‹ geben.

Ist es schon Herbst –? Die Luft sagt: Nein. Aber eine Partie Bäume ist da, die feiert, weil sie orthodox ist und nicht von der südlichen Gegend, Herbst: ihr helles Braun und flammendes Gelb stehen gegen den leuchtend blauen Himmel. Ewig stumpfgrün, stehen die silbrigen Olivenbäume dabei und spielen den Herbst nicht mit. Es ist Sommer. Mitten im November ist Sommer! Man kann also um den Herbst herumkommen. Das ist keine ›Entdeckung‹. Was könnte man denn auch heute noch auf der weiten Welt entdecken? Aber so scharf habe ich noch nie gewußt, daß man sich warme Jahreszeiten kaufen kann. Gletscher im heißen Sommer und warme Küsten im Herbst und weiche Luft im Winter – wem gehören die –?

Aber nun jagt mir der Kalender einen Schreck ein, und ich fahre ab.

Die große Eisenbahnlinie an der französischen Südküste hat streckenweise einen kleinen Konkurrenten – dieser Konkurrent fährt von Toulon aus näher am Wasser entlang. Hin zu ihr! Die Bahn ruckelt davon.

Die Küste wird immer schöner, je weiter man ostwärts kommt. In geschwungenem Bogen schäumt das blaue Wasser um bebuschte Felsen, um kahle Steine, in flache Buchten. Einmal weht der Wind vom Lande her, er rauht die glatte Wasserfläche auf, daß sie stäubt – die Wellen sind ganz klein, Embryowellchen …

St. Tropez steht auf allen Karten als Winterkurort aufgemalt. Bei aller Liebe – aber dann schon lieber Neuruppin! Es ist dunkel, als ich ankomme – der Wind durchheult den Ort, stößt sich an den Häuserkanten wund und heult noch mehr … Dunkel sind die Gassen, ein Betrunkener durchschimpft sie, aus einem braunen Hause hört man einen Zank … Die Laternen brennen trübe. Am Hafen liegt ein Gewirr von Tauen und Segelleinwand, überall drücken sich Männer herum, es ist schmutzig und dürftig.

Am Morgen sieht es schon besser aus. Vor der kleinen Stadt liegt auf einem Hügel die alte Zitadelle – jetzt erholen sich dort skrofulöse Kinder. Ich klettere die Anhöhe hinauf. Ringmauer, Festungstor und dicke Wälle – dahinter bleiche Kindergesichter, dünne Ärmchen, ein kleines Mädchen auf Krücken. Sie zeigen mir den Hof und die ganze Befestigung. Sie warten, daß ich aus dem Hof hinausgehe – da gibt es doch nichts zu sehen. Ich kann mich nicht losreißen. Welches Wunder, immer wieder: Burg- und Klosterhof! Wie die Wände einschließen und zurückwerfen! Wie man immer wieder sich und seine Welt vor Augen hat! Wie geschlossen alles ist! Hier kann man nachdenken; hier ist man geborgen, hat Distanz zu den andern, die draußen sind und nicht hereinkommen dürfen. Oben leuchtet der Himmel in die Hofstille. Und ganz oben auf der Plattform, wo die dicken Türme stehen, hat man einen Rundblick über Meer und Land. Drüben liegt Sainte-Maxime.

Das ist ein ander Ding. Durch die Berge vor dem Mistral sanft geschützt, sehr sauber und adrett und freundlich. Unten am Hafen ein kleiner Kai mit überdachten Gaststätten und Segelbooten, die im Wasser schwanken.

Auch hier ist noch Sommer, tagsüber strahlender, warmer, im Winde nadelduftender Sommer. Es ist wenig Laubwald da – der Wald liegt hoch – immer sieht man das Meer. Unten wohnt Victor Margueritte, der Mann der ›*Garçonne*‹ – wir erzählen uns etwas, und er zeigt mir sein ganzes Besitztum: vom Strand aus reichts bis oben zu einer kleinen Anhöhe, wo er sich ein winziges Belvedere, eine neue Ruine, gebaut hat. Ich bekomme Nußwein zu trinken und seine Frau zeigt eine Übersetzung von Rilkes ›*Malte Laurids Brigge*‹, die sie zärtlich liebt. Er spricht über Deutschland. Auf seinem Arbeitstisch liegen die historischen Quellenwerke des deutschen Zusammenbruchs, Material für ein neues Buch, ›*Les Criminels*‹ wird das heißen. Er ist voll guten Glaubens, hofft zuversichtlich auf die deutsche Demokratie und zeigt sich als ein Mann von umfassender Bildung und Geschmack. Um ihn herum stehen und hängen gute Sachen: auch ein paar lustige bunte Bilder von Kießling, der im Sommer drüben in St. Tropez malt.

Heute ist Sonntag, es muß etwas geschehen. Es geschieht, daß ich unten am Quaiwasser in dem kleinen Restaurant esse. Die Sonne brennt auf das buntgestreifte Dach, die kleinen Hunde bellen herum und betteln, manche Leute sitzen an Tischen mitten auf dem freien Platz unter den Palmen, alle sind beim Kaffee, munter-träge. Manchmal fährt ein Automobil vorbei und lädt ein Rudel lärmender und lachender Menschen ab. Es ist so warm, beinahe heiß ... Hautes-Sauternes ist ein schwerer Wein, wenn man ihn mittags trinkt. Man wird müde danach. Ans Klavier des Saales drinnen im Haus hat sich ein junger hübscher Bursch gesetzt, im gestreiften Hemd der Cowboys, mit aufgekrempelten Ärmeln. Er spielt nicht laut. Er spielt, was man weder von ihm noch hier erwarten sollte: ganz moderne Musik. Puccini wirkt in der Melange wie ein Gassenhauer. Er holt aus dem alten Restaurationskasten, auf dem nachmittags eine Jazzband rackert, die gleitenden Nuancen der neuen Musiker heraus, keine Melodie, kaum Ansätze dazu. Wie kompliziert diese Freude ist! Aber diese Musik ist wahrer als Waldesrauschen und Symphonieroutine. Die Töne plätschern über den kleinen Platz, ein paar Leute klatschen gedämpft. Der junge Mann lächelt und spielt weiter, für sich allein. Alles ist getaucht in Musik, Sonne und eine mittägliche Schläfrigkeit.

Sonnig sind die Tage und so schön – wie mag das in den Bergen aussehen?

Plan-la-Tour liegt ein paar Kilometer entfernt vom Meer – das ist der erste Ort, den ich durchwandere. Es ist Montag, gestern war Totensonntag, alle Arbeiter machen noch einen so, wie soll ich sagen, ergriffenen Eindruck. Die Wirtin hat auch kaum etwas zu essen, aber dreihunderttausend Fliegen und alle minderbemittelten Hunde des Dorfes zu Gast. Wir essen, Fliegen, Hunde und ich, essen alle eine Kleinigkeit, ich bezahle, und dann geht es in die Berge. Oben auf den Höhen läuft ein Weg, an dem noch gebaut wird. Erst ist er glatt und fahrbar, dann nur gangbar, dann wird er steinig und steiniger, holprig und mündet schließlich in die Holzpantinen der Arbeiter, die da hacken, man muß durch Geröll und Steinbrocken hindurch. Die Sonne sticht. Ich bleibe stehen und sehe mich um.

Da liegen die Täler. Menschenleer, kein Dorf ist zu sehen, manchmal ein Gehöft. Und endlich, endlich ist hier das, was ich so lange und so vergeblich gesucht habe: Stille. Hier ist es still. Die Uhr hört man ticken. Wohlig lassen die Nerven nach und entspannen sich. Welche Wohltat! Wie hatte neulich Willibald Krains kleiner Proletarierjunge im Walde der Ferienkolonie gesagt? »Ach, Frollein, hier riecht et so scheen – nach jahnischt!« Glück, sagt schon der Weise, ist etwas Negatives. Vollkommene Stille ringsum. Und ich bin so glücklich-dankbar für das, was nicht da ist.

Und denke so im Weitergehen nach: Was haben sie mit uns in den letzten zehn Jahren gemacht! Wie zerrauft! Wie ausgeschlossen von aller Welt! Wie zerprügelt! Wie abgestumpft! Und wofür –? Alles, damit am Wannsee und in Dahlem neue Herren einziehen konnten, wahre Gewinner des Mordes, Plusmacher aus einem allgemeinen Defizit ... Es ist nicht schön, zurückzublicken – aber vergessen ist so schwer. Und es ist sehr, sehr schwer, sich wieder in den Zustand des alten Glücks einzufühlen, wenn man einmal den Boden unter sich hat schwanken fühlen. Es ist da etwas geschehen, was nicht mehr ausgelöscht werden kann, für uns wenigstens nicht. Die Welt hat übrigens schon vergessen.

Sacht geht der Weg hinab. Und während ich so ausschreite, singe ich laut und kräftig unsere guten alten deutschen Marsch- und Wanderlieder, und die französischen Kiefern und Tannen bewegen erstaunt die Köpfe, haben sie doch noch nie so markige ... Nein, das ist aus einem Leitfaden für einen Reichswehrunterricht. Oder aus einem republikanischen Lesebuch.

In La Garde-Freinet haben sie offenbar die ganze Stadt in

Salz verzaubert. Die Fensterläden sind alle zugeklebt, die Straßen sind leer, meine Tritte klappen. Vor mir wackelt ein Hund, ein runder, fetter, mit langen Wollfäden bekleideter Hund, ein Prachtexemplar von einem Hund. Es ist ein älterer Herr, vom Leben gereift und zu gar keinen Späßen mehr aufgelegt. Er geht so fürbaß, dreht nicht einmal den Kopf, als ich ihm einen guten Tag wünsche. Er wünscht dergleichen nicht. Der würdige Greis stellt sich schließlich vor eine Haustür und bellt. Total heiser, um drei Töne zu tief und im letzten Winkel seiner Magengrube um irgend etwas tief gekränkt und schwer beleidigt. Dann rollt er ins Haus.

Bewohner hat diese Stadt nicht. Aber ein Automobil kann man mieten. Eine halbe Stunde später trudelt der alte Wagen (Ford Nummer 1) aus dem Städtchen, die glatte, absteigende Chaussee hinunter. Das Auto war redlich verdient: achtundzwanzig Kilometer sind genug für einen beleibten Herrn.

In Grimbaud hält der Mann. Es ist schon halb dunkel – aber man kann noch alles sehen. Ich klettere durch die winzig kleine Stadt, auf die Burg.

Das ist eine wahrhafte Ruine –! So eine, wie sie immer auf den Bildern in den alten schweizer Hotels abgemalt ist, und vor denen man sich vergeblich fragt, wo in aller Welt denn solche pittoresken Ruinen vorkämen. Das ist sie. Ich stapfe in den Trümmern herum und sehe ins Tal. Unser Zeitalter liebt keine Ruinen. Heiße ich Herr Biedermeier –? Also. Aber hübsch ists doch.

Wir fahren ab, die Scheinwerfer sind schon angezündet. Immer, wenn uns ein anderer Wagen entgegenkommt, blinzeln sich die Autos an, beide Chauffeure blenden die Lichter ab, es ist wie ein Gruß im Dunkel. Durch die schwärzlich verhüllten Straßen rollt der Wagen. Ich bin müde.

(»Sagen Sie mal – apropos: Ich meine ... so ... mit den Weibern ... Die Französinnen sollen ja dolle Nummern sein!« Hm. »Erzählen Sie mal!« Ja, also in Toulon, in einem ... puschpuschpuschpusch ... »Ah! Wirklich! Hat sie ganz einfach ...? Großartig! Faaabelhaft!« Das möchte Ihnen so passen, Sie altes Ferkel! Kein Wort wahr! »Schade. Man hörts doch immer wieder gern.«)

Über eine Bahnstrecke springen die Räder, eine weiße Frau taucht am Wege auf, mit einem Kinderwagen ... dann bin ich zu Hause. Noch einen Tabak ... Alle Sterne blitzen und der Mond auf dem Meer. Man sieht noch das regelmäßige verlöschende Blinkfeuer am Horizont und einen stillen weißstrahlenden Leuchtturm, milchigen Schein auf dem Wasser, Glitzern, den hauchigen Glanz am Himmel – dann gar nichts mehr.

Mythos Berg II:
Montagne Sainte-Victoire

Rainer Maria Rilke
Briefe über Cézanne

Paris VIe, 29, rue Cassette, am 9. Okt. 1907

… heute wollte ich Dir ein wenig von Cézanne erzählen. Was die Arbeit angeht, so behauptete er, er hätte bis zu seinem vierzigsten Jahre als Bohémien gelebt. Da erst, in der Bekanntschaft mit Pissaro, wäre ihm der Geschmack an der Arbeit aufgegangen. Aber dann auch so sehr, daß er die späteren dreißig Jahre seines Lebens nur noch gearbeitet hat. Ohne Freude eigentlich, wie es scheint, in fortwährender Wut, im Zwiespalt mit jeder einzelnen seiner Arbeiten, deren keine ihm das zu erreichen schien, was er für das Unentbehrlichste hielt. La réalisation nannte er es, und er fand es bei den Venezianern, die er früher im Louvre gesehen und wieder gesehen und unbedingt anerkannt hatte. Das Überzeugende, die Dingwerdung, die durch sein eigenes Erlebnis an dem Gegenstand bis ins Unzerstörbare hinein gesteigerte Wirklichkeit, das war es, was ihm die Absicht seiner innersten Arbeit schien; alt, krank, von der gleichmäßigen täglichen Arbeit jeden Abend bis zur Ohnmacht verbraucht (so sehr, daß er oft um sechs beim Dunkelwerden nach einem sinnlos eingenommenen Abendbrot schlafen ging), böse, mißtrauisch, jedesmal auf dem Weg zu seinem Atelier verlacht, verspottet, mißhandelt, – den Sonntag aber feiernd, die Messe und Vesper hörend wie als Kind, und von Madame Brémond, seiner Haushälterin, sehr höflich ein etwas besseres Essen verlangend –: hoffte er von Tag zu Tag vielleicht doch noch das Gelingen zu erreichen, das er als das einzige wesentliche empfand.

Dabei hatte er seine Arbeit (wenn man dem Berichterstatter aller dieser Tatsachen, einem nicht sehr sympathischen Maler, der mit allen eine Weile gegangen war, – glauben darf) auf das eigensinnigste erschwert. Bei Landschaftlichem oder Nature morte gewissenhaft vor dem Gegenstand aushaltend, übernahm er ihn doch nur auf äußerst komplizierten Umwegen. Bei der dunkelsten Farbigkeit einsetzend, deckte er ihre Tiefe mit einer Farbenlage, die er ein wenig über sie hinausführte und immer so weiter, Farbe über Farbe hinaus erweiternd, kam er allmählich an ein anderes kontrastierendes Bildelement, bei dem er, von einem neuen Zentrum aus, dann ähnlich verfuhr. Ich denke mir, daß die beiden Vorgänge, des schauenden und sicheren Übernehmens und des Sich-Aneignens und persönlichen Gebrauchens des Übernommenen, sich bei ihm, vielleicht infolge einer Bewußtwerdung, gegeneinander stemmten, daß sie sozusagen zugleich zu sprechen anfingen, einander fortwährend ins Wort fielen, sich beständig entzweiten. Und der Alte ertrug ihren Unfrieden, lief in seinem Atelier auf und ab, das falsches Licht hatte, weil der Baumeister es nicht für nötig hielt, auf den alten Wunderling zu hören, den man in Aix nicht ernst zu nehmen übereingekommen war. Er lief hin und her in seinem Atelier, wo die grünen Äpfel herumlagen, oder setzte sich verzweifelt in den Garten und saß. Und vor ihm lag die kleine Stadt, ahnungslos, mit ihrer Kathedrale; die Stadt für anständige und bescheidene Bürger, während er, wie sein Vater, der Hutmacher war, vorausgesehen hatte, anders geworden war; ein Bohémien, wie der Vater es sah und wie er selber es glaubte. Dieser Vater hatte, wissend, daß Bohémiens in Elend sind und sterben, sich vorgenommen, für den Sohn zu arbeiten, war eine Art kleiner Bankier geworden, dem die Leute (›weil er ehrlich war‹, wie Cézanne sagte) ihr Geld brachten, und Cézanne verdankte es seiner Vorsorge, daß er später genug hatte, um ruhig malen zu können. Vielleicht ist er zum Begräbnis dieses Vaters gekommen; seine Mutter liebte er auch, aber als sie bestattet wurde, war er nicht da. Er befand sich ›sur le motif‹, wie er es nannte. Damals war die Arbeit schon so wichtig für ihn und vertrug keine Ausnahme, nicht einmal die, die seine Frömmigkeit und Schlichtheit ihm doch sicher anempfohlen haben mußte.

In Paris wurde er bekannt, allmählich noch mehr. Aber gegen solche Fortschritte, die er nicht machte (die die anderen machten und obendrein noch *wie* –), hatte er nur Mißtrauen; zu deutlich stand ihm in der Erinnerung, was für ein mißverstandenes Bild seines Schicksals und seines Wollens Zola (der sein Bekannter von der Jugend her und sein Landsmann war) im ›Oeuvre‹ von ihm entworfen hatte. Seither war er *zu* für alle Schreiberei: ›Travailler sans le souci de personne et devenir fort –‹ schrie er seinen Besucher an. Aber mitten im Essen stand er auf, als dieser von Frenhofer erzählte, dem Maler, den Balzac, in unglaublicher Voraussicht kommender Entwicklungen, in seiner Novelle des Chef d'Oeuvre inconnu (von der ich Dir mal erzählte), erfunden hat und den er durch die Entdeckung, daß es eigentlich keinen Kontur gibt, sondern lauter schwingende Übergänge – an einer unmöglichen Aufgabe zugrunde gehen läßt –, dies vernehmend steht der Alte bei Tische auf, trotz Madame Brémond, die solchen Unregelmäßigkeiten gewiß nicht günstig war, und, vor Erregung ohne Stimme, kommt er mit seinem Finger immer wieder deutlich auf sich zu und zeigt sich, sich, sich, so schmerzhaft das auch gewesen sein mag. Nicht Zola hatte begriffen, um was es sich handelte; Balzac hatte vorausgeahnt, daß es beim Malen plötzlich zu so etwas Übergroßem kommen kann, mit dem keiner fertig wird. Aber den nächsten Tag fing er trotzdem wieder an mit seiner Bewältigung; schon um sechs Uhr stand er auf jeden Morgen, ging durch die Stadt in sein Atelier und blieb dort bis zehn; dann kam er auf demselben Weg zurück zum Essen, aß und war wieder unterwegs, oft noch eine halbe Stunde über das Atelier hinaus, ›sur le motif‹ in ein Tal, vor dem das Gebirge der Sainte Victoire sich mit allen seinen tausend Aufgaben unbeschreiblich erhob. Dort saß er dann stundenlang, damit beschäftigt, die ›plans‹ (von denen er sehr merkwürdigerweise genau mit denselben Worten wie Rodin immer wieder spricht) zu finden und hereinzunehmen. Oft überhaupt erinnert er an Rodin in seinen Aussprüchen. So wenn er sich beklagt, wie sehr man täglich seine alte Stadt zerstört und entstellt. Nur daß, wo Rodins großes, selbstbewußtes Gleichgewicht zu einer sachlichen Feststellung führt, ihn, den kranken, vereinsamten Alten, die Wut überfällt. Abends ergrimmt er sich heimkehrend gegen irgendeine Veränderung, kommt in Zorn und verspricht sich schließlich, als er merkt, wie sehr der Ärger ihn erschöpft: zu Hause will ich bleiben; arbeiten, nur noch arbeiten.

Aus solchen Abänderungen zum Schlechten in dem kleinen Aix schließt er dann entsetzt, wie es erst anderwärts zugehen muß. Als einmal von dem gegenwärtigen Zustand, von Industrie und alledem die Rede war, brach er aus: ›mit furchtbaren Augen‹: Ça va mal … C'est effrayante la vie!

Draußen ein unbestimmtes Furchtbares im Zunehmen; ein wenig näher heran Gleichgültigkeit und Spott, und dann plötzlich dieser Alte in seiner Arbeit, der Akte nur noch nach alten Zeichnungen malt, die er vor vierzig Jahren in Paris gemacht hat, wissend, daß Aix ihm kein Modell erlauben würde. ›In meinem Alter‹, sagte er – ›könnte ich höchstens eine Fünfzigjährige bekommen, und ich weiß, daß nicht einmal eine solche Person in Aix zu finden wäre.‹ So malt er nach seinen alten Zeichnungen. Und legt sich seine Äpfel hin auf Bettdecken, die Madame Brémond gewiß eines Tages vermißt, und stellt sich seine Weinflasche dazwischen und was er grade findet. Und macht (wie Van Gogh) seine ›Heiligen‹ aus solchen Dingen; und zwingt sie, *zwingt sie*, schön zu sein, die ganze Welt zu bedeuten und alles Glück und alle Herrlichkeit, und weiß nicht, ob er sie dazu gebracht hat, es für ihn zu tun. Und sitzt im Garten wie ein alter Hund, der Hund dieser Arbeit, die ihn wieder ruft und ihn schlägt und hungern läßt. Und hängt doch mit allem an diesem unbegreiflichen Herrn, der ihn nur am Sonntag zum lieben Gott, wie zu seinem ersten Besitzer, zurückkehren läßt, für eine Weile. – (Und draußen sagen die Leute: ›Cézanne‹, und die Herren in Paris schreiben seinen Namen mit Betonung und stolz darauf, gut unterrichtet zu sein –.)

Das wollte ich Dir alles erzählen; es hängt ja mit vielem um uns und mit uns selbst an hundert Stellen zusammen.

Draußen regnet es verschwenderisch, nach wie vor. Leb wohl ... morgen spreche ich wieder von mir. Aber Du wirst wissen, wie sehr ichs auch heute getan habe ...

[...]

Paris VIe, 29, rue Cassette.
Am 21. Okt. 1907

... Ich wollte aber eigentlich noch von Cézanne sagen: daß es niemals noch so aufgezeigt worden ist, wie sehr das Malen unter den Farben vor sich geht, wie man sie ganz allein lassen muß, damit sie sich gegenseitig auseinandersetzen. Ihr Verkehr untereinander: das ist die ganze Malerei. Wer dazwischenspricht, wer anordnet, wer seine menschliche Überlegung, seinen Witz, seine Anwaltschaft, seine geistige Gelenkigkeit irgend mit agieren läßt, der stört und trübt schon ihre Handlung. Der Maler dürfte nicht zum Bewußtsein seiner Einsichten kommen (wie der Künstler überhaupt): ohne den Umweg durch seine Reflexion zu nehmen, müssen seine Fortschritte, ihm selber rätselhaft, so rasch in die Arbeit eintreten, daß er sie in dem Moment ihres Übertritts nicht zu erkennen vermag. Ach, wer sie dort belauert, beobachtet, aufhält, dem verwandeln sie sich wie das schöne Gold im Märchen, das nicht Gold bleiben kann, weil irgendeine Kleinigkeit nicht in Ordnung war. Daß man Van Goghs Briefe so gut lesen kann, daß sie so viel enthalten, spricht im Grunde gegen ihn, wie es ja auch gegen den Maler spricht (Cézanne danebengehalten), daß er das und das wollte, wußte, erfuhr; daß das Blau Orange aufrief und das Grün Rot: daß er solches, heimlich an dem Innern seines Auges horchend, hatte drinnen sagen hören, der Neugierige. So malte er Bilder auf einen einzigen Widerspruch hin, dabei auch noch an die japanische Vereinfachung der Farbe denkend, die eine Fläche auf den nächsthöheren oder nächsttieferen Ton setzt, unter einen Gesamtwert summiert; welches wieder zu dem gezogenen und ausgesprochenen (d.h. erfundenen) Kontur der Japaner führt als Einfassung der gleichgesetzten Flächen: zu lauter Absicht, zu lauter Eigenmächtigkeit, mit einem Wort zur Dekoration. Ein schreibender Maler, einer also, der keiner war, hat auch Cézanne durch seine Briefe veranlaßt, malerische Angelegenheiten antwortend auszusprechen; aber wie sehr ist es, wenn man die paar Briefe des Alten sieht, bei einem unbeholfenen, ihm selber äußerst widerwärtigen Ansatz zur Aussprache geblieben. Fast nichts konnte er sagen. Die Sätze, in denen er es versuchte, werden lang, verwickeln sich, sträuben sich, bekommen Knoten, und er läßt sie schließlich liegen, außer sich vor Wut. Hingegen gelingt es ihm ganz klar zu schreiben: ›Ich glaube, das Beste ist die Arbeit.‹ Oder: ›Ich mache täglich Fortschritte, wenn auch sehr langsam.‹ Oder: ›Ich bin fast siebzig Jahre alt.‹ Oder: ›Ich werde Ihnen durch Bilder antworten.‹ Oder: ›L'humble et colossal Pissaro –‹ (der, der ihn arbeiten gelehrt hat), oder: nach einigem Herumschlagen (man fühlt, wie erleichtert und schön geschrieben): die Unterschrift, unverkürzt: Pictor Paul Cézanne. Und im letzten Briefe (vom 21. Sept. 1905), nach Beklagung seiner schlechten Gesundheit, einfach: Je continue donc mes études. Und der Wunsch, der ihm wörtlich in Erfüllung gegangen ist: Je me suis juré de mourir en peignant. Wie in einem alten Totentanzbild, so hat der Tod von hinten nach seiner Hand gegriffen, den letzten Strich selber malend, zitternd vor Vergnügen; sein Schatten hatte schon seit einer Weile über der Palette gelegen, und er hatte Zeit gehabt, in der offenen runden Folge der Farben sich *die* zu wählen, die ihm am besten gefiel; wenn die in den Pinsel kommen würde, so wollte er zugreifen und malen … da war sie schon; er griff zu und machte seinen Strich, den einzigen, den er konnte …

Peter Handke
Die Lehre der Sainte-Victoire

Die Anhöhe der Farben

Die Sainte-Victoire ist nicht die höchste Erhebung der Provence, aber, wie man sagt, die jäheste. Sie besteht nicht aus einem einzigen Gipfel, sondern aus einer langen Kette, deren Kamm in der fast gleichmäßigen Höhe von tausend Metern über dem Meer annähernd eine Gerade beschreibt.

Als der jähe Gipfelberg erscheint sie nur unten aus dem Bassin von Aix, das, einen halben Tagesgang entfernt, ziemlich genau im Westen liegt: was von dort aus die endgültige Bergspitze ist, bedeutet erst den Anfang des Höhenkamms, der dann einen zweiten Halbtag lang weiter in die Ostrichtung streicht.

Diese von Norden sanft ansteigende und nach Süden fast senkrecht in eine Hochebene abfallende Kette ist eine mächtige Kalkschollenauffaltung, und der Grat ist deren obere Längsachse. Zusätzlich dramatisch wirkt die westliche Ansicht des Dreispitzes, weil sie gleichsam einen Querschnitt des gesamten Massivs mit seinen verschiedenen Faltenschichten darstellt, so daß auch jemand, der nichts von dem Berg weiß, unwillkürlich eine Ahnung von dessen Entstehung kriegt und ihn als etwas Besonderes sieht.

Um diese eine, aus der Ebene himmelhoch ragende Scholle liegen noch viele flachere, die durch Brüche voneinander abgehoben sind, unterscheidbar durch den Wechsel der Felsfarben und des Gesteinsmusters; auch sie, wo sie einst seitlich eingeengt wurden, aufgefaltet und so die Formen des Berges im kleinen in die Ebene fortsetzend.

Das Erstaunliche und Befremdliche an der Sainte-Victoire aber sind vor allem die Helligkeit und der dolomitische Glanz des Kalksteins, den eine Kletterbroschüre einen »Felsen bester Qualität« nennt. Keine Straße führt da hinauf. Das ganze Gebirge, auch die flachwinklige Nordflanke, ist ohne einen fahrbaren Weg, und ohne ein bewohntes oder bewirtschaftetes Haus (am Kamm steht noch eine verlassene Mönchskapelle aus dem 17. Jahrhundert). Die Südwand ist nur für Bergsteiger; aber von allen anderen Seiten kommt man ohne viel Umstände hinauf und kann oben am Kamm noch lange weitergehen. Es ist, selbst vom nächstgelegenen Dorf unten, insgesamt eine Tagesunternehmung.

Ja, als ich dann an dem Julitag auf der Route Paul Cézanne in östlicher Richtung ging, wurde es, kaum daß ich aus Aix heraus war, mein Gedankenspiel, einer unbestimmten Mehrzahl Reiseempfehlungen zu geben (und ich war doch nur einer nach vielen, die seit Beginn des Jahrhunderts da unterwegs gewesen waren).

Auch der Gedanke, den Berg in Natur zu sehen, war lange Zeit bloßes Spiel geblieben. War es nicht eine fixe Idee, daß ein Ding, das einmal der geliebte Gegenstand eines Malers gewesen war, schon für sich etwas Besonderes darstellte? – Erst als das Gedankenspiel eines Tages in die Phantasie übersprang, stand der Entschluß fest (mit dem sofort auch ein Lustgefühl kam): Ja, ich werde die Sainte-Victoire von der Nähe sehen! Und so ging ich dann nicht so sehr Cézannes Motiven nach, von denen ich überdies wußte, daß die meisten inzwischen verbaut sind, sondern meinem Gefühl: es war der Berg, der mich anzog, wie noch nichts im Leben mich angezogen hatte.

In Aix, unter den Platanen des Cours Mirabeau, die oben zu einem geschlossenen Dach verwachsen sind, war es am Morgen geradezu düster gewesen. Das Ausgangstor der langen Allee, mit den weißen Fontänen des Springbrunnens, blendete im

Hintergrund wie ein kleiner Spiegel. Erst an der Stadtgrenze zeigte sich rundum ein mildgraues Tageslicht.

Es war heiß und dunstig, aber ich ging in einer luftigen Wärme. Der Berg war noch nicht zu sehen. Die Straße verlief zunächst in Wellen und Kurven, und führte insgesamt leicht bergan. Sie war schmal, und der Gehsteig hatte schon vor dem Stadtrand aufgehört, so daß es beschwerlich werden konnte, den Autos auszuweichen. Aber nach einer guten Gehstunde, hinter Le Tholonet, wurde der Weg ziemlich frei.

Trotz dem Verkehr empfand ich Stille; so wie ich am Tag zuvor, mitten im Lärm von Paris, in der Straße, wo wir einmal gelebt hatten, Stille empfunden hatte. Ich hatte noch überlegt, mit jemand zusammen zu gehen; jetzt war ich froh, allein zu sein. Ich ging auf »der Straße«. Ich sah im schattigen Graben »den Bach«. Ich stand auf »der steinernen Brücke«. Da waren die Risse im Felsen. Da waren die Pinien und säumten einen Seitenweg; am Ende des Wegs groß das Schwarzweiß einer Elster.

Ich sog den Duft der Bäume ein und dachte: »Für immer.« Ich blieb stehen und schrieb auf: »Was gibt es für Möglichkeiten – in der Jetztzeit! Stille auf der Route de Cézanne.« Kurz lief ein Sommerregen vorbei, mit einzeln in der Sonne blinkenden Tropfen; nur die Straße erschien danach naß, die Asphaltsteinchen sehr bunt.

Es war für mich eine Zwischenzeit; ein Jahr ohne Ortsansässigkeit. Die Geschichte von dem Mann mit den gekreuzten Armen hatte ich vor allem in einem amerikanischen Hotelzimmer geschrieben, und ihre Grundfarbe war mit dem täglichen Blick auf einen kleinen See das Morgengrau dieses Wassers geworden (es kam mir dann vor, als hätte ich »unter der Erde gepflügt«). Auch durch den Verlauf der Erzählung war es entschieden, daß ich in mein Ausgangsland zurückkehren würde – obwohl mich immer wieder ein Satz des Philosophen beschäftigte: Andere zu entwurzeln, sei das ärgste der Verbrechen – sich selber zu entwurzeln, die größte Errungenschaft.

Bis Österreich blieben mir ein paar Monate Zeit. Inzwischen wohnte ich nirgends oder bei anderen. Vorfreude und Beengung wechselten einander ab.

Schon öfter hatte ich ja erfahren, wie ein ganz fremder Ort, auch ohne einen besonderen oder gar glückhaften Moment dort, im nachhinein immer wieder für Weite und Beruhigung sorgte. Ich drehe hier einen Wasserhahn auf, und vor mir erstreckt sich ein breiter grauer Boulevard an der Porte de Clignancourt in Paris. So drängte es mich, nach einem Ausdruck von Ludwig Hohl, »heimzukehren in einem größeren Bogen« und einen Kreis in Europa zu ziehen.

Auch mein Held war dabei, wie schon für die vielen vor mir, der homerische Odysseus: Wie er hatte ich mich in eine (vorläufige) Sicherheit gebracht, indem ich sagen konnte, daß ich Niemand sei; und von der Hauptperson meiner Geschichte hatte ich mir einmal vorgestellt, daß sie, wie einst Odysseus von den Phäaken, im Schlaf im Herkunftsland abgeladen und dieses zunächst gar nicht wiedererkennen würde.

Tatsächlich dann auf Ithaka, verbrachte ich eine Nacht in einer Bucht, von der ein Weg in ein völlig dunkles Landesinnere führte. Ein Kind, dessen Weinen noch sehr lange zu hören ist, wird in die Dunkelheit getragen. Im Eukalyptuslaub brennen die Glühbirnen, und am Morgen dampft es von den betauten Holzplanken.

In Delphi, wo früher der Mittelpunkt der Welt angenommen wurde, flatterte es im Gras des Stadions weitum von den Schmetterlingen, die der Dichter Christian Wagner als »die erlösten Gedanken der heiligen Toten« gesehen hat. Doch vor der Sainte-Victoire, als ich auf der freien Stelle zwischen Aix und Le Tholonet in den Farben stand, dachte ich dann: »Ist nicht dort, wo ein großer Künstler gearbeitet hat, der Mittelpunkt der Welt – eher als an Orten wie Delphi?«

Die Hochebene des Philosophen

Der Berg wird schon vor Le Tholonet sichtbar. Er ist kahl und fast einfarbig; mehr ein Lichtglanz als eine Farbe. Manchmal kann man Wolkenlinien mit himmelhohen Bergen verwechseln: hier wirkt umgekehrt der schimmernde Berg auf den ersten Blick als eine Himmelserscheinung; wozu auch die wie vor keiner Zeit erst erstarrte Bewegung der parallel fallenden Felsflanken und der im Sockel horizontal weiterlaufenden Schichtfalten beiträgt. Dem Eindruck nach ist der Berg von oben, aus der fast gleichfarbenen Atmosphäre, nach unten geflossen und hat sich hier zu einem kleinen Weltraummassiv verdichtet.

Sonst ist an entfernten Flächen ja oft etwas Eigentümliches zu beobachten: diese Hintergründe, so formlos sie sind, verändern sich, sobald zum Beispiel auf der leeren Strecke davor ein Vogel aufflattert. Die Flächen entrücken, und nehmen andrerseits spürbar Gestalt an; und die Luft zwischen dem Auge und ihnen wird stofflich. Das zum Überdruß Bekannte, Ortsgebundene, auch durch die Vulgärnamen wie gegenstandslos Gewordene steht dann für einmal in der richtigen Entfernung; als »mein Gegenstand«; mit seinem wirklichen Namen. Das galt hier, wo das geschrieben wird, nicht nur für jene schneeglänzende Hochfläche im fernen »Tennengebirge«, sondern auch für das »Ausflugscafé« an der Salzach, das sich einmal durch einen kreisenden Möwenschwarm als *Das Haus jenseits des Flusses* zeigte; so wie ein anderes Mal der »Kapuzinerberg«, mit einer einzelnen Schwalbe davor, unversehens seine Tiefen auftat und als neubegriffener *Hausberg* – immer offen, nie verhüllt – dastand.

Das große niederländische Reich des 17. Jahrhunderts hat den Bildertypus der »Weltlandschaften« kultiviert, die den Blick in eine Unendlichkeit entrücken sollten; und manche Reichsmaler haben zu diesem Zweck den Trick mit den im Mittelgrund schwebenden Vögeln verwendet. (»Und kein Vogel, der ihm die Landschaft rettete«, heißt es in einer Erzählung von Borges.)

Aber kann nicht auch ein Autobus, der über eine Brücke fährt, mit den Silhouetten der Passagiere und den Fensterfassungen einen fernen Himmel näherrücken? Genügt nicht schon ein Baumbraun, und aus dem durchschimmernden Blau wird eine Form? – Die Sainte-Victoire, ohne Vogelschwarm (oder sonst etwas) dazwischen, stand gleich entrückt, und doch unmittelbar vor mir.

Erst nach Le Tholonet wird der Dreispitz als die westoststreichende Kette sichtbar. Die Straße begleitet diese eine Zeitlang unten in der Ebene, ohne Wellen und Kurven, steigt dann in Serpentinen zu einer Kalkscholle an, die ein Plateau am Fuß des Steilabfalls bildet, und läuft darauf parallel neben dem in der Höhe gezogenen Gratkamm weiter.

Es war Mittag, als ich die Serpentinen hinanstieg; der Himmel tiefblau. Die Felswände bildeten eine stetige hellweiße Bahn bis hinten in den Horizont. Im roten Mergelsand eines ausgetrockneten Bachbetts die Abdrücke von Kinderfüßen. Kein Geräusch, nur die im weiten Umkreis gegen den Berg anschrillenden Zikaden. Aus einer Pinie tropfte Pech. Ich biß von einem frischgrünen Zapfen ab, der schon von einem Vogel angenagt war und nach Apfel roch. Die graue Rinde des Stamms war aufgebrochen im natürlichen Vieleckmuster, das ich, seit es sich einmal im getrockneten Schlamm eines Flußufers gezeigt hatte, überall wiederfand. Von einer dieser Schollen kam ein besonders nahes Geschrill; aber die zugehörige Zikade war so gleichgrau wie die Rinde, daß ich sie erst sah, als sie sich bewegte und rückwärts den Stamm hinabstieg. Die langen Flügel waren durchsichtig, mit schwarzen Verdickungen. Ich warf ein Holzstückchen nach ihr, und es waren dann zwei, die davonflogen, schreiend wie Geister, die man nicht ruhen ließ. Im Nachschauen wiederholte sich an der Bergwand, mit den in den Felsritzen wachsenden dunklen Büschen, das Muster der Zikadenflügel.

Oben, am Westrand der Hochfläche, liegt das Dorf St. Antonin. (Cézanne hat sich auch noch in seinen späten Jahren, wie er in einem Brief sagt, da »hinverirrt«.) Hier gibt es eine Gaststätte, wo man im Freien unter den Laubbäumen sitzen kann (»Relâche mardi«); das Akazienblattwerk verzweigt sich vor den durchschimmernden Bergwänden wie ein Spalier.

Das Plateau, auf dem die Departmentale 17 weiter ostwärts wie in ein unerforschtes Landesinnere dringt, wirkt unfruchtbar und ist auch fast unbewohnt. Die ganze elliptische Fläche verzeichnet St. Antonin-sur-Bayon, am Westrand, als das einzige Dorf. Der nächste Ort heißt Puyloubier und liegt zwei Wegstunden weg, schon außerhalb des Plateaus, am Abhang zum Allgemeinniveau der Basse Provence. Diese mächtige, horizontal über der Landschaft stehende Tafel nenne ich hier *Die Hochebene des Philosophen.*

Unschlüssig war ich zunächst ein bißchen auf der leeren Straße dahingegangen. (Es gab von dort keinen Bus zurück nach Aix.) Aber dann war es entschieden, den Weg bis Puyloubier fortzusetzen. Kein Auto auf der Strecke. Eine Stille, in der jedes kleine Geräusch sich wie ein gesprochenes Wort anhörte. Ein allgemeines leichtes Sausen. Ich ging, immer angesichts des Berges; blieb manchmal unwillkürlich stehen. In einer trogförmigen Kammscharte, wo der Himmel besonders blau war, sah ich den idealen Paß. Die trockenen Hochwiesen zogen sich bis zum Fuß der Felsflanken hin und erschienen wie weißgebleicht von den Schneckenhäusern, die in Scharen an den Stengeln klumpten. Sie bildeten eine Fossilienlandschaft, der einmal auch der Berg angehörte, indem er in einem Blick wieder jäh seinen Ursprung, das monumentale Korallenriff, zeigte. Es war Nachmittag, und die Sonne kam von der Seite; von der anderen Seite ein leichter Fallwind. Das im vergangenen Jahr mit dem Pflug unter der Erde Geschriebene blühte nun auf und strahlte ein machtvolles Licht aus. Die Halme des Wegrands zogen vorbei in einem majestätischen Flug. Ich ging bewußt langsam, im Weiß des Berges. Was war? Nichts geschah. Und es brauchte auch nichts zu geschehen. Befreit von Erwartung war ich, und fern von jedem Rausch. Das gleichmäßige Gehen war schon der

Tanz. Der ganz ausgedehnte Körper, der ich war, wurde von den eigenen Schritten befördert wie von einer Sänfte. Dieser gehend Tanzende war ich-zum-Beispiel und drückte »die Daseinsform der Ausdehnung und die Idee dieser Daseinsform«, die gemäß dem Philosophen »ein und dasselbe Ding sind, doch auf zweierlei Art ausgedrückt werden«, in dieser vollkommenen Stunde *gleicherart* aus – Regel des Spiels *und* Spiel der Regel, wie einst der Gehende mit der flatternden Hose in Oberösterreich. Ja, da wußte ich auch selber, »wer ich bin« – und fühlte als Folge ein noch unbestimmtes Soll. Das Werk des Philosophen war ja eine Ethik gewesen.

Eine Photographie zeigt Cézanne, auf einen dicken Stock gestützt, die Malwerkzeuge auf den Rücken gebunden, mit der mythischen Legende: »Aufbrechend zum Motiv«. In der Freude auf der Hochfläche dahingehend, war ich aber mit keinem Aufbruch mehr beschäftigt, noch mit einem Motiv – wußte ich doch, daß auch der Maler nie einen besonderen »Vogelschwarm« gebraucht hatte, um uns auf seinen Bildern das Reich der Welt zusammenzuhalten. Seine einzigen Tiere, und nur ganz am Anfang, sind die Köter, die bei dämonischen Picknicks und Nacktszenen dabeihocken, und die man als gegen die Geistsehnsucht gezogene Fratzen gedeutet hat.

Trotzdem war ich danach froh, in Puyloubier unter den Platanen eines provençalischen Dorfes zu sitzen und in Gesellschaft Fremder ein Bier zu trinken. Die Hausdächer vor der Berglinie wirkten beruhigend. Eine sonnige Straße hieß *rue du Midi.* Ein veteranenhafter alter Mann führte auf der Caféterrasse uns anderen zärtlich seinen Wacholderstock vor und ließ mich an den Meister John Ford denken. Zwei junge Frauen mit Rucksäcken und Nagelschuhen, unterwegs zum Kamm, auf dem sie westwärts wandern wollten, kamen frisch aus seinen alten Filmen.

Der Sprung des Wolfs

Puyloubier war aber auch der Ort, wo ich das Erlebnis mit »meinem« Hund hatte. Ich kann nicht weiter, ehe ich den nicht los bin.

Bei uns war nie ein Hund im Haus gewesen; nur einmal lief uns einer zu, an dem ich dann sehr hing. Als er in einem Sommer überfahren wurde, dauerte es ein paar Tage, bis wir ihn mit einem kleinen Leiterwagen in ein Nachbardorf zum Abdecker brachten. Das wurde eine längere Expedition, weil wir immer wieder vor dem Gestank wegrennen mußten und schließlich das Gefährt auf dem freien Feld stehenließen. (Es war das einzige Mal, daß ich als Kind etwas wie Verzweiflung spürte.) Später wurde ich in einer Stadt Zeuge, wie eine schwarze Dogge und ein ebenso schwarzer Dobermann von hinten und von vorn über einen weißen Pudel herfielen und ihn entzweirissen.

Einen unüberwindlichen Widerwillen gegen die meisten Hunde aber habe ich erst, seit ich viel zu Fuß gehe. Jetzt muß ich in jeder noch so freien Landschaft mit einer Bestie wie der von Puyloubier rechnen. Die Katzen lauern weltabgekehrt in den Wiesen; die Fische stieben in den Bächen dunkel auseinander; das Hornissengesurr ein bloßes Warngeräusch; die Schmetterlinge, immer wieder, »meine Toten«; die Libellen als Vor-Osterfarben; das Morgenmeer der Vögel, am Abend zurückgezogen in ein Schwirren unten im Farnkraut; die Schlangen eben Schlangen (oder leere Hauthüllen) – aber im Finstern der bewegungslos stehende Hund, der im Näherkommen ein Zaunpflock ist, und dann doch ein Hund. –

Außerhalb von Puyloubier steht eine Kaserne der Fremdenlegion. Auf dem Rückweg, für den ich einen kleinen Bogen um die Siedlung zog, kam ich daran vorbei. Das Gelände ist eine zubetonierte Fläche, ohne Baum oder Strauch, hoch mit Stacheldraht umgeben. Platz und Gebäude wirkten leer; die Soldaten schienen gerade ausgerückt.

Dennoch hörte ich dann ein metallisches Klirren, wie von einem Laufenden mit gezogener Waffe. Ein Grollen kam dazu, eher ein fernes Raunen im Luftraum, und fast zugleich empfand ich hautnah ein Gebrüll: den bösesten aller Laute, Todes- und Kriegsschrei zugleich, ohne Ansatz das Herz anspringend, das sich in der Phantasie kurz als Katze buckelte. Ende der Farben und Formen in der Landschaft: Nur noch ein Gebißweiß, und dahinter bläuliches Fleischpurpur.

Ja, vor mir, hinter dem Zaun, stand ein großer Hund – eine Doggenart –, in dem ich sofort meinen Feind wiedererkannte. Und schon kamen auch die anderen von überall auf dem Hof herbeigelaufen, mit am Beton kratzenden Krallen; blieben aber im Abstand zu mir und dem ersten, der in Haltung und Stimme der Leithund zu sein schien.

Sein Körper wirkte bunt, während Kopf und Gesicht tiefschwarz waren. »Sieh dir das Böse an«, dachte ich. Der Schädel des Hundes war breit und erschien trotz der hängenden Lefzen verkürzt; die Dreiecksohren gezückt wie kleine Dolche. Ich suchte die Augen und traf auf ein Glimmen. In einer Brüllpause, während er um Atem rang, geschah nur das lautlose Tropfen von Geifer. Dafür bellten die übrigen, was sich freilich eher temperamentlos und rhetorisch anhörte. Sein Leib war kurzhaarig, glatt und gelbgestromt; der After markiert von einem papierbleichen Kreis; die Rute fahnenlos. Als der böse Lärm wieder einsetzte, verschwand die Landschaft in einem einzigen Strudel aus Bombentrichtern und Granatlöchern.

Im Blick zurück auf den Hund sah ich, daß ich gehaßt wurde. – Doch zu sehen war auch die Qual des Tiers, in dem sich gleichsam etwas Verdammtes umtrieb. Es gab am ganzen Leib keinen Teil, der ruhig halten konnte. Nur einmal, wie von mir gelangweilt, hielt er ein, blinzelte heuchlerisch zur Seite, spielte sogar gönnerisch mit seinen Kumpanen (die er ebensogut hätte totbeißen können) – und sprang im nächsten Moment filmreif den Zaun an, so hoch, daß ich tatsächlich zurückwich.

Danach stand er still drohend und las aufmerksam und lange

in meinem Gesicht, doch einzig nach Zeichen der Angst und der Schwäche. Ich begriff: Er meinte gar nicht mich-im-besonderen, sondern sein Blutdurst war hier auf dem Territorium der Fremdenlegion, wo nur mehr das Kriegsrecht galt, auf jeden dressiert, der, unbewaffnet und ohne Uniform, *bloß war, der er war*. (Wenigstens einen müßte es doch geben, der unbewaffnet bleibe, schrieb diesbezüglich einmal solch ein bloßes Ich.) Er, der Wachhund, im Gelände; und ich im Gefilde (für das er naturgemäß keine Augen hatte, weil das Wirkliche für ihn einzig sein Sperrgebiet war); und der Stacheldraht zwischen uns, wie im alten Gedicht, wieder als *ewiger, vermaledeiter, kalter, schwerer Regen,* durch den hindurch ich, geistesgegenwärtig und tagträumend zugleich, den Feind betrachtete, wie er in seiner von dem Getto vielleicht noch verstärkten Mordlust jedes Rassenmerkmal verlor und nur noch im Volk der Henker das Prachtexemplar war.

Ein Weg mit dem Großvater fiel mir da ein, wo er mir gezeigt hatte, wie man sich beim Gehen im Freien die Hunde vom Leib hält: auch wenn kein Stein zur Hand war, bückte er sich wie nach einem, und jedesmal wichen die Tiere dann tatsächlich zurück. Einem warf er sogar einmal Erde ins Maul; und der Hund schluckte sie und ließ uns vorbei.

Ähnliches versuchte ich mit der Dogge von Puyloubier, die darauf aber nur aus einem vervielfachten Maul zurückbrüllte. Beim Bücken war mir eine gelbe Pariser Métrofahrkarte, gebraucht und auf der Rückseite mit Notizen bedeckt, aus dem Rock gefallen: diese warf ich jetzt, in einem Moment des Übermuts, durch den Zaun – und der Hund verwandelte sich auf der Stelle in einen Marder, die bekanntlich Allesfresser sind, und schlang mein Papier hinunter: die Gier und zugleich die Unlust in Person.

Im Phantasiebild fielen sofort die Würmer, die in seinem Innern von ihm lebten, in einem finsteren Nachgetümmel über den Fahrschein her – und schon schied die Dogge auch tatsächlich ein verdrehtes, wie ihre Dolchohren spitzes Türmchen aus;

worauf ich erst bemerkte, daß sie rundum auf dem Beton mit vergleichbaren, vertrockneten und ausgebleichten Gebilden, die auch in Häufen gesammelt erschienen (insgesamt eine großspurige Krakelschrift), sich sozusagen einen öffentlichen Machtbereich abgesteckt hatte.

Undenkbar, vor solch bewußtlosem Willen zum Bösen, ein gutes Zureden (überhaupt jedes Reden); so hockte ich mich entschlossen hin, und die Dogge der Fremdenlegion verstummte. (Es war eher ein bloßes Stutzen.) Dann kamen unsere Gesichter einander ganz nah und verschwanden wie in einer gemeinsamen Wolke. Der Blick des Hundes verlor sein Glimmen, und der dunkle Kopf nahm ein zusätzliches Florschwarz an. Unsere Augen trafen sich – jedoch nur ein einzelnes Auge das andere: einäugig, sah ich ihm in das eine Auge; und dann wußten wir voneinander, wer wir waren, und konnten nur noch auf ewig Todfeinde sein; und zugleich erkannte ich, daß das Tier schon seit langem wahnsinnig war.

Der nächste Laut des Hundes war kein Gebell, sondern ein inständiges Hecheln, das immer heftiger wurde und schließlich wie das Geräusch von ihm gerade anwachsenden Flügeln war, mit denen er gleich über den Zaun setzen würde; begleitet von einem allgemeinen Geheul der Meute, das nicht mehr mir allein galt, sondern dem Weiß der Bergkette dahinter, oder allem jenseits des Tierbereichs: ja, jetzt trachtete er mir nach dem Leben; und auch ich wollte mit einem Machtwort ihn tot und weg haben.

Sprachlos vor Haß verließ ich das Terrain; und zugleich schuldbewußt: »Für das, was ich vorhabe, darf ich nicht hassen.« Vergessen die Dankbarkeit über den bisherigen Weg; die Schönheit des Berges wurde nichtig; nur noch das Böse war wirklich.

Stumm, wie ich war, fiel mir auch das Gehen sehr schwer. Der Feind zuckte in mir weiter und stank dann schon. In der Natur nichts Erkennbares, vor allem nichts Benennbares mehr – und für mein fassungsloses, gleichsam kriegsmäßiges Starren fällt mir jetzt das in Frankreich gebräuchliche deutsche Lehnwort »Was-ist-das« ein: es soll von den preußischen Besatzern 1871 stammen, und bezeichnet die den Eindringlingen damals wohl ganz fremden Oberlichtfenster in manchen Pariser Dachwohnungen.

Außerhalb von Puyloubier, schon Richtung westwärts, setzte ich mich in einen grasbewachsenen Hohlweg, der durch einen Weinberg führte, und ließ mich von der Sonne bescheinen. Wohl auch müde von dem vielen Gehen, schlief ich kurz ein. Ich träumte von dem Hund, der sich in ein Schwein verwandelte. So, hell, fest und rundlich, war er keine Spottgeburt eines Menschen mehr, sondern ein Tier, wie es sein sollte; und ich gewann es lieb und tätschelte es – erwachte jedoch unversöhnt, und, nach dem Worte des Philosophen, »durch erkennende Orgien gereinigt für die heilig seienden Werke«.

Am noch taghellen Himmel ging der Mond auf. Ich konnte mir darauf das »Meer des Schweigens« vorstellen, und Flauberts »Besänftigung« zog in mein Herz. Im lehmigen Hohlweg roch es erfrischend nach Regen. Neu sah ich das Weiß einer Birke. Alle Zeilen im Weinberg waren unbestimmt weiterführende Wege. Die Rebstöcke standen als Leuchter der Ruhe; der Mond als altes Zeichen der Phantasie.

Ich ging mit der letzten Sonne, im belebenden Gegenwind; das Blau des Berges, das Braun der Wälder und das Karminrot der Mergelböschungen als meine Farbenbahnen. Zwischendurch lief ich auch. Einmal, auf der Brücke über eine kleine Schlucht, tat ich sogar einen Sprung, ziemlich hoch und weit, stieß ein schurkisches Lachen aus und gab der Stelle den Namen *Sprung des Wolfs* (»saut du loup«); und ging dann ruhig weiter, nur noch in der Vorfreude auf Speisen und Wein in Aix.

Als ich spätabends dort ankam, sah ich auf den Kopfsteinresten des Cours Mirabeau Krebse steigen, und einen blauen Luftballon im Nachtwind als Zigarettenrauch, und dachte in der Müdigkeit nicht viel mehr als »Langer-Tag-Blues«.

Haute-Provence
oder
Im Hinterland

Jean Giono
Jean der Träumer

Die Leute meines Alters erinnern sich noch an die Zeit, da die Landstraße, die nach Sainte-Tulle führt, mit einer dichten Pappelreihe gesäumt war. Es ist eine lombardische Sitte, längs der Landstraßen Pappeln zu pflanzen. Diese hier kam mit ihrer Prozession von Bäumen tief aus dem Piemontesischen herauf. Sie stieg über den Mont-Genèvre, lief an den West-Alpen entlang und kam bis hierher mit ihrer Ladung von langen, kreischenden Karren und von Trupps kraushaariger Erdarbeiter, die weit ausschritten und ihre Lieder und bauschigen Hosen im Winde wehen ließen. Sie kam bis hierher, aber nicht weiter. Sie führte mit ihren Bäumen, ihren Ratterwagen und ihren Piemontesen bis zu dem kleinen Berge Toutes-Aures. Von dort schaute sie hinunter nach der andern Seite. Von dort sah sie im dunstigen Grund den stäubenden Vaudluse, der, heiß und schlammig, wie eine Kohlsuppe dampfte. Von dort roch es nach Feldgemüse, nach Reichtum und nach Flachland. Von dort sah man bei schönem Wetter die mit Kalk geputzten Höfe bleich und reglos liegen und wohlgenährte Bauern behäbig in den Reihen der Frühbeete knien. Von dort stieg an windigen Tagen der brodelnde Geruch der fetten Düngerhaufen auf und die zerfetzten blutigen Wolkenleiber der Rhônegewitter. Hier hörten die Pappeln auf. Schwer holpernd rollten die Karren mit ihrer Ladung von Maismehl und dunklem Wein in den offenen Rachen der Fuhrmannsherbergen ein. »Porca Madonna«, sagten die Erdarbeiter, sie niesten wie die Maultiere, wenn man ihnen Pfeifenrauch in die Nüstern bläst, und blieben mit den Pappeln und den Karren diesseits des Berges. Das größte Wirtshaus hieß »Zur Grafschaft Piemont«.

Damals bestand das Land hier aus Wiesen und lieblichen Obstgärten, die sich in herrlichster Frühlingspracht entfalteten, sowie die erste Wärme von der Durance aufstieg. Sie hatten gelernt, das Nahen der festlichen Tage zu erkennen. Woran? Das weiß man nicht; an irgendeinem Vogelschrei, oder an jenem grünen Leuchten, das an den Aprilabenden über den Hügelhängen flimmerte. Auf jeden Fall begannen sie zu erzittern, wenn noch der Rauhreif auf dem Wiesengras lag, und eines schönen Morgens, gerade in dem Augenblick, da die Wärme über der schwellenden Durance lastend blaute, da sangen alle Obstgärten, über und über mit Blüten angeputzt, im lauen Wind. Das haben wir alle mit angesehen, als wir noch schmutzige Kinder in Schulkitteln waren.

Ich erinnere mich an die Werkstatt meines Vaters. Ich kann an keinem Schusterladen vorbeigehen, ohne zu denken, daß mein Vater noch irgendwo dort im Jenseits weiterlebt, daß er da mit seiner blauen Schürze, seinem Kneif, seinem Pechdraht und seiner Ahle vor einem rauchigen Tisch sitzt und gerade ein paar Schuhe aus Engelshaut für irgendeinen tausendfüßigen Gott macht.

Ich wußte, wenn ein fremder Schritt die Treppe heraufkam, ich hörte, wie meine Mutter unten sagte:

»Im dritten Stock, gehen Sie hinauf, da werden Sie das Licht schon sehen.«

Und eine Stimme antwortete:

»Grazie, signora.«

Dann kamen die Schritte.

Alle stolperten sie über die eine Sandsteinstufe kurz vorm ersten Stock. Der Treppenabsatz war ganz aus den Fugen und schepperte unter den derben Schuhen. Im Dunkeln tasteten sich die Hände an beiden Wänden entlang.

»Da kommt einer«, sagte mein Vater.

Der Mann suchte nach dem Türgriff. Er lag versteckt, war ein wenig ausgeleiert und ging nicht auf den ersten Anhieb auf.

»Putana!«

»Das ist einer aus der Romagna«, sagte mein Vater.

Dann kam der Mann herein.

Ich erinnere mich, daß er ihnen immer den Stuhl am Fenster anwies und dann seine Brille hochschob; er begann auf italienisch mit dem Mann zu reden, der vierschrötig, die Hände auf den Oberschenkeln, dasaß und ganz nach neuem Samt und nach Wein roch. Manchmal dauerte es lange. Manchmal aber erschien das Lächeln fast sofort. Mein Vater redete, ohne sich zu rühren, oder machte nur ein paar schwerfällige Bewegungen, weil er in der einen Hand einen Schuh und in der andern seinen Kneif hielt. Er redete, bis er das Lächeln sah. Der andere mochte nur immer seine Papiere herausziehen und mit dem Rücken der Hand darauf klopfen:

»Porca di dio!«

Solange das Lächeln nicht da war, redete mein Vater, und manchmal sagte der andere dann halb geflüstert:

»Che belezza!«

Und dann lächelte er.

Sie kamen übrigens nicht gleich zu meinem Vater; ich weiß nicht einmal, welch ein Wunder sie zu ihm führte. Es mußte sich wohl unter ihnen wie Schwalbenwissen von einem auf den andern übertragen, oder es war in irgendeinem Wirtshauswinkel mit dem Messer in die Wand geritzt. Ein Zeichen, ein Kreis mit Kreuzen, ein Stern oder eine Sonne, irgend etwas, das in ihrer armseligen Sprache heißen mußte:

»Geht zum Vater Jean.«

Ein Zeichen, das man wohl nur sah, wenn man verloren war, verloren wie eine arme kleine Maus, an der Klagemauer mußte das Zeichen eingeritzt sein, der Mauer, an die man sich mit dem Ellenbogen lehnt, um zu weinen. Man lehnte sich an, um zu weinen, und dann gewahrte man das Zeichen, das in den Stein geritzt war, und man ging zum Vater Jean.

Wenn ich mich in der Nähe der Ausspanne aufhielt, um die langen, weinbeladenen Karren heranschwanken zu sehen, sah ich auch Männer aus der Romagna und aus Canavezzo kommen. Sie sangen ihr »dolce amore«. Sie hatten den breiten Filzhut schief auf dem Ohr, und breitschultrig blieben sie auf ihren weitgespreizten Beinen stehen, um die Mädchen anzugucken, die vorübergingen. Von diesem Zeitpunkt an bis zu dem Augenblick, wo sie, sich zu beiden Seiten an der Mauer haltend, unsere Treppe heraufkommen mußten, wurde so gesoffen und gespielt, daß sie sich fast die Augen ausschlugen, so benebelt waren sie am Ende, und so eisenhart waren die Fäuste.

Zuerst das Lächeln. Dann schrieb mein Vater Briefe an den König von Italien. Zu jener Zeit hatte ich großes Vertrauen zu den Briefen an den König von Italien. Ich bewunderte diese schlichte Tischplatte des Schusters, das Groschentintenfaß, den Federhalter, an den die Feder mit einer Schweinsborste festgebunden war, und auch die von schwarzen Schrunden ganz zerkerbte Hand meines Vaters, die sich langsam fortbewegend das Wort »Sire« schrieb.

Jetzt weiß ich es. Vater, du allein vollbrachtest damals die Wunder.

»Gehen Sie hinauf, da werden Sie das Licht schon sehen!«

An jenem Abend wollten wir gerade hinuntergehen. Es war höchste Zeit zur Abendsuppe. Mein Vater hielt die Messinglampe schon in der Hand.

»Warte«, sagte er.

Auf der Treppe sang jemand, und der Schritt war rasch und sicher; ein Schritt, der mitten in der Nacht sah, der durch ein Vorgefühl im Haus Bescheid wußte.

»Wer das wohl sein mag«, sagte mein Vater.

Durch Nacht und Mauern, durch die hallenden Schatten unseres Ganges und durch die geheimnisvolle Frommheit unseres alten Klostergebäudes kam der andere auf uns zu. Er sang.

»Wer kann das sein?«

Es war ein schöner Mensch, jung und blond. Er füllte die ganze Tür. Er hatte seine marineblaue, dicke wollene Baskenmütze spitz über der Stirn heraufgezogen, so daß sie um seinen Kopf eine Art herzförmigen Heiligenschein bildete.

»Torino?« fragte mein Vater.

»Ja, Turin«, sagte der andere mit einem kaum merkbaren Dialektanflug, »Gemeinde San Benedetto.«

Er begann gleich zu reden. Dieser brauchte nicht erst zum Lächeln gebracht zu werden: er lächelte übers ganze Gesicht; er war ein einziges Lächeln. Dabei besaß er eine solche Selbstverständlichkeit in der Art, sich zu bewegen und seinen Oberkörper geschmeidig hin und her zu wiegen, seine langen Finger spielten so sicher und behende, Schönheit, Jugend und Blondheit verliehen ihm ein solches Gleichgewicht, daß er durch die bloße Anmut seiner Lebensfülle bezauberte.

»Beim Heiland«, sagte er, »ich bin vielleicht der kränkste von allen. Man hat mir gesagt, ich soll zu Ihnen gehen. Ist das hier?«

»Ja, es ist hier«, sagte mein Vater.

Der Mann sah sich um in der armseligen düstern Werkstatt mit ihrer Streu von Lederschnipseln und den langen Spinnwebwimpeln, die von der Decke hingen.

»Sprich dich aus, wenn's eilt, sonst komm morgen wieder. Wir wollten gerade zur Suppe hinuntergehen, wie du siehst.«

»Ich hab's gesehen«, sagte der Mann, »der Tisch ist unten gedeckt, aber die Meisterin hat gesagt, ich sollte hinaufgehen. O ja, es eilt.«

»Also?«

»Man liebt mich zu sehr«. sagte er.

Mein Vater stellte die Messinglampe auf die Ecke der Nähmaschine, er zog seinen Tabaksbeutel heraus und stopfte sich seine kleine weiße Tonpfeife.

Mein Vater hatte Zeit, drei Pfeifen zu stopfen und zu rauchen. Es waren allerdings kleine Pfeifen, Marke Aristophanes, der Kopf war nicht größer als ein Mädelfingerhut. Ich sah ihm zu, er rauchte nicht wie gewöhnlich hübsch bedächtig und mit Ruhepausen; regelmäßig wie eine Pumpe sog er am Rohr und blies den Rauch von sich, ohne innezuhalten. Seine Augen blickten immer dunkler unter seinen dichten Augenbrauen. Zwei- oder dreimal sagte er: »Weiter, weiter, rasch.«

Er ließ den blonden jungen Mann nur aus den Augen, um Tabak aus seinem Beutel zu zupfen.

Ich verstand nicht recht, was der Mann sagte. Es ging wie ein Klagelied von ihm aus, wie das leise Heulen eines Hundes, der nach Liebkosungen ausgehungert ist. Seine Worte fielen in mich hinein wie Steine in einen glatten Wasserspiegel; ich war ganz aufgerührt, zitternde Kreise, in denen mein Herz erbebte, rundeten sich in mir oder brachen sich plötzlich in meiner Kehle als eine kalte und bittre kleine Wasserwelle. Für mich hatte es nur die Wirkung eines Liedes, aber eben die ganze starke Wirkung, die ein Lied hat. Er, der Sprecher, aber war davon verwandelt, als ob das Licht, in dem er leuchtete, reicher an Öl war als der matte Schein unserer Messinglampe. Samenkörner platzten auf, und um mich herum erblühten daraus neue Dörfer, ich hörte das Rieseln ihrer Karren, ihrer Pflugscharen, ihrer Gießbäche und ihrer Herden, ich hörte das Aufflattern der Hühner, der Schwalben und der Raben. Berge schwollen unter unserm Fußboden auf und trugen mich, wie ich da stand, hinauf in Himmelshöhen wie die Sturmwellen einer riesigen See. Und da war ich nun, da oben, ich armer, verzückter Schiffbrüchiger, abgetrennt von meinem Vater, weggerissen vom lieben festen Hafen seines Mundes, vom schönen Laubwerk voller Vögel, das sein Bart für mich war, und von den sanften Abhängen seiner Backen; ich aber war da oben, im Schaum der Schlagwelle, nackt und allein, zerschlagen und aufgerieben bis aufs Blut von einem furchtbar ätzenden Salz; doch vor mir lag weites Neuland, Tummelplatz aller Winde, aller Regengüsse und allen Frostes, und der große blaue Wirbelsturm der Freiheit wühlte sich vor mir in Sandfahnen ein.

Mein Vater nahm die Pfeife aus dem Mund.

»Armer Wicht«, sagte er.

Er sagte es zu diesem blonden Mann, und der schien auf einmal entzweigebrochen und tot zu sein, als ob man mit vollen

Händen in seinem Leib gewühlt und den kleinen Mechanismus herausgezogen hätte, der die Finger und die Zunge in so schöner verführerischer Ordnung bewegte.

Einen Augenblick lang sah mein Vater den stummen und reglosen Mann an.

»Du heißt?«

»Djuan.«

Er nahm die Lampe.

»Komm und iß unsere Suppe mit uns.«

Mein Vater trug das Licht, und wir gingen die Treppe hinunter, ich als zweiter. Hinter mir suchte Djuans Schritt die Stufen. Er blieb hängen und hielt sich an meiner Schulter fest.

»Pardon, boccia«, hörte ich ihn leise und demütig sagen.

Meine Mutter machte wie gewöhnlich in solchen Fällen hinter der Schranktür zuerst ein schiefes Gesicht und hob die Achseln. Ich hatte schon vom Geschirrbord einen Teller geholt.

»Stell ihn da hin, vor den Spiegel«, sagte mein Vater. »Nimm deine Mütze ab, mach dir's bequem«, sagte er dann zu ihm. »Du bekommst eine Armensuppe bei uns zu essen.«

Meine Mutter teilte die Würstchensuppe aus. Sie fragte Djuan, ob er die Kartoffeln lieber ganz oder zerdrückt hätte. Er hatte sich abgewendet. Er leckte sich über die Handfläche und strich dann seine Haare glatt.

»Erinnerst du dich, Pauline«, sagte mein Vater, »daß du einmal in Chorges gewesen bist?«

»Nein«, antwortete meine Mutter.

»Als du mit dem Kleinen nach Remollon gefahren bist.«

»Da ist mir im Wagen schlecht geworden; ich hab nichts gesehen.«

»Der Bursche kommt aus Chorges«, sagte mein Vater. »Er hat Schweinereien dort gemacht.«

Ich aber erinnerte mich an dieses Dorf an der Landstraße. Ein fliegendes Lager, ein Lagerplatz für Steine und eine Raststätte für Reisende. Tage und Nächte erfüllt vom Knarren der Achsen, vom Rattern der Räder und Peitschenknallen, vom Rollen der

Postwagen, von Rufen und Schreien. In den Spuren der schweren Karren, die das Wirtshaus verließen, schäumte der beizende Geruch der Ställe. Die Knechte schwenkten Laternen. Ein Mädchen lief einem Tilbury nach. Die Rumpelkiste von Gap fuhr hochbepackt und mit einer Plane bedeckt ab und streifte an allen Platanenästen an. Auf der italienischen Seite wieherten an den Kehren der Bergstraße die Pferde, die den Rastplatz witterten. Ich erinnerte mich an unsere Ankunft bei einbrechender Nacht. Wir froren. Eine eisige Luft drang durch die Fensterfugen. Der Postillon trampelte mit den Füßen, um sich zu erwärmen. Die Pferde dampften im Schein der Laterne, als hätte man sie mit kochendem Wasser übergossen. Die Straße hallte hart unter den Rädern. Ich sah meine Mutter vor mir, ganz blaß wimmerte sie unaufhörlich mit entfärbten Lippen, und ihr Kopf schlug gegen das Holz des Wagens. Draußen – nichts wie eine nackte Schieferklamm, ein gewundener grüner Gießbach, Nacht und Wind. Und da auf einmal lachte uns das weit geöffnete Wirtshaus, das bis in seinen tiefen Schlund hinein erleuchtet war, voll und grell gerade in die Wagenfenster. Ein Mann in einer Schaffelljacke rauchte eine Pfeife vor der Tür. Der Wagen hielt an. Es roch nach warmem Herd, nach einem Teller Suppe und Lampenlicht …

»In Chorges selber?« fragte mein Vater.

»Nein«, antwortete Djuan. »auf einem Gehöft.«

»Auf welcher Seite?«

»Auf La Menestre zu.«

»Was machtest du da?«

»Bloß so.«

Das sollte heißen: zu tun hatte ich da wahrhaftig nichts, aber der Zufall hat es eben so gewollt.

»Ich hatte mit einem schlimmen Fuß da Rast gemacht«, sagte Djuan.

»Die Frau oder die Tochter?« fragte mein Vater.

»Die Frau.«

»Laß ihn essen«, sagte meine Mutter.

»Er kann ruhig dabei essen«, sagte mein Vater.

Sein Kinn hatte den ihm manchmal eigenen harten Ausdruck unter seinem Bart. Er fügte hinzu:

»Der Mann da oben wird wohl auch nicht essen.«

»Ich pfeife auf den Mann«, sagte Djuan.

»Und daß du ihm den Schlaf und die Lust zum Essen gemordet hast?«

»Darauf pfeif ich auch.«

»Und daß du dem da genommen hast, was ihm zu eigen gehört hat?«

»Die Frau mag ihn nicht mehr. Sie mag mich. Sie ist ganz nach meinem Geschmack. Sie ist jung; Freiheit muß sein.«

»Davon red ich nicht.«

»Man muß doch auch bedenken ...« , sagte meine Mutter.

»Ich rede von seinem Seelenfrieden«, sagte mein Vater.

Djuan hatte seinen großen Hirschfänger gezogen, der am Griff breit wie eine Sichel und dessen Schneide schärfer als ein Schlächtermesser war.

»Wieso seinem Seelenfrieden?«

»Ich kenne die Höfe da oben«, sagte mein Vater. »Kennst du sie auch?«

»Ja, es ist ebenso wie in Suza.«

»Schön; um da zu leben, muß man seinen Seelenfrieden haben.«

»Darauf pfeif ich auch.«

»Nein«, sagte mein Vater.

»Doch sag ich dir, darauf pfeif ich auch«, sagte Djuan.

»Was hast du da um den Hals?«

Mein Vater zeigte mit dem Finger auf Djuans Hals, und ich sah eine rote Schnur.

»Die Madonna.«

Er zog ein Skapulier aus Tuch heraus, in dessen Mitte ein orangefarbenes Herz blutete.

»Ich hab vom Seelenfrieden geredet«, sagte mein Vater.

Die Suppe war aufgegessen.

»Sie war seine Hilfe und sein Beistand«, fuhr mein Vater jetzt fort. »Der Mensch ist wie so ein Gummiball. Manchmal, da muß ihm jemand einen Schlag versetzen, damit er wieder aufsteigt; aus eigner Kraft vermag er's nicht. Wenn er allein ist, springt er zwei-, dreimal im Gras hoch und bleibt dann tot liegen. Verstanden?«

Er hatte mit der Hand das Spielen mit dem Ball nachgeahmt. Er fuhr fort:

»Er hat seine Frau, solange du sie ihm läßt, solange er nichts weiß. Du, du hast das geweihte Bild.«

»Dann soll einer so viel haben wie der andere«, sagte Djuan.

Er durchschnitt die Schnur mit seinem Messer. Er klatschte das Stoffherz auf den Tisch.

»Ich laß es dir hier.« Und nach einer kleinen Weile setzte er hinzu: »Recht so, Meister?«

Er hatte seine Hand auf dem blutigen Herzen liegen lassen. Er sagte »Meister« zu meinem Vater, der niemandes Herr und Meister war, nicht einmal seiner selbst. Seine Lippen zitterten, und seine Augen waren weit geöffnet wie bei einem, der den Tod kommen sieht.

»Schon ein bißchen besser«, sagte mein Vater. »So ist es wenigstens gerechter.«

Djuan zog langsam seine Hand zurück. Er stand auf und setzte seine Mütze auf.

»Gute Nacht alle miteinander«, sagte er und hob die linke Hand zum Gruß in die Luft.

Er öffnete die Tür und ging hinaus, ohne sie hinter sich zu schließen. Draußen regnete es.

Henri Bosco
Die schlafenden Wasser

Als ich ein kleiner Junge war, wohnten wir auf dem Lande. Das Haus, das uns beschützte, war nur ein kleines, abgelegenes Gehöft, das allein inmitten der Felder stand. Dort führten wir ein geruhsames Leben. Meine Eltern hatten eine Großtante väterlicherseits bei sich aufgenommen, Tante Martine.

Sie war eine altmodische Frau mit Pikeehaube, Faltenkleid und einer silbernen Schere am Gürtel. Sie schulmeisterte jedermann: die Leute, den Hund, die Enten und die Hühner. Was mich betraf, so wurde ich von morgens bis abends ausgeschimpft. Dabei bin ich eigentlich sanftmütig und gut zu haben. Doch es galt nichts, sie nörgelte ständig an mir herum und dies nur, weil sie, die mich insgeheim vergötterte, glaubte, auf solche Weise dieses zärtliche Gefühl vor mir verbergen zu können, das doch beim geringsten Anlaß aus ihr herausbrach.

Rings um uns sah man nichts als Felder, lange Zypressenreihen, kleine Äcker und zwei oder drei einsame Bauernhöfe.

Diese gleichförmige Landschaft bedrückte mich.

Dahinter aber strömte ein Fluß.

Abends, wenn wir zusammensaßen, wurde oft von ihm gesprochen, vor allem im Winter, aber ich hatte ihn noch nie gesehen.

Er spielte eine große Rolle in der Familie, weil er Gutes und Böses über unsere Äcker brachte. Bald machte er die Erde fruchtbar, bald verdarb er sie. Denn er war, so schien es, ein großer und mächtiger Fluß.

Im Herbst, zur Regenzeit, stiegen seine Wasser. Man hörte sie in der Ferne tosen. Zuweilen traten sie über die Dämme und überschwemmten unsere Äcker. Zogen sie sich aber wieder zurück, hinterließen sie nichts als Schlamm.

Im Frühjahr, wenn in den Alpen der Schnee schmolz, brachte er neue Wasser. Unter ihrer Wucht brachen die Dämme, und wieder wurden unsere Wiesen zu endlosen Sümpfen. Doch im Sommer verdunstete der Fluß unter der glühenden Hitze. Dann unterbrachen kleine Kies- und Sandbänke seinen Lauf und dampften in der Sonne.

Jedenfalls wurde es so erzählt. Ich wußte es nur vom Hörensagen.

Mein Vater hatte mich ermahnt:

»Vergnüge dich, geh, wohin du magst. An Platz fehlt es dir nicht. Aber ich verbiete dir, in die Nähe des Flusses zu laufen.«

Und meine Mutter hatte hinzugefügt:

»Im Fluß, mein Kind, gibt es Strudel, in denen man ertrinkt, Schlangen zwischen dem Schilf und Zigeuner an den Ufern.«

Das genügte, um mich Tag und Nacht vom Fluß träumen zu lassen. Wenn ich an ihn dachte, kroch mir die Angst über den Rücken, aber ich spürte auch das brennende Verlangen, ihn kennenzulernen.

Von Zeit zu Zeit kam ein Wilddieb bei uns vorbei. Er war von großer, hagerer Statur und hatte ein schmales, scharf geschnittenes Gesicht mit lebhaften, listigen Augen. Alles an ihm verriet Wendigkeit und Kraft: die muskulösen Arme, die schwieligen Füße, die gewandten Finger. Er tauchte geräuschlos auf wie ein Schatten.

»Sieh an, da kommt Bargabot«, sagte mein Vater. »Er bringt uns Fische.«

Und so war es auch.

Bargabot stellte einen Korb mit schimmernden Fischen auf den Küchentisch. Ich betrachtete sie mit großem Staunen. Zwischen den Algen glänzten silberne Bäuche, bläuliche Rücken und stachlige Flossen. Die Tiere kamen ganz frisch aus dem Fluß.

»Bargabot, wie machen Sie es nur, daß Sie so schöne Stücke fangen?«

Bargabot antwortete meinem Vater ausweichend:

»Der liebe Gott hat eben Mitleid mit den Armen, Monsieur Boucarut. und außerdem habe ich eine geschickte Hand.«

Mehr war nie aus ihm herauszubekommen.

Eines Tages, als ich allein zu Hause war, erschien Bargabot. wie immer unerwartet. An einem Angelhaken trug er eine riesige Alse.

Er sagte zu mir:

»Nimm, sie ist für dich. Ich schenke sie dir.«

Er legte den Fisch auf die Tischkante. Dann schaute er mich mit einem seltsamen Ausdruck an:

»Kerlchen, Kerlchen«, murmelte er, »du hast ein gutes Gesicht, ein richtiges Anglergesicht. Hast du schon einmal Fische gefangen?«

»Nein, Monsieur Bargabot, man hat mir verboten, an den Fluß zu gehen.«

Er zuckte die Achseln.

»Schade! Aber wenn du mit mir kämst, würde ich dir ein paar geheime Orte zeigen, wo kein Mensch hinkommt, besonders auf den Inseln ...«

Von diesem Tag an konnte ich nicht mehr schlafen.

Oft dachte ich des Nachts an diese wunderbaren, tief im Innern der Wälder verborgenen Winkel am Ufer jener Inseln, die außer Bargabot keines Menschen Fuß betrat.

Ein andermal zeigte mir Bargabot schöne Angelhaken aus blauem Stahl oder die vielen kleinen, hübsch geschnitzten Schwimmer aus Kork.

Bargabot war mein großes Vorbild: Ich bewunderte ihn. Trotzdem flößten mir seine grauen, schlauen Augen Furcht ein; und wegen dieser Furcht blieb meine Zuneigung für ihn in meinem Innern verborgen.

War er da, wurde mir ein wenig ängstlich; war er gegangen, vermißte ich ihn. Wenn ich auf dem Hof die leichten Schritte seiner Leinenschuhe hörte, begann mein Herz zu klopfen. Bald schon hatte er erkannt, wie sehr seine Person meine Neugier beschäftigte. Aber wie um sich nicht zu erkennen zu geben, setzte er ein gleichgültiges Gesicht auf, was mich zutiefst unglücklich machte. Mitunter bekamen wir ihn zwei Wochen lang nicht zu sehen. Dann hielt es mich nicht mehr am Platz. Ein wahnsinniges Verlangen trieb mich, zum Fluß zu laufen. Aber ich fürchtete meinen Vater. Er pflegte nicht zu scherzen.

Im Winter ging es noch an: Da ist es kalt, der Wind heult, es schneit, und über die Felder zu laufen, wäre Torheit. Daheim vor dem Feuer fühlt man sich behaglich und bleibt gern im Haus. Im Frühling aber ist der Wind sanft, das Wetter mild. Man sehnt sich nach Luft und Bewegung.

Diese Sehnsucht ergriff mich, wie sie jeden ergreift, und der Wunsch zu entfliehen war so heftig, daß ich aus Furcht davor zitterte.

Täglich lief ich Gefahr, diesem Verlangen eines schönen Morgens nachzugeben und das Abenteuer zu wagen. Es fehlte nur noch die Gelegenheit.

Und sie ergab sich – und zwar auf folgende Weise:

Meine Eltern mußten für ein paar Tage verreisen. Während ihrer Abwesenheit führte Tante Martine, wie es ihr zukam, das Regiment im Haus. Tante Martine hatte ein herrisches Wesen, ich erzählte es bereits, doch sobald sie mit mir allein blieb, waren mir sämtliche Freiheiten erlaubt. Denn sie selbst wollte ja frei sein; und hätte sie es gekonnt, wenn sie mich von morgens bis abends überwachte? Wer seinen Nächsten tyrannisiert, der tyrannisiert auch sich selber. Das wußte Tante Martine. Deshalb ließ sie mir die Zügel schleifen, um selbst nach Belieben herumtrippeln zu können.

Denn sie trippelte. Sie trippelte treppauf, treppab durchs Haus. Sie trippelte am Tage; sie trippelte in der Nacht; sie trippelte im Morgengrauen; sie trippelte in der Abenddämmerung. Und stets mit einem kaum wahrnehmbaren Trippeln, mit einem Mäuseschritt. Waren meine Eltern zu Hause, verhielt sie sich ziemlich ruhig; kaum aber waren sie ausgegangen, begann sie wieder zu trippeln. Dann war sie nicht mehr zu sehen; doch hörte man sie in einem Zimmer nach dem andern herumstöbern. Bald vergrub sie sich in das Dunkel des Kellers, bald verschwand sie in der Vorratskammer.

Welchen Beschäftigungen gab sie sich dort hin? Das mochte Gott wissen! Man vernahm merkwürdige Geräusche: Es war, als bewege sich Holz, eine Kiste stürzte krachend um ... Und dann Stille ... Doch von allen Orten, wo sie sich sonst aufzuhalten pflegte und die unser altes Haus ihr bot, war Tante Martine der Dachstock am liebsten. Jeden Nachmittag stieg sie dort hinauf und verweilte oft bis zum Einbruch der Dämmerung. Dies war ihr bevorzugtes Refugium, ihr Paradies. Hier standen altmodische, kupferbeschlagene und mit Ziegenfell bespannte Koffer sauber aufgereiht nebeneinander. Jahrhundertealte Koffer. Sie waren vollgestopft mit alten Garderoben: geblümten Jacken, seidenen Westen, vergilbten Spitzen, Stickereien, Schuhen mit Silberschnallen, Lackstiefelchen. Und was für Kleider! Alle aus rosa Seide mit silberdurchwirkten Einsätzen, Goldpailletten, braunen, feuerroten, purpurfarbenen Bändern! Verblaßte Farben, gewiß, und Kleider, die ihr Alter verrieten, doch von welchem Zauber! Denn alles duftete noch nach Lavendel und Reinette. Ich geriet davon ganz in Verzückung. Und das waren nicht die einzigen Wunder! Da hingen ehrwürdige Familienporträts an einem Nagel. In einer Ecke stapelte sich bemaltes Geschirr. Zwei Silberleuchter ruhten auf einer Truhe aus Ebenholz. In Leder gebundene Bücher lagen unter einem Haufen vergilbten Papiers, in dem die Ratten hausten ... An der Decke schließlich hing, an Kopf und Schwanz befestigt, ein altes, ausgestopftes Krokodil, das Geschenk eines Seefahreronkels, des Onkels Hannibal.

Wenn Tante Martine auf den Dachboden stieg, so hätte sie nichts auf der Welt von dort wegzulocken vermocht. Sie schloß zweimal die Tür hinter sich ab, und ich hatte nicht das Recht, ihr dorthin zu folgen.

»Geh und spiel im Garten«, sagte sie zu mir. »Ich muß den alten Trödel aufräumen.«

Ich verstand. Allein und untätig irrte ich eine Weile durch das Haus, dann ging ich hinaus und setzte mich unter den Feigenbaum am Brunnen.

Hier geschah es, daß mich unvermutet eines schönen Morgens im April die Versuchung überraschte. Sie flüsterte auf mich ein. Es war eine Versuchung des Frühlings, eine der süßesten, glaube ich, die es gibt für den, der empfänglich ist für einen reinen Himmel, die zarten Blätter und die jung aufgebrochenen Blüten.

Deshalb gab ich ihr nach.

Ich rannte quer über die Felder. Ach, wie schlug mir das Herz! Der Frühling erstrahlte in all seinem Glanz. Und als ich das Tor aufstieß, das auf die Wiese führte, stürmten tausend Düfte von Gräsern, Bäumen und frischer Rinde auf mich ein. Ich lief, ohne mich umzuschauen, bis zu einem kleinen Wäldchen. Bienen tanzten dort. Die ganze Luft war erfüllt von Blütenstaub und vibrierte vom Schwirren ihrer Flügel. In einiger Entfernung schimmerte ein Mandelbaumgarten in rosigem Blütenschnee, aus dem das Gurren der ersten Ringeltauben des neuen Jahres zu mir herüberdrang. Ich war wie berauscht.

Die kleinen Wege lockten mich heimtückisch an. »Komm! Was bedeuten schon ein paar Schritte? Die erste Biegung ist ganz nah. Nur noch bis zum Weißdorn, dann kannst du anhalten.«

Verwirrt lauschte ich dieser Lockung. Konnte ich noch stehenbleiben, jetzt, nachdem ich mich diesem Pfad ausgesetzt hatte, der sich zwischen zwei Hecken voller Vögel und blauen Beeren hindurchschlängelte?

Je weiter ich ging, desto mehr nahm mich die Macht des Weges gefangen. Je weiter ich vordrang, desto unwegsamer wurde er.

Die Felder wichen zurück, der Boden wurde schwerer, vereinzelt stießen lange graue Gräser oder kleine Weiden aus der Erde. Duftschwaden von feuchtem Schlamm lagen in der Luft.

Plötzlich erhob sich vor mir ein Damm. Es war ein hoher, mit Pappeln bewachsener Erdwall. Ich kletterte hinauf – und sah den Fluß.

Er war breit und wälzte sich nach Westen. Durch die Schneeschmelze angeschwollen, strömten seine mächtigen Wasser, Bäume mit sich schleppend, hinab. Sie waren schwer und grau, und zuweilen bildeten sich unvermutet große Wirbel, die das Strandgut verschlangen, das sie stromaufwärts mit sich gerissen hatten. Dumpf grollte das Wasser, sobald sich seinem Lauf ein Hindernis entgegenstellte. In einer Breite von fünfhundert Metern drängte ihre wuchtige Masse auf das Ufer zu. In der Mitte herrschte eine stärkere Strömung, die als dunkler Kamm das schlammige Wasser durchzog. Und diese Strömung erschien mir so beängstigend, daß ich erschauerte.

Flußabwärts, die Fluten teilend, erhob sich eine Insel. Steile, mit dichtem Weidengestrüpp bewehrte Böschungen erschwerten den Zugang. Es war eine langgestreckte Insel, auf der Birken und Pappeln in Fülle wuchsen. An ihrer Spitze stauten sich die Baumstämme, die der Fluß mit sich führte.

Als ich den Blick wieder meinem Ufer zuwandte, bemerkte ich direkt unter mir zu meinen Füßen eine kleine Bucht, die einen feinen Sandstrand schützend umschloß. Hier beruhigten sich die Wasser. Es war ein toter Winkel. Ich stieg hinunter. Liguster, riesige Weiden und graugrüne Erlen wölbten sich über diesem heimlichen Ort. Im Halbschatten summten Tausende von Insekten.

Auf dem Sand sah man Spuren von nackten Füßen. Sie führten vom Wasser zum Damm. Die Abdrücke waren schwer und mächtig. Sie sahen aus, als stammten sie von einem Tier. Ich hatte Angst. Die Stelle war einsam und wild. Dumpf rauschte das Wasser. Wer kam an diese verborgene Bucht, diesen geheimen Strand?

Die Insel gegenüber schwieg. Dennoch war mir, als ginge

etwas Bedrohliches von ihr aus. Ich fühlte mich allein, schwach und ausgeliefert. Aber ich konnte nicht weglaufen. Eine geheimnisvolle Macht bannte mich an diesen einsamen Ort. Ich suchte ein Gebüsch, in dem ich mich verstecken konnte. Belauerte man mich auch nicht? Ich kroch in den Schutz eines Dorngestrüpps. Der Boden dort war bedeckt mit weichem samtigen Moos. Hier war ich vor allen Blicken geschützt. Ich beobachtete die Insel und wartete.

Zuerst sah ich nichts. Über mir breitete sich der Schatten des Blätterdaches aus; noch immer schwirrten die Insekten; manchmal flog ein Vogel auf; das Wasser floß träge in der Bucht. Die Zeit verging eintönig, und die Luft wurde lau. Ich schlummerte ein.

Lange muß mich der Schlaf umfangen haben.

Wie war ich wach geworden? Ich weiß es nicht. Als ich die Augen aufschlug, verwundert, mich unter dem Gebüsch zu finden, stand die Sonne schon tief, und die Dämmerung brach herein. Nichts um mich herum schien sich verändert zu haben. Und doch blieb ich regungslos in meinem Versteck in Erwartung irgendeines Ereignisses.

Plötzlich stieg in der Mitte der Insel zwischen dem Laub der Bäume dünner, klarer, blauer Rauch auf. Die Insel war bewohnt. Mein Herz klopfte. Ich spähte aufmerksam nach dem gegenüberliegenden Ufer, doch vergebens. Niemand war zu sehen. Nach kurzer Zeit ließ der Rauch nach, schien sich allmählich in die Kronen der Bäume zurückzuziehen, als würde er von der unsichtbaren Erde aufgesogen. Nichts blieb mehr übrig von ihm.

Es wurde Abend.

Ich verließ mein Versteck und kehrte zum Strand zurück.

Was ich dort entdeckte, erfüllte mich mit Schrecken. Neben den ersten Spuren, die ich im Sand erkannt hatte, hoben sich jetzt deutlich andere, noch ganz frische, auf dem Boden ab. So war also jemand, während ich schlief, ganz nah an meinem Versteck vorbeigekommen. Hatte er mich gesehen?

Jetzt brach die Nacht hinter dem Schilf herein. Ein Vogel

erhob sich jäh aus dem Rohr. Er stieß einen Schrei aus, und von der Insel antwortete ihm ein wehklagender Laut.

Ich rannte davon.

Erst nach Einbruch der Dunkelheit erreichte ich unser Haus.

Man kann sich unschwer vorstellen, wie Tante Martine mich empfing.

»Herumtreiber! Vagabund! Stromer!«

Sie schnupperte:

»Du riechst nach Schlamm! Na, du hast ja schöne Haare!«

Sie starrten von Dornen und Blättern.

»Geh und kämm dich!«

Ich ging bedrückt, ohne etwas zu erwidern. Ich kannte Tante Martine. Zornausbrüche, Geschrei. Aber nicht mehr.

»Schämst du dich nicht?«

Natürlich schämte ich mich, aber wer sich schämt, verhält sich still – und ich schwieg.

»Wenn ich das deinem Vater erzählen würde, Pascalet (so heiße ich) ... du kannst dir ja vorstellen, was er mit dir tun würde, dein Vater ...!«

Ich sah es deutlich vor mir, aber ich sah auch Tante Martine. Alles an ihr sagte mir: »Du Lausebengel! Du kannst von Glück reden, daß Tante Martine eine Schwäche für diesen kleinen Schlingel Pascalet hat! Schließlich hat sich dein Vater zu seiner Zeit noch ganz andere Streiche geleistet ...!«

Hinter ihrer strengen Miene kam ein wenig Mitleid durch.

»Du hast sicher Hunger?«

Ich hatte Hunger und gab es auch zu.

»Weiß Gott!« brummte sie, während sie die Bratpfanne auf den Herd stellte. »Seit sieben Uhr früh ...! Du Armer, ich wette, dir ist ganz schwindlig ...«

Ich log:

»Ja, Tante Martine, diesmal schon, aber nicht zu sehr.«

»Und dabei habe ich nur noch ein bißchen Suppe, die ich dir geben kann ... Und zwei Tomaten ... Und Bratwurst ...«

Man hörte Schritte. Bargabot trat in die Küche.

Noch nie war er mir so groß vorgekommen. Er sah verwegen aus. Vor Schreck hätte Tante Martine beinahe ihre Pfanne fallen lassen. Aber er bemerkte es nicht.

Er sagte:

»Ich bringe euch Rotfedern. Bratet sie. Ein Glas Wein werden Sie mir sicher nicht abschlagen.«

Und er setzte sich an den Tisch.

Tante Martine nahm den Korb mit den Fischen.

Man hörte, wie sie die Schuppen abschabte. In der Pfanne rauchte das Öl. Wir luden Bargabot zum Essen ein.

Tante Martine brachte den Weinkrug, Schwarzbrot und Essig.

Bargabot zog ein langes Messer aus der Tasche. Er schnitt sich eine riesige Scheibe Brot ab, legte zwei Fische darauf und machte darüber mit der Schneide das Zeichen des Kreuzes. Dann aß er. Wir schauten ihm zu. Er sagte kein Wort. Seinem Körper entströmte der Geruch des Flusses.

Wir vergaßen darüber, selbst zu essen. Er merkte es. Unsere Augen begegneten sich:

»Du mußt essen, Junge«, murmelte er. »Ich habe diesen Fisch für euch gefangen. Er kommt aus dem Fluß ... du weißt schon, der Fluß ...? Mit seiner Insel und seinem Gebüsch, in dem man sich verstecken kann ...?«

Ich wurde blaß. Tante Martine beobachtete mich. Doch Bargabot nahm den schönsten Fisch aus der Schüssel und legte ihn auf meinen Teller. Mit einer Behutsamkeit, die ich bei ihm nicht vermutet hatte, öffnete er ihn, löste die Gräten heraus, träufelte zwei Tropfen Öl und einen Schuß Essig über das Fleisch.

»Jetzt fehlt nichts mehr daran«, sagte er. »Du kannst hineinbeißen.«

Tante Martine war etwas schlecht gelaunt. Wir aßen schweigend.

Als das Geschirr abgeräumt war, begann Bargabot, der noch immer kein Wort redete, mit der Spitze seines langen Messers wunderliche Figuren auf den Tisch zu zeichnen. Es waren unbekannte Fische, die einen mit gesträubten Stacheln, andere mit gewaltigen Köpfen, deren Mäuler ins Leere gierten. Auch seltsam bizarre Schlangen und Wasserschildkröten waren darunter.

Tante Martine und ich schwiegen, fasziniert von diesen sonderbar anmutenden Tieren. Plötzlich brummte Bargabot:

»Es riecht nach Gewitter.«

Kurz darauf donnerte es in der Ferne.

Bargabot stand auf und sagte:

»Einen guten Abend noch! Ich darf jetzt keine Zeit mehr verlieren!«

Und er verschwand.

Es donnerte die ganze Nacht. Unaufhörlich rollte der Donner und überzog das ganze Land mit seinem Grollen. Die Blitze öffneten und schlossen sich wie Feuerscheren. Eine Pinie wurde getroffen, sie zerbarst und stürzte krachend zu Boden. Das Haus erzitterte. Im Keller hallten die Donnerschläge wider. Unter meiner Bettdecke vergraben, dachte ich an den Fluß. Jetzt leuchtete er wohl unter den blauflammenden Blitzen unheimlich auf.

Regen mischte sich in den Wind, peitschte gegen das Haus, das überall unter dem wütenden Ansturm der Fluten zu ächzen begann. Das Gewitter dauerte bis zum Morgen. Dann entfernte es sich grollend.

Die Sonne brach durch die Wolken und überschüttete die Weite des Landes mit ihrem hellen Licht.

Es bedurfte dreier langer heißer Tage, um die Erde wieder zu trocknen.

Während dieser drei Tage rührte ich mich nicht aus dem Haus.

Tante Martine fing wieder an herumzutrippeln. Über ihrer Lieblingsbeschäftigung hatte sie meine Eskapade vergessen.

Marcel Pagnol
Die Wasser der Hügel

Pique-Bouffigue, das war Marius Camoins, aber man nannte ihn seit dreißig Jahren Pique-Bouffigue, denn nachdem er vom Regiment entlassen worden war, hatte er den Dorfbewohnern gezeigt, wie man mit einer gewöhnlichen Nähnadel und einem Baumwollfaden Wasserblasen kuriert. Da man ihn seit Menschengedenken niemals hatte arbeiten sehen, war man sehr erstaunt, daß ausgerechnet er einen Arbeitsunfall heilen konnte. Er erklärte das so, daß er, um einem Gepäckmarsch von vierundzwanzig Stunden zu entgehen, am Morgen vorher einen Hosenknopf in seinen Stiefelabsatz gelegt hatte, was ihm eine tadellose Wasserblase verschaffte. Aber ein Sanitäter hatte ihn durch diese Nadel- und Fadentechnik unglücklicherweise für den nächsten Tag wieder auf die Beine gebracht.

Bei diesen Bauern, deren Hauptfunktion darin bestand, die Stiele ihrer Spaten zu verlängern, waren Wasserblasen die Berufskrankheit. Das Heilmittel, das der größte Nichtstuer des Dorfes einführte, hatte einen schönen Erfolg und brachte dem Mittelsmann nicht nur alle Hochachtung, sondern auch seinen glorreichen Spitznamen ein.

Er war hochgewachsen, knochig und mager. Um sein Äußeres unbekümmert, rasierte er sich mit einer Schere, was einen etwa vier Tage alten Bart stehen ließ, der übrigens schwarz und glänzend war und einen drolligen Kontrast zu seinen weißen Haaren bildete.

Am Ende eines Hügeltals, dreihundert Meter von Massacan, bewohnte er den uralten Bauernhof, auf dem er geboren war.

Von Pinien umgeben, lagen die Stille der Einsamkeit über ihm, Harzgeruch und das Parfum von Rosmarin. Rechts und links grenzte der Wald an den Rand eines langen Feldes, das von einem ziemlich hohen, vom Alter morschen Zaun umfriedet war. Früher hatte er die Anpflanzungen vor den nächtlichen Einbrüchen der Hasen schützen müssen; jetzt war er nur noch ein zerbrochenes, morsches Gitter, das sich an verfaulte Holzpflöcke klammerte. Dieser Zaun mit seinen vielen Breschen hatte das Vordringen der Bergheide nicht aufhalten können, und das Feld war von wuchernden Disteln, Rosmarin und Ginster überwachsen. Aus dem Gestrüpp tauchten etwa dreißig antike Olivenstämme auf; die dichten Äste, von toten Parasitengewächsen behangen, und Büschel von jungen Trieben, die den unsichtbaren Stamm umgaben, waren Beweis genug für ihre Vernachlässigung.

Am Ende des Feldes vereinigten sich die beiden Pinien vor dem Horizont über einem uralten Bauernhof neben einem Schuppen, dessen Tore auseinanderklafften. Ein Fußweg zweigte vom Maultierpfad ab, der am Hügel entlangführte und sich in einem hohen Gestrüpp von Rosmarin verlor ... Vor der Front eine Terrasse von gestampfter Erde, mit einem Mäuerchen gleich großer Steine umgeben; schwarze Holzpfosten stützten eine alte, halb abgestorbene und ausgefranste Weinranke. Das war die Rosmarin-Farm, der einsame Aufenthalt von Pique-Bouffigue.

Zu jener Zeit zündeten weder nette Pfadfinder noch sympathische Zeltbewohner unter ihrem Sonntagskotelett knisternde Reisigfeuer an, wie sie seither von der Sainte-Victoire bis zum Mont-Barou ihre Funken sprühen. Damals bedeckten noch enorme Pinien die lange Bergkette, die unser Mittelmeer säumt, und man behauptete, ohne allzusehr zu übertreiben, daß es möglich wäre, zu Fuß von Aix nach Nizza zu wandern, ohne sich der Sonne aussetzen zu müssen.

Unter dieser Deckung im Gestrüpp von Ginster und Bergeichen verbargen sich ganze Scharen von Rebhühnern, Kaninchen und große rötliche Hasen, die sich dadurch, daß sie sich hauptsächlich von Thymian nährten, bereits für den Spieß vorbereitet hatten.

Je nach der Jahreszeit tauchten dann Schwärme von Drosseln, Staren und Weißschwänzen auf, vereinzelt Bekassinen, und in den Hochtälern Wildschweinfamilien, die im Winter bis in die Nähe der Dörfer herunterkamen.

Aus diesem Grund hatte Pique-Bouffigue die Landwirtschaft aufgegeben und beizeiten seine ganze Aktivität dem Wildern gewidmet. Der heimliche Verkauf seiner Beute an die Gastwirtschaften von Aubagne, Rouquevaire oder Pichauris brachte ihm viel mehr ein als das Pflanzen von Kichererbsen oder die Olivenernte. Er hatte noch nicht einmal einen Gemüsegarten, und man sagte ihm nach, daß er eine Rübe von einem Kohlkopf nicht unterscheiden könne. Er kaufte all sein Gemüse auf dem Markt und aß jeden Tag Fleisch wie ein Sommergast. Das heißt also, daß er weitaus glücklicher war als die reichen Dickwänste von Aubagne, die sich ihres vielen Geldes wegen andauernd den Kopf zerbrachen. Aber eines Tages war dieses Glück von einer Katastrophe unterbrochen worden, die den Ruhm von Pique-Bouffigue dadurch krönen sollte, daß man oft die Polizei im Dorf hatte und in den zwei verschiedenen Zeitungen, die vom Herrn Pfarrer und vom Bürgermeister gelesen wurden, das Porträt des stolzen Wilderers sah.

Sechs Monate vorher war ein »Fremder von draußen« in das Dorf Des Ombrées auf der anderen Seite des Hügels eingezogen. Er kam – woher, wußte man nicht – aber ganz bestimmt aus dem Norden, denn er hatte die lächerliche Angewohnheit, das stumme »e« nicht auszusprechen wie in den Pariser Chansons, und obendrein behielt er ständig einen großen, schwarzen Hut auf aus Angst vor der Sonne. Er war ein Mann von hoher Statur, mit dicken, schweren Händen, einem groben, rötlichen Gesicht und roten Wimpern um seine blauen Augen. Er nannte sich mit fremdländischem Namen: Siméon.

Genau oberhalb von Des Ombrées hatte er sich in den Hügeln eine kleine Hütte gekauft, wo er mit einer umfangreichen Frau seiner Rasse hauste, die einen Gemüsegarten anlegte und ein paar Hühner hielt. Dieser Siméon gab vor, die Eingeborenen zu verachten, die ihn ihrerseits schief ansahen. Alljährlich erwarb er einen Jagdschein, um seine häufigen Ausflüge in die Hügel zu rechtfertigen. Aber seine Hauptwaffe war nicht das Gewehr; vielmehr stellte er Fallen, legte Schlingen, Drahtnetze und Vogelleimruten um kleine, sorgfältig verborgene Trinknäpfe, die er jeden Tag mit Wasser füllte.

Zweimal in der Woche fuhr er per Rad nach Marseille; dazu zog er den blauen Overall der Rohrleger an und befestigte auf dem Gepäckträger einen großen Werkzeugkasten, der mit Drosseln, Kaninchen und Rebhühnern angefüllt war. Auf den Deckel band er einen riesigen Schraubenschlüssel und einen ganz neuen kupfernen Wasserhahn.

Daß er wilderte, störte niemanden. Das tat alle Welt in Des Ombrées, und die Hügel waren unendlich, aber man merkte bald, daß er fremde Fallen bestahl, und von allen Diebstählen ist das der abscheulichste. Zwei Männer aus Des Ombrées, die zu ihm gegangen waren, um ihm blutige Vorwürfe zu machen, kamen ihrerseits blutüberströmt nach Hause. Daraufhin lauerten ihm eines schönen Juliabends ein Dutzend »Jugendlicher« am Fußweg nach Baume-Rouge auf und trugen ihn auf einer Leiter, die der Schreiner hergeliehen hatte, heim, wozu sie eine Art Kanon sangen, der auf Provenzalisch sagte:

Geh doch weg und fort mit dir,
adieu, du armer Kümmeltürke …

Siméons Gesicht war violett vor Wut, und seine ungleichen Nasenlöcher zitterten unter seinen schrägen Augen.

Er verließ Des Ombrées nicht, verstand aber die ganze Bedeutung dieser Zeremonie, als der Bäcker, während er sein Brot auswog, ihm erklärte, es handle sich um eine einfache Warnung.

Daraufhin entschloß er sich, nur noch in weiter Entfernung auf der anderen Seite der Tête-Rouge zu jagen, und infolgedessen betrat er widerrechtlich das Gebiet von Les Bastides, das Pique-Bouffigue als seine Domäne erachtete.

Der fand sehr schnell heraus, daß jemand hierher kam und »seinen« Kaninchen und Rebhühnern Fallen stellte. Er machte eine kleine Umfrage in Les Bastides bei denen, die er für gleichberechtigt hielt. Das Ergebnis war negativ, aber ein paar Tage später konnte er nach einem Gewitter den Spuren eines Unbekannten folgen, so großen Fußabdrücken, daß es ganz gewiß nicht die eines Dorfbewohners sein konnten. Ein solcher Größenwahnsfuß wäre längst berühmt gewesen. Er dachte also, daß es sich um einen Wilderer aus Aubagne oder Des Ombrées handeln müsse und verurteilte dessen tolle Dreistigkeit; immerhin respektierte er die Falle, wie die Tradition es verlangte.

Aber acht Tage später bekam er einen Wutanfall, als er feststellte, daß der Unbekannte seine eigenen Fallen plünderte. Er überwachte sie also aus nächster Nähe, und in der Refresquière-Schlucht ertappte er den Mann mit dem Schlapphut auf frischer Tat. Ohne sich im mindesten durch die Athletengestalt des Diebes einschüchtern zu lassen und obwohl er sein Gewehr nicht mitgenommen hatte, beschimpfte er ihn gröblich, forderte ihn auf, ihm sämtliche verschwundenen Fallen zurückzuerstatten und hundert Francs Schadenersatz dazu. Der andere tat so, als wolle er ihm die Falle demütig aushändigen, die er zu stehlen gerade im Begriff war, und plötzlich packte er ihn an der Gurgel. Der überraschte Pique-Bouffigue, bereits halb erstickt, erhielt eine gehörige Tracht Prügel. Während er versuchte, wieder zu sich zu kommen, und sich unter seinen geschwollenen Augen blaue Beulen bildeten, riß der Fremde ihm seinen Rucksack herunter, nahm die sechs Fallen an sich, die er enthielt, und verbot ihm, sich je wieder auf diesen Hügeln sehen zu lassen. Pique-Bouffigue, halb zusammengeschlagen und ganz verblüfft, hatte nicht die Kraft, auf diese ehrenrührigen Drohungen zu antworten, und sah ihn, ohne ein Wort zu sagen, verschwinden. Mühselig schleppte er sich in sein Haus, wo er zwei Tage blieb, einen Kräuterverband auf seine Wunden legte und in seinem halbzerquetschten Kopf die Rache vorbereitete.

Am Morgen des dritten Tages fühlte er sich geheilt und sah mit Vergnügen, daß sein Gesicht keine Spur der Schlägerei mehr trug; er frühstückte eine schöne Zwiebel und eine gute Handvoll Mandeln, die er auf der Tischecke zwischen zwei Steinen zerknackte, und trank ein großes Glas Wein. Dann sammelte er all seine Kaninchenfallen – er hatte ein Dutzend davon – und verteilte sie sämtlich auf den kleinen Hügeln und um den Rosmarin-Hof herum. Während dieser Unternehmungen wiederholte er mehrere Male – wie um sich eine wichtige Sache einzuprägen –: »Nur eines brauche ich für morgen abend, aber das brauche ich unbedingt.«

Gesagt, getan, ging er wieder heim und nahm sein Kaliber Nr. 12 zur Hand. Dieses Gewehr war sein Luxus und sein Stolz. Ein Gelegenheitskauf, den er bei einem Waffenhändler von Aubagne für den sagenhaften Preis von dreihundert Francs getätigt hatte, denn es war ein Gewehr ohne Abzugshahn, ein »Hammerless«, von ihm das »Namerless« genannt. Es schoß mit einem blitzendgelben Spezialpulver, das sämtliche Gewehre des Dorfes zerrissen hätte, vom »Namerless« aber fröhlich bewältigt wurde. Er betrachtete es, wog es in der Hand, ließ den Drücker spielen, sicherte ihn und sagte plötzlich: »Nein, das nicht. Es ist zu bekannt.«

Er stieg auf den Speicher und kam mit dem uralten Zündnadelgewehr seines Vaters herunter, einer langen, schweren Donnerbüchse, die durch den Vorderlauf geladen wurde. Er fand das Pulverrohr wieder, die Kapseln, die man auf den kleinen Abzug setzt, rollte eine Kugel, indem er ein Stückchen Bleirohr schmolz, und kaute lange an einem Papierfetzchen, um so Schießwolle herzustellen. Zum Schluß lud er die ehrwürdige Waffe mit minutiöser Sorgfalt und versteckte sie in der hohen Standuhr.

Dann nahm er sein »Namerless«, schraubte das Korn heraus, rollte es in ein Stück Papier und verbarg das kleine Paket in dem Wurzelloch eines Olivenbaumes, bewohnt von einer Kolonie von Wespen, die imstande waren, kaum zu erwartende Neugierige fernzuhalten.

Das »Namerless« am Riemen, brach er schließlich nach Les Bastiden auf. Erst ging er beim Bäcker vorbei; man sagte ihm, daß er in der Backstube Teig knetete.

Da fragte er die Bäckerin, ob sie ihm nicht etwas Vierkräutertee geben könnte, da er seit zwei Tagen schreckliche Magenkrämpfe hätte. Sie schickte ihn zur Aufwartefrau vom Klub, die ihm die berühmte Mischung aus den Hügelkräutern zusammenstellte. Bei der Backstube machte er halt und vertraute dem Bäcker sein Gewehr an, mit der Bitte, es am nächsten Morgen dem Briefträger mitzugeben. Der sollte es nach Saint-Marcel zum Büchsenmacher tragen, um das Korn wieder einsetzen zu lassen, das er, wie er sagte, auf dem Hügel verloren habe.

»O du Unglücksrabe«, sagte der Bäcker, »er kann es dir erst in einer Woche zurückbringen. Was wirst du sieben Tage lang ohne Gewehr machen?«

»Ich muß mich niederlegen«, sagte Pique-Bouffigue. »Ich weiß nicht, was mit mir los ist, mein Magen ist ganz durcheinander, und mir dreht sich der Kopf! Vorgestern habe ich Pilze gegessen, vielleicht kommt es daher. Dabei kenne ich sie doch wirklich gut ...«

»Das kommt vor«, sagte der Bäcker, »es kommt vor, daß einem auch von guten Pilzen schlecht wird, wenn sie an einem Platz wachsen, wo es giftige gab. Es bringt einen nicht um, aber es verdirbt einem den Magen.«

Dann ging er in den Klub und überquerte unsicheren Schrittes den Platz, auf dem das Boulewettspiel stattfand. Die Spieler fragten ihn, was mit ihm los wäre, und er beschrieb die verdächtigen Pilze. Indessen nötigte Philoxène ihn, ein kleines Glas Chartreuse zu trinken, um die Krämpfe zu lindern, unter denen er sich mitten im Satz vor Schmerzen krümmte. Dann ging er wieder fort mit seinem Kräuterpaket unter dem Arm ...

Am nächsten Morgen in der Dämmerung machte er den Rundgang zu seinen zwölf Fallen. Er hatte drei Kaninchen gefangen, darunter ein sehr großes Männchen, das noch hin und her zappelte und seine Läufe zerfleischte. Ein harter Schlag mit der flachen Hand hinter die Ohren machte ihm den Garaus, und Pique-Bouffigue sagte vergnügt: »Das ist genau das, was ich gebraucht habe.«

Dann betrachtete er das Kaninchen und sagte ihm auf Provenzalisch die geheimnisvollen Worte: »O armes Männchen, eine Falle hat dich gefangen, und jetzt bist du selbst die Falle ...«

Er hing es in den großen Schrank, und dann schlug er mit den Händen in den Taschen den Weg zu den Hügeln ein.

In seiner Jagdtasche nahm er einen Imbiß mit, eine Flasche Wein und sein kleines Fernglas. Das war ein altes Marinefernrohr, das ihm für gewöhnlich dazu diente, das eventuelle Auftauchen von Gendarmen zu verfolgen.

Durch Täler und Schluchten kriechend, erklomm er den Rand des Solitaire-Plateaus, von wo er, hinter einem Wacholderbusch verborgen, die Landschaft in Richtung Des Ombrées überwachen konnte. Von weitem sah er einen alten Mann vorübergehen, der mit Mühe ein Bündel dürres Holz schleppte, dann einen Karren mit Holzfällern und drei junge Leute, vornübergebeugt unter ihren schweren Rucksäcken. Aber er mußte beinahe den ganzen Tag warten, um endlich seinen Feind erscheinen zu sehen.

Er tauchte unter seinem großen Hut gegen fünf Uhr aus dem Tal von Refresquière auf; er ging einen steilen Fußweg entlang, der zum felsigen Hügel hinaufstieg, gerade zu Füßen des Lauernden. Dieser Hügel endete zu Füßen eines Felsengipfels, und vor dieser Wand war ein dichtes Gestrüpp von Terebinthen, Ginster und Wacholder, das Pique-Bouffigue gut kannte, denn hier fing er alljährlich einige Dutzend Kaninchen.

Der Siméon drang in diese hohe Wildnis ein. Pique-Bouffigue sah ihn nicht mehr, aber er beobachtete die Spitzen der Zweige. Er stellte fest, daß der Mann fünfmal stehenblieb.

»Fünf Fallen«, dachte er. »Vielleicht sind es die, die er mir gestohlen hat!«

Der Feind durchquerte dann das Tal und machte wieder einen Rundgang auf dem gegenüberliegenden Hügel; nach zehn Aufenthalten ging er im Trott eines friedlichen Spaziergängers nach Des Ombrées zurück.

Als er hinter dem Gipfel verschwunden war, wartete Pique-Bouffigue noch einen guten Augenblick. Dann, nachdem er sein Fernglas zusammengeschoben hatte, kletterte er einen Kamin hinunter und schritt den ersten Rundgang des Fremden nach.

Er entdeckte mühelos fünf Kaninchenfallen, und die Art und Weise, wie sie gestellt waren, ließ ihn mitleidig lächeln. »O gütige Mutter Gottes! Und noch dazu sind es vielleicht meine eigenen! Die müssen sich ja schämen, die Armen!«

Mit Augen und Ohren prüfte er die unmittelbare Umgebung, dann näherte er sich der Öffnung einer Felsspalte, die ihm für seinen Plan wie gerufen erschien, rutschte mit den Füßen voran hinunter und stieß dabei ein paar große Steine zur Seite. Schließlich, als er die Rosmarinzweige auseinanderbog, vergewisserte er sich, daß er, flach auf dem Bauch liegend, auf fünfzehn Meter Entfernung den Platz der einen Falle überblicken konnte. Dann ging er dorthin und legte sich selbst nieder, wobei er mit Befriedigung feststellte, daß der Vorhang von Ginster und Terebinthen nur mit Mühe die Öffnung seines Verstecks ahnen ließ. Er schnitt noch einige kleine Zweige ab, und zwar ganz nah am Erdboden unter dem Moos, und versteckte sie in einer Mulde. Endlich, nachdem die Nacht angebrochen war, stieg er durch die ausgestorbenen Pinienwälder wieder hinunter.

Als er in Rosmarin ankam, schloß er die Läden und bereitete ein Tomatenomelette, das das ganze Backrohr ausfüllte. Er verzehrte es mit großem Appetit, aber er erlaubte sich nur ein Glas Wein. Dann nahm er seine kleine Kürbisflasche und füllte sie zu drei Vierteln mit Kaffee, den er mit Weingeist verstärkte. Zum Schluß packte er das schöne, tote Kaninchen in seine Jagdtasche, nahm das alte, geladene Gewehr unter den Arm, blies die Lampe aus und ging unter den Sternen lautlos wieder fort.

Zuerst klemmte er das Kaninchen in die Bügel der Falle, die seinem Hinterhalt gegenüber aufgestellt war, und lächelte bei dem Gedanken, daß der Anblick dieser Beute die letzte Freude seines Feindes sein würde. Dann machte er sich in der Mulde ein weiches Bett aus trockenen Kräutern und Pfefferminze und verbrachte eine köstliche Nacht. Durch die tönende Stille des Tals antworteten zwei verliebte Schleiereulen einander von weither; die grünen Grillen zirpten im Lavendel; ein glückliches Heimchen ließ seinen Silberruf erzittern, und Pique-Bouffigue schwamm in ungetrübter Wonne bei der Vorstellung, daß alles für einen unumgänglichen, gerechten, moralischen und vergnüglichen Mord bereit war. Von Zeit zu Zeit erfrischte er sich mit einem Schluck aus seiner Kürbisflasche, dann rief er sich alle Einzelheiten der Prügelei ins Gedächtnis zurück, zählte die Schläge, die er erhalten hatte, streichelte das alte Gewehr und lachte leise in sich hinein.

Gegen vier Uhr morgens bei aufgehender Sonne erschien der bedauernswerte Siméon. Er kam den kleinen Fußweg herauf und ging geradewegs der ehrwürdigen Armbrust entgegen. Von weitem entdeckte er das Kaninchen, er beschleunigte seinen Schritt, lächelte unter seinem großen Hut und nach einem Seitenblick in die Runde bückte er sich, um die Falle zu öffnen. Ganz nah hörte er ein leichtes Zischen. Siméon richtete sich brüsk auf, sah sich um, und es war ihm, als erkenne er irgend etwas zwischen den Rosmarinzweigen. Etwas kleines, rundes, schwarzes mit einem weit offenen Auge darüber: ein roter Blitz, ein ohrenbetäubender Knall. Da verbeugte er sich tief und fiel mit dem Kopf voraus auf sein Gehirn, denn seine Schädeldecke war hinter ihm in seinen Hut gefallen.

Ohne daß er sich dazu herabgelassen hätte, seinem Opfer nahezukommen, schlug der Sieger, beschienen von einer glorreichen Morgensonne, den Heimweg ein. Als er am Pas de Loup vorüberkam, kroch er in den hohen Efeu, der die Baumstämme umgab. Hinter dem dichten Vorhang der lang herabfallenden Ranken versenkte er das alte Gewehr in eine horizontale Spalte zwischen zwei Kalkschichten und bedeckte es mit Kies, Erde und Moos. Nachdem er dieses Begräbnis durch einen militärischen Gruß strammstehend vollendet hatte, kehrte er heim und verschloß die Tür. Aber anstatt die Fensterläden aufzumachen, zündete er die Petroleumlampe an. Da tanzte er mit hinter dem Kopf verschränkten Händen einen kleinen Freudentanz, den Tanz der gerächten Ehre, während er seinen auf der Mauer hüpfenden Schatten betrachtete. Schließlich machte er den Kaffeerest aus der Kürbisflasche heiß, trank ihn, legte sich zu Bett und schlief in tiefem Frieden ein.

Siméons Frau, die nicht besonders nervös war, beunruhigte die erste Nacht seiner Abwesenheit nicht. Sie glaubte an eine Flucht vor der Landpolizei, die ihn wahrscheinlich zu einem riesigen Umweg gezwungen hatte. Aber am Morgen des dritten Tages fiel ihr dieser Wilderer aus Les Bastides ein, den Siméon einige Tage vorher sozusagen für tot hatte liegen lassen – denn er hatte in seinem Bericht dieser Schlacht etwas übertrieben –, und am frühen Nachmittag teilte sie dem Landjäger das Verschwinden ihres Gatten mit. Der antwortete, »das wäre ihm scheißegal«, denn er spielte gerade eine Partie Manilla unter der Pergola des Café Chavin, und da sie in unangenehmer Weise darauf bestand, sagte er schließlich, wenn er eine Frau wie sie gehabt hätte, wäre er schon längst verschwunden.

Also machte sie sich ganz allein auf die Suche nach ihrem Mann, und ihr Hund lief ihr voraus auf die Hügel. Sie hatte Siméon auf seinen Expeditionen manchmal begleitet, und vielleicht folgte sie auch einer echt weiblichen Eingebung, denn gegen Abend schlug sie den fatalen Fußweg ein, ihrem Hund folgend, der plötzlich mit dem Schwanz wedelte. Er stürzte bellend ins Gestrüpp und apportierte ihr glückselig den Hut, der in Form einer Untertasse noch ein Stück Knochen enthielt, das auf einer Seite behaart war. Sie hatte keine große Mühe, den Rest aufzufinden.

Die Gendarmen wurden verständigt. Sie erzählte ihnen

schluchzend ihre Geschichte und lieferte ihnen eine vollständige Beschreibung des vermeintlichen Mörders, den die Erzählung ihres Gatten übrigens beträchtlich größer und stärker geschildert hatte. Aus diesem Grund erschienen die Gendarmen, die einen Riesen gesucht hatten, erst am achten Tag bei Pique-Bouffigue. Sie forderten ihn auf, ihnen zu folgen und sein Gewehr mitzunehmen. Er antwortete, daß sein »Namerless« noch beim Büchsenmacher wäre, zu dem der Briefträger es vor einer Woche gebracht hatte. Also durchsuchten sie die ganze Farm und fanden nichts außer einem Dutzend Kaninchenfallen. Pique-Bouffigue erklärte mit einer gewissen Rührung, daß er sie zur Erinnerung an seinen armen Vater aufbewahre aber nicht einmal wisse, wie man sie einstellen müsse.

Trotzdem brachten die Gendarmen ihn nach Aubagne, wo er lange, sehr lange von einem Leutnant verhört wurde. Vollkommen ruhig leugnete er ohne Unterlaß und fand sogar ein paar lustige Antworten, die den Offizier zum Lachen brachten. Aber in dem Moment, als er glaubte, den Punkt erreicht zu haben, daß er wieder nach Haus gehen könnte, legte der hinterhältige Untersuchungsrichter plötzlich einen Messingknopf auf den Tisch und fragte brüsk: »Und das? Was ist das?«

Pique-Bouffigue sah an seiner Jacke herunter und konnte ein wütendes Auffahren nicht verbergen, das dem Gegner nicht entging. Aber er fing sich ziemlich schnell und sagte in ungezwungenem Ton: »Ach, das ist der Knopf, der an meiner Jacke fehlt – habt ihr ihn bei mir gefunden?«

»Wir haben ihn in der kleinen Höhle gefunden, in der der Mörder sich versteckt hielt«, sagte einer der Gendarmen.

»Und wo ist diese Höhle?« fragte Pique-Bouffigue ganz naiv.

»Das wissen Sie besser als wir!«

Und so sah man sein Bild in den Zeitungen und las, daß er nun von dem Geschworenengericht in Aix en Provence abgeurteilt werden würde.

Seelenruhig leugnete er bis zuletzt, und es gelang ihm, seinen eigenen Verteidiger zu überzeugen, den man ihm von Amts wegen zugeteilt hatte, den er aber für einen Helfershelfer der Justiz hielt. Er gab ausschließlich zu, daß der unheilvolle Knopf ihm gehörte und daß er ihn höchstwahrscheinlich im vergangenen Jahr auf dem Anstand nach Rebhühnern verloren hatte. Die Einwohner von Des Ombrées erschienen vor den Schranken und entwarfen ein wenig schmeichelhaftes Bild des Opfers; die Leute aus Les Bastides, der Briefträger und der Büchsenmacher kamen herbei und bestätigten, daß Pique-Bouffigue während der ganzen Woche, in der das Verbrechen stattfand, kein Gewehr zur Hand gehabt hatte. Außerdem war er gefährlich krank gewesen, und man hatte gesehen, wie er sich mit eingefallener Nase und Schaum vor dem Mund am Boden wälzte.

Die Sache sah also ziemlich günstig aus, aber Pique-Bouffigue wurde unruhig, als der Staatsanwalt die Geschworenen bat, »sich aufmerksam die brutale, niedere Stirn, diese kleinen grausamen Augen mit dem bestialischen Blick, dieses vorgeschobene Kinn und diese Zähne, die wie zum Zerfleischen gemacht sind, anzusehen«. Er war sehr erstaunt, als er den Staatsanwalt diesen Kopf »fordern« hörte, den er eben mit soviel Abscheu beschrieben hatte, und die Geschworenen anflehen, ihn ihm doch zu überlassen, genau so, als hätte er ihn nach Hause tragen wollen.

Das Lächeln seines Verteidigers beruhigte ihn, aber nicht für lange. Tatsächlich fing dieser damit an, zu versichern, daß sein Klient bestimmt ein degenerierter Mensch sei, ohne Familie, ohne Bildung, aber freundlich und unschuldig in seinem Wesen wie die meisten Dorfidioten. Dann beschrieb er das Verbrechen noch viel scheußlicher, als der Herr Staatsanwalt es geschildert hatte: kein gewöhnlicher Mord, sondern ein richtiger Meuchelmord, vorsätzlich geplant, aus dem Hinterhalt, heimtückisch an einem Ahnungslosen in der Stille der Hügel und in dem ersten Dämmern eines unschuldigen provenzalischen Sonnenaufgangs verübt.

Zum Schluß war Pique-Bouffigue vollkommen verängstigt, als der Redner, mit dem Finger auf seinen struppigen Kopf zeigend, ausrief: »Zur Todesstrafe müssen Sie ihn verdammen. Ja, der Herr Staatsanwalt hat recht! Dieses Verbrechen muß er mit dem Leben bezahlen und nicht mit einer lächerlichen Gefängnisstrafe! Seinen Kopf müssen Sie haben!«

Da begriff Pique-Bouffigue voller Verzweiflung, daß dieser Mensch ihn verriet und ebenfalls verlangte, ihn auf die Guillotine zu schicken; er wollte gerade aufstehen, um vor Wut zu heulen, als der Anwalt mit Donnerstimme schrie: »Wenn er schuldig ist! Aber er ist es nicht, und wir werden es Ihnen beweisen!«

Daraufhin konnte Pique-Bouffigue einen großen Ausbruch nervösen Lachens nicht länger zurückhalten, der übrigens einen ausgezeichneten Eindruck auf die Geschworenen machte. Und der Verteidiger sprach dann mit vollendeter Verachtung von dem elenden Messingknopf, auf den er mit dem Finger zeigte, wie er einsam auf dem Tisch für die Beweisstücke lag. »Das ist alles, was unsere Ankläger finden konnten, und sie wollen unseren Kopf zum Austausch für einen Hosenknopf! Meine Herren Geschworenen, ich werde Ihnen nicht die Beleidigung zufügen, dieses Plädoyer fortzusetzen, denn ich bin sicher, Sie haben verstanden!«

Die provenzalischen Geschworenen, die wußten, wie hoch in Ehren die Hosenknöpfe allgemein gehalten werden (und obwohl dieser von einer Jacke gefallen war), dehnten diese Verachtung auf seinen Wert als Beweisstück aus und verweigerten dem Staatsanwalt das blutige Haupt, das er verlangte.

Pique-Bouffigue wurde freigesprochen und ging triumphierend am Arm seines Verteidigers fort, der ihn gleich zu sich zum Essen einlud.

Der Unschuldige aß viel und trank noch mehr. Nachher fragte er: »Und jetzt ist also Schluß damit?«

»Schluß für immer«, sagte der tapfere Advokat.

»Und wenn ein Zeuge käme, der mich gesehen hat?«

»Das hätte überhaupt nichts zu bedeuten. Ein Freispruch ist endgültig. Die Sache ist erledigt. Man kann nicht darauf zurückkommen. Und sogar, wenn Sie öffentlich erklärten, daß Sie es waren, der dieses Individuum getötet hat, hätte weder die Polizei noch die Justiz das Recht, davon Notiz zu nehmen.«

»Sind Sie dessen sicher?« fragte Pique-Bouffigue ganz gerührt.

»Vollkommen sicher.«

Der Jurist holte ein Buch aus seiner Bibliothek und las mit lauter Stimme einen Paragraphen des Gesetzbuches vor, den er erläuterte. Pique-Bouffigue wollte diesen Paragraphen sehen: und obwohl er nicht lesen konnte, betrachtete er ihn lange und sagte schließlich zu dem verblüfften Rechtsanwalt: »Das ist für mich das allerschönste! Ich war zwar schon sehr zufrieden, ihn umgebracht zu haben, aber es wurmte mich doch, nicht davon sprechen zu dürfen …«

Als er am nächsten Morgen nach Les Bastides zurückkehrte, bot der Bürgermeister dem Dorf-Unschuldigen einen Ehrentrunk an. Aber als Philoxène einige Worte als Willkommensgruß gesprochen hatte und von den ungerechten Leiden der verfolgten Unschuld sprach, erhob Pique-Bouffigue die Hand und rief aus: »Das ist eine Schweinerei! Ich habe ihn umgebracht. Ja. Ich war es!« Und er schlug sich an die Brust. »Der Rechtsanwalt hat mir gesagt: Jetzt kann ich mir erlauben, es zu sagen! Jawohl, ich bin es gewesen!«

»Alter Schuft!« sagte Philoxène. »Wir wußten es. Aber schrei es nicht so laut heraus; sonst wird man zum Schluß noch denken, du hast es aus Bosheit getan!«

Aber Pique-Bouffigue bestand darauf, seine Geschichte ausführlich zu erzählen und die Vorbereitungen für den Hinterhalt zu beschreiben, was ihm übrigens aufrichtige Glückwünsche eintrug. Und dann lief er durch die Dorfstraßen und verkündete trunken von Stolz und von Absinth mit funkelnden Augen und hocherhobenem Kopf seinen eigenen Ruhm. Als er auf den Hügel hinaufstieg, hörte man die Echos noch lange feierlich seine Geständnisse wiedergeben.

Seine Heldentat und die Vorträge, die er darüber hielt, brachten ihm einen großen Ruf als Mörder ein. Nie wieder wagte ein

Wilderer von außerhalb in seinen Jagdgründen zu abenteuern, und er erwarb sogar die Sympathie des Gendarmerieleutnants, dessen Verdacht durch seine wiederholten Geständnisse bestätigt wurde …

Aber auf der anderen Seite blähte dieser vollkommene Erfolg seinen Hochmut übertrieben auf. Es ist eine Tatsache, daß Dummköpfe, wenn das Glück sie begünstigt, sehr schnell unausstehlich werden: deshalb lebte er hochmütig ganz allein auf seiner kleinen Rosmarinfarm, die zu betreten er jedermann verbot, und manchmal legte er sogar sein Gewehr an …

Pierre Magnan

Das ermordete Haus

Monge war auf der Hut. Dies war eine jener Nächte, die es einem geraten scheinen lassen, wachsam zu sein, um bösen Überraschungen aus dem Weg zu gehen; eine Nacht, in der man den Atem anhält, in der man in dieser Gegend auf alles gefaßt sein muß.

Monge hatte soeben in den Ställen die Pferde trockengerieben, die für die Post nach Gap bestimmt waren und die vor Nässe trieften wie Scheuerlappen. Früh um drei würde er aufstehen müssen, um ihnen Futter zu geben; denn in der Dämmerung würde man sie als Zugpferde vor den Leiterwagen spannen, mit dem die Post nach Embrun befördert wurde.

Gerade hatte er den Handwerksgesellen, der zwischen den Pferdegeschirren auf einem Haufen von Postsäcken Quartier bezogen hatte, mit einem Laib Brot und einer Hartwurst versorgt. Bei Einbruch der Dunkelheit war er eingetroffen, der Bursch, als hätte man gerade noch auf ihn gewartet, herausgeputzt wie ein junger Bräutigam, mit seinem bändergeschmückten Stock. Obwohl er völlig durchnäßt war und sein Gesellenhut vor Feuchtigkeit glänzte, hatte er den Anwesenden, die mit weit aufgerissenen Augen das Halbdunkel zu durchdringen versuchten, ein »Grüß euch Gott, alle zusammen!« zugerufen. Monge hatte ihn ohne Umschweife zu den Pferdeställen gebracht.

Der Fuhrhalter hängte seine Pelerine hinter der Tür auf und betrachtete seine Angehörigen mit diesem neuen Blick, den er seit einiger Zeit für alles hatte.

Die Hängelampe brannte noch nicht. Das Licht des Herdfeuers genügte für die üblichen Verrichtungen. An den Wänden, an denen grüne Salpeterblumen blühten, zeichneten sich die vom Zucken der Flammen zerfetzten Schatten der Zimmergenossen ab, die sich unter der niedrigen Decke aufhielten.

Am Boden piepste *le caquois,* das Küken, in seiner Wiege vor sich hin. Die Girarde stand auf. Sie legte einen Stapel Bettücher ordentlich auf einer Ecke der Backtruhe zurecht. Sie nahm das Kleine in ihre rotgescheuerten Hände und setzte sich dem *Papé*, dem Opa, gegenüber an die andere Seite des Kamins.

Beim ersten Geräusch des sich öffnenden Mieders verstummte das Kind wie durch ein Wunder. Es hielt sich mit beiden Händen an der Brust fest, die seine Mutter ihm darbot, und sogleich hörte man, untermalt vom Knistern des Feuers, auf dem die abendliche Suppe kochte, nur noch die Sauggeräusche seiner ungeduldigen Lippen.

Der Papé hielt seinen zahnlosen Mund ungeniert geöffnet und sah sich an diesem für ihn immer wieder neuen Schauspiel satt. Er hatte seine Freude an diesem beginnenden Leben, zu dem er genug eigenes beigesteuert zu haben glaubte, um sein Fortleben zu sichern.

Dieser Großvater war überhaupt ein Philosoph. Seitdem ihm die Zähne ausgefallen waren, kaute er keinen Tabak mehr. Fünfzig Jahre lang hatte ihn unaufhörliches Kauen den Geräuschen seiner Umwelt entzogen, so daß er nun alles mit neugeschärften Ohren aufnahm.

An jenem Abend erlosch sein Interesse für die Brust seiner Tochter mit einem Schlag. Sein Blick kletterte die Wand hoch bis zu den grünen Salpeterblumen. Ohne den Kopf zu bewegen, rief er mit seiner tonlosen Stimme nach seinem Schwiegersohn:

»Monge, hörst du nichts?«

»Was soll ich schon groß hören?« brummte Monge.

Der Papé wandte den Kopf, ohne zu antworten. Aus seinen Ohren quoll weißes Haar hervor. Er spitzte sie, so gut er konnte, um die Geräusche zu erhaschen.

Draußen erfüllte das Rauschen der Durance, die ihr ganzes Bett von den brüchigen Uferhängen bei Dabisse bis zum Deich von Peyruis in Anspruch nahm, das Tal mit einem Lärm, der alles mit sich riß, das Klagen des Sturms, die Geräusche einer hin und wieder vorbeirollenden Kutsche oder einer in einem Schafstall zusammengedrängten Herde.

In diesem Getöse rollender Steine, das den Schutzwall der Mauern mühelos durchdrang, war das anzügliche Gekicher der beiden älteren Mongekinder, die sich unter dem mit einem Wachstuch bedeckten Tisch verstohlen kitzelten, kaum zu vernehmen.

Monge zuckte mit den Schultern; dennoch begab er sich zu der Fensterluke über dem Spülstein und hob den Vorhang.

Die Nacht, die sich vor ihm auftat, war genau so, wie er sie sich vorgestellt hatte. Der Himmel, aus dem sich seit drei Wochen Wassermassen ergossen, hatte wie jeden Abend bei Einbruch der Dämmerung aufgeklart. Die noch regenschweren Wolken zogen über den vollen Mond hinweg. Im kalten Licht schoß der Strom zwischen seinen kaum auszumachenden Ufern dahin.

Das Wasser floß dick und zäh wie Mörtel; die Untiefen der Furten warfen Wellenkämme auf, und die Wasseroberfläche erschien Monges Blicken in den Farben der Fäulnis.

Zwischen der Durance und der Poststation *La Burlière* erhob sich hinter der Straße ein schöner weißer Damm – der aufgeschüttete Schotter für die Bahngeleise. Er endete dort vorne. Morgen würden – dampfend unter dem Regen und vom Gequietsche und den Rauchwolken der Lokomotiven begleitet – hundert Arbeiter auftauchen. Sie würden mit dem Gleisbau dort weitermachen, wo sie am Vorabend aufgehört hatten. Sie würden den Damm um zwanzig, dreißig Meter verlängern, und dies jeden Tag, bis sie hinter der nächsten Biegung verschwinden würden. Und die Schienen würden Rost ansetzen, in Regen und Wind, und eines schönen Tages, wenn Sisteron, wenn Gap erreicht war, würde der Zug an La Burlière vorüberfahren, und

Schluß würde sein mit Monges Beruf. Aber Monge begegnete diesen Aussichten, die sein Leben einschneidend verändern konnten, mit der mechanischen Gleichmut, die er allen Ereignissen entgegenbrachte – seit jenem Abend.

Er hatte einen bitteren Zug um den Mund, dieser Monge. Eine fixe Idee quälte ihn wie ein Geschwür. Seit Monaten lebte er nun schon wie in Trance. Seit jenem Tag, an dem er die Kellertreppe heraufgekommen war und dabei rein zufällig durch einen Spalt der nicht ganz geschlossenen Falltür eine behaarte Pranke bemerkt hatte, die sich hastig vom Handgelenk der Girarde zurückzog, auf das sie sich schützend gelegt hatte. Er hatte nichts wissen wollen, nichts in Erfahrung zu bringen gewagt. Die Szene hatte sich ohnehin blitzartig abgespielt. An jenem Tag, einem Samstag, waren die Wagen aus allen Himmelsrichtungen in La Burlière zusammengekommen. Zahlreiche Fuhrleute brachen auf, kamen an, wollten etwas zu trinken haben. Dabei entstand in Haus und Hof ein Durcheinander von Flüchen, Rufen, Peitschengeknall, Gelächter, von Hin- und Hergelaufe genagelter Schuhe. Wie hätte man in diesem Tohuwabohu denjenigen herausfinden sollen, der sich diese Geste erlaubt hatte? Eine offenbar willkommene Geste, denn die Girarde hatte ihre Hand nicht zurückgezogen. Überhaupt hätte man erst einmal das Bedürfnis danach haben müssen. Monge hatte der Antrieb dazu gefehlt. Er war zu sehr überrascht worden, um sich unbedacht auf ein Drama einzulassen. Das hätte alle seine Pläne durcheinandergebracht. Er hatte sich also nichts anmerken lassen, aber seither war er ins Grübeln geraten.

Er beobachtete schweigend, wie sich diese neue Frau an seiner Seite entfaltete, ohne einen Unterschied zur früheren feststellen zu können. Er belauerte sie leidenschaftlich und ließ dabei keinerlei Veränderung in seinem gewöhnlichen Gesichtsausdruck durchschimmern. Und seine Verstellung war belohnt worden. Eines Nachts war er von einem seltsamen Geräusch aufgewacht. Es kam von der Girarde, die neben ihm träumte. Sie schrie leise im Schlaf. War es der Schrei eines verwundeten Tiers, war es ein Brunftschrei? Monge hätte es nicht zu sagen gewußt. Die Schreie waren jedenfalls nicht für ihn bestimmt. Sie gingen über seinen Kopf hinweg, sie gingen durch ihn hindurch. Es waren Hilfeschreie oder auch Freudenschreie, die sich an irgend jemanden richteten.

Dies geschah noch mehrere Male im Laufe der Nächte, während unter der Bettdecke der Bauch der Girarde sich mehr und mehr zu einem Hügel auswuchs, der das gesamte Bettzeug für sie beanspruchte. Monge zündete die Öllampe an und blieb minutenlang auf den Ellbogen gestützt liegen und beobachtete die dicken Lippen der Girarde. Niemals entglitt ihnen ein deutlich vernehmbares Wort, aber die Heftigkeit, mit der die zusammenhanglosen Worte hervorgestoßen wurden, boten Monges Einbildungskraft einen weiten Spielraum, dem er keinerlei Beschränkung auferlegte. Die Erregung legte sich übrigens ebenso plötzlich, wie sie begonnen hatte. Schlagartig nahm das Gesicht der Schläferin wieder seine runde Form, seinen zufriedenen Ausdruck an, als habe der Traum, der sich in ihrem Unterbewußten geformt hatte, es vermocht, sie zu besänftigen.

Unter diesen hartnäckig wachenden Blicken erwachte die Girarde nie. An Monge war es schließlich, die Lampe auszublasen und aufgewühlt liegenzubleiben, Trost zu suchen in den Geräuschen, die von draußen hereindrangen, im Wind in den Pinien, dem Murmeln der Durance, dem Glockengeläut dort oben bei den Klosterbrüdern von Ganagobie, die dieser Welt Lebewohl gesagt hatten, in der die Frauen im Ehebett laut im Traum redeten.

Aber kaum erwachte er morgens, fing er wieder an zu grübeln. Mehrmals wurde er von den Kutschern und Pferdeknechten grob angefahren, weil er ihnen die Ersatzpferde verkehrt hingehalten hatte.

Er grübelte noch weit mehr, als die Girarde niederkam. Als das Kleine auf die Welt kam, zeigte es, sechs Stunden lang, ein für alle fremdes Gesicht, ein Gesicht, das es in der Familie nie gegeben hatte. Kein Gesicht von hier. So erschien es Monge jedenfalls. Auch war es ihm vorgekommen, als ob die Hebamme voll dunkler Ahnungen die Augen abwandte, als sie es vor sich hochhielt; als ob sie versuchte, es aus dem Kerzenlicht zu halten; als ob sie es, wenn sie sich getraut hätte, gern unter ihre Schürze gestopft und das Köpfchen unter ihren Arm genommen hätte, um es zu ersticken, wie man ein zuckendes Täubchen erstickt. Und weiterhin hatte Monge den Eindruck, daß die Girarde, unter dem Vorwand, Schmerzen zu haben, den Kopf hartnäckig gegen die Wand preßte, als offenbare sich in dem Kind eine allzu offenkundige Wahrheit.

Monge hatte dagestanden wie ein vom Blitz Getroffener.

Seitdem war das Wickelkind blond und glatt geworden wie ein Engelchen an der Kirchendecke. Das unbekannte Aussehen hatte sich in seinem seraphischen Gesicht verloren. Aber diese ursprünglichen Gesichtszüge, so trügerisch sie sein mochten – die hatte Monge sich eingeprägt. Die späteren sah er nicht. Er wandte sich ab, um sie nicht zu sehen.

Wie er so seinen Erinnerungen aus jüngster Zeit nachgrübelte, fiel ihm im Spiegel der Fensterluke das Bild des Würmchens ins Auge, das sich an die Brust seiner Mutter klammerte. Er drehte sich um und ging zu dem großen Tisch zurück, wo die beiden Älteren zu seinen Füßen flüsterten und gluckten. Mit einer heftigen Bewegung riß er die Tischschublade auf. Gründlich musterte er ihren Inhalt und stieß sie wieder zu.

Dann strich er mit der Hand über den Staub auf der Backtruhe. Er wühlte in der Schachtel, in der die Knöpfe aufbewahrt wurden. Er nahm die Kurbel der Standuhr von der Wand, steckte sie in die Öffnung des Zifferblatts und kurbelte, ganz langsam, die Gewichte hoch. Den Zeiger stellte er um zehn Minuten vor.

»Monge!« rief der Papé. »Hörst du denn wirklich nichts?«

Monge gab keine Antwort. Zerstreut winkte er ab. Er hatte die alte Flinte vom Kaminsims heruntergenommen. Mechanisch überprüfte er das Schloß.

Die Girarde gab dem Würmchen die andere Brust. Sie hielt den Kopf leicht geneigt und ließ ihren Mann nicht aus den Augen. Von Fieberkrämpfen, die sie im Säuglingsalter befallen hatten, war ihr ein schielendes Auge zurückgeblieben, das ohne klares Ziel leicht nach oben blickte. Das andere folgte jedoch, genau ausgerichtet und hellblau, mit größter Wachsamkeit jeder Bewegung Monges.

Seit Monaten beobachtete sie ihn ohne Unterlaß. Er veränderte sich von Woche zu Woche. Sie hatten sich in den zwölf Jahren gemeinsamen Lebens nie viel zu sagen gehabt, aber es herrschte wenigstens Friede zwischen ihnen. Jeder ging seiner Arbeit nach, und darüber hinaus ersetzte der tiefe Schlaf der Erschöpften die Zärtlichkeiten. Wenn ihr je einmal nach Zärtlichkeit zumute war … Aber das waren ja gerade die Anwandlungen, die man in Monges Gegenwart besser verscheuchte.

Sollte er einen Schimmer von Glück in ihrem gesunden blauen Auge entdeckt haben? Das fragte sie sich jeden Abend, wenn er ins Grübeln verfiel …

Monge legte die Flinte zurück und schickte sich langsam an, sein Reich zu erkunden. Er öffnete die knarrende Schranktür, musterte die Vorräte, die Marmeladengläser. Er zählte die Seifenstücke, die pyramidenförmig auf dem Regal gestapelt lagen. Danach hängte er den Kalender, den *calendrier des Postes,* wieder gerade. Irgend jemand mußte ihn verrückt haben.

Seit er ins Grübeln verfallen war, kam es oft vor, daß er alle seine Besitztümer auf diese Weise inspizierte. Man hatte den Eindruck, als kenne er sie persönlich, bringe sie ins rechte Gleichgewicht. Im übrigen gab er sich nicht damit zufrieden, sie zu betrachten. Er betastete sie wie ein Blinder. Die Krüge und die buntbemalten Kaffeegläschen, die auf der Anrichte aufgereiht standen, die großen Olivenölflaschen in den dunklen Ecken, die Stöße von Kupferkasserollen, die Brottruhe, das Kohlebecken, die Nähmaschine Marke *Cornelia,* auf alle diese Gegenstände legte er die Hände, als ob er ihre mit den Fingern ertastete Gestalt für immer festhalten wollte.

Mehr noch, er befingerte jede Wand, strich mit der Hand über jeden rauhen Winkel, an dem er seine Haut seit seiner Kindheit einmal aufgekratzt hatte. Er streichelte die Wölbung eines Steins, der zu groß war, um gerade mit der Wand abzuschließen, und den man dennoch mit Gips überzogen hatte. An diesem Stein hatte er sich den Kopf aufgeschlagen, als ihn sein Vater eines Tages mit einem Fußtritt gegen die Wand befördert hatte. Er wußte nicht mehr, warum …

Was jedoch Monge vor allen anderen Dingen anzog, war der finsterste Winkel zwischen dem Kamin und der Stelle, wo die Reisigbündel lagerten. Dort hing an einer Schnur unter dem Bratspieß an der Wand, der nur an Weihnachten abgenommen wurde, ein Salzbehälter aus Tannenholz. Er war von einem fernen Vorfahren zu provisorischem Gebrauch zusammengebastelt worden, und sein Holz wurde nun seit vielleicht hundert Jahren dunkler und dunkler. Üblicherweise gab sich Monge damit zufrieden, sich vor dem Kasten aufzupflanzen, und wenn er dort stand und sich mit seinen klobigen Fingern das Kinn knetete, hatte man den Eindruck, als geriete er in noch tieferes Grübeln.

An diesem Abend nahm er ihn nun plötzlich ab, diesen Salzbehälter. Er fuhr mit der flachen Hand über die dahinter liegende Stelle, die sich hell von der dunklen Wand abhob. Seine Stirn furchte sich in angestrengtem Nachdenken. Plötzlich bückte er sich. Er preßte seine Handflächen auf den Rand der Feuerstelle, dort, wo die Asche fast ganz erkaltet war. Zwischen den Fingern zerdrückte er einige Stückchen erloschener Holzkohle und schwärzte mit den Händen, die ihm als Kelle dienten, sorgfältig die Stelle hinter dem Salzkasten. Danach hängte er ihn wieder zurück.

Der Girarde und dem Opa war keine einzige seiner Bewegungen entgangen. Als er sich ihnen wieder zuwandte, bemühten sie sich, seinen Blick aufzufangen; doch seine Augen waren blank wie die eines Pferdes.

»Monge, wenn du dieses Mal wieder nichts hörst, dann mußt du schwer von Begriff sein!«

Der Alte war halb aus seinem Sessel aufgestanden. Er drehte sich zur Tür hin, deren Falle unter den Stößen des Sturms im Schließblech klapperte.

Es war, als habe das Haus vom Land abgelegt, als sei es ihm entwischt und gleite nun auf der Durance dem Meer entgegen. Aus dem allgemeinen Getöse war nur das Brausen der großen Bäume im Sturm herauszuhören. Was hätte man da sonst noch hören sollen?

Nichtsdestoweniger trat Monge von neuem an die Fensterluke, um sich Gewißheit zu verschaffen. Am Ende des zuletzt verlegten Schienenstücks schimmerte eine Draisine mit Handantrieb schwach in der Dunkelheit, beide Antriebshebel hoch zum Himmel erhoben. Weiter hinten bürstete die gewaltige Strömung der Durance das halbverwelkte Weidenlaub gegen den Strich, dem Wind entgegen. Im Mondlicht trieb ein großer umgestürzter Baum auf dem Fluß dahin und zog zwischen den Fangarmen seiner Wurzeln kleine Strudel hinter sich her.

Über den tobenden Fluten erschien auf der Fensterscheibe, vom Herdfeuer hingeworfen, das Bild der Girarde und des Würmchens an ihrer Brust. In ihrer Zartheit und Zerbrechlichkeit trotzte dieses Bild der Madonna mit dem Kinde der wilden Gewalt der Nacht. Es überdeckte flackernd die Windhosen, die sich bis auf den Grund der Strömung herabsenkten, Jagdhörnern gleich ihre Klagerufe ausstoßend.

Gierig genoß Monge diese undeutlich hingeworfene Szene, denn unmittelbar, im hellen Licht des Tages, hätte er aus Scheu nur gewagt, dieses Schauspiel heimlich zu beobachten. Der Schein des Feuers, dem das Mondlicht entgegentrat, hob die Züge von Mutter und Kind scharf hervor. Und nun schien es, als hätten die beiden Lichtquellen, die des Herdes und die des Mondes, sich zusammengetan, um eine Wahrheit zum Vorschein zu bringen, die Monge sich nicht eingestehen wollte: Plötzlich traten auf dem Gesichtchen des Kindes die Züge wieder hervor, die es bei seiner Geburt gehabt und gleich wieder verloren hatte.

Einen kurzen Augenblick lang schien es Monge, als schwebe zwischen der Draisine und ihm, zwischen der Durance und ihm, scherenschnittähnlich vom Strom abgehoben, das Gesicht eines unbekannten Mannes.

Die Qualen, die ihn bedrängten, hatten Monge so sehr verwirrt, daß er sich noch vor wenigen Stunden, an ebendiesem Nachmittag, fast dazu durchgerungen hätte, den Zorme um Rat zu bitten. Dieser Zorme, das war einer, den man besser nicht aufsuchte. Schweigsam wie ein Rabe. Er tauchte plötzlich links von einem auf, ohne daß man vorher irgend etwas bemerkt hätte. Wenn man sich umdrehte, stand er da. Man nahm sich zusammen in seiner Gegenwart. Man durfte sich sein Unbehagen nicht anmerken lassen. Daß man Angst vor ihm hatte, erweckte seinen Unmut.

Er war ein Mann, der von keiner geregelten Arbeit lebte, und er lebte gut dabei. Das Gras wuchs frei auf dem Weg, der zu seinem Haus führte. Er konnte den Schlüssel im Schloß stecken-, die Geldbörse auf dem Tisch liegen-, den *bœuf en daube* auf dem Herd stehenlassen, die angebrochene Flasche Wein daneben. Mit geheimen Zeichen, die hie und da in Tuffsteine geritzt waren, hatte das fahrende Volk, dessen Wanderwege sich zwischen dem Schloß von Peyruis und den Büßerfelsen von Les Mées sternförmig kreuzten, sich die Annäherung an sein Haus versagt. Die verbotene Zone bildete einen Kreis von einem Kilometer Umfang.

Worauf sich die Furcht vor diesem Mann nun eigentlich gründete, hätte niemand zu sagen gewußt. Wenn aber zufällig jemand seinen Namen fallen ließ, so hätte er ihn gern wieder eingefangen wie einen Schmetterling. Stellte ein Kind eine unschuldige Frage nach seiner Person, so wurde es zurechtgewiesen, es solle lieber brav seine Suppe essen. Wenn der Zorme eine Geburtsurkunde beantragte, mußte sogar die Standesbeamtin schlucken, bevor sie sorgfältig die Buchstaben seines Namens malte.

Und dieser Mann hatte sich, wie schon so oft, am selben Nachmittag gegen vier Uhr bei starkem Regen in La Burlière eingefunden. Nur so, ohne bestimmten Grund … Er selbst hatte nichts gesagt, hatte gewartet, daß ihn jemand ansprechen würde.

So kam er nun schon seit mehreren Tagen vorbei – rein zufällig, wie er sagte –, seitdem die Durance diese Farben der Verwesung angenommen hatte.

Er strich um das Anwesen wie ein aufgescheuchter Rabe. Er stand da, die Hände auf dem Rücken verschränkt, mit zappelnden Fingern und etwas verdrehtem Kopf. Sein dichter schwarzer Schnurrbart – er trug ihn gestutzt, um nicht gar so furchterregend zu wirken – verlieh ihm ein gutmütiges Aussehen.

Monge zog den Schwanz ein, wenn der Zorme sich zeigte. An diesem Regennachmittag spürte er ihn ständig um sich herumschnüffeln, fühlte er seinen Atem im Nacken.

Monge hatte gesehen, wie er wegging unter seinem großen roten Schirm. Er hatte ihn von hinten gesehen, wie er den neuen Schotterdamm hinaufkletterte, um die Draisine herumging, nicht ohne sie einige Sekunden lang starr anzublicken. Er hatte ihn beobachtet, wie er dann auf der anderen Seite hinuntergestolpert war, der Strömung des Flusses zu, der sein Bett bis obenhin füllte, wie er sich gebückt hatte, das Wasser mit der Hand berührt, eine Handvoll davon geschöpft und in der hohlen Hand gehalten hatte, bis es zwischen den Fingern hindurchgeronnen war. Worauf er dann lange den verhangenen Horizont gemustert hatte, dort, wo der Strom auftauchte, als entspringe er unmittelbar dem wassergesättigten Dunst.

Und dann hatte Monge beobachten können, wie der Zorme unter seinem Regenschirm und dem nach hinten gerutschten Hut laut redete, als wende er sich an jemanden, als stelle er jemandem eine endlose Frage. Seine unebene Stirn war zerfurcht vor Besorgnis.

Als er sich dieses seltsame Verhalten des Zorme nochmals vor Augen führte, bemerkte Monge plötzlich, daß er unwillkürlich die Hände mit gespreizten Fingern auf die Scheibe gelegt hatte, um sich den Anblick der Girarde und des Würmchens zu ersparen, die durch die angehobene Brust so eng verbunden waren.

Er drehte sich unvermittelt um. Die Girarde hob den Blick mit dem leicht schielenden Auge zu ihm auf. Sie stand auf, legte das Kleine in die Wiege zurück, nahm ihren Platz wieder ein und legte die Hände flach auf die Schenkel. Der Papé hielt den Kopf zur Seite geneigt. Offensichtlich bestand er immer noch darauf, neben dem schrillen Gelächter der älteren Kinder unter dem Tisch noch etwas anderes zu hören.

Das Haus stöhnte unter dem Anbranden des Sturms, der seine Mauern ohrfeigte. Weit hinten in den Ställen hörte man die Postpferde sich aufbäumen.

Aber der Alte hatte wahrscheinlich recht. Trotz des Urgetöses, das der Fluß und der Himmel mit vereinten Kräften veranstalteten, schien es doch, als mische sich ein flüchtiger Seufzer – Zeichen der Anwesenheit eines Menschen – in das Heulen des Sturms.

Monge kehrte zum Feuer zurück. Einmal noch schickte er sich an, den Salzbehälter abzunehmen, ließ es dann jedoch sein.

Daraufhin schritt er schwerfällig auf den Tisch zu, mit wohlbemessenen Schritten. Wiederum öffnete er die Schublade, dieses Mal geräuschlos.

Die beiden Älteren unter der Wachsdecke hörten auf zu lachen.

Im Glanz des Mondlichts zeigte sich die Poststation La Burlière, die nach dem letzten Regen noch nicht richtig abgetrocknet war, dem Betrachter als großes, nahezu fensterloses Landhaus mit geraden, aus dem Geröll der Durance aufgemauerten Wänden und tiefer gelegenen Pferdeställen, die sich hinter dem Gebäude in dem schwefelhaltigen Sandstein verloren, in den sie gehauen worden waren. Die dort untergebrachten Pferde glänzten golden im Schein der Öllämpchen.

Es gab an diesem Haus eigentlich nur Einfahrten, durch die

sich Leiterwagen und Frachtwagen, schwere Langholzwagen und Zweispänner drängten, nur Luken, durch die das Futter für die Tiere eingebracht wurde. Alles war für die Bequemlichkeit der Pferde und des Fuhrparks eingerichtet, nichts für die der Bewohner.

Wenn man das Anwesen in einer solchen Nacht betrachtete, mit dieser fensterlosen Wand, die sich bis zur Straßenbiegung erstreckte, so wurde man durch seine scharfen Kanten und seine schlanke, langgestreckte Form an einen großen Sarg erinnert. An den Ecken des gepflasterten Hofes brannten wie riesige Kerzen vier leuchtendgrüne Zypressen, die vor langer Zeit einmal dort eingepflanzt worden waren.

In leuchtendgrünem Schein erschienen sie zumindest den drei Männern, die sich zwischen dem Schuppen mit dem Pferdegeschirr und dem Wagenfriedhof niedergekauert hatten, wo die Langholzwagen mit zerbrochenen Deichseln und aus den Fugen gegangenen Rädern ruhten, Überreste von Fahrzeugen, denen Schreckliches auf den Gebirgsstraßen zugestoßen war und die man hierhergebracht hatte, wo sie in Frieden verrotten durften.

Hinter diesem löchrigen Schutzwall beobachteten die drei Männer die Fensterluke an der Vorderseite, aus der ein kümmerlicher Rest Licht drang.

Schon seit einiger Zeit kauerten sie da, eng aneinandergedrängt. Ihre schweren Kleidungsstücke rochen nach Regen und nach den riesigen Buchsbäumen, zwischen denen sie sich hatten durchzwängen müssen, um hierherzugelangen. Denn sie waren nicht auf der Straße hergekommen. Sie waren dem Bewässerungskanal gefolgt. Sie hatten den Weg unter der verfallenen römischen Brücke hindurch genommen. Sie waren oberhalb von La Burlière angelangt und hatten lange hinter den Wacholderbüschen gekauert. Bei Einbruch der Nacht – noch bevor der Mond sein Licht verbreitete – waren sie den Abhang hinuntergeklettert und hatten sich zwischen dem Schuppen und dem Wagenfriedhof auf die Lauer gelegt. Seither machten sie sich flüsternd gegenseitig Mut.

»Meinst du, die werden endlich mal schlafen gehen?«

»Irgendwann schon.«

»Und wie sollen wir es aus ihm rauskriegen?«

»Wie man so was eben macht: Wir werden ihm die Füße ein bißchen anwärmen …«

»Hast du ihn dir mal richtig angeschaut, diesen Monge?«

»Was heißt hier richtig angeschaut? Füße wird er schon haben, wie alle andern auch.«

»Siehste, du hast ihn dir eben nicht richtig angeguckt, wenn du das meinst. Ich schon. Das war beim Jahrmarkt. Er hat sich einen Zahn ziehen lassen, beim Griechen.«

»Der, dem seine Tochter Trommel spielt?«

»Genau der. Bei Monge hat sie gar nicht spielen müssen, damit man nicht hört, wie er schreit. Der hat nicht geschrien! Der hat sich danach gerade mal ein bißchen die Backe gerieben …«

»Zwischen einem Zahn und glühender Holzkohle gibt's wohl 'nen kleinen Unterschied. Der ist auch nicht aus Stahl, *l'Uillaou* – der Blitz …«

»Da weiß ich nu nicht … Einmal hab ich gesehen, wie er einem Hengst, der ihn gebissen hatte, eins auf die Schnauze gegeben hat … Ich hab noch nie 'nen Gaul gesehen, der so gekuscht hat …«

»Er hat recht … Monge hat ein Herz aus Stahl … Niemand weiß das besser als wir drei …«

»Pssst! Seid still, ihr beiden!«

»Was ist los?«

»Hört ihr denn nichts?«

»Was sollen wir schon hören?«

Hier draußen, außerhalb der schützenden Mauern auf der nackten Erde, konnte man eigentlich nur etwas hören, wenn einem die Angst die Kehle zuschnürte und die Ohren aufriß. Dieser wilde Strom, der das Gebirge ins Meer trug, zerriß mit schneidenden Pflugscharen die Fluren der Nacht. Sein Lärm übertönte sogar den des Sturms, der die Steineichenwälder in

Aufruhr versetzte, die sich von den Abhängen des Plateaus von Ganagobie bis zu den Ausläufern des Lure-Gebirges erstreckten, dort hinten auf den Steinhügeln bei Mallefougasse. Man ahnte den Sturm nur, wenn man sah, wie sich die Bäume alle auf einmal dem Mond entgegenstreckten, als höben sie die Arme zum Himmel.

Die drei Männer flüsterten. Sie hätten ebensogut schreien können. Niemand hätte sie bemerkt.

»Und wenn ich dir sage, daß ich was höre!«

Es war kaum möglich, aber die drei duckten sich noch tiefer zu Boden. Sie waren ganz offensichtlich in einem Zustand, in dem man alles mögliche hört. Hin und wieder blickte einer von ihnen zurück wie ein verängstigter Hase. Und das Einzige, woran er sich halten konnte, war der Anblick des amboßförmigen Felsens von Ganagobie, der wie ein steinernes Schiff unter dem Mond dahinsegelte. Hatte man Heil oder Unheil von ihm zu erwarten? Wer konnte das wissen. Von diesem Richtstuhl aus aufgetürmten Felsen, der sein drohendes Wesen unter einem harmlosen Wald aus Steineichen verbarg, war erst am Ende der Zeiten ein Urteilsspruch zu erwarten.

Wie jedes Mal, wenn ein Berg den Menschen als Unruhestifter verdächtig war, hatte man auch diesem ein Heiligtum aufgesetzt, um ihn zu zähmen. Und von dorther konnte man noch unten bei La Burlière einen schwachen Schein wie das Glimmen erlöschender Holzkohle erkennen. Das mußten die letzten Mönche der Brüderschaft sein, die vor einer einsamen Kerze beteten, bevor sie sich auf ihren Pritschen zur Ruhe legten.

»Na, hab ich was gehört oder nicht?«

Den drei Männern lief es kalt den Rücken hinunter. Eine schwarze Gestalt, die sie nur von hinten sehen konnten, tauchte vor ihnen auf und ging auf das Haus zu. Über die gewölbten Steinplatten des Fuhrhofs kämpfte sich jemand von der Straße her gegen den Wind vor. Hose und Jacke bauschten sich, verwischten die Umrisse seines Körpers, so daß man ihn nicht erkennen konnte. Man sah nur, daß er groß war, daß er seine Arme ein wenig gekrümmt und seine Hände geöffnet hielt, wie jemand, der sich anschickt, einen Gegner zu packen.

Während die Gestalt sich der niederen Tür näherte, wurde der Sturm noch wüster. Der Wind drehte und schleuderte den Lärm des Flusses gegen die Mauern von La Burlière, als wollte er sie einreißen.

Der Mann stand jetzt vor der Tür. Er hob die Hand, um den Türklopfer zu betätigen, überlegte es sich dann aber anders und zog an der Schnur, mit der man die Klinke anhob. Widerspenstig, mit schwergängigen Angeln, öffnete sich der Türflügel und schloß sich wieder hinter dem Mann.

Hinter den Kutschenrädern kauernd, beobachteten die drei Spießgesellen angestrengt die Fensterluke. Mehr konnten sie nicht tun, um zu erfahren, was sich da drinnen abspielte. Hin und wieder verdunkelte kurz der Schatten einer Hand, eines Kopfes das Licht, das vom Herdfeuer ausging. Manchmal wurde der Lichtschein auch für etwas längere Zeit von einer dazwischentretenden Gestalt abgeschirmt. Sie warteten ab. Es fiel kein Wort mehr.

Plötzlich ging die Tür wieder auf, dieses Mal weit. Für einen Augenblick füllte die Gestalt von vorhin mit ihrem massigen Körper den ganzen Türrahmen. Der Mann stürzte heraus, als würde er von drinnen gestoßen, als werfe man ihn hinaus. Aber er zog die Tür hinter sich zu und stand nun im vollen Mondlicht vor den drei Männern. Er war noch zu weit weg, so daß sie, trotz des Mondscheins, keinen Namen mit seinem Gesicht verbinden konnten.

Der Sturm hatte kein bißchen nachgelassen und blähte Hose und Jacke des Mannes von neuem auf. Er ging mit leicht gespreizten Armen und geschlossenen Fäusten auf den Brunnen zu. Obwohl er, wenn auch mit zögernden Schritten, vorankam, schien er unbeweglich gleich einer klapprigen Vogelscheuche, die jeden Moment zu Boden stürzen konnte. Sie sahen ihn um die Pferdetränke herumgehen, sich mit beiden Händen am marmornen Rand des Brunnens festhalten, sich hinunterbeugen. Da es aussah, als wolle er sich hinunterstürzen, hielten sie sich alle gegenseitig an den Armen fest, damit keiner losrennen konnte, um ihn daran zu hindern. Er tat nichts dergleichen. Er richtete sich wieder auf. Als gerade eine vorübersegelnde Wolke den Mond verdunkelte, kam er so nah an den dreien in ihrem Versteck vorbei, daß ihnen der kalte Tabaksgeruch in die Nase stieg, den er verströmte; und da erkannten sie ihn.

Er stolperte an der tiefen Radspur, die sich im Laufe der Jahrhunderte in die Steinplatten des Hofs gegraben hatte, und überquerte die Straße, vom Sturm geschoben. Er kletterte auf den Bahndamm, hielt sich an der Draisine fest und stieg auf. Er ergriff die beiden Antriebshebel und ruderte, zunächst mit Mühe, auf dem Gleis davon. Seine aufgeblähte Kleidung flatterte wie eine Fahne um ihn herum. Und so entschwand er auf seiner Geisterdraisine, wie ein Alptraum im Unwetter, hinter der nächsten Kurve dort hinten beim Bahnhof von Lurs, der in frischem Weiß erstrahlte.

In diesem Augenblick mischte sich ein seltsames Geräusch in den Lärm des Flusses, der sein Geröll vor sich herschob. Durch den Sturm hindurch, der Pinien und Steineichen mit unheildrohendem Jaulen durchfuhr, drang von dort oben, von der Hochfläche von Ganagobie, das Geläut der Klosterglocke herunter, die zur Frühmette rief.

Dieses schlichte Glockenläuten, das stark genug war, die entfesselten Elemente zu durchdringen, erinnerte die drei Männer daran, daß sie sich beeilen mußten.

Und so stürzten sie, Seite an Seite, zu einem einzigen Leib verschmolzen, um sich Mut zu machen, auf das Haus zu. Die Imkerhüte, mit denen sie sich maskiert hatten, ließen ihre Köpfe viereckig aussehen wie bei unausgetragenen Föten. Die Klingen ihrer Sattlermesser blitzten im Mondschein wie von einer einzigen Hand geführt.

Durch die Fensterluke hindurch schimmerte das ersterbende Herdfeuer.

Nachwort

> *Wenn man von Norden kommt und Valence hinter sich läßt, sieht man am südlichen Horizont einen grünen Himmel, der nichts anderes ist als der Widerschein der Sonne über der Provence.*
>
> (Jean Giono)

Hinreise

Es führen viele Wege in die Provence. Dem Reisenden aus dem Norden bieten sich verschiedene Möglichkeiten und Routenvarianten an. Er kann auf bequemen Straßen an der italienischen Riviera entlang über Bordighera und Ventimiglia ins französische Menton gelangen oder, etwas abenteuerlicher, aus der Poebene kommend über die italienischen und französischen Seealpen nach Süden buchstäblich hindurchschlüpfen. Denn die Strecke führt über Cuneo und den bekannten Wintersportort Limone-Piemonte hinauf auf den Col de Tende (1279 m), wo der Automobilist in einen langen, engen und finsteren Tunnel hineinkriecht, an dessen Ende ihn eine Belohnung erwartet: der erste Blick ins Land des Lichts. Dieses präsentiert sich zunächst jedoch als hochalpine Szenerie mit mächtigen Zinnen und Zakken und der wilden Schlucht des Flusses Roya. Über zwei weitere Pässe (Brouis, Braus), deren Höhe erstmals den Blick auf das Mittelmeer freigibt, fährt man schließlich nach Nizza hinunter.

Ein anderer Weg über das Gebirge führt von Savoyen aus

durch den Vercors und bizarre Schluchten und immer höher hinauf bis zum Col de Rousset (1370 m), hinter dem unmittelbar das Land des Lichts und des Lavendels beginnt. Weiter im Süden stößt man auf die Route Napoléon und kommt über Digne und Gap an die Küste bei Cannes.

Der am häufigsten benutzte, ›klassische‹ Weg ist der durch das Rhônetal. Während man bei den genannten Routen über die Gebirgspässe innerhalb weniger Meter plötzlich auf provenzalischem Boden steht und in den Genuß des mediterranen Klimas kommt, weiß man auf der Route entlang der Rhône nicht genau, wo der Norden aufhört und wo die Provence ihren Anfang nimmt. Es passiert irgendwann südlich von Valence, wenn es nach Lavendel und Thymian und Rosmarin duftet, wenn Zypressen und Zedern, erste Palmen und Olivenbäume den Weg säumen und wenn alles im flirrenden Licht zu tanzen beginnt.

Klassische Wege I

Die Route entlang der Riviera benutzte vor gut 200 Jahren auch Ernst Moritz Arndt, als er von Livorno über Antibes und Cannes westwärts reiste bis Marseille. Da Arndt seinen Petrarca und die Liebesgedichte an Laura gelesen hat, ist die Provence für ihn das »Land der Nachtigallen«. Sein Bild von der Côte d'Azur und dem unmittelbaren Hinterland ist geprägt von der Sichtweise des 18. Jahrhunderts und weist voraus auf das Naturgefühl der beginnenden Romantik. Zwar weiß sich auch Arndt nahezu auf Schritt und Tritt von Dieben und Räubern, Ebern und Wölfen bedroht, doch hindert ihn dies nicht, den Anblick der Natur zu genießen. Seinen Beschreibungen ist zu entnehmen, daß er die Auffassung seiner Zeitgenossen teilt, wenn er die Natur als erhabenes Schauspiel betrachtet. Die Wegstrecke erscheint ihm als »lustiger und romantischer Pfad«, das Estérel-Massiv als »fürchterliches Felsengebirg« – beides Ausdruck für die »große und schauerliche Natur«.

Zur Schönheit der Natur gehört im 18. Jahrhundert nicht nur die erhabene Szenerie des Gebirges, sondern auch die Anmut der Ebene. So steigt Arndt beschwingten Herzens in ein »liebliches Oertchen« hinab; es ist Fréjus, das er sogleich zum »reizendsten Fleck des Erdbodens« erhebt. Die Idylle wird perfekt, als in dem »petrarkischen Winkel« ein guter Tropfen provenzalischen Weines nachgegossen wird und sich Arndt »etwas petrarkisch gestimmt« fühlt. Mangels einer anzubetenden Laura richtet sich die Liebeserklärung Arndts an die ganze Region, in der er »elyseische Tage« erleben darf. So erklärt er die Provence schlichtweg zum »Paradies Frankreichs«, einem Paradies freilich, das, wie die Zustände in Marseille nahelegen, nach den Wirren der Französischen Revolution und den Schreckensjahren endlich Frieden verdient hätte.

Als der damals sechzehnjährige Arthur Schopenhauer mit seinen Eltern in die Provence reiste, nahm die Reisegruppe, ursprünglich aus England nach Frankreich übersetzend, eine ebenfalls klassische, wenngleich für den deutschsprachigen Reisenden ungewöhnliche Route: Über Bordeaux, Toulouse und Castelnaudary erreichten sie von Westen her Marseille. Von dort aus unternahmen sie mehrere Ausflüge in die Umgebung, so auch nach Toulon.

Schopenhauers Schilderung der Natur gleicht derjenigen Arndts, obwohl der junge Philosoph einen anderen Gebirgszug beschreibt. Die Montagne de la Sainte Baume (in der zahlreiche Romane Pagnols angesiedelt sind), die sich nördlich der Pinien-Ortschaft Cuges erhebt, beeindruckt ihn mit den »schauerlichen Felsen«. Dem Zivilisationsmenschen bieten die durchaus wohligen Schauer der Natur ein reinigendes Erlebnis, nach dem die Rückkehr in mildere Gefilde umso angenehmer erfahren wird. Die Stadt Hyères mit ihren Orangengärten wird Schopenhauer zum Inbegriff des üppig seine Gaben austeilenden Südens, bevor die Rückkehr in die Stadt mit ihrem Kriegsarsenal und dem Sklaventum an die ›Errungenschaften‹ der Zivilisation erinnert.

Besonders reizvoll ist eine vergleichende Betrachtung der Schilderung desselben Ausfluges, den JOHANNA SCHOPENHAUER, die Mutter des Philosophen, in ihrer Reisebeschreibung gegeben hat. Die Mutter scheint poetisch etwas ambitionierter als der brav Tagebuch führende Filius und scheut sich nicht, in einer Paraphrase des berühmten, allerdings auf Italien anspielenden Goethewortes die Gegend um Toulon und Hyères zum »schönen Land, wo die Zitronen blühen« zu erklären. Und das Gebirgsmassiv mit seinen »schönen Greueln« – »beautiful horror« für die englische Begleiterin, die ihren Lawrence Sterne (*Yoricks empfindsame Reise*) ebenso gelesen hat wie die populären Schauerromane mit den wildromantischen Naturszenerien – wird prompt zu einer stilisierten Landschaft, wie sie ›im Buche steht‹.

Doch Johanna Schopenhauer setzt solche Idealbilder nicht ohne Ironie, folglich bewußt als literarische Zitate ein und erkennt, daß de facto »in dieser poetischen Gegend alles ganz prosaisch seinen Gang« geht. So interessiert sie sich nicht nur für Flora und Fauna, sondern vor allem auch für die politischen und sozialen Verhältnisse im Land, das auch bei ihr noch geprägt ist von den Nachwirkungen der Revolution. Das Elysium und die Hölle liegen eng beieinander.

HERMANN FÜRST PÜCKLER nahm tatsächlich die klassische Route in die Provence. Allerdings fuhr er nicht in der Kutsche übers Land, sondern mit dem Schiff zuerst die Saône, dann die Rhône abwärts. Das langsame, zumal durch Gegenwind gebremste Reisetempo gestattet das längere Verweilen beim Blick auf die »reizende Gegend«. Um noch gemächlicher vorwärts zu kommen und das Land mit Muße zu erfahren, beschließt der Fürst, das letzte Stück Weges bis Avignon zu Fuß zu gehen.

In der unmittelbaren Erfahrung der Gegend wandelt sich die Landschaft, sie wird jetzt bei sengender Hitze als öde, an den Tod erinnernde Wüste erfahren. Erholung für das Auge gibt es erst im Blick auf den fernen Berg: Ausgerechnet der Mont Ventoux, der endgültig den Eintritt in die Provence anzeigt, scheint für die erfahrene Ödnis zu entschädigen. Allerdings ist der Lichtblick nicht das kahle Bergmassiv selbst, sondern der »mit hundert Farben spielende Himmel« darüber. Der Fürst darf sich glücklich schätzen, daß er diesen öden Koloß nicht bestiegen hat. Er hätte Avignon womöglich nicht unbeschadet erreicht.

Der Maler LUDWIG RICHTER nimmt auf der ganzen Strecke den klassischen Landweg im Rhônetal. Über Lyon, Vienne und Valence geht es gen Süden, und die alte Frage nach dem eigentlichen Beginn der Provence beantwortet auch für ihn die Natur: Hinter Montélimar sei man »in den Süden eingetreten«, weil sich Lorbeer, Zypresse und Pinie häuften. In Avignon fertigt der Maler einige Skizzen an, darunter eine Brückenszene mit dem schneebedeckten Ventoux im Hintergrund. Auch hier deutet sich an, daß es sich um einen Berg zu handeln scheint, dem der Reisende nicht entkommt, auch wenn der Ventoux nur als stummer, manchmal sogar unsichtbarer Wächter in der Ferne steht.

Grenzenlos glücklich ist Richter zu Weihnachten in Avignon nicht. Das ersehnte, erhebende Glücksgefühl stellt sich erst auf der Weiterfahrt ein, auf einer Anhöhe mit Blick zum Meer und, mit den Augen des Malers gesehen, »diesem wundervollen Blau«. Hier haben wir es wieder, das Land der Farben und des Lichts.

Mythos Berg I: Der Mont Ventoux

Als der Dichter FRANCESCO PETRARCA am 26. April 1336 auf den Mont Ventoux steigt, entdeckt er als Fußgänger den Erfahrungsraum Landschaft. Bei Petrarca weitet sich kulturgeschichtlich erstmals der Blick des Individuums. Wie die Forschung gezeigt hat, ist Petrarca »einer der frühsten modernen Menschen«, deren Seele sich von der Natur erregen läßt (Ritter 1974). Getrieben einzig und allein von der Begierde, den Berg

»durch Augenschein kennenzulernen«, macht er sich zu Fuß an den Aufstieg, durchaus noch in der Tradition einer allegorischen Darstellung des Lebensweges, wie sie auch aus Dantes *Göttlicher Komödie* vertraut war.

Das Gipfelerlebnis stilisiert Petrarca zu einer Schule des richtigen Sehens. Wie betäubt von der Schönheit der Natur, auf »Gedankenflügeln« sich über das Irdische erhebend, fühlt er sich als die Landschaft genießendes Subjekt und – erschrickt über sich selbst: Er schlägt die *Bekenntnisse* des Augustinus auf, bereut den frevlerischen Gipfelsturm und den dabei empfundenen Genuß und kehrt gleichsam im Büßerhemd von der Höhe der Zukunft zurück auf den Boden des mittelalterlichen Weltbildes.

Trotz dieser religiösen Rückbesinnung bleibt Petrarcas Aufstieg nach gängiger Forschungsmeinung ein epochaler Gang, weil er die Landschaft und die Möglichkeiten des Naturgenusses entdeckt hat. Neueren Untersuchungen zufolge jedoch gibt es das interesselose Wohlgefallen an der Natur und die profane, nicht-transzendente Naturbetrachtung als anthropologische Konstante seit der Antike (vgl. Groh 1991 und 1992, Krüger 2000).

Tatsächlich sieht Petrarca auf dem Gipfel nur das, was er bereits weiß, zum Beispiel, wo Italien läge und wo die Pyrenäen, falls die Sicht wirklich so weit reichen würde. Und natürlich stand schon vor dem Aufbruch fest, daß der Wanderer ›seinen‹ Augustinus im Rucksack verstauen und am Gipfel aufschlagen würde. Auch der Petrarca gerne angehängte Ehrentitel eines Begründers des modernen Alpinismus entbehrt eigentlich der angemessenen bergsteigerischen Leistung. Zum Beispiel ist sich Petrarca bei seiner Expedition zu keinem Zeitpunkt wirklich bewußt, in welche Gefahr er sich dabei begibt und daß er darin umkommen könnte. Was ihn schließlich nach oben trägt und heil herunterbringt, ist somit nicht alpinistisches Geschick, sondern Gottvertrauen.

Die Pointe freilich soll nicht verschwiegen werden: Die Forschung vermag bis heute nicht mit Gewißheit zu sagen, ob Petrarca wirklich auf dem Mont Ventoux gewesen ist oder ob seine ›Pioniertat‹ nicht pure Imagination darstellt.

Im Gegensatz zu Petrarca ist sich JEAN-HENRI FABRE der vom Berg drohenden Gefahren sehr bewußt, und dies, obwohl er den Ventoux wie seine Westentasche kennt, da er ihn über zwei Dutzend mal bestiegen hat. Der Insektenforscher Fabre gibt auch eine alpinistisch korrekte, überdies sein Talent für Landschaftsschilderungen unterstreichende Beschreibung der Berggestalt. Der Ventoux, der windgepeitschte Berg (*Mons ventosus*), der alle Klimazonen Europas enthält, ist ein gigantischer Trümmerhaufen aus Schotter; krachende Felsen und rieselnder Steinschlag sind seine »Wasserfälle«. Neben der alpinistischen Unternehmung, die ja nicht ganz gefahrlos verläuft (zumal einer der Teilnehmer gegen die Grundregel des Zusammenbleibens verstößt bzw. ohne Mitteilung auf eigene Faust losmarschiert), und den botanischen Erkundungen handelt es sich bei Fabres 23. Besteigung dieses Berges auch um eine kulinarische Veranstaltung hohen Grades. Denn im Mittelpunkt steht im Grunde nicht das Gipfelerlebnis, sondern das auf die »Morgengymnastik« folgende Picknick, dessen Darstellung Fabres ureigene, von einem feinen Humor und sanfter Melancholie geführte Handschrift zeigt und den besonderen Reiz der Erzählung ausmacht.

Es findet »eine jener homerischen Mahlzeiten« statt, die dem Leser das Wasser im Mund zusammenlaufen lassen: Hammelkeulen und Hühnchen, mit Eselspfeffer (Bohnenkraut) bestreuter Ventoux-Käse, Würste aus Arles, grüne und schwarze Oliven, Melonen aus Cavaillon (bekanntlich die besten), Sardellen und Zwiebeln, dazu nicht zu wenig provenzalischer Wein und zuletzt Pfeifen und Zigarren. Dermaßen benebelt, wäre die Gruppe beinahe im Nebel des Berges in die Irre gelaufen. Was ein Wettersturz ist und warum der Ventoux heimtückisch ist, hat aus der Gruppe wohl nur Fabre vorher gewußt; und wie er den Abstiegsweg rekonstruiert, ist aller alpinistischen Achtung wert. Erst unten im Tal ist der Gipfelsieg abgeschlossen.

Jean-Henri Fabre und seine entomologischen Erinnerungen erfreuen sich in Frankreich ungebrochener Beliebtheit und gehören dort zur Allgemeinbildung. Ein Gradmesser seiner Popularität ist die Tatsache, daß sein Leben verfilmt wurde (*Monsieur Fabre*, 1951, mit einem grandiosen Pierre Fresnay in der Titelrolle) und er selber zu einer Legende und zum »Homer der Insekten« (Victor Hugo) geworden ist.

Der Mont Ventoux galt jahrhundertelang als mythischer Berg und bleibt dies auch heute noch, obwohl man ihn mit dem Auto in zwei Richtungen überqueren kann. Wer allerdings eine Ahnung von der Macht dieses Mythos bekommen will, bewältige ihn zu Fuß oder mit dem Rad. Die Tour de France ist es nämlich, die den Ventoux noch im 20. und 21. Jahrhundert ins Zentrum von Legenden rückt. Roland Barthes hat die Tour de France als »Epos« bezeichnet und die Etappe am Ventoux, diesem »Gott des Bösen« und »veritablen Moloch«, als dessen Höhepunkt von wahrhaft homerischen Ausmaßen (*Mythologies*. Paris 1970. S. 113f., Zitatübersetzung F. L.). Wer am Ventoux die Etappe gewinnt oder die gesamte Tour verliert, der geht als siegreicher oder tragischer Held in die Geschichte (des Sports) ein, und seit sich der (gedopte) Engländer Tom Simpson 1967 dort tödlich verausgabte und nur wenige Meter unterhalb der Paßhöhe zusammenbrach, hat der Ventoux seinen mythischen Status als zürnender Gott um ein modernes Drama bereichert.

Städtebilder

Tartarin aus dem Städtchen Tarascon ist die Erfindung von Alphonse Daudet, die ein so mächtiges Eigenleben entwickelt hat, daß sie einen Teil der Tourismusbranche mitversorgt. Tartarin ist einer der berühmtesten, ebenfalls mythischen Helden der Provence und zur Legende geworden, obwohl oder weil er nur zwischen zwei Buchdeckeln gelebt hat und weiterlebt. Dieser Tartarin ist, wie es gleich zu Beginn heißt, ein ritterlicher

»Mann ohne Furcht und Tadel« und nichts anderes als ein provenzalischer Don Quijote und Sancho Pansa in Personaleinheit. Das Arbeitszimmer des Helden ist eher Waffenkammer und Bibliothek, denn auch Tarascons Abenteuer sind (wie die Don Quijotes) in erster Linie erlesen, aus den Reiseberichten des Kapitäns Cook oder aus Coopers Romanen.

Um die kleinbürgerliche Welt Tarascons, eines ubiquitären Schildas mit dem besonders sympathischen Zug, daß sich die Bewohner am meisten über sich selbst lustig machen, fliegen sogar die Vögel einen Bogen, und auch jagdbares Wild zeigt sich nicht, bis auf einen quasi zum Ehrenbürger ernannten hakenschlagenden Hasen. Doch findig wie die Bewohner sind, haben sie sich eine besondere Methode ausgedacht, um der Jagdleidenschaft zu frönen: das Mützenschießen, in dem sich Tartarin als unübertroffener Meister hervortut und bei dem es sich, in den Hügelchen mit ihrem Myrten-, Lavendel- und Rosmarinduft, ebenso trefflich picknicken läßt wie in den Hängen des Ventoux.

Später zieht der prahlerisch-rundliche Held, eine Karikatur und Huldigung des Provenzalen zugleich, hinaus nach Afrika, um Löwen zu jagen. Tartarins Trophäe ist aber nur ein zahmes, zahnloses Exemplar, und so kehrt er in die Heimat zurück, um weiterhin mit imaginären Heldentaten zu prahlen, zum Ruhme von Tarascon, das seither nicht mehr wegzudenken ist aus der Landkarte der Literatur.

Schauplatz der Erzählung *Naïs Micoulin* von ÉMILE ZOLA sind Aix-en-Provence und die Bucht von L'Estaque, die Zolas Freund Paul Cézanne in vielen Bildern gemalt hat. Aix ist eine konservative Stadt voller Anwälte, Notare und Advokaten, die sich wie die Anwaltsfamilie Rostand in Zolas Geschichte Sommerresidenzen leisten können. Das Ferienhaus wird zum Schauplatz eines Verbrechens, und die Titelheldin ist die tragische Gestalt, die unter der tyrannischen Autorität des Vaters, der seinem Herrn gegenüber freilich den typischen Untertanengeist zeigt, und der Fronarbeit fast ganzjährig in einer »Gefangenschaft« lebt, aus der sie ausbrechen möchte. Im Laufe der Erzählung und der Liebe zu dem jungen Rostand und nach den Liebesnächten im Freien unter dem Olivenbaum wird deutlich, daß sich hier eine Katastrophe anbahnt.

Die hellen Provencenächte mit dem Sternenregen, dem großen Mond am Horizont und dem orientalischen Flimmern des Lichts werden nicht ungestraft vorübergehen. Der Mond ist verräterisch und bringt den Patriarchen auf den Plan, auch der Mistral läßt Ungutes ahnen. Nach zwei vergeblichen Mordversuchen, zwischen denen der Bösewicht scheinheilig eine »klassische Fischsuppe« kocht, beschließt Naïs, die ihrem Vater auf die Schliche gekommen ist, ihren jungen Geliebten zu retten, obwohl dieser es eigentlich nicht verdient. Nachdem ihr Vater unter dem herbeigeführten Erdrutsch den Tod gefunden hat, ist der Weg frei für Naïs, aber nicht zum sozialen Aufstieg, sondern für die Heirat mit dem Buckligen und ein schnelles Verblühen.

Zolas naturalistisches Szenario erzählt die Geschichte von Mord und Meuchelmord und dem Befreiungsversuch einer jungen Frau in einem archaisch anmutenden Ambiente. Die sozialkritische Dimension der Erzählung liegt eben darin, daß das patriarchalische Unterdrückungssystem zum Verhängnis führt, weil es anachronistisch ist. Als Nordländer sollte man sich hüten, die in der Erzählung geschilderten Mentalitäten dem dortigen Menschenschlag anzuheften und als klischiertes Fremdbild zu übernehmen. Wenn Zola mit einem wenig schmeichelhaften Eigenbild operiert, wonach die gesellschaftliche Ordnung auf Unmenschlichkeit und überholten Rollenzuweisungen gründet, so kommt dem provenzalischen Rahmen vor allem eine kritische Funktion zu, die über die Region hinaus generelle soziale Mißstände in den Blick rückt. Mitten in der scheinbaren Idylle kann sich das Unheil vollziehen, wenn das Licht den Nachtseiten des Lebens weicht.

Joseph Roth wählt 1925 den klassischen Weg für die Reise nach Süden. Über Lyon, Vienne, Tournon und Avignon dringt er vor ins »Herz der Provence«, in die weißen Städte, von denen er schon als Kind, in grauen Städten aufwachsend, geträumt hat. Seine Beschreibung von Les Beaux in der Kette der Alpilles dominiert ebenfalls die Farbe Weiß; die Gegend gleicht einem gefrorenen »Kreidemeer«, die Berge dieser weißen »Kreidewüste« sind aggressiv und »überfallen den ahnungslosen Wanderer«. Das Land der Troubadoure und deren Nachfahre Mistral bezeugen für Roth »die Ewigkeit Roms«, weil die Wegspuren ihm zuletzt doch alle nach Rom zu weisen scheinen.

In Nîmes, das bereits zum Languedoc gehört, gedenkt Roth der von Daudet ironisierten Bürgerlichkeit und stellt mit Recht fest, daß dem ungleich radikaleren Spötter Maupassant von seinen Landsleuten erst viel später vergeben worden sei. Nach einer kurzen Betrachtung des Stierkampfes, der Roth weniger behagt als das imposant weiße Areal der Arena in Nîmes (wo heute wieder zunehmend blutige Stierspektakel veranstaltet werden), besucht er, passend, einen Totenort, nämlich die berühmten »Alyscamps« in Arles, die von der Antike bis in die Renaissance die größte Begräbnisstätte des Okzidents waren.

Weiter folgt er den Spuren der Literatur, würdigt das Denkmal Mistrals, läßt allerdings die Mühle Daudets beiseite (zumal Daudet die berühmten *Briefe aus meiner Mühle* in Paris verfaßt hat), kommt aber dem geistigen Vater des Tartarin dennoch nicht aus: Die grotesken Tarasque-Spiele mit der Drachenkarikatur im gesteigerten Schilda rufen Roth erneut den provenzalischen Prahlhans in Erinnerung und provozieren den weisen Vermerk: »Hier lebt das einzige Heldentum, das noch erträglich ist unter allen schauerlichen Heldentümern.«

Während sich in Arles die einst größte Totenstätte des Abendlandes befand, war Beaucaire seinerzeit der größte Jahrmarkt überhaupt. Es herrsche jetzt dort, so Roth, »die kümmerliche Trauer, die ein verlorenes Vermögen ausmacht«. Ein halbes Jahrhundert später kann der reisende Dichter Wolfgang Koeppen offensichtlich mit dem Tartarin-Schilda wenig anfangen, denn ihm erscheint Tarascon als der »abweisendste Ort«, zumal das Essen hier schlecht und teuer sei (Koeppen 1979. S.

44f.). Roth hatte zu seiner Zeit andere Sorgen und einen Blick für die Armut, wie die Schilderung der Zustände in Marseille zeigt. Keine Postkartenidylle wird geboten, sondern die »unausweichliche Hölle« und der »kosmopolitische Gestank« einer Metropole, in der – besser läßt sich's kaum sagen – das Leben »auf der Klinge eines Rasiermessers tanzt«. Und dies trifft, manchmal, mitten ins Herz der Provence. Wer mehr erfahren möchte über den Rasierklingentanz im modernen Marseille, dem seien die Romane von Jean-Claude Izzo empfohlen.

Heiterer sind die Aussichten vom Olivenland in dem Roman *Maria Capponi* von René Schickele. Von Cagnes-sur-Mer geht es hinauf nach Vence und St. Paul, von wo aus man, inmitten von Olivenhainen und Rosengärten, einen weiten Blick hat auf die Baie des Anges, die Engelsbucht. Die Häuser von St. Paul, hier zeigt sich Schickele als feiner Beobachter, haben »die Pinie als Sonnenschirm, die Zypresse als Blitzableiter«. In Vence allerdings muß man damit rechnen, nicht nur auf die überall im Land hockenden, emsigen Maler zu treffen, sondern auch auf die unvermeidlichen Lungenkranken und englischen Kolonialbeamten. Da zieht man sich besser zurück, geht weit hinauf nach »Afrika« zum Sonnenbaden über den Wappen- und Totenbäumen der Stadt, bis der urplötzlich hereinbrechende Mistral Land und Licht verändert und alles nach Hause fegt.

Ernst Jünger begibt sich in den östlichen Bereich der Côte d'Azur, in die Gegenstadt von Marseille und Nizza, nach Antibes, wo er wohl mehr als nur einen Vormittag verbringt. Vom Dach seines turmartigen Hauses wirft Jünger einen Blick nach Westen und faßt intuitiv das Geheimnis provenzalischer Nächte in dem poetischen Bild: Das Auge des Dichters sieht, wie »die Lichter von Cannes und Nizza wie Säume glimmender Holzkohlen die Küsten entzünden«. Anderntags geht es auf den Fischmarkt, und Jünger weiß so manche, dem Laien lehrreiche ichthyologische Lektion in Sachen Frischfisch zu erteilen. Überhaupt erkennt man an dem Bericht vor allem den Botaniker und Entomologen Jünger und damit auch den kräftig ausschreitenden Promeneur. Denn wer nicht geht, sieht nichts.

Nach intensiven Gängen freilich ist es dem Wanderer gestattet, einmal mit dem Wagen die »Traumstraßen des Kontinents«, die drei auf verschiedenen ›Etagen‹ in den Hang gebauten Küstenstraßen (Corniches), zu befahren, um sich hochzukämpfen in Adlernester wie Tourette-sur-Loup (hier unterläuft Jünger eine falsche Ortsangabe) und das imposante Èze, in dem Nietzsche zeitweise Residenz genommen, am dritten Teil von *Also sprach Zarathustra* geschrieben und riskiert hatte, unter der bereits afrikanisch sengenden Sonne zu verglühen. Im Felsennest bekommt man in der Tat einen Begriff vom »blendenden Lichte«. Man besuche den »Jardin exotique«, von dem aus man den besten Rundblick hat, der an klaren Tagen bis nach Korsika reicht. Anschließend empfiehlt es sich, auf dem steil gewundenen »Sentier Frédéric Nietzsche« die über vierhundert Höhenmeter hinunterzuwandern ans Meer.

Jünger entdeckt auch einen Ort der vollkommenen Ruhe, den jeder Leser am Kieselstrand von Juan-les-Pins selber suchen mag: »Am schönsten geht es sich an der Strandlinie, wenn die Wellen nur sanft anschlagen. Die Kiesel drehen sich dann ein wenig und folgen dem Sog mit einem leichten, heiteren Klingen, das die Sorgen vertreibt.«

Zwar würde Jünger sicher gerne an diesem Refugium verweilen, doch es locken »der Reiz der höheren Botanik« und eine »Feierstunde des Universums«, den nur die Bunker des Krieges stören. Tröstlich ist freilich, daß sie von Moos und Flechten und Lavendel überwuchert werden und sich in Eidechsenspielplätze verwandeln. Der Abschluß des Berichtes gilt Flora und Fauna und einer Hommage an den unvergeßlichen, dem Spezialisten Jünger natürlich vertrauten Jean-Henri Fabre. Was er über den berühmten Vorgänger und dessen blinden Assistenten schreibt, ist ein Kleinodium der Beobachtungskunst. Jünger gelingt hier eine vollkommen gelassene, sanfte Prosa bis hin zu dem von der Staude gebrochenen, dem alten Schäfer dargebotenen Friedenszweig. Bevor die Szene gar zu idyllisch wird, löst sie sich auf in Staub und in Luft: verweht.

Zauber der Camargue

Jeder Provence-Pilger sollte eine Fahrt unternehmen in die Camargue. Warum nicht auf den Spuren eines der größten Sänger des Landes? Machen wir also eine Wallfahrt mit Frédéric Mistral von Beaucaire nach Les-Saintes-Maries-de-la-Mer. Unterwegs erzählen die Fuhrleute von der Zeit, als der Jahrmarkt von Beaucaire noch in voller Blüte stand (die schon Joseph Roth nicht mehr erlebt hat) und bevor die Eisenbahn ihnen das Gewerbe verdarb. So erzählen sie vom Kutschbock aus eine ganze Nacht. Im »Lichte der aufgehenden Sonne« liegt die unendliche Weite der Camargue vor den Reisenden. Ein Mädchen, das vor Liebeskummer verrückt geworden ist, soll von den Heiligen Marien geheilt werden. Jeder schleppt hier seine Sorgen ans Meer.

Plötzlich bricht ein infernalischer Regen hervor, der das Land in eine Unendlichkeit aus Sumpf und Schlamm verwandelt – so stellt man sich die Sintflut vor –, und das größte Wunder, das die heiligen Marien vollbringen, ist wohl, daß die Pilger bei ihrem fröhlichen Schlammballett heil wieder ins Trockene gelangen. Dann erstrahlt das »Mekka des ganzen Golfe du Lyon« wieder im »Azur des Meeres und des Himmels«. Auch das Nomadenvolk strömt herbei, das die heilige Sarah bevorzugt, während die Christen zu den Marien beten. Nach der Prozession begeben sich die Reisenden nach Aigues-Mortes (was *die toten Wasser* und als Name eine Bestrafung bedeutet) mit seinen Festungen, in die man unter dem vierzehnten Ludwig vierzig Protestantinnen mit Marie Durand an der Spitze vierzig Jahre lang eingesperrt und vergessen hat. Heute werden diese Märtyrerinnen von den Hugenotten als ihre Heiligen verehrt. Eine schöne Pointe der Fahrt nach Aigues-Mortes ist die den Reisenden um

Mistral lange nicht bewußte Tatsache, daß sie unfreiwillig auf dem einzig angemessenen Beförderungsmittel die Stadt erreichen: auf dem Leichenwagen.

ALPHONSE DAUDETS Ausflug in die Camargue gleicht auch einer Art Wallfahrt, die allerdings, wen verwundert's, eher dem Jagdgott gilt. Von Arles bricht man auf und fährt mit dem Dampfschiff in die Camargue hinein, wo man auf einen Wildwesthelden stößt, der Coopers Romanen, die bekanntlich auch Tartarin verschlungen hat, entsprungen sein könnte, wie überhaupt die Camargue einen »Hauch vom Wilden Westen« vermittelt (Rössig 1996. S. 179). In der »unendlichen Ausdehnung des blauen Horizonts« (wer denkt da nicht an *The Big Sky*?) könnte man sich verlieren, fände man nicht den Weg zu der Hütte, die dem Jäger ein Obdach bietet und zugleich Hinterhalt ist für das gejagte Tier.

Wie der Jäger im Anstand lauert bis ins Morgengrauen hinein, das zeigt, daß die Camargue mit ihren endlosen Wasserflächen, in denen »Massen von herabgefallenen Sternen und Mondstrahlen« glitzern, mit Himmel und Meer zum Land des »blauen, leichten Lichts« gehört. Nirgendwo vielleicht ist dieses Licht geheimnisvoller und magischer; und wer auf die Jagd in der Morgendämmerung lieber verzichtet, der setze sich abends beim Einnachten an einem der Seen (*Etangs*) vor's Schilf und sehe zu, wie ihm die rosafarbenen Flamingos flügelschlagend über den Kopf hinweg in den unwirklichen Himmel segeln. Oder man begebe sich auf Daudets Spuren an den großen Salzsee Vaccarès, studiere Flora und Fauna, die Rinder und Pferde in Freiheit – und die Stiere respektvoll von weitem.

Einen mörderisch gefährlichen Stier hat RUDYARD KIPLING zum Helden seiner Erzählung gemacht, die die alte Geschichte von Täter und (Schlacht-)Opfer einmal anders, mit vertauschten Rollen, erzählt und der geschundenen Kreatur etwas von ihrer Würde zurückgibt. Was in der Rahmenhandlung anfängt wie eine Rennfahrerphantasie und Hymne an die Geschwindigkeit, entpuppt sich in der Binnenerzählung als Tiergeschichte.

Während die Herren dem Gott Bacchus huldigen (seltsam allerdings und wohl nur einem Irrtum des Autors zu verdanken, wie in der Provence Champagner produziert werden soll), erzählt der Gastgeber die Geschichte von seinem Stier, der denken konnte.

Das junge Tier wird nach Arles geschickt, wo es erste Erfahrungen beim sympathischen, weil unblutigen und sportlichen Stierkampf sammelt, der sogenannten *Course camarguaise* (auch zu sehen in der Arena von Saintes-Maries; in den *Landes* an der Atlantikküste heißt diese unblutige Corrida-Variante *Course landaise).* Nachdem der denkende Kampfkoloß alle Tücken und taktischen Finessen gelernt hat und »mindestens dreifacher Mörder« ist, wird er nach Spanien verkauft, wo er den Matadoren beibringt, wie eine Corrida abläuft, wenn der Stier die Regeln bestimmt. Da Kipling den denkenden Stier als Künstler, als »Cyrano aus der Camargue« darstellen will, kommt er nicht umhin, das Tier zu vermenschlichen und ihm sogar Dialoge zu gestatten. Der Stier ist gleichsam nur dann ganz Stier, wenn er spielt. Gleiches gilt für den Torero. Der Stierkampf als heiteres, reines Possenspiel, als humoristische Komplizenschaft zweier vollendet agierender Clowns, das ist für Kipling jene hohe, humane Form der Kunst, die den Tod überwindet und den Tierfreund mit dem Land des Lichts wieder versöhnt.

Häfen, Inseln, Adlernester

Mark Twain mietet sich ein Segelboot, um der berühmt-berüchtigten Festung Château d'If auf der Felseninsel vor dem Hafen von Marseille einen Besuch abzustatten. Die Festung hat den richtigen Namen, denn er stammt von der Eibe, dem Totenbaum. In der Tat haben die Häftlinge des Festungsgefängnisses die Insel selten lebend verlassen, in der Regel in einem Bretterkasten, vorzugsweise aus Eibenholz.

Den berühmtesten Gefangenen, dem die Flucht gelang, hat es

freilich nie gegeben: *Der Graf von Monte Christo* entstammt der Feder von Alexandre Dumas, erlangte internationale Berühmtheit, und auch für Mark Twain scheint sich die Frage nach der Fiktion nicht zu stellen. Noch eine weitere, allerdings historische Berühmtheit schmachtete auf der Insel eine Zeitlang in der Zelle, die sogenannte ›Eiserne Maske‹, der Marcel Pagnol einen Roman (1965) gleichen Titels gewidmet hat. Überhaupt ist die Inselgruppe vor Marseille ein beliebter Schauplatz der Literatur. Schon der Romantiker Achim von Arnim ließ hier eine seiner bekanntesten Novellen spielen: *Der tolle Invalide auf dem Fort Ratonneau* (1818), das auf der westlichen Nachbarinsel liegt. Für den ganzen Archipel gilt wohl Mark Twains Wort, mit dem wir uns leicht schaudernd verabschieden: »Ein besonderer Zauber beherrscht diesen Ort.«

Etwas weiter westlich Richtung Toulon liegt der Schauplatz von GUY DE MAUPASSANTS Erzählung, die genannten Ortsnamen sind allerdings fiktiv. Auch hier ist es der titelgebende Olivenhain, an dem ein verhängnisvolles Schicksal seinen Lauf nimmt. Der Abbé kehrt mit der Barke vom Fischfang heim, und während ihm Matrosen helfen, den Fang in sein Landhaus zu bringen, erfährt der Leser die Vorgeschichte, die, wie man bereits ahnt, noch in die Gegenwart hineinwirken wird. Mit dem Auftauchen des Sohnes ist der Abbé von seiner Vergangenheit eingeholt. Maupassant erzählt einen Vater-Sohn-Konflikt, der sich – ähnlich wie der Vater-Tochter-Konflikt in Zolas *Naïs Micoulin* – beinahe wie eine klassische Tragödie vollzieht.

Es hat den Anschein, als sei die Erzählung einzig und allein für den allerletzten Satz geschrieben, als steuere sie von Anfang an auf diese letzten Worte zu, in der die Wahrheit angedeutet wird. Der Pfarrer begeht wohl Selbstmord, nämlich aus Scham über seinen Sohn. Diese Wahrheit kennt niemand außer der allwissenden Erzählerstimme, die dem Leser eine mögliche Entschlüsselung des Geheimnisses suggeriert. Der Selbstmord wäre demnach Selbstbestrafung des Vaters und Bestrafung des Sohnes zugleich. Wie Zola leuchtet auch Maupassant die dunklen

Seiten des Lebens aus, und wenn Joseph Roth feststellt, daß man Maupassant die Radikalität seiner Gesellschaftsanalysen lange verübelt hat, so ließen sich einige Gründe dafür an der vorliegenden Erzählung illustrieren: Die Provokation dürfte in der Wahl von Held und Schauplatz, der Verbrechen und Motive ebenso liegen wie in der Tatsache, daß allen Figuren der Erzählung, den Hütern von Anstand und Ordnung zumal, die Wahrheit unbekannt bleibt. Die Irritation, die von Zolas und Maupassants Erzählungen ausgeht, rührt vom schweigenden Rest.

Da wir uns in der Umgebung Toulons befinden, dem wir schon mit den Schopenhauers einen Besuch abgestattet haben, kehren wir noch einmal dorthin zurück und gehen mit THYDE MONNIER auf den dortigen Fischmarkt. Dort werden wir unsere bereits bei Ernst Jünger erworbenen Kenntnisse in Sachen Fisch vertiefen. Auf dem Fischmarkt von Toulon kann man, ohne daß dies von der Autorin ausdrücklich gesagt würde, die klassischen Zutaten der legendären Bouillabaisse kennenlernen. Diese Fischsuppe, angeblich einst von der Liebesgöttin Aphrodite kreiert, ist heute keineswegs ein Billigessen zur Verwertung minderer Fischsorten, sondern eine kulinarische Köstlichkeit und Kostspieligkeit. Mindestens hundert Mark kann sparen, wer sein Süppchen selber zu kochen imstande ist. Er kauft mit Monnier Meerbarbe, Seeaal, Petersfisch, Meeräsche sowie die beiden Ungeheuer Drachenkopf und Knurrhahn, die allesamt sauber geputzt und feinsäuberlichst ausgenommen werden, bevor man sie mit Olivenöl, Tomaten und dem (gemäß der Erfinderin) aphrodisierenden Safran zubereitet. Zunächst wird der Fischsud gegessen, mit Croûtons und einer scharfen *Rouille* (Mayonnaise), erst danach verspeist man die separat angerichteten Fische. Wer über die Kochkunst hinaus wissen möchte, wie die Geschichte bei Thyde Monnier weitergeht, kann die sieben Bände ihrer Familiensaga lesen.

Wir nehmen KASIMIR EDSCHMID als Reisebegleiter, erkunden weiter die Côte d'Azur und statten dem Fürstentum Monaco einen Besuch ab, zu dem unbedingt der wunderbare Park, der

Jardin exotique und das lohnende Ozeanographische Museum mit seinem Aquarium gehören sollten. Im Anschluß an die Promenade in Monte Carlo kommt auch Edschmid nicht um das Adlernest Èze herum.

Wer noch weitere solcher Felsennester kennenlernen möchte, dem seien empfohlen: Ste. Agnès hoch über Menton, Peille und Peillon etwas weiter westlich, Tourette-sur-Loup (siehe Jüngers Schilderung), der berühmte Töpferort (mit Fayence-Museum) Moustiers-Sainte-Marie in der Nähe der Gorges du Verdon oder, noch weiter im Westen zwischen der Montagne du Lubéron und dem Plateau de Vaucluse, die eindrucksvollen Dörfer Gordes (dort arbeitete der Künstler Victor Vasarély) und Roussillon (wo sich der Dichter Samuel Beckett vor den Nazischergen versteckt hat).

Auch Edschmid geht den Spuren der Künstler nach, die in der Provence gewohnt und gewirkt haben: D.H. Lawrence und Schickele in Vence; Masereel, Maeterlinck und Matisse in Nizza. Unerwähnt bleiben bei Edschmid drei andere große Künstler, deren Namen gleichfalls mit *M* beginnen: Cannes ist mit Mérimée und Maupassant verbunden sowie mit Mistral, der es besungen hat. Oberhalb von Cannes liegt der Töpferort Vallauris, in dem plastische Arbeiten Picassos zu bewundern sind.

Klassische Wege II

Ein Klassiker der Reiseliteratur ist FERDINAND GREGOROVIUS, der sich als Nordländer magisch angezogen fühlt vom Zauber der Provence, in die er auf klassischer Route reist, allerdings bereits mit der Eisenbahn, deren Tempo ihm die umgebende Landschaft fast zu schnell wieder verschwinden läßt. Avignon ist das bevorzugte Ziel, dem dann auch Gregorovius ausführliche historische und kulturgeschichtliche Betrachtungen widmet.

Nüchtern stellt Gregorovius fest, daß die Provence sich »keineswegs als ein Paradies« darstelle, sondern eher »einer arabischen Wüste« gleiche, aus deren Klima er sich die schier unabsehbare Folge von Religionskriegen erklärt, deren ›Kainsmale‹ die halb verfallenen Dörfer noch tragen. Gregorovius ist die richtige Lektüre für den Melancholiker, der den Blick hat für die Ruinen der Vergangenheit. Bei Mornas, mit den ersten auftauchenden Ölbäumen, wird das Land schöner und heiterer, und so liegt auch Gregorovius der Gedanke an Petrarcas Laura nicht fern.

Es folgt die Besichtigung Avignons, die heute noch den Spuren von Gregorovius folgen kann, vom Rocher des Doms über den Papstpalast bis zur Kathedrale Notre-Dame-des-Doms, die mit Sankt Peter in Rom rivalisiert. Und nach ausführlichem Rundgang dürfte es dem Besucher ähnlich ergehen wie Gregorovius, dessen historische Neugier auch den Ermüdungspunkt kennt, wenn sich die »zerstümmelte Antiquität« und »armselige Altertumsscherben« wiederholen. Da drängt es ihn hinaus zum sonnenüberfluteten Strom, zum Bezirk jenseits der legendären Brücke von Avignon. Und er nimmt Abschied mit einem »sehnsüchtigen Blick in das provenzalische Land umher«.

Hugo von Hofmannsthal hat im September 1892 zusammen mit seinem Französischlehrer Dubray eine Reise nach Südfrankreich unternommen. In seinem Bericht, der schon zwei Monate danach in der Wiener »Deutschen Zeitung« erschien, bedauert er, daß die empfindsame, langsame Art des Reisens aus den Zeiten von Sterne und Rousseau verlorengegangen und vom eiligen, mußelosen Reisen abgelöst worden sei. Das liest sich beinahe wie eine Vorwegnahme des hundert Jahre später und nach weiteren, immensen technischen Beschleunigungen vermehrt vorgebrachten Wunsches nach einer Rückkehr zur humanen Reisegeschwindigkeit, nach einer Wiederentdeckung der Langsamkeit.

Hofmannsthal und sein Begleiter nehmen den Weg durch die Berge, um in Chambéry den Spuren Rousseaus nachzugehen und in Grenoble denen Stendhals. Es folgt die Querung nach

Westen (ich empfehle die Strecke über das gewaltige Massiv des Vercors – südlich der eingangs erwähnte Col de Rousset – und die Gorges de la Bourne mit dem pittoresken Dorf Pont-en-Royans) bis Valence. Dort beginnt auch für Hofmannsthal die Provence, »mit gelben sonnverbrannten Hügeln, mit Oliven und Feigen« und dem Wechsel des Idioms. An dem berühmten provenzalischen Epos Mistrals findet er weniger Gefallen, es erscheint ihm künstlich und museal und zu lang. Nur Orange mit dem römischen Amphitheater kann bestehen. Am meisten beeindruckt ihn Arles mit den Alyscamps, der Kirche Saint-Trophime, der Arena samt Stierkampf und die sich in Speis und Trank spiegelnden Farben des Landes.

Wir haben Arles nun mehrfach gekreuzt, und auch bei Hofmannsthal fällt auf, daß ein mit dieser Stadt und der Region verbundener Name erneut nicht fällt: der von Vincent van Gogh. Im Falle Hofmannsthals ist das dem jungen Autor wohl nicht zu verübeln, denn zum Zeitpunkt seiner Reise war der Maler noch keine Weltberühmtheit, sondern ein regionaler Skandal. Erst zwei Jahre vor Hofmannsthals Reise war van Gogh, nachdem er 300 Bilder in der Region gemalt hatte, mehr oder weniger auf eigenen Wunsch in die Irrenanstalt bei St.-Rémy gesperrt und von der Welt ausgeschlossen worden.

Gehen wir zurück in freundlicheres Gelände. Wer im Winter in die Provence reisen möchte, um dort heitere Tage zu verbringen, könnte dies mit Kurt Tucholsky versuchen. Auf seinen Wandertagen im Süden ist er begeistert, weil man dem Herrgott sozusagen ein Schnippchen schlagen kann, indem man die Jahreszeiten vertauscht. In Toulon ist im November Sommer, den man sich kaufen kann. Nichts übertrifft diese Sonne, und Tucholsky wandert in das (touristisch bedeutungslose) Plan-de-la-Tour im Massif des Maures, wo die vollkommene Stille herrscht. Diese absolute Ruhe muß man suchen, heute mehr denn je, weil der Küstenstreifen von Marseille bis Menton in der Tat den Fehler hat, daß große Automobilstraßen ihn durchziehen. Doch ganz ohne Automobil geht es auch für Tucholsky nicht, ja das moderne Gefährt erlaubt auf der Fahrt in die Nacht eine ganz eigene Wahrnehmung vom Land des Lichts: »Man sieht noch das regelmäßige verlöschende Blinkfeuer am Horizont und einen stillen weißstrahlenden Leuchtturm, milchigen Schein auf dem Wasser, Glitzern, den hauchigen Glanz am Himmel – dann gar nichts mehr.«

Mythos Berg II: Montagne Sainte-Victoire

Der neben dem Mont Ventoux zweite mythische Berg der Provence ist, trotz mächtigerer Gebirgszüge wie der Montagne de Lure, die es an Höhe beinahe mit dem Ventoux aufnehmen kann, unzweifelhaft die östlich von Aix-en-Provence gelegene, gerade gut tausend Meter hohe Montagne Sainte-Victoire. Der Mythos dieses Berges, der weder durch seine Höhe beeindruckt noch eine besondere alpinistische Herausforderung darstellt, ist untrennbar mit dem Namen Paul Cézanne verbunden. Der Maler hat diesen Berg gleichsam ein Leben lang gemalt oder so lange malend mit dem Berg gekämpft, bis er ihn sozusagen nicht mehr gesehen hat oder der Berg verschwunden ist – im besten Falle in ein Gemälde Cézannes hinein.

Wenn man von Aix sich dem Berg nähert, ragt er sehr imposant in den Himmel und bietet sein schroffes, abweisendes Gesicht, das gegen Abend die untergehende Sonne in Schattierungen von Rot, Rosa und Violett tauchen kann, daß einem die Sinne vergehen. Dies wohl war für Cézanne die große Herausforderung; es ging um Farbe und Licht, und er malte, als müßte er das richtige Sehen erfinden, als ginge es um sein Leben. So war es ja auch, darum ging es ja auch; malend und sehend ist er gestorben.

Eine Vorstellung davon, wie der Maler am Mythos Sainte-Victoire gearbeitet hat, vermittelt Rainer Maria Rilke in seinen Briefen. Dieser Berg mag zwar an Höhe zu den bescheidenen Erhebungen gehören, aber für den Maler war jeder Höhenmeter im Blick auf den Berg ein künstlerisches Problem; es war ein Berg, der »sich mit allen seinen tausend Aufgaben unbeschreiblich erhob«. Cézanne hat ihn über sechzigmal gemalt. Die »ganze Malerei«, so schreibt Rilke, ist eine Frage des Zusammenspieles der Farben. Und dieses Widerspiel von Farbe und Licht läßt sich an der Montagne Sainte-Victoire studieren wie nirgendwo sonst – oder doch, wie sonst nur in den Bildern Cézannes.

PETER HANDKE nennt dieses Bergmassiv, das nur von Westen aus als jäher Gipfel aufragt, die »Anhöhe der Farben«. Auf den Spuren Cézannes, aber mehr dem eigenen Gefühl folgend, geht Handke zu Fuß auf den Berg, der ihn mit magischer Macht anzieht. Stille und Einsamkeit sind die Weggefährten, und als Handke dann vor dem Berg »in den Farben« steht, glaubt er sich im »Mittelpunkt der Welt«. Er geht weiter, über die Hochebene des langgestreckten Massivs.

Das Gehen ist die einzige Art der Fortbewegung, die hier in Frage kommt. Das Gehen als reines, zweckfreies Gehen ist das entscheidende Körpergefühl: das Gehen als Tanz, in Leichtigkeit und Langsamkeit. Handke entdeckt bei diesem Gang nicht nur seine künstlerische Identität, sondern auch, geschult am Blick Cézannes, die von dem Berg ausgehende Lehre, aus der ein ästhetisches Programm wird: exaktes Sehen, genaues Beschreiben, Langsamkeit, Beharrlichkeit, Dauer, Festhalten der Ewigkeit im Augenblick.

Seit Handkes Weg sich an der Lehre der Sainte-Victoire orientiert, stehen seine Texte im Zeichen der Verlangsamung, einer zeitlupenhaften Bewegung der Sprache und der mikroskopischen Betrachtung der kleinen Dinge am Wege, der Dauer im Anhalten der Zeit. Der bewußte langsame Gang über das Land und die Dörfer, das Fortgehen und das langsame Heimkehren sind Lebensform und poetologisches Prinzip in einem. Handke sucht damit auch jene natürliche Art der Fortbewegung und des Reisens wieder zu entdecken, die schon Hofmannsthal vermißt hatte. Man muß Handkes gelegentlich zu Verkündungspathos neigende Poetik nicht mögen. Will man jedoch die Farben und das Licht der Provence erleben und sich in der Kunst des Sehens und Gehens üben, dann wandere man die »Route Cézanne« entlang und über die Sainte-Victoire und hüte sich vor dem in Puyloubier – ja, es gibt ihn – lauernden Höllenhund.

Der Mythos dieses Berges rührt vielleicht auch daher, daß den Wanderer bei der Überschreitung das Gefühl beschleicht, im Panorama ringsum überirdische Schönheit zu erleben, während unter seinen Sohlen womöglich der Hades liegt.

Haute-Provence oder Im Hinterland

Es gibt die Basse-Provence der Täler und Küstenstreifen, und es gibt die Haute-Provence, das gebirgige Hinterland. Beide Teile sind einfach zu bestimmen, es trennt sie nämlich exakt die Nationalstraße Nummer 7. Östlich und nördlich dieser Straße erhebt sich das Land, und es beginnt die Haute-Provence, von der Kenner des Landes sagen, in ihr sei die Provence noch am reinsten verkörpert. Auffallend jedenfalls ist, daß sich die großen Klassiker der provenzalischen Literatur, von den Werken Daudets und Mistrals einmal abgesehen, vorzugsweise mit dem Hinterland beschäftigen und die meisten ihrer Geschichten dort ansiedeln.

Der ohne Zweifel bedeutendste provenzalische Autor ist Jean Giono, der Zeit seines Lebens der Heimatstadt Manosque im Tal der Durance verbunden blieb. Von dort aus hat er sich in die Geschichte der französischen Literatur, ja in die Weltliteratur hineingeschrieben. Und sein Beispiel unterstreicht wieder einmal die Tatsache, daß Weltliteratur oft von den Rändern her entsteht, aus dem Mikrokosmos einer Provinz, die die ganze Welt enthält. So ist Giono eigentlich, wie Henri Godard treffend feststellt, »kein provenzalischer Schriftsteller, sondern ein französischer Autor, der in der Provence geboren ist« (in J. Giono: *Provence.* Paris 1995. S. 9, Zitatübersetzung F. L.).

Die Liste bedeutender Werke Gionos ist lang. Zu seinen herausragenden Büchern gehört zweifellos der autobiographisch grundierte Roman *Jean der Träumer.* Der Autor, dem man in seiner Kindheit den Spitznamen ›Träumer‹ verpaßt hatte, erzählt von seinen Jugendjahren in Manosque, von seiner Liebe zum Vater, einem Schuster, von den Bauern und Hirten und mysteriösen Fremden der kargen und doch betörenden Landschaft der Haute-Provence.

Giono zeigt sich als Anhänger eines ruhigen, naturverbundenen Lebens und Kritiker der Auswüchse von Zivilisation und Technik. Im erzählerischen Kosmos Gionos gibt es die Idylle des ländlichen, noch heidnisch geprägten Lebens, aber auch die drohenden Gefahren des Krieges, dem er einen entschiedenen Pazifismus entgegensetzt. Es erstaunt nicht, daß Giono sich wegen seiner pazifistischen und ökologischen Einstellung einer ungebrochenen Aktualität erfreut, aber nicht zuletzt auch deshalb, weil er ein großer Erzähler und Sprachkünstler ist, den man zu Recht den »Homer der Provence« (der Romancier Giono teilt sich demnach den Ehrentitel mit dem Entomologen Fabre) oder den »ersten Grünen in Frankreich« genannt hat.

Der vorliegende Textauszug ist das erste Kapitel des Romans, der an dieser Stelle nicht ausführlich nacherzählt werden kann. Es sei hier nur empfohlen, zu lesen und weiterzulesen, mit einer guten Landkarte der Region zur Hand oder, wie es der Held des Buches selber macht, mitten auf den Feldern lesend und träumend, begleitet vom Gesang der Zikaden.

Kindheitserinnerungen oder jugendliche Helden stehen oft im Zentrum bei Henri Bosco, einem weiteren provenzalischen Dichter, dessen literarische Bedeutung über die Region hinaus sich freilich nicht mit der eines Giono messen kann. Unter dem Einfluß des Meisters Giono schrieb Bosco Romane in der Tradition der bukolischen Literatur, in deren Mittelpunkt ländliche Idyllen, arkadische und archaische Landschaften stehen. Schauplatz ist zumeist die Berglandschaft des Lubéron (die heutzutage der englische Schriftsteller Peter Mayle für seine Provenceromane ausbeutet). Die Welt Boscos erscheint in ein märchenhaftes Licht getaucht und steht in der Tradition der Romantik, da es Bosco darauf anlegt, aus dem Alltäglichen heraus eine Brücke ins Wunderbare zu bauen.

In dem Roman *Die schlafenden Wasser* ist das Reich des Wunderbaren, der Geheimnisse und der Abenteuer mit dem mächtigen Fluß verbunden. Dort warten Gefahren und Wunder, zu denen Kinder wie Pascal noch Zugang haben. Bei seinen heimlichen, verbotenen Expeditionen zu der Insel im Strom wird er eines Tages den von fahrendem Volk verschleppten Jungen Gatzo finden und Freundschaft mit ihm schließen. Mit dem Freundesduo im Fluß erleben Huck Finn und Tom Sawyer gleichsam eine magische, provenzalische Wiedergeburt, bei der sich der Kreis schließt zu Mark Twain. Freilich ist die Welt der Kindheit am magischen Wasser längst untergegangen und mitgerissen worden von den Fluten der Zeit.

MARCEL PAGNOL schildert in seinen Kindheitserinnerungen ebenfalls eine vergangene, allenfalls in der poetischen Erinnerung aufzubewahrende Epoche. Gerade weil die Zeit der Wunder unwiederbringlich verflossen ist, geht von diesen Erinnerungen ein nostalgischer Zauber aus. Nostalgie heißt ja eigentlich Heimweh, und Pagnols Erzählungen von der Kindheit stehen im Zeichen jener melancholischen Sehnsucht, die aus dem Verlust entsteht. Schauplatz ist eine Hochebene in der Nähe Marseilles, die Chaîne de l'Etoile mit dem mächtigen Felsenberg Garlaban, der mit seinen siebenhundert Metern, nicht weit von der Meeresfläche entfernt, eine gigantische Rundsicht bietet, vor dem man aber bei aufkommendem Gewitter schleunigst das Weite im Tal suchen sollte.

Auch Pagnols Doppelroman *Die Wasser der Hügel*, dessen Beginn die hier abgedruckte Passage entnommen ist, schildert eine archaische Welt, die im Hinterland der Provence da und dort auch heute noch aufscheint. Schauplatz ist auch hier das Hochland in der Umgebung von Marseille, wo sich mit der unausweichlichen Konsequenz einer antiken Tragödie ein Schicksal vollzieht, bei dem das Leben mehrerer Menschen zerstört wird. Schuld an der Katastrophe sind freilich nicht die Götter, sondern der Geiz und die Geldgier eines alten Mannes (seit der gelungenen Verfilmung unter der Regie von Claude Berri sieht man bei dem Alten unwillkürlich Yves Montand vor sich), der sogar die eigene Familie mit in den Ruin treibt, allerdings ohne es zu ahnen. Das wird er, gleichsam in einer Strafe der Götter, erst kurz vor dem eigenen Tod erfahren. Der eigentliche Held von Pagnols Roman ist jedoch die provenzalische Landschaft, die so detailgetreu voller Düfte und Geräusche und atemraubender Blicke eingefangen wird, daß man sich lesend darin verirren möchte. Dann bleibt nur das Weiterlesen über die Kostprobe hinaus …

Pierre Magnan ist wie sein Mentor und bewundertes Vorbild Giono in Manosque geboren, in dessen unmittelbarer Nähe er heute noch lebt und schreibt. An Giono entlang und zugleich in der Überwindung des Problems, daß der Lehrmeister bereits alles gesagt hat, was Magnan hätte schreiben wollen, fand Magnan in langen Jahren zu seinem eigenen Stil und zu einem nunmehr umfangreichen Werk, das ihn als legitimen Nachfahren Gionos ausweist. Der Roman *Das ermordete Haus*, dessen erstes Kapitel hier abgedruckt ist, liefert ein Beispiel für Magnans Anlehnung an den historischen Kriminalroman, den er mit mythischen Elementen poetisiert. Magnan ist ein stimmgewaltiger Erzähler, in dessen Geschichten die Provence als epischer Mikrokosmos fungiert und so universale Gültigkeit erlangt. Mit Recht hat die Kritik ihn als den »Giono des französischen Kriminalromans« (Brenner 1990) bezeichnet.

Hier soll über den Romanbeginn hinaus nichts verraten werden. Bei Peyruis im Tal der Durance wird die Familie des Fuhrmanns Monge von unbekannten Tätern mit Messern niedergemetzelt. Nur der drei Wochen alte Säugling Séraphin Monge in der Wiege wird übersehen und kommt heil davon. Der alte Monge erinnert ein wenig an den mordlustigen Familienpatriarchen Micoulin bei Zola, und die Gewalt des Verbrechens erreicht ähnliche Dimensionen wie in der Erzählung von Maupassant.

Der Weltauffassung Magnans liegt eine naturmagische Sicht zugrunde. In einer überaus reichen Sprache wird die archaische Natur in ihrer ganzen Schönheit und Grausamkeit eingefangen. Die eindringlichen Schilderungen der Landschaft mit ihrem Licht und ihrem Schatten (in der Leitmotivik des Mondes) stellen den Menschen in einen Kreislauf der Natur, die von einer geheimnisvollen Aura umgeben ist. Der Roman widmet sich ohne falsches Pathos den großen Themen Liebe und Haß, Leben und Tod. Dabei wird den Figuren zu einem grotesken Totentanz aufgespielt: Die Liebe findet neben dem Sarg statt, und von der Wiege geht der Blick auf den Friedhof.

Diese fatalistische Grundstimmung verdankt sich nicht der Weltverneinung, sondern dient der Kritik an einer unheilvollen Wirklichkeit, in der das (von Bosco noch beschworene) bukolische Landleben in den Horror der alltäglichen Grausamkeit umkippt. Gegen Idyllik und Nostalgie stehen die melancholische Akzeptanz des Elementaren, ein von Giono geprägtes Naturgefühl und ein dem Barock verpflichtetes, aber atheistisch grundiertes Vanitas-Denken.

In einer autobiographischen Skizze hat Magnan sich selber, nicht ohne Augenzwinkern, mit einer Reihe von Adjektiven charakterisiert, die alle mit dem Buchstaben *A* beginnen: Er sei »apolitisch, asozial, atrabilarisch, agnostisch und, wenn man so sagen kann, aphilosophisch« (P. Magnan: *L'aube insolite.* Paris 1998. S. 8. Zitatübersetzung F. L.).

Die Provinz als literarischer Mikrokosmos gerät Magnan zum Modell für die Welt. Mit rund 20 Romanen, die in der Summe Magnans episches Lied der Provence ergeben, führt der Autor die Tradition seines Vorbildes Giono fort, indem er auf die urwüchsige Kraft des Erzählens vertraut, um der Vergänglichkeit seinen poetischen Widerstand entgegenzusetzen. Das Gesamtwerk von Jean Giono und Pierre Magnan stellt den wichtigsten Beitrag der Haute-Provence zur Weltliteratur im

20. Jahrhundert dar und belegt, daß große literarische Leistungen häufig abseits der Zentren im Hinterland entstehen.

Rückreise

Bevor die Rückkehr ansteht, soll noch erinnert werden an Worte Jean Gionos, demjenigen zum Trost, der das Gefühl hat, von der Provence noch immer viel zu wenig zu wissen. Giono hat einmal geschrieben: »Ich bin zwar in dem Land geboren und habe ohne Unterbrechung fast sechzig Jahre dort gelebt; allein, was nützt's: Ich kenne es nicht.« (J. Giono: *Provence.* Paris 1995. S. 170. Zitatübersetzung F. L.)

Vom Tal der Durance aus haben wir zwei Möglichkeiten, die Haute-Provence zu verlassen und heimzureisen. Wir können mit dem Fluß einen Bogen machen nach Avignon in die Basse-Provence und das Rhônetal hinauf auf klassischem Weg die Reise zurück antreten. Oder wir können der Durance weiter flußaufwärts folgen, uns der ebenso klassischen Route Napoléon nähern und von dort aus den Durchschlupf durch das Gebirge suchen.

Es soll aber auch schon vorgekommen sein, daß Reisende, wenn sie erst im Land des Lichts angekommen waren, nie mehr zurückgekehrt sind in den kalten, finsteren Norden.

Autoren und Quellen

Mit * versehene Überschriften
stammen vom Herausgeber der vorliegenden Ausgabe

ERNST MORITZ ARNDT (1769–1860)
Geboren auf Rügen als Sohn eines zum Gutsinspektor aufgestiegenen Leibeigenen. Nach dem Besuch der Gelehrtenschule in Stralsund studierte er in Greifswald und Jena Theologie, Geschichte und Naturwissenschaften. 1798/99 unternahm er zu Fuß eine Bildungsreise, deren Eindrücke er in dem dreiteiligen Werk »Reisen durch einen Theil Deutschlands, Ungarns, Italiens und Frankreichs in den Jahren 1798 und 1799« (1801–03) festhielt. Die Reiseberichte bezeugen seine Begeisterung für die Errungenschaften der Französischen Revolution. Im Zuge der Eroberungsfeldzüge Napoleons verfaßte er patriotische Freiheitslieder und politische Kampfschriften. 1805 wurde Arndt Professor für Geschichte an der Universität Greifswald. Während der französischen Besatzung ging er nach Schweden. In dem vierbändigen Werk »Geist der Zeit« (1806–18) deutet er die europäische Geschichte im Rahmen seiner Idee einer germanisch-nordischen Volkseinheit und im Einsatz für die Volksfreiheit. In der Folgezeit und bis nach dem Wiener Kongreß war er an vielen antinapoleonischen Maßnahmen beteiligt und votierte für eine Verfassung der deutschen Staaten. 1818 erhielt er einen Ruf nach Bonn als Professor für Jüngere Geschichte, 1820 wurde er wegen Teilnahme an Geheimgesellschaften angeklagt und in den Zwangsruhestand versetzt. Erst 1840 wurde er rehabilitiert. 1848 zog er als ältester Abgeordneter ins Frankfurter Parlament ein, im Folgejahr nahm er die Lehrtätigkeit in Bonn wieder auf. Seine Bedeutung liegt in seinen Leistungen als poli-

tischer Publizist, als Dichter der Befreiungskriege und als Reiseschriftsteller. Arndt starb 1860 in Bonn.

Text: *Von Nizza nach Marseille (1802).

Quelle: E. M. Arndt: Bruchstücke einer Reise durch Frankreich im Frühling und Sommer 1799. Erster Theil. Leipzig: Heinrich Gräff 1802.

HENRI BOSCO (1888–1976)

Der in Avignon geborene Bosco besuchte die höhere Schule in seiner Heimatstadt, anschließend studierte er in Grenoble. Er war seit 1912 Professor an den französischen Kulturinstituten in Florenz und Neapel, ab 1930 in Rabat/Marokko, bevor er sich in seiner Heimatregion niederließ. 1945 erhielt er den Renaudot-Preis für Literatur. Er verfaßte unter dem Einfluß Nervals, Alain-Fourniers und Gionos und in der Tradition der Bukolik zahlreiche Romane, in denen die Provence als verlorenes Paradies und mythische Region (wie in dem Roman »Der Hof Théotime«, 1942) erscheint. Im Mittelpunkt seiner provenzalisch-mediterranen Romane stehen oft Kinder (wie in »Die schlafenden Wasser«, 1945, oder »Der Esel mit der Samthose«, 1937), die in Boscos romantischer Weltsicht noch am ehesten Zugang haben zur naturmagischen und märchenhaften Welt. Bosco starb 1976 in Nizza.

Text: Die schlafenden Wasser (1945), Auszug. Originaltitel: »L'enfant et la rivière«. Paris 1945. © Éditions Gallimard.

Quelle: H. Bosco: Die schlafenden Wasser. Stuttgart: Verlag Fleischhauer & Spohn 1979.

ALPHONSE DAUDET (1841–1897)

Der einer verarmten Fabrikantenfamilie entstammende, in Nîmes geborene Daudet mußte schon früh (1856) als Repetitor am Collège von Alès selbst für den Lebensunterhalt sorgen. 1857 ging er nach Paris und arbeitete als Privatsekretär des Herzogs von Morny, der ihm mehrere Reisen ermöglichte (nach Südfrankreich, Algerien, Korsika). Nach dessen Tod 1865 widmete sich Daudet ganz der literarischen Tätigkeit. In seinen Werken steht er in der Tradition der realistischen Ästhetik des 19. Jahrhunderts und unter dem Einfluß Zolas, Flauberts und der Brüder Goncourt. Im Gegensatz zum Naturalismus sind bei ihm Sozialkritik und Geschichtspessimismus weniger ausgeprägt und von einem lebensbejahenden Humor überlagert. In der Regel schrieb er nur über selbst Erlebtes, das er in seinen »Cahiers« (Notizblättern) festgehalten hatte. Zu seinen berühmtesten Werken gehören die »Briefe aus meiner Mühle« (1869) und »Die wundersamen Abenteuer des Tartarin aus Tarascon« (1872) – eines provenzalischen Don Quijote – sowie »Der kleine Dingsda. Geschichte eines Kindes« (1868), worin er seine Erfahrungen als Lehrer verarbeitet. Daudet starb 1897 in Paris. Sein Sohn Léon Daudet (1867–1942) war ebenfalls ein bedeutender Schriftsteller, der unter anderem den Shakespeare-Roman »Le voyage de Shakespeare« (1929) verfaßt hat. Auch der zweite Sohn, Lucien Daudet (1883–1946), war Schriftsteller und eng befreundet mit Marcel Proust.

Text: Tartarin aus Tarascon (1872), Auszug.

Quelle: A. Daudet: Tartarin aus Tarascon. Berlin und Hamburg: Deutsche Buchgemeinschaft 1948.

Text: In der Camargue (1869).

Quelle: A. Daudet: Briefe aus meiner Mühle. München: Goldmann 1995.

KASIMIR EDSCHMID (eigentl. EDUARD SCHMID, 1890–1966)
Der in Darmstadt geborene Autor war promovierter Romanist, ab 1913 Mitarbeiter verschiedener europäischer Zeitungen und 1919–23 Mitherausgeber der »Tribüne der Kunst und Zeit«. 1933 wurde er mit einem Rede- und Rundfunkverbot, 1941 mit einem Schreibverbot belegt. In dieser Zeit hielt er sich meist in Südtirol auf. Nach dem Krieg lebte er wieder in Darmstadt und war Vizepräsident des P.E.N.-Clubs der BRD und der Deutschen Akademie für Sprache und Dichtung. Er unternahm viele lange und quer über den Globus führende Reisen, die er in dich-

ten Schilderungen festhielt. Er begann als Expressionist mit Novellen (»Das rasende Leben«, 1916), theoretischen Manifesten und dem Roman »Die achatnen Kugeln« (1920). Es folgte eine Phase mit realistischen Romanen und psychologisch orientierten Künstlerbiographien (über Byron und Büchner), zuletzt schrieb er gehobene Unterhaltungsromane (»Whiskey für Algerien«, 1963) und weiterhin Reisebücher. Edschmid starb 1966 in Vulpera in der Schweiz.
Text: Côte d'Azur (1957).
Quelle: Côte d'Azur. Herausgegeben von René Jacques. München u. a. Wilhelm Andermann Verlag 1957.

Jean-Henri Fabre (1823–1915)
Der im südfranzösischen Saint-Léons-du-Lévézou geborene Fabre zog 1833 mit seiner Familie nach Rodez, wo er das Collège Royal besuchte. 1837 wieder Umzug nach Toulouse und Besuch des Seminars l'Esquile. 1840, als die Familie erneut – diesmal nach Montpellier – umzog, ging Fabre eigene Wege, gab den Schulbesuch auf und verdiente seinen Lebensunterhalt selbst. Er bestand die Prüfung für ein Stipendium am Lehrerseminar in Avignon. 1842 absolvierte er die Abschlußprüfung und wurde Primarlehrer in Carpentras. 1848 bestand er in Montpellier das Bakkalaureat in Mathematik und Physik, 1849 trat er eine Stelle als Physiklehrer im korsischen Ajaccio an. 1853 erhielt er eine Professur am Lyzeum von Avignon. 1855 promovierte er an der Naturwissenschaftlichen Fakultät in Paris. Nach vielen mühevollen Jahren war der wissenschaftliche Durchbruch gelungen: 1856 erhielt er den Preis für Experimentelle Physiologie durch das Institut de France, es folgten zahlreiche Preise und Auszeichnungen. Ab 1859 Bekanntschaft mit John Stuart Mill und Louis Pasteur, 1868–70 war Stéphane Mallarmé sein Kollege am Lyzeum. 1870 konnte sich Fabre dank eines Darlehens von Mill nach Orange zurückziehen und als freier Publizist und Naturwissenschaftler leben. Von 1879 bis 1907 erschienen die zehn Bände seiner »Souvenirs entomologiques«,

das Lebenswerk des Insektenforschers (Entomologen). 1880 erwarb Fabre sein legendäres Landgut, den Harmas von Sérignan in der Vaucluse, den er als entomologisches Forschungszentrum einrichtete. Dort schrieb er auch, an einem winzigen Tisch, die viertausend Seiten seiner Erinnerungen nieder, die unübertroffene Schilderungen von Flora und Fauna enthalten sowie eine tiefe Humanität und einen sanften Humor ausstrahlen. 1910 erhielt Fabre viele offizielle Ehrungen, aus dem lange im Verborgenen wirkenden Einzelgänger wurde eine Berühmtheit, dessen Lebenswerk heute in Frankreich zum klassischen Lektürekanon jeder Schule gehört. Fabre, von Charles Darwin als »unübertroffener Beobachter« und von Victor Hugo als »Homer der Insekten« gepriesen, starb 1915 in Sérignan.

Text: Eine Besteigung des Mont Ventoux (1865).

Quelle: J.-H. Fabre: Das offenbare Geheimnis. Aus dem Lebenswerk des Insektenforschers. Eine Auswahl aus den ›Souvenirs entomologiques‹. Herausgegeben von Kurt Guggenheim und Adolf Portmann. Mit einem Essay von Martin Lindauer. München und Zürich: Artemis 1961.

JEAN GIONO (1895–1970)

Geboren in Manosque als Sohn armer Leute (der Vater war ein piemontesischer Schuster, die Mutter Büglerin), brachte es Giono zu keinem Schulabschluß, weil er Geld verdienen mußte. Er war Laufbursche der Bank von Manosque, später freilich wurde er deren Direktor. Von der Zeit des Ersten Weltkriegs abgesehen, lebte Giono in seiner Heimatstadt. Immer wieder geriet er aufgrund von Mißverständnissen zwischen die politischen Lager: 1939 verdächtigte man ihn als Kommunisten, 1944 als Kollaborateur. Nach dem Zweiten Weltkrieg wurde er als Dichter anerkannt und mit zahlreichen Preisen ausgezeichnet. Sein Hauptwerk bilden Romane und Erzählungen, in denen die Natur der Provence zur idealen Landschaft erhoben wird, in der eine Versöhnung des Menschen mit sich und der Natur gelingen, aber auch eine Katastrophe eintreten kann. In der zivilisierten und christianisierten Heimat wirkt immer noch der heidnische Gott Pan, dem Giono eine Trilogie (»Der Hügel«, »Einer von Baumugnes«, »Ernte«; 1929–30) gewidmet hat. Gionos Regionalismus und Zivilisationskritik bemühten sich um eine Versöhnung von Mythos und Natur (etwa in »Das Lied der Welt«, 1934). Neben diesen hymnischen Epen auf die Provence schrieb Giono historische Romane (»Der Husar auf dem Dach«, 1951), Novellen, pazifistische und kulturgeschichtliche Essays (»Melville zum Gruß«, 1941) sowie über Jahrzehnte hinweg Landschaftsschilderungen und Porträts seiner Heimatregion (gesammelt in dem Band »Provence«, Paris 1995). Giono gilt als bedeutendster Autor der Region. André Gide nannte ihn den »Prosa-Vergil der Provence«, und Pierre Magnan stellte Giono in seiner Bedeutung als Stilist auf eine Stufe mit Marcel Proust. Giono starb 1970 in seiner Heimatstadt Manosque.

Text: Jean der Träumer (1932), Auszug. Originaltitel: Jean le Bleu. Paris 1932. © Éditions Grasset & Fasquelle.

Quelle: J. Giono: Jean der Träumer. München: Matthes & Seitz 1991.

FERDINAND GREGOROVIUS (1821–1891)

Geboren in Neidenburg/Ostpreußen aus einer masurischen Pfarrer- und Juristenfamilie. Nach dem Gymnasiumsbesuch studierte er Theologie und Philosophie in Königsberg, 1841 erstes theologisches Examen. Da er sich als ungeeignet für den Pfarrerberuf ansah, nahm er das Studium wieder auf und schloß 1843 mit einer Dissertation über die Ästhetik Plotins ab. Im gleichen Jahr erschienen unter Pseudonym erste literarische Arbeiten. Bis 1852 unterrichtete er in Königsberg an einer Privatschule, daneben arbeitete er als Redakteur der »Neuen Königsberger Zeitung«. 1852 reiste er nach Italien und wanderte durch Korsika. Mit seinen beim Publikum beliebten historischen Landschaftsschilderungen (»Wanderjahre in Italien«, 5 Bände, 1856–77) begründete er ein neues Genre und verdiente sich damit den Lebensunterhalt. Von Rom fasziniert, erforschte er

dessen Geschichte, was zu seinem Hauptwerk führte, der achtbändigen »Geschichte der Stadt Rom im Mittelalter« (1859–72). Neben jährlichen Rom-Aufenthalten bereiste er Griechenland und den Orient. 1874 ließ er sich in München nieder. Sein Alterswerk ist die zweibändige »Geschichte der Stadt Athen im Mittelalter« (1889). Gregorovius gehört mit seinem monumentalen Lebenswerk zu den bedeutendsten Geschichtsschreibern und Reiseschriftstellern des 19. Jahrhunderts. Sein drittes Großprojekt über die Stadt Jerusalem konnte er nicht mehr verwirklichen. Gregorovius, der erste deutsche Ehrenbürger Roms, starb 1891 in München.
Text: Avignon (1860).
Quelle: F. Gregorovius: Wanderjahre in Italien. Figuren, Geschichte, Leben und Szenerie aus Italien. Köln: Agrippina-Verlag 1953.

PETER HANDKE (geb. 1942)
Der in Griffen/Kärnten geborene Autor entstammt einfachen Verhältnissen. Nach der Volksschule in Griffen besuchte er 1954–59 das katholische Internat in Tanzenberg, danach das Gymnasium in Klagenfurt. 1961–65 studierte er Jura in Graz, wo er sich der Autorengruppe »Forum Stadtpark« anschloß. Seinen ersten großen öffentlichen Auftritt hatte er 1966 beim Treffen der Gruppe 47 in Princeton/USA, als er die älteren Kollegen der »Beschreibungsimpotenz« bezichtigte. Einen fulminanten Einstand hatte er im selben Jahr mit dem Theaterstück »Publikumsbeschimpfung«. In den folgenden Theaterstücken und Hörspielen setzte er sich vor allem mit Fragen der Sprache, der Kommunikation und der Konstitution von Wirklichkeit auseinander. Neben dem Verfasser von programmatischen Schriften und Werkstatt-Notizen (»Ich bin ein Bewohner des Elfenbeinturms«, 1972; »Die Geschichte des Bleistifts«, 1982) gibt es auch den Filmemacher (»Die linkshändige Frau«, 1977) und Übersetzer Handke sowie vor allem den Erzähler. In den frühen Romanen (»Die Hornissen«, 1966; »Der Hausierer«,

1967; »Die Angst des Tormanns beim Elfmeter«, 1970) geht es selbstreflexiv um das Verhältnis von Fiktion und Wirklichkeit. Ab den siebziger Jahren versuchte Handke die ›große Geste‹ im Anschluß an die Tradition bei gleichzeitigem Bemühen um Selbsterfahrung und Bildung eines eigenen ästhetischen Programms (»Der kurze Brief zum langen Abschied«, 1972; »Die Stunde der wahren Empfindung«, 1975; »Wunschloses Unglück«, 1972). Dies gelang in der folgenden Tetralogie (»Langsame Heimkehr«, 1979; »Die Lehre der Sainte-Victoire«, 1980; »Kindergeschichte«, 1981; »Über die Dörfer«, 1981), die neue Formen des Sehens und Beschreibens im Zeichen der Verlangsamung und Detailgenauigkeit entwickelte. Die Tendenz zu Erzähltexten mit einer immanenten Poetik setzte sich fort mit den Büchern »Der Chinese des Schmerzes« (1983) und »Die Wiederholung« (1986). Als vorläufiger Höhepunkt von Handkes Beschreibungskunst kann »Mein Jahr in der Niemandsbucht« (1994) gelten, dem Kritiker allerdings auch egomanischen Narzißmus und elitären Verkündungsgestus vorwerfen. Seit seiner pro-serbischen Haltung im Balkankonflikt ist Handke nicht nur ästhetisch, sondern auch politisch streitbar und umstritten – wie seit jeher.

Text: Die Lehre der Sainte-Victoire (1980), Auszug.

Quelle: P. Handke: Die Lehre der Sainte-Victoire. © Suhrkamp Verlag. Frankfurt am Main 1980.

Hugo von Hofmannsthal (1874–1929)

In Wien als Sohn eines Bankdirektors und einer Richterstochter geboren, begann er schon in der Gymnasialzeit mit dem Schreiben und hatte bald Kontakte zu den führenden Vertretern der Wiener Moderne (Hermann Bahr, Richard Beer-Hofmann, Arthur Schnitzler). In diese Zeit fielen auch die Begegnungen mit Ibsen und George. 1892 unternahm er eine Reise über die Schweiz nach Südfrankreich, über die er in »Südfranzösische Eindrücke« berichtete. 1893 schrieb er das Stück »Der Tor und der Tod« sowie erste Prosaerzählungen. 1894 legte er das Erste juristische Staatsexamen ab, anschließend absolvierte er das Freiwilligenjahr im 6. Dragonerregiment. 1895 Niederschrift von »Das Märchen der 672. Nacht« und »Soldatengeschichte«. Im gleichen Jahr unternahm er eine Reise nach Venedig und begann mit dem Studium der Romanischen Philologie. 1897 brach er zu einer Fahrradtour nach Italien auf. In den Folgejahren zahlreiche weitere Reisen, unter anderem nach Paris, Berlin, Kopenhagen und Griechenland. 1898 Promotion in Romanistik. 1901 stellte Hofmannsthal in Wien einen Antrag auf Habilitation und eine Dozentur, zog diesen aber wieder zurück. Im selben Jahr übersiedelte er nach Rodaun. Neben Essayistik (»Ein Brief des Lord Chandos«, 1902), Lyrik und Dramatik (»Jedermann«, Uraufführung 1911; »Elektra«, Uraufführung 1909; »Der Schwierige«, Uraufführung 1921) schuf Hofmannsthal auch zahlreiche Libretti für Opern von Richard Strauss (»Der Rosenkavalier«, Uraufführung 1911; »Arabella«, Uraufführung 1933) sowie zahlreiche Erzählungen (»Reitergeschichte«, 1899; »Die Frau ohne Schatten«, 1919) und das große Romanfragment »Andreas oder Die Vereinigten« (entstanden 1907–27). Er gehört zu den wichtigsten Vertretern der literarischen Moderne, dem die Überwindung des Ästhetizismus der Jahrhundertwende gelang. Um die Zeit des Ersten Weltkriegs trat er als patriotischer Publizist in Erscheinung. 1929 starb Hofmannsthal in Rodaun an den Folgen eines Schlaganfalles, zwei Tage nach dem Selbstmord seines ältesten Sohnes.

Text: Südfranzösische Eindrücke (1892).

Quelle: H. v. Hofmannsthal: Südfranzösische Eindrücke. Nach dem Erstdruck: Deutsche Zeitung, Wien, 12.11.1892. Orthographie und Zeichensetzung wurden behutsam modernisiert.

ERNST JÜNGER (1895–1998)

Der aus einer Heidelberger Apothekerfamilie stammende Autor verzog 1907 mit den Eltern nach Hannover. Er besuchte eine Reihe von Internaten, Realschulen und Gymnasien, vor denen er flüchtete, indem er 1913 in die französische Fremdenlegion ging. 1914 legte er das Notabitur ab und meldete sich als Kriegsfreiwilliger. Er wurde als Frontoffizier mehrfach verwundet und mit dem Orden Pour le mérite ausgezeichnet. 1920 erschien sein berühmt-berüchtigtes Buch »In Stahlgewittern«, dem 1922 der Essay »Der Kampf als inneres Erlebnis« folgte. Nach einem Studium der Zoologie und Philosophie in Leipzig und Neapel lebte er ab 1925 als freier Schriftsteller an verschiedenen Orten, bis er sich 1950 im schwäbischen Wilflingen niederließ. 1929 erschien die Prosa »Das abenteuerliche Herz«, 1932 der kulturtheoretische Essay »Der Arbeiter«, 1939 der Roman »Auf den Marmorklippen«. Jüngers ideologische Position zwischen Heroismus, Individualanarchismus, Nationalismus sowie Zivilisations- und Demokratiekritik war stets umstritten, zweifelsfrei weist ihn sein Œuvre als bedeutenden Autor des 20. Jahrhunderts aus, der besonders in Frankreich hochgeschätzt wird, obwohl er im Zweiten Weltkrieg dem Führungsstab des deutschen Militärbefehlshabers in Paris angehörte. Zu der Zeit hatte er Kontakt zu Autoren der französischen Rechten (Drieu la Rochelle) und Kollaborateuren. Da er sich nach Kriegsende weigerte, die Entnazifizierungsfragebögen auszufüllen, erhielt er bis 1949 von den Alliierten ein Publikationsverbot. Danach veröffentlichte er seine Kriegstagebücher (»Strahlungen«, 1949) und den utopischen Roman »Heliopolis« (1949). Er unternahm zahlreiche Reisen nach Südeuropa, Asien und Afrika. In der Folgezeit verfaßte er vor allem Tagebücher (»Siebzig verweht«, 1980/81, 1993/94), zeit seines Lebens betätigte er sich außerdem als Botaniker und Entomologe. Jünger erhielt, teilweise unter heftigem Protest seiner Gegner, zahlreiche Ehrungen. Er starb 1998 in Wilflingen.

Text: Ein Vormittag in Antibes (1960).

Quelle: E. Jünger: Sämtliche Werke. Band 6: Reisetagebücher. Klett-Cotta. Stuttgart 1982.

RUDYARD KIPLING (1865–1936)
Geboren in Bombay, wo sein Vater zunächst Methodistengeistlicher, später Professor für Architektur und Skulptur war, lebte Kipling bis zum 6. Lebensjahr in Indien. Dann erhielt er eine standesgemäße Erziehung im englischen Southsea, 1878–82 besuchte er eine Militärvorbereitungsschule in Devonshire. Die Erlebnisse dieser Zeit hielt er in den Schulgeschichten »Stalky und Co« (1899) fest. 1882 kehrte er nach Indien zurück und arbeitete dort als Journalist für diverse Zeitungen. Ab 1889 unternahm er zahlreiche Reisen nach Amerika, Neuseeland und Australien. Nach der Heirat 1892 ließ er sich in Vermont nieder, kehrte aber 1896 nach England zurück und lebte in Sussex. 1907 erhielt er den Nobelpreis für Literatur, 1922 wurde er Rektor von St. Andrews. Kipling ist ein Meister der Kurzgeschichte und Verfasser exotischer Novellen (»Die Dschungelbücher«, 1894/95) und von Abenteuerromanen (»Kim«, 1901), in denen er den Zauber Indiens festhielt und Themen wie Kolonialismus und Imperialismus behandelte. Kipling starb 1936 in London und wurde in Westminster Abbey beigesetzt.

Text: Der Stier, der denken konnte (1924). Originaltitel: The Bull that thought © Macmillan and Co.

Quelle: R. Kipling: Gesammelte Werke. Band 2. München: Paul List Verlag 1965.

PIERRE MAGNAN (geb. 1922)
Der in Manosque als Sohn eines Straßenarbeiters geborene Magnan ist von Jean Giono und Thyde Monnier in die Literatur eingeführt worden. Bis zum Alter von 12 Jahren besuchte er das Collège, danach arbeitete er bis 1942 als Setzer in einer Druckerei seiner Heimatstadt. Dann wurde er zur Zwangsarbeit eingezogen, schloß sich jedoch dem Widerstand an. In dieser Zeit entstand sein erster Roman »L'Aube insolite« (1946), der den Alltag in einem Alpendorf während der Okkupation schildert. In den Folgejahren veröffentlichte er mehrere erfolglose Romane. Er suchte Arbeit bei einer Kühltransportfirma,

für die er 27 Jahre tätig war. In dieser Zeit verfaßte er weiterhin Romane, die niemand publizieren wollte. Als er 1976 arbeitslos wurde, setzte er ganz auf das Schreiben – und hatte plötzlich Erfolg. Mit mittlerweile rund zwanzig historischen, in der Haute-Provence angesiedelten Kriminalromanen, in deren Mittelpunkt meist der Kommissar Laviolette steht, wurde er schnell berühmt. Mit seinem vielfach ausgezeichneten Werk gilt er weit über sein bevorzugtes Genre hinaus als einer der bedeutendsten Autoren Frankreichs und legitimer Nachfolger seines Mentors Giono. Zu seinen bekanntesten Werken gehören der Roman »Das ermordete Haus« (1984) und dessen Fortsetzung »Le mystère de Séraphin Monge« (1990), »Les charbonniers de la mort« (1982), »La folie Forcalquier« (1995), »Le parme convient à Laviolette« (2000) sowie die Autobiographie »L'amant du poivre d'âne« (1988) und die Erinnerungsbücher »Pour saluer Giono« (1990) und »Les promenades de Giono« (1994). Magnan lebt noch heute in der Nähe von Manosque, in einem für die Region typischen engen Häuschen mit Taubenschlag.

Text: Das ermordete Haus (1984), Auszug. Originaltitel: La maison assassinée. Paris 1984. © Éditions Denoël.

Quelle: P. Magnan: Das ermordete Haus. Bern, München, Wien: Fretz & Wasmuth 1999.

GUY DE MAUPASSANT (1850–1893)

Der auf Schloß Miromesnil oder in Fécamp geborene, einem Adelsgeschlecht entstammende Maupassant besuchte die Schule in Yvetot und Rouen, bevor er ein Jurastudium begann. Nach dem Abbruch des Studiums und dem Militärdienst arbeitete er bis 1878 im Marine-, später im Unterrichtsministerium. Von Flaubert in die Literatur eingeführt, wurde Maupassant mit der Novelle »Fettklößchen« (1880) berühmt. Bis 1891 verfaßte er 6 Romane (darunter »Une vie«, 1883; »Bel ami«, 1885; »Mont Oriol«, 1886/87) und rund 260 Novellen (darunter die Sammlungen »Das Haus Tellier«, 1881; »Mademoiselle Fifi«, 1882; »Der Horla«, 1887). Im Frühjahr 1887 unternahm Maupassant eine Mittelmeerkreuzfahrt, über die er in der feuilletonistischen Reiseskizze »Auf dem Wasser« (1888) berichtet hat. Bereits 1876 hatte sich Maupassants Gesundheitszustand zu verschlechtern begonnen (Herzleiden und chronische Migräne), 1891 verfiel er in geistige Umnachtung. Mit seinem Werk gehört Maupassant zu den bedeutendsten Vertretern des französischen Naturalismus. Er starb 1893 nach einem gescheiterten Selbstmordversuch in einer Klinik in Passy bei Paris.

Text: Der Olivenhain (1890), Auszug aus »Ungenutzte Schönheit«. Originaltitel: L'inutile beauté. Paris 1890.

Quelle: G. de Maupassant: Romane und Novellen. München: Kurt Wolff Verlag 1924.

Frédéric Mistral (1830–1914)

Der in Maillane/Bouches-du-Rhône geborene Bauernsohn besuchte die höhere Schule in Avignon und widmete sich nach seinem Jurastudium in Aix-en-Provence (bis 1851) einer Erneuerung der provenzalischen Literatur. Er selbst brachte diese Tradition zu neuer Blüte, insbesondere mit seinen Versepen »Mirèio« (1859, ausgezeichnet von der Académie Française) und »Calendau« sowie mit seiner provenzalischen Lyrik (»Lis isclo d'or«, 1875; »Lis oulivados«, 1912), womit Mistral die neuprovenzalische, mediterran-klassizistische Literatur zur Weltliteratur erhob. Außerdem unterstützte er als aktives Mitglied die Félibrige-Bewegung, einen südfranzösischen Dichterbund, der sich nicht nur die Renaissance der okzitanischen Literatur, sondern auch die politische Autonomie vorgenommen hatte. Mistral war auch Lexikograph und verfaßte ein zweibändiges Wörterbuch des Neuprovenzalischen (1879–86). Die meisten seiner Werke übersetzte er selbst ins Französische. Aufschluß über die Bewegung zur Erneuerung des Provenzalischen gibt die literarisch bedeutende Autobiographie Mistrals, »Moun espelido, memori et raconte« (1906). 1904 erhielt er den Nobelpreis für Literatur. Mistral starb 1914 in seinem Heimatort Maillane.

Text: Die Reise zu den Heiligen Marien (1906), Auszug aus »Erinnerungen«. Originaltitel: Moun espelido, memori et raconte. © Originaltitel: Mémoires et récits. Paris: Plon 1906.
Quelle: F. Mistral: Seele der Provence. Bern, München: Scherz 1959.

THYDE MONNIER (eigentl. MATHILDE MONNIER, 1887–1967)
Die in Marseille geborene Fabrikantentochter besuchte das Lyzeum in Marseille und begann schon in dieser Zeit mit ersten schriftstellerischen Versuchen. Sie verfaßte zahlreiche regionalistische Romane mit dem Schauplatz Provence, darunter »Liebe, Brot der Armen« (1937) und vor allem den als Familiensaga angelegten siebenbändigen Zyklus »Les Demichels« (1937ff.), in dem es um Leben, Liebe, Leidenschaften und Nöte der provenzalischen Landsleute geht. Monnier hatte gute Kontakte zu bedeutenden provenzalischen Autoren wie Giono, auch hat sie die schriftstellerischen Anfänge Magnans begleitet, der literarische Höhen erreicht hat, die ihr nicht vergönnt sein sollten. Sie war eine handwerklich solide Erzählerin und erfolgreiche Unterhaltungsschriftstellerin, die den Typus der provenzalischen Familienchronik begründet hat. Thyde Monnier starb 1967 in Nizza.
Text: *Fischmarkt in Toulon (1947), Auszug aus dem Roman Le Figuier stérile. Paris: Éditions Julliard 1947.
Quelle: Th. Monnier: Der unfruchtbare Feigenbaum. Hamburg: Marion von Schröder 1965.
Die Übersetzung wurde vom Herausgeber durchgesehen.

MARCEL PAGNOL (1895–1974)
In Aubagne bei Marseille als Sohn eines Lehrers geboren, schrieb er bereits mit 18 Jahren seine erste Komödie, doch es dauerte 15 Jahre, bis das erste Stück von ihm in Paris auf die Bühne kam (die Komödie »Topaze«, Uraufführung 1928). In der Zwischenzeit absolvierte er ein Studium der Anglistik und unterrichtete an verschiedenen südfranzösischen Schulen, ab

1922 am Lycée Condorcet in Paris. 1928–31 schrieb er die Marseille-Trilogie, die berühmten Stücke über das Leben im Marseiller Hafenviertel: »Marius« (Uraufführung 1929), »Fanny« (Uraufführung 1931) und »César« (Uraufführung 1946). Pagnols Theaterstücke sind zumeist satirische Sittengemälde aus der Welt des Kleinbürgertums zwischen Paris und der Provence. Seit 1930 war Pagnol als Drehbuchautor und Regisseur (17 Filme) für den Film tätig, dem Meisterwerke wie »Die Frau des Bäckers« (1938) oder »Le Schpountz« (1938) zu verdanken sind. Als Erzähler hat er mit seinen Jugenderinnerungen (»Der Ruhm meines Vaters«, »Das Schloß meiner Mutter«; 1957–58) ein großes Publikum gefunden. Zu seinen herausragenden Werken gehören auch der auf dem Hochland bei Marseille angesiedelte Doppelroman »Die Wasser der Hügel« (1962). Pagnol starb 1974 in Paris.

Text: Die Wasser der Hügel (1962), Auszug. Originaltitel: L'eau des collines. Paris 1962. © Éditions de Fallois.

Quelle: M. Pagnol: Die Wasser der Hügel. © 1969 Marcel Pagnol. © der deutschsprachigen Ausgabe by Langen Müller in der F. A. Herbig Verlagsbuchhandlung GmbH, München. Übersetzung aus dem Französischen von Pamela Wedekind.

FRANCESCO PETRARCA (eigentl. FRANCESCO PIETRO, 1304 bis 1374)

Geboren in Arezzo, lebte der Dichter zuerst bei seiner Mutter, bevor er 1311/12 dem Vater nach Avignon folgte. Er wurde in Carpentras von einem italienischen Lehrer unterrichtet. 1317 begann er ein Jurastudium in Montpellier, das er 1323 in Bologna fortsetzte. 1326 Rückkehr nach Avignon. Im Folgejahr lernte er die Frau (Laura) kennen, die er sein Leben lang liebte und auf die er seine berühmten Sonette »Canzoniere« (erschienen 1470) schrieb. Nach ausgedehnten Reisen lebte er 1337–49 in Vaucluse bei Avignon. 1341 wurde er in Rom feierlich zum Dichter gekrönt. Ab 1353 war er 8 Jahre lang Gesandter in Mailand. Ab 1362 lebte er abwechselnd in Venedig und in Arquà bei

Padua. Petrarca ist mit seinen Briefen, Epen und Traktaten ein Mitbegründer des Humanismus und einer der größten Lyriker Italiens, der die europäische Liebesdichtung (Petrarkismus) jahrhundertelang prägte. Petrarca starb 1374 in Arquà.
Text: Die Besteigung des Mont Ventoux (1336).
Quelle: Briefe des Francesco Petrarca. Eine Auswahl, übersetzt von Hans Nachod und Paul Stern. Berlin: Verlag Die Runde 1931.

HERMANN FÜRST PÜCKLER (1785–1871)
Geboren auf Schloß Muskau in der Oberlausitz, kam er 1792 in das herrnhutische Institut Uhyst bei Bautzen, 1797 in das Pädagogium in Halle. 1801 begann er ein Jurastudium in Leipzig, das er wegen hoher Schulden 1802 abbrach. Er trat als Leutnant in die sächsische Garde du Corps ein, wo er wegen seiner Eskapaden den Beinamen des »tollen Pückler« bekam. 1804 nahm er als Rittmeister seinen Abschied und begab sich auf ausgedehnte Reisen nach Frankreich und Italien. Nach dem Tod seines Vaters 1811 wurde er Standesherr von Muskau, 1813 nahm er als Freiwilliger an den Befreiungskriegen teil, war Adjutant des Großherzogs von Sachsen-Weimar und wurde Militärgouverneur von Brügge. Nach dem Friedensschluß reiste er nach England und erhielt dort jene Anregungen zur Gartengestaltung, die er in den berühmten Parkanlagen zu Muskau umsetzen ließ. 1822 in den Fürstenstand erhoben. Es folgten erneut abenteuerliche Reisen, unter anderem nach Algerien, Ägypten, Kleinasien und Griechenland. 1845 verkaufte er die Herrschaft Muskau und lebte an verschiedenen Orten, zuletzt auf Schloß Branitz bei Cottbus. Seine erfolgreichen Reiseberichte erschienen unter dem Titel »Briefe eines Verstorbenen« (1830ff.), gefolgt von seinem Werk über die Muskauer Anlagen, »Andeutungen über Landschaftsgärtnerei« (1834). Der Schriftsteller, Abenteurer, Landschaftsgärtner, Dandy und Frauenheld Pückler-Muskau starb 1871 auf Schloß Branitz.
Text: *Avignon (1809).

Quelle: H. von Pückler-Muskau: Jugend-Wanderungen. Aus meinen Tagebüchern für mich und andere. Stuttgart: Hallbergersche Verlagsbuchhandlung 1835.

LUDWIG RICHTER (1803–1884)

Geboren in Dresden als Sohn eines armen Zeichners und Kupferstechers, erhielt er 1816–23 eine Ausbildung an der Dresdener Kunstakademie. Ein Stipendium ermöglichte ihm die lange ersehnte Italienreise (1823–26). In Rom kam er mit den Nazarenern um Friedrich Overbeck zusammen, bei Joseph Anton Koch konnte er die heroische Landschaftsmalerei studieren. Diesem Lehrer fühlte sich der Maler auch noch verpflichtet, als er selbst unterrichtete, zunächst an der Zeichenschule der Meißener Prozellanmanufaktur (ab 1828), dann 1836–71 als Professor an der Kunstakademie Dresden. Zur Sicherung des Lebensunterhaltes illustrierte er Märchenbücher und Klassikerausgaben. Er gilt als bedeutendster Maler der Spätromantik. Seine Autobiographie »Lebenserinnerungen eines deutschen Malers« (1885/86), die sich formal an Goethes »Wilhelm Meister« anlehnen, sind als kulturhistorisches Dokument heute noch lesenswert. Richter starb 1884 in Loschwitz bei Dresden.

Text: *Rhône-Reise an Weihnachten (1820).

Quelle: L. Richter: Lebenserinnerungen eines deutschen Malers. Frankfurt am Main 1885/86. Neudruck Würzburg 1985.

RAINER MARIA RILKE (1875–1926)

Geboren als Sohn eines Eisenbahninspektors und einer wohlhabenden, ehrgeizigen Mutter, wurde der junge Rilke zum Spielball divergierender elterlicher Interessen. Während ihn seine Mutter in Mädchenkleider steckte, sollte er nach dem Wunsch des Vaters Offizier werden. 1886–91 besuchte er die Militärschulen von St. Pölten und Mährisch-Weißkirchen, nach der Entlassung ging er an die Linzer Handelsakademie und bereitete sich in Wien privat auf die Maturaprüfung vor, die er 1895 bestand. Danach Studium der Philosophie, Kunst und Literatur

in Prag, München und Berlin. Begegnung mit Lou Andreas-Salomé, mit der er nach Rußland reiste. 1899 entstand sein erfolgreiches Prosabuch »Die Weise von Liebe und Tod des Cornets Christoph Rilke«. 1902–08 erschienen zahlreiche Gedichtbände (unter anderem »Das Buch der Bilder« und das »Stunden-Buch«) sowie die Prosasammlung »Geschichten vom lieben Gott« (1904), die sein erfolgreichstes Buch wurde. Nach einer Reise nach Schweden auf Einladung der Reformpädagogin Ellen Key war er 1906/07 Sekretär von Auguste Rodin in Paris. Die Erfahrung des modernen Großstadtlebens verarbeitete er in dem Prosabuch »Aufzeichnungen des Malte Laurids Brigge« (1910). Rilke unternahm zahlreiche Studien- und Vortragsreisen, während deren kunst- und kulturgeschichtliche Betrachtungen entstanden. Nach oftmaligen Wohnortwechseln ließ er sich 1921 in dem Schlößchen Muzot bei Sierre im Rhônetal nieder. Auf Schloß Duino entstanden die »Duineser Elegien« (1923), auf Schloß Muzot die »Sonette an Orpheus« (1923). Rilke starb 1926 nach vielen Sanatoriumsaufenthalten in Val-Mont bei Montreux an Leukämie.
Text: Briefe über Cézanne (1907).
Quelle: R. M. Rilke: Briefe über Cézanne. Wiesbaden 1952.

JOSEPH ROTH (1894–1939)
Geboren im ostgalizischen Brody als Sohn chassidischer Juden, besuchte er die jüdische Gemeindeschule, 1905–13 das deutsche Gymnasium von Brody. Nach der Matura studierte er Philosophie und Germanistik in Lemberg und Wien. Er nahm als Kriegsfreiwilliger am Ersten Weltkrieg teil und geriet als österreichisch-ungarischer Offizier in russische Gefangenschaft. Ab 1918 arbeitete er für verschiedene Zeitungen als Journalist in Wien, ab 1921 in Berlin. 1923–32 war er als Korrespondent der renommierten »Frankfurter Zeitung« quer durch Europa unterwegs. In dieser Zeit entstanden zahlreiche Reisefeuilletons. 1933 emigrierte er über Wien, Salzburg, Marseille und Nizza nach Paris. Neben seinem herausragenden journalistischen

Werk schrieb er in der Tradition des französischen und russischen Realismus, später im Anschluß an die Wiener Moderne Erzählprosa, in deren Mittelpunkt die untergehende Welt des Ostjudentums (vgl. seinen Essay »Juden auf Wanderschaft«, 1927) sowie der Niedergang der Donaumonarchie und die damit verbundene Heimatlosigkeit und Leidenserfahrung stehen. Zu seinen bedeutendsten Romanen gehören »Hiob« (1930), »Radetzkymarsch« (1932), »Das falsche Gewicht« (1937) und »Die Kapuzinergruft« (1938). Wegen privater Schicksalsschläge und aus schierer Verzweiflung über die Nazi-Verbrechen verfiel der heimatlose Roth der Trunksucht und beging 1939 in Paris Selbstmord.

Text: Die weißen Städte (1925).

Quelle: J. Roth: Werke 2. Das journalistische Werk 1924–1928. Herausgegeben und mit einem Nachwort von Klaus Westermann. Köln: Kiepenheuer & Witsch und Allert de Lange 1989.

René Schickele (1883–1940)

Der im elsässischen Obernai geborene Sohn eines Polizeikommissars und Weingutbesitzers besuchte in Saverne und Straßburg das Gymnasium und studierte ab 1901 in Straßburg, München, Paris und Berlin Philosophie, Natur- und Literaturgeschichte. Schon als Student arbeitete er für verschiedene literarische Zeitschriften und veröffentlichte Gedichtbände. Er unternahm zahlreiche Reisen, unter anderem nach Ägypten und Indien. Ab 1914 war er Herausgeber der »Weißen Blätter«, die unter ihm zur wichtigsten Zeitschrift des Expressionismus wurden. Als Pazifist nahm er nicht am Ersten Weltkrieg teil, nach dessen Ende er zunächst am Bodensee, ab 1919 in Badenweiler lebte. 1932 emigrierte er in die Provence. Sein Hauptwerk, die Romantrilogie »Das Erbe am Rhein« (1925–31), behandelt wie viele seiner Werke (zum Beispiel das Drama über die volkstümliche elsässische Figur »Hans im Schnakenloch«, 1916) das deutsch-französische Verhältnis am Beispiel des Elsaß. In seinem letzten großen Roman, dem in der Provence angesiedelten »Die Witwe Bosca« (1933), schildert er am Beispiel einer Kriegerwitwe Egoismus und Materialismus. 1935 wurden seine Werke in Deutschland verboten. Schickele starb 1940 in Vence.

Text: *Olivenland: Vence, Saint Paul (1925), Auszug aus »Maria Capponi«.

Quelle: R. Schickele: Das Erbe am Rhein. Erster Roman: Maria Capponi. München: Kurt Wolff Verlag 1927. © Verlag Kiepenheuer & Witsch.

ARTHUR SCHOPENHAUER (1788–1860)

Der in Danzig geborene Sohn eines Großkaufmanns wuchs in seiner Heimatstadt auf und unternahm 1803–09 mit seinen Eltern eine große Europareise durch die Niederlande, England und Frankreich, aus der auch die hier abgedruckten Notizen stammen. Bis zum Selbstmord des Vaters 1805 war er auf dessen Wunsch als Kaufmann tätig, dann studierte er ab 1809 in Göttingen Naturwissenschaften, ab 1811 Philosophie in Berlin und Jena, wo er 1813 promovierte. 1814 übersiedelte er nach Dresden. Das dort entstandene philosophische Hauptwerk »Die Welt als Wille und Vorstellung« (1819) begann erst Mitte des 19. Jahrhunderts zu wirken, hat aber die Philosophiegeschichte und Generationen von Philosophen (Nietzsche, Horkheimer, Wittgenstein) und Schriftstellern (Wagner, Raabe, Thomas Mann, Kafka, Proust, Beckett, Hildesheimer, Bernhard) nach ihm geprägt. Nach einer Italienreise versuchte er 1820 sich als Privatdozent an der Berliner Universität zu etablieren, was aber infolge mangelnden Interesses scheiterte. Er zog sich, abgesichert durch das ererbte Vermögen, als Privatgelehrter nach Frankfurt am Main zurück. Dort starb er 1860.

Text: *Ausflug von Marseille (1804).

Quelle: A. Schopenhauer: Reisetagebücher aus den Jahren 1803–1804. Herausgegeben von Charlotte von Gwinner. Leipzig: F. A. Brockhaus 1923.

Johanna Schopenhauer (1766–1838)
Die in Danzig geborene Tochter der Kaufmannsfamilie Trosiener wollte ursprünglich Malerin werden. Aus Gründen der Konvention heiratete sie 1784 den reichen Patrizier Heinrich Floris Schopenhauer. Zusammen mit ihrem Mann und dem Sohn Arthur, dem später berühmten Philosophen, unternahm sie 1803–05 eine Reise nach Holland, England, Frankreich und in die Schweiz, über die sie den Bericht verfaßte, aus dem auch der vorliegende Auszug stammt. Die Mutter des Philosophen sah sich nach dem Tod ihres Mannes 1806 gezwungen, nach Weimar umzusiedeln, dort einen literarischen Salon zu eröffnen und die Schriftstellerei zum Brotberuf zu machen. Darin war sie sehr emsig und erfolgreich, die Gesamtausgabe ihrer Schriften umfaßt 24 Bände. Zu ihren bekanntesten Werken gehören der Roman »Gabriele« (1819), in dem sie in Anlehnung an Goethes »Wahlverwandtschaften« den Typus der entsagenden Frau schuf, sowie die Novellen »Der Schnee« (1825) und »Die Reise nach Italien« (1833), ihre Reiseberichte und ihre mehrbändigen Lebenserinnerungen. 1828–37 lebte Johanna Schopenhauer in Bonn, danach in Jena, wo sie 1838 starb.
Text: Reise nach Toulon (1804).
Quelle: J. Schopenhauer: Reise von Paris durch das südliche Frankreich bis Chamouny. Zweite, verbesserte und vermehrte Auflage. Leipzig: Brockhaus 1824
Orthographie und Zeichensetzung wurden behutsam modernisiert.

Kurt Tucholsky (1890–1935)
Der in Berlin geborene von assimilierten jüdischen Eltern (der Vater war Direktor in der Bank »Berliner Handelsgesellschaft«) abstammende Journalist, Essayist, Lyriker und Erzähler verbrachte die Kindheit in Stettin und Berlin. Dort besuchte er 1899 das Französische Gymnasium, ab 1903 das Wilhelms-Gymnasium, verließ aber die Schule und absolvierte das Abitur erst 1909 als Externer. Das Jurastudium in Berlin schloß er 1912

ab, zu einem Zeitpunkt, als er sich bereits als freier Autor durchgesetzt hatte. Er schrieb für den sozialdemokratischen »Vorwärts«, ab 1913 für die »Schaubühne«, die spätere »Weltbühne«, deren prominenter Hausautor (mit diversen Pseudonymen) er wurde. 1915 promovierte er in Rechtswissenschaften an der Universität Jena. Danach wurde er zum Kriegsdienst an der Ostfront eingezogen. Durch das Kriegserlebnis wandelte er sich zum fortschrittlich orientierten politischen Schriftsteller. 1918–20 war er fester Redakteur des »Berliner Tagblatts«, ab 1924 Korrespondent der »Weltbühne« in Paris. Nach Aufenthalten in Berlin und erneut in Paris ging er im April 1929 nach Schweden. Tucholskys Werk umfaßt Reportagen, Humoresken, Grotesken, Essays, Kabarettsongs, Liebesgedichte und Chansons. Zu seinen erfolgreichsten Büchern gehören die Erzählung »Rheinsberg« (1912) und »Schloß Gripsholm« (1931), die Sammlung »Deutschland, Deutschland über Alles« (1929) und die Reiseprosa »Ein Pyrenäenbuch« (1927). Als die Nazis seine Bücher verbrannten, reagierte er mit einem Boykott: Er schrieb nichts mehr. Tucholsky gehört zu denjenigen, die sich aus Verzweiflung über den Hitlerstaat freiwillig vom Leben verabschiedeten: Am 21.12.1935 nahm er Gift und starb in einem Krankenhaus in Göteborg.

Text: Wandertage in Südfrankreich (1925).

Quelle: K. Tucholsky: Gesammelte Werke. Copyright © 1960 by Rowohlt Verlag GmbH, Reinbek.

MARK TWAIN (eigentl. SAMUEL LONGHORNE CLEMENS, 1835–1910)

Geboren in Florida/Missouri, absolvierte er nach dem Tod des Vaters 1847 eine Setzerlehre und arbeitete als Drucker und Journalist. 1857–60 verdiente er sein Brot als Lotse auf dem Mississippi, 1861 schürfte er mit seinem Bruder in Nevada nach Silber, blieb aber auch journalistisch tätig. 1865 wurde er mit seiner humoristischen Kurzgeschichte »Der Springfrosch aus dem Bezirk Calaveras« schlagartig eine nationale Berühmtheit. Nach

Besuchen in Europa und Hawaii als Reporter unternahm er 1867 an Bord des Dampfers Quaker City eine Reise in die Mittelmeerländer, über die er in dem Buch »Die Arglosen im Ausland« (1869) berichtete, das ihn zum bestbezahlten Schriftsteller seiner Zeit machte. Sein von der Tradition mündlichen Erzählens geprägtes Werk (»Huckleberry Finns Abenteuer«, 1884; »Tom Sawyers Abenteuer«, 1876; »Leben auf dem Mississippi«, 1883) feiert die Vitalität der Pioniere und die zivilisatorischen Errungenschaften, neigt aber zugleich zu einem Rückzug in die Natur im Sinne Rousseaus (»Ein Yankee aus Connecticut an König Artus' Hof«, 1889). 1871 ließ er sich in Hartford/Connecticut nieder, kam aber immer wieder für längere Aufenthalte nach Europa. 1894 ging der von ihm gegründete Verlag bankrott, und er mußte Millionenschulden abtragen, durch Vortragsreisen rund um den Globus. Nach dem Verlust seiner Frau und seiner beiden Töchtern beherrschten ihn Einsamkeit und Pessimismus, wogegen auch der Weltruhm nicht half. Mark Twain starb 1910 in Redding/Connecticut.

Text: Bootsfahrt vor der Küste (1869) a.d. Amerik.: Ana Maria Brock.

Quelle: M. Twain: Ausgewählte Werke in zwölf Bänden. © Aufbau Verlag Berlin und Weimar 1960–1967

ÉMILE ZOLA (1840–1902)

Geboren in Paris als Sohn eines Tiefbauingenieurs italienischer Abkunft, verbrachte er die Kindheit in der Provence, wo er Freundschaft mit dem Maler Paul Cézanne schloß, den er später in dem Roman »L'Œuvre« (1886) porträtieren und damit den Bruch der Freundschaft auslösen sollte. 1858 zog Zola mit der Mutter nach Paris und absolvierte das Lycée Saint-Louis, scheiterte im Abitur aber zweimal am Fach Französisch. 1860 arbeitete er bei der Zollverwaltung, ab 1862 im Verlag Hachette im Versand und in der Werbeabteilung. 1866 verließ er Hachette und schrieb Artikel für verschiedene Blätter. In dem Roman »Thérèse Raquin« (1867) entwickelte er seinen Typus des naturalistischen Romans, der das Erzählen auf eine wissenschaftliche, an den Determinismus gebundene Basis stellte. Sein episches Hauptwerk ist der zwanzigbändige Zyklus »Les Rougon-Macquart« (1871–93) in der Tradition Balzacs. Während Balzac aber die sozialen Abhängigkeiten betonte, blieb Zola stets dem Determinismus verpflichtet und sah Vernichtung als Voraussetzung für neues Leben. Neben den großen Romanen schrieb Zola Erzählungen wie »Naïs Micoulin« (1884) und literaturtheoretische Abhandlungen (»Le roman expérimental«, 1880) sowie den berühmten offenen Protestbrief »J'accuse ...!« (1898) gegen das Urteil in der Dreyfus-Affäre. Zola starb 1902 in Paris.

Text: Naïs Micoulin (1884).

Quelle: É. Zola: Gesammelte Werke in zwei Bänden. Band 2. München u. Wien: Hanser 1976. © Gustav Kiepenheuer Verlag, Berlin u. Weimar.

Bibliographische Hinweise

Allgemeine Literatur, Anthologien, Reiseführer

Barthel, Manfred (Herausgeber): Geschichten rund ums Mittelmeer. Frankreich. Auf den Spuren der Dichter. Bergisch Gladbach 1985

Bengel, Michael: Ein Traum von Licht und Farben. Provençalische Passionen. Wien 1999

Böhm, Gottfried: Cézannes Montagne Sainte-Victoire. Frankfurt am Main 1985

Bröhan, Margit (Herausgeberin): Die Provence – Morgensegel Europas. Ein Lesebuch. München 1989

Chevallier, Raymond: Die römische Provence. Die Provinz Gallia Narbonensis. Luzern und Herrsching 1985

Clébert, Jean-Paul: Les fêtes en Provence. Avignon 1982

Droste, Thorsten: Die Provence. Ein Begleiter zu den Kunststätten und Naturschönheiten im Sonnenland Frankreichs. Köln 1986

Frank, Ernst M. (Herausgeber): Geschichten aus der Provence. München 1987

Götze, Karl-Heinz: Côte d'Azur. Olten und Freiburg im Breisgau 1989

Guide Michelin. Alpes du Sud. Haute-Provence. Clermont-Ferrand 1988

Guide Michelin. Côte d'Azur. Haute-Provence. Clermont-Ferrand 1981

Guide Michelin. Provence. Clermont-Ferrand 1988
Hornickel, Michael: Provence. Eine Reise durch das Land, in dem Rosé und Honig fließt. Berlin 1982
Jerin, Verena von: Côte d'Azur kennen und lieben. Lübeck 1984
Jokostra, Peter: Südfrankreich. Eine Reise durch eine der schönsten Landschaften Europas. München 1979. Neudruck Bergisch Gladbach 1989
Koeppen, Wolfgang: Reisen nach Frankreich. Stuttgart 1961. Neudruck Frankfurt am Main 1979
Küster, Bernd: Van Goghs Provence. Hamburg 1985
Laule, Bernhard, Ulrike Laule und Heinfried Wischermann: Kunstdenkmäler in Südfrankreich. Darmstadt 1989
Legler, Rolf: Côte d'Azur. Frankreichs Mittelmeerküste von Marseille bis Menton. Köln 1982
Liehr, Günter: Südfrankfreich. Ein Reisebuch in den Alltag. Reinbek 1996
Lipp, Steffen: Mont Ventoux. Weißer Gipfel der Provence. Fotografien des Malers Stefan Lipp. Metzingen 1989
Lyall, Archibald: Midi. Ein Führer durch Frankreich am Mittelmeer. München 1966
Passelaigue, Martine, und Marlies Müller-Bek (Herausgeberinnen): La Provence, un florilège. Provence-Lesebuch. München 1997
Pobé, Marcel: Provence. Olten und Freiburg im Breisgau 1962
Rössig, Wolfgang: Provence. Kunst, Kultur und Natur im Land der Winde und des Lichts. München 1996
Tetzlaff, Ingeborg (Herausgeberin): Licht der Provence. Köln 1978
Dieselbe: Drei Jahrtausende Provence. Vorzeit und Antike, Mittelalter und Neuzeit. Köln 1985
Weyer, Walter: Provence und Camargue kennen und lieben. Vierte, völlig überarbeitete Auflage. Lübeck 1981
Wunderlich, Heinke: Spaziergänge an der Côte d'Azur der Literaten. Zürich 1993

Zu den einzelnen Autoren

Ernst Moritz Arndt

Erdmann, Gustav: Ernst Moritz Arndt. Freiheitssänger und Patriot. Putbus/Rügen 1960
Paul, Johannes: »Das ganze Deutschland soll es sein«. Ernst Moritz Arndt. Göttingen, Zürich, Frankfurt am Main 1971
Rybak, Jens (Herausgeber): Ernst Moritz Arndt. Zeuge deutscher Geschichte 1789–1860. Quellenheft. Osnabrück 1992
Schäfer, Karl H.: Ernst Moritz Arndt als politischer Publizist. Bonn 1974
Sichelschmidt, Gustav: Ernst Moritz Arndt. Berlin 1981

Henri Bosco

Girault, Claude: Henri Bosco, sa vie et son œuvre. Nizza 1983
Godin, Jean-Cléo: Henri Bosco. Une poétique du mystère. Montreal 1968
Lambert, José: Un voyageur des deux mondes. Essai sur l'œuvre d'Henri Bosco. Paris 1952
Rambeck, Brigitta: Henri Bosco. Dichter, Erzähler, Philosoph und Christ. München 1973
Michel, Jacqueline: Liturgie de la lumière nocturne dans les récits d'Henri Bosco. Paris 1982

Alphonse Daudet

Andry, Marc: Daudet, la bohème et l'amour. Paris 1985
Diederich, Benno: Alphonse Daudet, sein Leben und seine Werke. Berlin 1900. Besonders S. 351–363

Floret, J.-M.: La verité sur »Tartarin de Tarascon«. Tarascon 1947
Gérard, Alain: Le midi de Daudet. Aix-en-Provence 1988
Jouveau, Marie-Thérèse.: Alphonse Daudet, Frédéric Mistral, la Provence et le Félibrige. Nîmes 1980
Mantoux, Charles: Alphonse Daudet et la souffrance humaine. Paris 1973
Roche, Alphonse Victor.: Alphonse Daudet. Boston 1976
Rouré, Jacques: Daudet. Paris 1982
Williams, Roger L.: The Horror of Life. Chicago 1980

Kasimir Edschmid

Arnold, Armin: Prosa des Expressionismus. Herkunft, Analysen, Inventar. Stuttgart u.a. 1972. S. 108–130
Kasimir Edschmid zum Gedenken. Darmstadt 1971
Schleucher, Kurt: Kasimir Edschmid. Der reisende Schriftsteller. Darmstadt 1990
Zimmermann, Erich: Kasimir Edschmid 1890–1966. Ausstellungskatalog. Darmstadt 1970

Jean-Henri Fabre

Auer, Martin: Ich aber erforsche das Leben. Die Lebensgeschichte des Jean-Henri Fabre. Weinheim 1995
Portmann, Adolf, und Lindauer, Martin: Nachwort. / Fabre und die Insektenforschung unserer Zeit. In: J.-H. Fabre: Das offenbare Geheimnis. Aus dem Lebenswerk des Insektenforschers. Eine Auswahl aus den ›Souvenirs entomologiques‹. Herausgegeben von Kurt Guggenheim und Adolf Portmann. München und Zürich 1961. S. 307–339

Jean Giono

Antonietto, Francine: Le mythe de la Provence dans les premiers romans de Jean Giono. Aix-en-Provence 1961
Bantel, Andrea B.: Jean Giono in Deutschland 1929–1945. Ein französischer Schriftsteller im Spiegel und im Zerrspiegel seiner deutschen Leser. Herausgegeben von Karl Richter, Gerhard Sauder und Gerhard Schmidt-Henkel. St. Ingbert 1992
Boisdeffre, Pierre: Giono. Paris 1965
Carrière, Jean: Jean Giono. Lyon 1991
Chabot, Jacques: La Provence de Giono. Aix-en-Provence 1980
Citron, Pierre: Giono, 1895–1970. Paris 1990
Girard, Marguerite Mathilde: Jean Giono, méditerranéen. Paris 1974
Magnan, Pierre: Pour saluer Giono. Paris 1990
Derselbe: Les promenades de Jean Giono. Paris 1994
Redfern, W. D.: The private world of Jean Giono. Oxford 1967
Robert, Pierre. R.: Jean Giono et les techniques du roman. Berkeley 1961
Sabiani, Julie: Jean Giono et la terre. Paris 1988
Smith, Maxwell Austin: Jean Giono. New York 1966

Ferdinand Gregorovius

Hönig, Johannes: Ferdinand Gregorovius als Dichter. Stuttgart 1914
Derselbe: Ferdinand Gregorovius. Eine Biographie. Zweite Auflage. Stuttgart 1944
Jenal, Georg: Ferdinand Gregorovius. In: Walther Killy (Herausgeber): Literatur Lexikon. Band 4. Gütersloh und München 1989. S. 325/326
Lehmann, Herbert: Goethe und Gregorovius vor der italienischen Landschaft. Wiesbaden 1967

Schühner, Annelies: Die politische Jugendentwicklung von Ferdinand Gregorovius. Diss. Heidelberg 1943

Seewald, Richard: Römische Figuren. Johann Wolfgang von Goethe, Ludwig Richter, Ferdinand Gregorovius. Freiburg im Breisgau 1972

Peter Handke

Bartmann, Christoph: Suche nach Zusammenhang. Handkes Werk als Prozeß. Wien 1984

Durzak, Manfred: Peter Handke und die deutsche Gegenwartsliteratur. Narziß auf Abwegen. Stuttgart u. a. 1982

Fellinger, Raimund (Herausgeber): Peter Handke. Frankfurt am Main 1985. Besonders S. 252–314

Fischer, Cornelia: Die Lehre der Sainte-Victoire. In: Kindlers Neues Literatur Lexikon. Band 7. München 1990. S. 255–256

Haslinger, Adolf: Peter Handke. Jugend eines Schriftstellers. Salzburg und Wien 1992

Melzer, Gerhard, und Jale Tükel (Herausgeber): Peter Handke. Die Arbeit am Glück. Königstein/Taunus 1985

Nägele, Rainer, und Renate Voris: Peter Handke. München 1978

Peter Handke. Text und Kritik 24. Vierte, ergänzte Auflage. München 1978

Pütz, Peter: Peter Handke. Frankfurt am Main 1982

Renner, Rolf Günter: Peter Handke. Stuttgart 1985

Reulecke, Anne-Kathrin: »Die Lehre der Sainte-Victoire«. Poetologie in einer medialen Welt. In: Peter Handke. Text und Kritik. Heft 24, 6. Aufl. München 1999

Wiethölter, Waltraud: Auge in Auge mit Cézanne. Handkes »Lehre der Sainte-Victoire«. In: Germanisch-Romanische Monatsschrift. N.F. 40 (1990) Heft 4. S. 422–444

Hugo von Hofmannsthal

Block jr., Ed: Journey as Self-Revelation. Hugo von Hofmannsthal's »Reiseprosa« 1893–1917. In: Modern Austrian Literature 20 (1987) Heft 1. S. 23–35

Bogosavljevic, Srdan S.: German Literary Travelogues Around the Turn of the Century, 1890–1914. Phil. Diss. University of Illinois at Urbana-Champaign 1983

Curtius, Ernst Robert: Hofmannsthal und die Romanität. In: Derselbe: Kritische Essays zur europäischen Literatur. Bern 1950. S. 164–171

Exner, Richard: Erinnerung – welch ein merkwürdiges Wort: Gedanken zur autobiographischen Prosadichtung Hugo von Hofmannsthals. In: Modern Austrian Literature 7 (1974) S. 152–171

Gerke, Ernst-Otto: Der Essay als Kunstform bei Hugo von Hofmannsthal. Lübeck und Hamburg 1970

Götz, Bärbel: Erinnerung schöner Tage. Die Reise-Essays Hugo von Hofmannsthals. Würzburg 1992. Besonders S. 23–42

Mayer, Mathias: Hugo von Hofmannsthal. Stuttgart 1993

Renner, Ursula: Die Zauberschrift der Bilder – Bildende Kunst in Hofmannsthals Texten. Freiburg im Breisgau 2000

Scholl, Arno: Hofmannsthals essayistische Prosa. Mainz 1958

Volke, Werner: Unterwegs mit Hofmannsthal. Berlin – Griechenland – Venedig. Aus Harry Graf Kesslers Tagebüchern und aus Briefen Kesslers an Hofmannsthal. In: Hofmannsthal-Blätter 35/36 (1988) S. 50–104

Derselbe: Hugo von Hofmannsthal in Selbstzeugnissen und Bilddokumenten. 16. Auflage. Reinbek 1997

Ernst Jünger

Arbogast, Hubert (Herausgeber): Über Ernst Jünger. Stuttgart 1995
Arnold, Heinz Ludwig (Herausgeber): Ernst Jünger. München 1990 (Text und Kritik)
Dietka, Norbert: Ernst Jünger nach 1945. Das Jünger-Bild der bundesdeutschen Kritik (1945–1985). Frankfurt am Main u.a. 1987
Kaempfer, Wolfgang: Ernst Jünger. Stuttgart 1981
Kiesel, Helmuth: Wissenschaftliche Diagnose und dichterische Vision der Moderne. Max Weber und Ernst Jünger. Heidelberg 1995
Konitzer, Martin: Ernst Jünger. Frankfurt am Main 1993
Koslowski, Peter (Herausgeber): Die großen Jagden des Mythos. Ernst Jünger in Frankreich. München 1996
La nouvelle Revue de Paris. Heft 2 (1985): Sonderheft Ernst Jünger
Meyer, Martin: Ernst Jünger. München und Wien 1990
Müller, Hans H., und Harro Segeberg (Herausgeber): Ernst Jünger im 20. Jahrhundert. München 1995
Schwilk, Heimo (Herausgeber): Ernst Jünger. Leben und Werk in Bildern und Texten. Stuttgart 1988
Derselbe und Günter Figal (Herausgeber): Magier der Heiterkeit. Ernst Jünger zum Hundertsten. Stuttgart 1995

Rudyard Kipling

Birkenhead, Lord: Rudyard Kipling. London 1978
Gauger, Wilhelm.: Wandlungsmotive in Rudyard Kiplings Prosawerk. München 1975
Haefs, Gisbert: Kipling Companion. Zürich 1987
Mertner, Edgar: Das Prosawerk Rudyard Kiplings. Berlin 1940
Derselbe: Kipling und seine Kritiker. Darmstadt 1983

Pierre Magnan

Brenner, Rudolf: Polar Made in France. Die Entwicklung des modernen französischen Kriminalromans. In: Krimi-Jahrbuch 1990. Herausgegeben von Martin Compart und Thomas Wörtche. Köln 1990. S. 91–127

Deloux, Jean-Pierre: Pour saluer Magnan. In: Polar. 2. Serie. Nummer 8. Paris 1993. S. 84–98

Derselbe: Polar à la française: treize ans de bonheur! In: Magazine littéraire. Nummer 344 (Juni 1996) S. 22–31

Garcin, Jérôme: Littérature vagabonde. Paris 1995. S. 175–179

Haefs, Gisbert: Rezension zu »La maison assassinée«. In: Underground. Das internationale Krimimagazin. Heft 3. Berlin 1991. S. 155/6

Lanskin, Jean-Michel Charles: »La maison assassinée« de Pierre Magnan. D'une affaire criminelle à une aventure mythique. In: Orbis litterarum 50 (1995) S. 43–50

Loquai, Franz: Pierre Magnan. In: Kindlers Neues Literatur Lexikon. Supplement. Band 22. München 1998. S. 75–78

Guy de Maupassant

Bonnefis, Philippe: Comme Maupassant. 3. Auflage. Lille 1993

Bury, Marianne: Maupassant. Paris 1999

Guilleron, Gilles: Une vie, Maupassant. Paris 1991

Kessler, Helmut: Maupassants Novellen. Typus und Themen. Braunschweig 1966

Roch, Herbert: Maupassant. Ein Leben. Dreieich 1959

Savinio, Alberto: Maupassant und der »andere«. Essay. Frankfurt am Main 1988

Frédéric Mistral

Albert, Marvin H.: Mistral. Frankfurt am Main 1993
Clébert, Jean-Paul: La Provence de Mistral. Aix-en-Provence 1980
Grosu, Mitu: Mistral. Poète de l'amour. Jerusalem 1995
Jan, E. von: Neuprovenzalische Literaturgeschichte 1850–1950. Heidelberg 1959
Jouveau, Marie-Térèse: Alphonse Daudet, Frédéric Mistral, la Provence et le Félibrige. Nîmes 1980
Rostaing, Charles: Mistral, l'homme révélé par ses œuvres. Paris 1987
Welter, Nicolaus: Frédéric Mistral, der Dichter der Provence. Marburg 1899

Thyde Monnier

Herhaus, Ernst: Thyde Monnier. In: Kindlers Neues Literatur Lexikon. Band 11. München 1990. S. 879/80
Magnan, Pierre: L'amant du poivre d'âne. Paris 1988. Passim
Reilhac, F.-J.: Monnier. In: Écrits de Paris (1958) Nr. 6. S. 78–86
Richard, P.-M.: Thyde Monnier et le roman. Cycle des »Desmichels«. In: Cahiers de Paris 38 (1946) S. 10–15

Marcel Pagnol

Berni, Georges: Merveilleux Pagnol. L'histoire de son œuvre à travers celle de sa carrière. Monte Carlo 1981
Beylie, Claude: Marcel Pagnol. Paris 1974
Castans, Raymond: Das Licht der Provence. Leben und Werk des Marcel Pagnol. München 1990
Leprohon, Pierre: Marcel Pagnol. Paris 1976
Tudesque, André: Pagnol et la tradition bucolique. Worms 1991

Francesco Petrarca

Billanovich, Giuseppe: Petrarca und der Ventoux. In: Petrarca. Herausgegeben von August Buck. Darmstadt 1976. S. 444–463

Groth, Ruth und Dieter: Petrarca und der Mont Ventoux. In: Merkur 46 (1992) Heft 4. S. 290ff.

Dieselben: Weltbild und Naturaneignung. Zur Kulturgeschichte der Natur. Frankfurt am Main 1991. Besonders S. 92–149

Kablitz, Andreas: Petrarcas Augustinismus und die écriture der Ventoux-Epistel. In: Poetica 26 (1994) S. 31–69

König, Bernhard: Petrarcas Landschaften. Philologische Bemerkungen zu einer neuen Deutung. In: Romanistische Forschungen 92 (1980) S. 251–282

Krüger, Reinhard: Petrarca, Augustinus und das zweifelhafte Vergnügen, einen Berg zu besteigen. Über die Geschichtlichkeit des Naturbegriffs im Mittelalter. In: Peter Morris-Keitel und Michael Niedermeier (Herausgeber): Ökologie und Literatur. New York u.a. 2000. S. 23–53

Ritter, Joachim: Landschaft. Zur Funktion des Ästhetischen in der modernen Gesellschaft. In: Derselbe: Subjektivität. Frankfurt am Main 1976. S. 141–166

Steinmann, Kurt: Grenzscheide zweier Welten – Petrarcas Besteigung des Mont Ventoux. Anmerkungen zum Nachwort und Materialien zur Rezeption. In: Francesco Petrarca: Die Besteigung des Mont Ventoux. Lateinisch/Deutsch. Stuttgart 1995. S. 39–67

Stierle, Karlheinz: Petrarcas Landschaften. Zur Geschichte ästhetischer Landschaftserfahrung. Krefeld 1979

Hermann Fürst Pückler

Assing, Ludmilla: Fürst Hermann von Pückler-Muskau. Eine Biographie. 2 Bände. Hamburg und Berlin 1873/74

Bender, Brigitte: Ästhetische Strukturen der literarischen Landschaftsbeschreibung in den Reisewerken des Fürsten Pückler-Muskau. Frankfurt am Main u.a. 1982

Gaab, Irma: Fürst Hermann Pückler-Muskau (1785–1871). Seine Stellung zu den Zeitströmungen und seine Bedeutung als Reiseschriftsteller. Diss. München 1922

Just, Klaus Günther: Fürst Hermann von Pückler-Muskau. Leben und Werk. Würzburg 1962

Ohff, Heinz: Fürst Hermann Pückler. Berlin 1985

Derselbe: Der grüne Fürst. Das abenteuerliche Leben des Hermann Pückler-Muskau. Neuausgabe. München 1996

Wülfing, Wulf: Reiseliteratur und Realitäten im Vormärz. In: Wolfgang Griep und Hans-Wolf Jäger (Herausgeber): Reise und soziale Realität. Heidelberg 1983. S. 371–394

Ludwig Richter

Müller-Bohn, Jost: Ludwig Richter. Das geistliche Leben eines deutschen Malers. Zweite Auflage. Lahr 1983

Neidhardt, Hans J.: Ludwig Richter. Augsburg 1994

Richter und sein Kreis. Ausstellungskatalog. Königstein/Taunus 1984

Seewald, Richard: Römische Figuren. Johann Wolfgang von Goethe, Ludwig Richter, Ferdinand Gregorovius. Freiburg im Breisgau 1972

Rainer Maria Rilke

Buddeberg, Else: Rilkes Cézanne-Begegnung. In: Das Kunstwerk 5 (1951) S. 36–42

Freedman, Ralph: Rainer Maria Rilke. Leben eines Dichters. Eine Biographie. Frankfurt am Main 1997

Frowen, Irina (Herausgeberin): Mit Rilke durch die Provence. Frankfurt am Main 1997

Hamburger, Käthe: Rilke. Eine Einführung. Stuttgart 1976
Holthusen, Hans-Egon: Rainer Maria Rilke in Selbstzeugnissen und Bilddokumenten. Hamburg 1996
Leppmann, Wolfgang: Rilke. Sein Leben, seine Welt, sein Werk. Revidierte Neuausgabe. Bern und München 1995
Nalewski, Horst (Herausgeber): Rainer Maria Rilke. Leben, Werk und Zeit in Texten und Bildern. Frankfurt am Main 1995
Petzet, Heinrich Wiegand: Nachwort. In: Rainer Maria Rilke. Briefe über Cézanne. Frankfurt am Main 1983. S. 105–120
Schnack, Ingeborg: Rainer Maria Rilke. Chronik seines Lebens und seines Werkes. 1875–1926. Zweite, ergänzte Auflage. Frankfurt am Main und Leipzig 1996

Joseph Roth

Arnold, Heinz Ludwig (Herausgeber): Joseph Roth. Zweite Auflage. München 1982 (Text und Kritik)
Baumgart, Reinhard: Auferstehung und Tod des Joseph Roth. Drei Ansichten. München 1991
Bronsen, David: Joseph Roth. Eine Biographie. Köln 1993
Cellerier, H.: Une patrie pour un émigré. Joseph Roth établi en France. In: Austriaca (1984) Nr. 19. S. 49–68
Koester, Rudolf: Joseph Roth. Berlin 1982
Lunzer, Heinz, und Victoria Lunzer-Talos: Joseph Roth. Leben und Werk in Bildern. Köln 1994
Magris, Claudio: Weit von Wo. Verlorene Welt des Ostjudentums. Wien 1974
Müller-Funk, Wolfgang: Joseph Roth. München 1989
Nürnberger, Helmut: Joseph Roth in Sebstzeugnissen und Bilddokumenten. Reinbek 1981
Plank, Ilse: Joseph Roth als Feuilletonist. Eine Untersuchung von Themen, Stil und Aufbau seiner Feuilletons. Diss. Erlangen 1967

Westermann, Klaus: Joseph Roth, Journalist. Eine Karriere 1915–1939. Bonn 1987

René Schickele

Bentmann, Friedrich (Herausgeber): René Schickele. Leben und Werk in Dokumenten. Nürnberg 1974
Fichter, Charles: Le terroir, la religion et l'Europe dans l'œuvre ›alsacienne‹ de René Schickele: »Das Erbe am Rhein«. In: Saisons d'Alsace (1985) Heft 90. S. 124–131
Finck, Adrien: Introduction à l'œuvre de René Schickele. Straßburg 1982
Derselbe und Maryse Staiber (Herausgeber): Elsässer, Europäer, Pazifist. Studien zu René Schickele. Kehl u. a. 1984
Dieselben und Alexander Ritter (Herausgeber): René Schickele aus neuer Sicht. Beiträge zur deutsch-französischen Kultur. Hildesheim 1991
Meyer, Julie: Vom elsässischen Kunstfrühling zur utopischen Civitas Hominum. Jugendstil und Expressionismus bei René Schickele 1900–1920. München 1981
Rasch, Wolfdietrich: René Schickele: »Das Erbe am Rhein«. In: Romane von gestern – heute gelesen. Herausgegeben von Marcel Reich-Ranicki. Band 2. Frankfurt am Main 1989. S. 315–321
Ueberschlag, Georges: Poète, paysage et politique dans la trilogie »Das Erbe am Rhein«. In: Revue alsacienne de littérature (1985) Heft 10. S. 35–42

Arthur Schopenhauer

Safranski, Rüdiger: Schopenhauer und die wilden Jahre der Philosophie. München 1987
Salaquarda, Jörg (Herausgeber): Schopenhauer. Darmstadt 1985

Schopenhauer, Johanna: Promenaden unter südlicher Sonne. Die Reise durch Frankreich 1804. Herausgegeben von Gabriele Habinger. Wien 1993
Weimer, Wolfgang: Schopenhauer. Darmstadt 1982

Johanna Schopenhauer

Fetting, Friederike: »Ich fand mir eine Welt«. Eine sozial- und literaturgeschichtliche Untersuchung zur deutschen Romanschriftstellerin um 1800: Charlotte von Kalb, Caroline von Wolzogen, Sophie Mereau-Brentano, Johanna Schopenhauer. München 1992
Frederiksen, Elke: Der Blick in die Ferne. Zur Reiseliteratur von Frauen. In: Gnüg, Hiltrud, und Renate Möhrmann (Herausgeberinnen): FrauenLiteraturGeschichte. Stuttgart 1985. S. 104–122
Dieselbe und Birgit Ebert: Johanna Schopenhauer. In: Mütter berühmter Männer. Zwölf biographische Portraits. Herausgegeben von Luise F. Pusch. Frankfurt am Main und Leipzig 1994. S. 125–158
Harmon, Esther: Johanna Schopenhauer. München 1914
Meili-Dworetzki, Gertrud: Johanna Schopenhauer. Biographische Skizzen. Düsseldorf 1987

Kurt Tucholsky

Arnold, Heinz Ludwig (Herausgeber): Kurt Tucholsky. München 1985 (Text und Kritik)
Austermann, Anton: Kurt Tucholsky. Der Journalist und sein Publikum. München 1985
Bemmann, Helga: Kurt Tucholsky. Ein Lebensbild. Berlin 1990
Hepp, Michael: Kurt Tucholsky. Biographische Annäherungen. Reinbek 1993

Philippoff, Eva: Kurt Tucholskys Frankreichbild. München 1978

Raddatz, Fritz J.: Tucholsky. Eine Bildbiographie. München 1961

Schulz, Klaus-Peter: Kurt Tucholsky in Selbstzeugnissen und Bilddokumenten. Reinbek 1959

Derselbe: Wer war Kurt Tucholsky? Stuttgart 1996

Soldenhoff, Richard von (Herausgeber): Kurt Tucholsky. 1890–1935. Ein Lebensbild. Weinheim 1987

Zwerenz, Gerhard: Kurt Tucholsky. Biographie eines guten Deutschen. München 1979

Mark Twain

Ayck, Thomas: Mark Twain in Selbstzeugnissen und Bilddokumenten. Reinbek 1974

Baldanza, Frank.: Mark Twain: An Introduction and Interpretation. New York 1961

Breinig, Helmbrecht: Mark Twain. Eine Einführung. München 1985

Bridgman, Richard: Travelling Mark Twain. Berkeley 1987

Fiedler, Leslie: An American Abroad. In: Partisan Review 33 (1966) S. 77–91

Ganzel, Dewey: Mark Twain Abroad. Chicago und London 1968

Gerber, John Christian: Mark Twain. Boston 1988

Kaplan, Justin: Mr. Clemens and Mark Twain. New York 1966

Lauber, John: The Making of Mark Twain. New York 1985

Miller, Robert K.: Mark Twain. New York 1983

Paine, Albert B.: Mark Twain. A Biography. 3 Bände. New York und London 1980

Émile Zola

Bernard, Marc: Émile Zola in Selbstzeugnissen und Bilddokumenten. Überarbeitete Auflage. Reinbek 1978

Charles, Patricia, und Béatrice Degranges: Zola. Stuttgart 1993

Hemmings, Frederick W.: Émile Zola. Chronist und Ankläger seiner Zeit. Frankfurt am Main 1981

Korn, Karl: Zola in seiner Zeit. Frankfurt am Main 1980

Müller, Peter: Émile Zola. Der Autor im Spannungsfeld seiner Epoche. Stuttgart 1981

Roth, Viktor: Émile Zola um die Jahrhundertwende. Stationen eines kämpferischen Lebenslaufs. Nördlingen 1987

Walter, Gerhard: Émile Zola, der Deuter des Fin de Siècle. München 1959

Wiese, Gerhard: Émile Zola. Salzburg 1982